Marijana Kresic
Sprache, Sprechen und Identität

Meinen Eltern

Marijana Kresic

Sprache, Sprechen und Identität

Studien zur sprachlich-medialen Konstruktion des Selbst

iudicium

Gedruckt mit Hilfe der Geschwister Boehringer Ingelheim Stiftung für
Geisteswissenschaften in Ingelheim am Rhein

Bibliografische Information
Der Deutschen Bibliothek

Die Deutsche Bibliothek verzeichnet diese Publikation in der
Deutschen Nationalbibliografie; detaillierte bibliografische Daten sind im Internet über
http://dnb.ddb.de abrufbar.

ISBN 10:   3-89129-589-8
ISBN 13: 978-3-89129-589-2

© IUDICIUM Verlag GmbH München 2006
Alle Rechte vorbehalten
Druck: ROSCH-BUCH Druckerei GmbH, Scheßlitz
Printed in Germany

Inhaltsverzeichnis

Abbildungsverzeichnis 8

Einleitung 9

Teil I: Sprache, Sprechen und Identität – Voraussetzungen 15

1 Epistemologische Prämissen 15
  1.1 Grundannahmen der konstruktivistischen Erkenntnistheorie 17
  1.2 Wissenschaft als Konstruktion der Konstruktion 24
  1.3 Identitätskonstruktion 26

2 Sprachbezogene Prämissen 32

3 Forschungslage: Sprache und Identität 41

Teil II: Identität 60

1 Fragestellung und grundlegende Unterscheidungen der jüngeren Identitätsforschung 62

2 Identität als Entwicklungsziel: psychoanalytischer Zugang 68
  2.1 Eriksons Phasenmodell 68
  2.2 Rolle der Sprache bei Erikson 73

3 Identität als Resultat symbolvermittelter Interaktion: sozialpsychologischer Zugang 76
  3.1 Meads Ansatz 76
  3.2 Signifikante Symbole, der generalisierte Andere und Identität 77
  3.3 Struktur der Identität und Rolle der Sprache bei Mead 80

4 Identität als Dramaturgie, Imagearbeit und Balance: interaktionistische Ansätze 83
  4.1 Goffmans dramaturgischer Ansatz 84
  4.2 Das Image-Selbst 87
  4.3 Das Stigma-Selbst 88
  4.4 Linguistische „Wende" und Bedeutung Goffmans 91
  4.5 Balancierende Ich-Identität bei Habermas und Krappmann 92

5 Identität als Gruppenphänomen: Ansätze zum sozialen Selbst 98
  5.1 Die Social Identity Theory (SIT) nach Tajfel und Turner 98
  5.2 Sprachbezogene Implikationen der SIT 103

6 Identität als „bunter Flickenteppich": postmoderne Perspektiven 106
  6.1 Moderne/Postmoderne 106
  6.2 Die Problematik postmoderner Identität 108
  6.3 Risikogesellschaft, Individualisierung und Selbstsuche 109

6.4	Reflexive Modernisierung	113
6.5	Quasi-Subjektivität	114
6.6	Identität von Frauen in der Postmoderne	115
6.7	Plurale Identitätsmodelle (Keupp et al.)	119
6.8	Die These vom „Tod des Subjekts"	124
6.9	„Rettung des Subjekts": Multiplizität und Flexibilität von Identität	128
6.10	Innere Kohärenz durch ‚Sein-in-der-Sprache' und kommunikative Interaktion	130
6.11	Fazit	135

7 Identität als sprachlich-diskursive Selbstkonstruktion: der konstruktivistische Blickwinkel 137
   7.1 Zur Konstruiertheit postmoderner Identität 137
   7.2 Zur sprachlichen Konstruktion von Identität im radikalen Konstruktivismus 141
   7.3 Erweiterung der radikalkonstruktivistischen Sicht: sozial-diskursive Wirklichkeitskonstruktion 144
   7.4 Die gesellschaftlich-sprachliche Konstruktion von Welt und Selbst bei Berger und Luckmann 146
   7.5 Das sprachlich konstruierte Beziehungsselbst des sozialen Konstruktionismus (Gergen) 149
   7.6 Identität als sprachlich-diskursive Selbstkonstruktion: ein sprachbezogenes Identitätskonzept auf konstruktivistischer Basis 154

Teil III: Sprachidentität 158

1 Identität in der „Sprache" oder im „Sprechen"? 159

2 Norm, Identität und Alterität in der Sprachtheorie Coserius 164
   2.1 Sprache, Sprechen und Sprachwandel bei Coseriu 164
   2.2 Funktionelle Sprache, System und Norm 166
   2.3 Alterität und Identität 169
   2.4 Schichtungen der Sprache 171

3 Sprache als Polysystem – Identität als sprachliche Polyperformanz 172
   3.1 Stabile Homogenität vs. dynamische Heterogenität der Sprache 172
   3.2 Varietätenlinguistischer Ansatz 173
   3.3 Sprache als Polysystem 174
   3.4 Sprache als dynamisches Repertoire 175
   3.5 Kollektives Repertoire, individuelles Repertoire und Identität 179

4 Axiomatik, Funktionsschema, Deixis-Theorie nach Bühler und die Dimension der Sprecheridentität 184
   4.1 Bühlers Axiomatik 184
   4.2 Sprecher und Identität im Organonmodell 187
      4.2.1 Das Organonmodell Bühlers 187
      4.2.2 Die Ausdrucksfunktion des sprachlichen Zeichens 189
      4.2.3 Erweiterung des Funktionsschemas um die Kategorie der Sprecheridentität: das Vier-Felder-Schema 191
   4.3 Ich-Jetzt-Hier-Origo, Deixis und Subjektivität in der Sprache 195

5 Sprache als Metamedium – Sprechen als Modus der Identitätskonstruktion 204

6 Konstruktivismus, Sprache und Identität 211
6.1 Gegenstand und Ziel einer konstruktivistischen Metalinguistik 211
6.2 Sprache als Medium der Kopplung von Kommunikation und Kognition 213
6.3 Sprache als soziale Gestalt 216
6.4 Konstruktivismus, Sprache und Identität – eine Synthese 218
    6.4.1 Konstruktivistische Linguistik und Identität 220
    6.4.2 Konstruktivistischer Sprachbegriff und Identität 222

7 Sprachidentität: Zusammenschau und Modellbildung 224
7.1 Multiple Sprachidentität: Zusammenfassung der Ergebnisse 224
7.2 Modell der multiplen Sprachidentität 227
7.3 Modell der dialogischen Identitätskonstruktion 233

8 Sprach- und Medienidentitäten: ein medientheoretischer Ausblick 237
8.1 Die „Sprachvergessenheit der Medientheorie" (Jäger) und die Frage der Ich-Konstitution 237
8.2 Konstruktivistische Epistemologie und Medientheorie 240
8.3 Vernetzte Sprach- und Medienidentitäten 242

Resümee 248

Literaturverzeichnis 257

Abbildungsverzeichnis

Abb. II.1: Dimensionen des Selbst 62f.
Abb. II.2: Diagramm der Identitätsentwicklung (nach Erikson 1966d) 70f.
Abb. II.3: Identität als Verknüpfungsarbeit (nach Keupp et al. 1999) 122
Abb. II.4: Konstruktionen der Identitätsarbeit (nach Keupp et al. 1999) 123
Abb. II.5: Aktivierung von Teilidentitäten in sozialen Handlungskontexten
(nach Döring 2003) 129
Abb. III.1: System, Norm und Rede (in Anlehnung an Coseriu 1976) 167
Abb. III.2: Dreischichtiges Modell kollektiver Repertoires (nach Halwachs 1993) 176
Abb. III.3: Modell individueller Repertoires (nach Halwachs 1993) 180
Abb. III.4: Relation Repertoire-Schichten – Styles (nach Halwachs 1993) 181
Abb. III.5: Tabellarische Auflistung und (teilweise) Umformulierung der Aussagen
Halwachs' zum Verhältnis von individuellem Repertoire und Identität 181f.
Abb. III.6: Vier Dimensionen der Sprache: Sprechhandlung und Sprachwerk;
Sprechakt und Sprachgebilde (nach Bühler 1982/1934) 185
Abb. III.7: Organonmodell der Sprache (nach Bühler 1982/1934) 188
Abb. III.8: Vier-Felder-Schema des sprachlichen Zeichens 192
Abb. III.9: Koordinaten-Schema der Ich-Jetzt-Hier-Origo (nach Bühler 1982/1934) 197
Abb. III.10: Tabelle: Unterschiede und Gemeinsamkeiten Standard – Dialekt
(Saarpfälzisch) 201
Abb. III.11: Modell der multiplen Sprachidentität 228
Abb. III.12: Sprach-Teil-Identität: Fixierung einer Norm innerhalb des (Poly-)Systems 232
Abb. III.13: Modell der dialogischen Identitätskonstruktion 235

Einleitung

„Das Verständnis des Menschen – ich weiß nicht, ob des heutigen Menschen oder vielmehr des Menschen schlechthin – m u ß beim Verständnis der Sprache anfangen, da das Menschliche gerade bei der Sprache anfängt. Wenn der Mensch das Seiende ist, das sich selbst zu einem Problem macht und sich nach seinem eigenen Wesen fragt, so ist auch klar, daß die Sprache schon bei der Stellung des Problems des Menschen in Betracht gezogen werden muß, da gerade die Sprache an erster Stelle den Menschen als Menschen bestimmt und als Menschen erscheinen lässt."

E. Coseriu (1979d, S. 127)

Im Zeitalter der viel beschworenen Globalisierung und digitalen Vernetzung, angesichts rasanter Entwicklungen auf den Gebieten der Bio-, Gen-, Informations- und Medientechnologie verspricht die Auseinandersetzung mit dem Verhältnis zwischen Sprache, Sprechen und Identität einige Klarheit zu bringen in Bezug auf Unschärfen, Widersprüchlichkeiten und Grenzüberschreitungen, die mit den o. g. Prozessen einhergehen. Fremdes oder Eigenes? Weiblich oder männlich? Künstlich oder natürlich? Realität oder Virtualität? Mensch oder Maschine? Angesichts derartiger Uneindeutigkeiten erscheint die Beobachtung bedeutsam, dass menschliche Existenz und Identität bis in die Ära der Postmoderne hinein auf das Engste mit Sprachvermögen und Sprachgebrauch verknüpft sind.

Insbesondere Debatten um künstliche Intelligenzen, computergenerierte Sprachen und virtuelle Akteure in digitalen Welten kreisen um die Frage, inwiefern Sprachfähigkeit und Identität zusammengehören. Auch spiegeln sprachpflegerisch und kulturkritisch motivierte Diskussionen, die z. B. den Einfluss des Englischen auf das Deutsche in den Blick nehmen, das große Interesse an dem Zusammenhang zwischen Sprache und Identität. Die vorliegende Studie versteht sich jedoch nicht als Beitrag zur Diskussion um das Verhältnis einer bestimmten Einzelsprache und der nationalen, staatlichen oder ethnischen Identität ihrer Sprecherinnen[1], sondern setzt

---

[1] Aus Gründen der Übersichtlichkeit und Kürze wird darauf verzichtet, stets die männliche und die weibliche Form aufzuführen. Stattdessen wird bei generischer Referenz alternierend die grammatisch männliche oder die grammatisch weibliche Form verwendet; im Falle nichtgenerischer Referenz ist das Geschlecht des Referenten i. d. R. aus dem Kontext erschließbar. Die Leser sind aufgefordert, sich eine männliche und eine weibliche Person vorzustellen, wenn – generisch – z. B. von einer „Sprecherin" oder einem „Leser" die Rede ist.

auf einer viel grundlegenderen Ebene an, insofern sie das für den homo loquens definitorische Phänomen der Sprachidentität[2] ergründen will. Vorläufig sei unter „Sprachidentität" die untrennbare Verbindung der menschlichen Identität mit Sprache und Sprachfähigkeit verstanden und, in einem spezielleren Sinne, die Verknüpfung bestimmter Sprechweisen mit spezifischen Lebensformen (Wittgenstein).

In der Sprachwissenschaft gibt es zahlreiche, vor allem soziolinguistische Arbeiten, die sich mit dem Zusammenhang zwischen sprachlicher Variation sowie Varietäten und den Identitäten von Sprechern befassen. Ein Teil der varietätenlinguistischen Untersuchungen fußt allerdings auf der Annahme, Identitäten seien vorab feststehende, relativ unveränderliche Größen, die in Gesprächen und Texten schließlich ausgedrückt würden. Diese Annahme ist angesichts jüngerer soziologischer und psychologischer Einsichten in den pluralen, dynamischen Charakter der Identitätskonstruktion nicht mehr haltbar. Im Rahmen dieser Studie wird dahin gehend argumentiert, dass Identitäten zu einem wesentlichen Teil sprachlich-medial hervorgebrachte Konstrukte sind. Gespräche und Texte werden als die Orte ihrer Emergenz ausgemacht.

Insofern es sich bei der Herausbildung von Identitäten im Wesentlichen um sprachliche und mediale Konstruktionsprozesse handelt, hat sich die Einbettung der Argumentation in eine konstruktivistische Rahmentheorie als fruchtbar erwiesen. Dieser erkenntnistheoretische Rahmen wird in Teil I der Arbeit dargelegt. Dem Mangel, dass Identitätstheorien von mit Identitätsfragen befassten Linguistinnen zum Teil nicht hinreichend rezipiert werden,[3] wird dadurch entgegengewirkt, dass in Teil II ein Überblick über zentrale soziologische und psychologische Ansätze zur Konstitution des Selbst gegeben wird, wobei der Rolle der Sprache besondere Aufmerksamkeit geschenkt wird. Schließlich wird ein konstruktivistisch fundiertes Identitätskonzept vorgeschlagen, das der Multiplizität und dem sprachlich-medialen Konstruktionscharakter postmoderner Identitäten gerecht wird.

Ein weiteres, auf der Ebene der sprachwissenschaftlichen Theoriebildung angesiedeltes Desiderat besteht darin, zu definieren, was unter dem Phänomen der „Sprach- bzw. Sprecheridentität" zu verstehen ist. Dieses

---

[2] Der Begriff „Sprachidentität" findet sich auch im Titel des Symposiums „Sprachidentität – Identität durch Sprache", das im April 2002 an der Universität Regensburg stattfand (vgl. Thim-Mabrey 2003). Vgl. ebd. zu verschiedenen möglichen Bedeutungen und zum Desiderat hinsichtlich der Begriffsbestimmung von „Sprachidentität".

[3] Zahlreichen sprachwissenschaftlichen Arbeiten fehlt es an einer soliden Definition des Identitätsbegriffs auf dem aktuellen sozialpsychologischen Diskussionsstand.

Phänomen findet zudem kaum Berücksichtigung in Sprach- und Zeichenmodellen – eine Ausnahme bilden hier varietätenlinguistische Ansätze. Der sprachtheoretischen Vernachlässigung der Identitätsfrage will die vorliegende Studie entgegenarbeiten, indem sie in einem nächsten Schritt, in Teil III, grundlegende Positionen aus der Sprachtheorie daraufhin überprüft, inwiefern sich der Identitätsaspekt in ihre Modellbildung einbeziehen lässt. Neben Klassikern wie Bühler und Coseriu werden auch konstruktivistisch-linguistische und varietätenlinguistische Modelle im Hinblick auf die Frage der Sprach- und Sprecheridentität diskutiert und erweitert.

Die im Rahmen dieser Arbeit geäußerte Kritik steht in der Tradition jener Ansätze, die sich gegen strukturalistische und formal-logische Positionen in Linguistik und Sprach(erwerbs)forschung wenden. Zu kritisieren ist insbesondere, dass dem Strukturalismus nahe stehende Ansätze ein anthropomorphes Vakuum in der Sprachwissenschaft erzeugt haben. Im Zuge der Bestrebungen, die Linguistik in den Rang einer statistisch-naturwissenschaftlichen Disziplin zu „erheben", wird der Blick auf die Sprachbenutzenden zunehmend versperrt. Und spätestens seit der Konzeptualisierung des idealisierten native speakers innerhalb des generativen Sprachmodells werden Sprecher und Hörer im Rahmen formal-linguistischer Analysen auf eine abstrakte Größe reduziert. Es ist das Verdienst der so genannten Bindestrichlinguistiken, und vor allem soziolinguistischer, auch qualitativer Forschungen, herausgestellt zu haben, dass es Menschen sind[4], die sprachliche Äußerungen interaktiv hervorbringen. So gerät die prägende Kraft des sozialen (Feilke 1996) und personalen Wesens Mensch auf Sprache und Sprachgebrauch wieder in das Blickfeld. Die vorliegende Arbeit will nun aus identitäts- und sprachtheoretischer Sicht klären, wie die Identitäten der Sprachgebrauchenden im Medium der Sprache konstruiert werden.

Den Ausgangspunkt der Untersuchung bildet das Konzept der Identität. Mit dem Abschied von traditionellen, auf Prinzipien wie Einheitlichkeit und Kontinuität aufbauenden Konzeptionen wird das Identitätsphänomen zunehmend aufgefasst als sprachlich und medial konstituierte Individualität und Sozialität, als Oberbegriff für multipel-fraktale, fließende Patchwork-Identitäten in der individualisierten und pluralisierten, tech-

---

[4] Die folgende Stilbemerkung Schmidts (2000a, S. 10) gilt auch für die vorliegende Arbeit: „Streng konstruktivistisch müßte jede Existenzbehauptung (‚A ist') wie jede Attribuierung (‚A ist x') mit dem Vor-Satz ‚ich sage, meine, behaupte, nehme an ..., daß x ...' versehen werden. Um diese stilistischen Ungetüme zu vermeiden, bitte ich alle Leserinnen und Leser, diesen Vor-Satz in Erinnerung zu behalten".

nisch und digital vernetzten Postmoderne. Fundamental erscheint die Beobachtung, dass Identität im Wesentlichen mit Hilfe von Körpern, Zeichensystemen/Kodes, in Sprache und Medien sowie im Rahmen von Interaktionen konstruiert wird. Bei Prozessen der Identitätskonstitution spielen alle möglichen Zeichensysteme eine Rolle, weshalb eine umfassende Theorie zu diesem Phänomen semiotischer Natur sein müsste. Diese Arbeit fokussiert den zentralen sprachlich-medialen Bereich und die Frage, welchen Beitrag Sprachwissenschaft und -theorie – ergänzend zu sozialpsychologischen Identitätskonzepten – zur Bearbeitung des komplexen Zusammenhangs von Sprache, Sprechen und Identität leisten können. Die interdisziplinäre Anlage der Arbeit ergibt sich aus dem transdisziplinären Charakter des zu behandelnden Zusammenhangs. Der Konstruktionscharakter von Identität und ihre enge Verwobenheit mit Sprach- und Mediengebrauch bilden die Grundhypothese dieser Arbeit. Daher liegt es nahe, erkenntnistheoretisch-konstruktivistische, identitäts- und sprachtheoretische Perspektiven auf das Thema zu bündeln und zu verflechten.

Die vorliegende theoretische Studie verfolgt zwei übergeordnete Ziele: Das erste Ziel besteht darin, ein Identitätskonzept zu entwickeln, das aktuelle Bedingungen und relevante Theorien der Ich-Konstitution sowie die fundamentale Rolle der Sprache in den betreffenden Prozessen berücksichtigt. Das zweite Ziel bezieht sich auf die Definition und Verankerung der Kategorie der Sprach- bzw. Spracheridentität in der Sprachtheorie und ihrer Modellbildung. Dabei wird das im ersten Schritt erarbeitete Identitätskonzept zugrunde gelegt. Insgesamt wird in identitäts- und sprachtheoretischer Perspektive der Zusammenhang zwischen Identitätskonstruktion und Sprach- bzw. Mediengebrauch erkundet, um darauf aufbauend ein Modell der Sprachidentität[5] zu entwickeln, das weitere, durchaus auch empirische Forschungen anzuregen vermag. Im Einzelnen wird auf folgende Weise vorgegangen:

Im ersten Teil werden die der Studie zugrunde gelegten epistemologischen (Kapitel 1) und sprachbezogenen (Kapitel 2) Prämissen geklärt, was sich als kurze Einführung in das konstruktivistische Verständnis von Erkennen, Wirklichkeitskonstruktion und Sprache liest. Es folgt eine Bestandsaufnahme der vorliegenden sprachwissenschaftlichen Forschungsarbeiten zum Themenkomplex „Sprache und Identität" (Kapitel 3), wobei angesichts der Breite der Fragestellung keine Vollständigkeit, sondern ein orientierender Überblick angestrebt wird.

---

[5] Siehe die zu Beginn formulierte, allgemeine Definition von „Sprachidentität", die in Teil III, Kapitel 2 und 7 präzisiert wird.

Teil II beschäftigt sich aus soziologischer und psychologischer Sicht mit dem Konzept der Identität, um auf der Grundlage ausgewählter Identitätstheorien zu einer Begriffsbestimmung zu kommen. Ein besonderes Augenmerk wird auf die Rolle der Sprache in den einzelnen Theorien gerichtet. Es wird ein chronologischer Überblick über wichtige, für die Linguistik relevante Identitätstheorien angestrebt; zugleich wird eine Entwicklungslinie in Richtung Postmoderne aufgezeigt. Nach einem in die jüngere Identitätsforschung einführenden ersten Kapitel erörtert Kapitel 2 das traditionelle Identitätskonzept Eriksons, der Identität in klassischem entwicklungspsychologischen Sinne als zu erreichendes Entwicklungsziel definiert. Als weiterer identitätstheoretischer Klassiker wird in Kapitel 3 Mead behandelt, wobei der fundamentale Stellenwert sprachlich-symbolischer Kommunikation in seinem Ansatz herausgestellt wird. In Kapitel 4 werden an Mead anschließende, interaktionistische Ansätze zu Selbstdarstellung und Ich-Konstitution diskutiert, die Identität als dramaturgische Leistung, als Imagearbeit (Goffman) und als sprachlich herzustellende Balance (Habermas und Krappmann) verstehen. Ergänzend zu den übrigen, auf das Individuum und seine Selbstkonstitution zentrierten Ansätzen werden in Kapitel 5 die Social Identity Theory Tajfels und Turners und deren sprachliche Implikationen erörtert. (Sprachliche) Identität wird hier vornehmlich als Gruppenphänomen modelliert. Kapitel 6 behandelt schließlich postmoderne Perspektiven und Theorien zur Identitätsfrage, sodass Multiplizität, Dynamik und Flexibilität als zentrale Merkmale heutiger Identität überführt werden können in ein in Kapitel 7 entwickeltes, konstruktivistisches Identitätskonzept, das den grundlegend sprachlich-medialen Charakter der Selbstkonstruktion in den Vordergrund stellt. Einzelne, in Teil II erarbeitete Bestimmungsmerkmale des Identitätsbegriffs werden später in Teil III aufgegriffen und in die dort durchgeführte sprachtheoretische Modellbildung bzw. -erweiterung einbezogen.

In Teil III der Studie wird am Leitfaden grundlegender sprachtheoretischer Modelle und Theorien dafür plädiert, der Kategorie der Sprach- bzw. Spracheridentität einen zentralen Platz in der Sprachtheorie zuzuweisen. Zunächst wird in Kapitel 1 mit Bezug auf system- und performanzorientierte Stränge in der Linguistik der Frage nachgegangen, ob Identitäten in dem Konstrukt „Sprache" oder eher im konkreten Sprechen angesiedelt sind. In Kapitel 2 wird auf der Folie von Coserius Unterscheidung zwischen System und Norm das Konzept „Sprachidentität" näher bestimmt; ferner wird die Bedeutung von Alterität für Sprache und Ich-Konstitution herausgestellt. Kapitel 3 befasst sich mit Halwachs' varietätenlinguistischer Modellierung von Sprache, die das sprachliche Polysystem als eine Struktur begreift, welche eine Vielzahl von Varietäten und korrelierenden Identitäten umfasst. Das variationslinguistische Verständnis des Verhältnisses von Sprache und Identität wird kritisiert und es wird ein entsprechender Verbesserungsvorschlag unterbreitet. Das 4. Kapitel widmet sich der nach wie vor hochaktuellen Sprachtheorie Bühlers: Zum einen wird eine Definition sprachlicher Subjektivität aus der bühlerschen Deixistheorie abgeleitet und zum anderen eine konstruktivistisch inspirierte Erweiterung des Organonmodells um die Metadimension der Sprecheridentität vorgeschlagen. Anschließend wird in Kapitel 5 dahin gehend argumentiert, dass die Sprache als Medium und Lebensform des Menschen und das Sprechen folglich als Modus der Identitätskonstruktion anzusehen ist. Kapitel 6 nimmt den Zusammenhang zwischen Sprache, Sprechen und Identität aus der Sicht der konstruktivistischen Sprachtheorie in den Blick. Im Anschluss an die Positionen Schmidts, Feilkes, Àgels und Ruschs wird ein konstruktivistischer Sprachbegriff erarbeitet, der den Aspekt der Identitätskonstruktion berücksichtigt. Zudem wird der Zusammenhang zwischen Identität und Sprache näher bestimmt. Kapitel 7 liefert eine Zusammenschau der wichtigsten Ergebnisse des III. Teils der Studie, auf deren Grundlage zwei Modelle entwickelt werden. Die Modelle beschreiben auf der Basis der Kategorien „Sprach-/Sprecheridentität" das Phänomen der multiplen Sprachidentität und den Prozess der dialogischen Identitätskonstruktion. Kapitel 8 bietet einen medientheoretischen Ausblick, der die Medialität der Sprache als Grundlage der Ich-Konstitution hervorhebt sowie – mit Bezug auf andere, technische Medien – medienepistemologische und medienhistoriografische Horizonte aufzeigt. Das abschließende Resümee gibt die Ergebnisse der Studie gerafft wieder und zeigt offene Forschungsfragen und Anschlussmöglichkeiten für weitere Arbeiten auf.

An dieser Stelle sei noch eine Anmerkung zu den in Text und Fußnoten enthaltenen Kapitelverweisen angefügt: Ein Verweis, der sich auf ein Kapitel oder einen Abschnitt innerhalb des gleichen Teils bezieht, erfolgt nach dem Muster „vgl. Kapitel 1". Bezieht sich ein Verweis hingegen auf ein Kapitel oder einen Abschnitt eines anderen Teils, so folgt der dem Muster „vgl. Teil I, Kapitel 1".

Teil I: Sprache, Sprechen und Identität – Voraussetzungen

„*Objectivity is a subject's delusion that observing can be done without him.*"

H. von Foerster[6]

„*Und eine Sprache vorstellen heißt, sich eine Lebensform vorstellen.*"

L. Wittgenstein (PU 19)

1 Epistemologische Prämissen

Als wissenschaftstheoretischer Allgemeinplatz gilt, dass weder die Wahl noch die Beobachtung und Analyse eines Erkenntnisgegenstandes theorieunabhängig erfolgen können: „Jede Beobachtung ist eine Beobachtung im Lichte einer Theorie" (Poser 2001, S. 126). Die Offenlegung der epistemologischen Prämissen dieser Studie, verstanden als Antworten auf die Fragen „Wie gelangen wir zu Erkenntnis?" und „Was können wir (mit Hilfe wissenschaftlicher Methoden) in Erfahrung bringen?", gleich zu Beginn erscheint aus systematischen und aus begrifflich-methodologischen Gründen geboten. Es geht um die Explizierung des dieser Arbeit zugrunde gelegten allgemeinen metatheoretischen Rahmens, aus dem ein bestimmtes Verständnis der zentralen Phänomene „Identität" und „Sprache" abgeleitet wird. Die ausdrückliche Verankerung der Untersuchung in einem epistemologischen Gerüst, in einer speziellen erkenntnistheoretischen Position vermag die sonst implizit bleibenden Vorstellungen von Erkenntnis, Menschsein, Identität, Sprache etc. deutlich zu konturieren, sodass eine entsprechende Präzision und Schärfe in der Verwendung derjenigen Begriffe und Termini erreicht werden kann, mit denen argumentativ operiert wird.[7] Zudem ist es vor dem Hintergrund der zunehmenden Multiparadigmatik und Interdisziplinarität postmoderner Forschung sowie der multiplen Thematisierbarkeit von Forschungsgegenständen unab-

---

[6] zit. nach Hejl (1985, S. 85)
[7] So wird etwa die Rede sein von „Wirklichkeit/Identität" etc. „konstruieren/konstituieren" u. ä., nicht jedoch von „ausdrücken" oder gar „abbilden".

dingbar, die eigenen erkenntnistheoretischen Überzeugungen offenzulegen.

Es gilt auch eine bestmögliche Passung zwischen erkenntnistheoretischer Rahmung und der Fragestellung dieser Studie zu erreichen. Besonders bedeutsam scheint in diesem Zusammenhang, dass Konstruktivität und konstruktive Prozesse nicht nur als Merkmale menschlicher Wahrnehmung und Kognition im Allgemeinen angesehen werden können, sondern auch in Bezug auf den Spezialfall der Identitätsbildung und -wahrnehmung mittels Sprache vortrefflich passen. Schließlich spielen bei der Entscheidung für den epistemologischen Ansatz, in dessen Licht der Untersuchungsgegenstand betrachtet wird, selbstverständlich auch persönliche erkenntnistheoretische Präferenzen eine Rolle. Möglicherweise gelingt es, auch die Leserin davon zu überzeugen, dass die konstruktivistische – im Vergleich zur essenzialistischen oder einer anderen – Sicht auf Erkennen, Sprache, Identität und das, was wir im Alltag als „Realität" bezeichnen, vielfältige Vorteile und Reize in sich birgt. Gleichwohl ist auch auf dieser metatheoretischen Ebene ein absoluter Geltungsanspruch unhaltbar, denn: „Die Welt, in der wir leben, ist zur Gänze Resultat unseres Funktionierens; absolute Wahrheiten oder Wirklichkeiten können wir nicht erkennen." (ebd., S. 23)

Die Frage nach dem Verhältnis zwischen Subjekt und Objekt der Erkenntnis ist seit den Anfängen der Philosophie virulent. Zu einer einhelligen Meinung sind die Epistemologen bis heute nicht gekommen – das Ausgangsproblem hat sich vielmehr dahin gehend zugespitzt, dass sogar die Zugänglichkeit einer von Beobachterinnen unabhängigen Realität insbesondere seitens der skeptischen und konstruktivistischen Tradition stark in Zweifel gezogen worden ist: Wirklichkeit gilt als subjektabhängiges Konstrukt. Insbesondere ein Teil der „exakten" Naturwissenschaften tendiert hingegen zur Annahme einer einzigen, einzigartigen und unabhängig vom Beobachter existierenden physischen Welt (z. B. Chalmers 2001, S. 12). Ironischerweise haben gerade Forscher mit naturwissenschaftlichem Hintergrund, wie etwa die Neurobiologen Maturana, Varela und der Kybernetiker von Foerster, gezeigt, dass wir aufgrund der Struktur unseres Nervensystems als autopoietische Systeme keinen direkten Zugang zu dieser „einen" Außenwelt haben und folglich auch keine „wahren" oder abbildenden Beschreibungen von ihr geben können. Die erkenntnistheoretische Konsequenz dieser Einsicht ist die konstruktivistische Position, die eine einzige, außerhalb des Individuums angesiedelte Realität zwar nicht leugnet, jedoch davon absieht, ontologische Aussagen über sie zu treffen. Die Implikationen für die Identitätsfrage seien an dieser Stelle nur kurz angedeutet: Während Realisten vermutlich von einer einzigen, einheitlichen und mit empirischen Mitteln ermittelbaren Identität einer Person ausgehen würden, betont die konstruktivistische Sicht den facettenreichen, situationsgebunden-konstruktiven Charakter von sozialen Prozessen der Identitätsaushandlung,[8] was die theoretische und empirische Erfassung des Phänomens nicht gerade vereinfacht. Wie wir angesichts der babylonischen Identitätsverwirrung in der Postmoderne dennoch zu einem tragfähigen Identitätskonzept kommen können, wird in Teil II der vorliegenden Studie aufgezeigt.

Die Meinungsverschiedenheiten im Hinblick auf das Postulat einer oder vieler Realitäten zeugen bereits davon, dass Wahrnehmungen und Wirklichkeitsauffassungen, in diesem Fall auf einer Metaebene, so zahlreich sind, wie es Denkende gibt. Warum in der vorliegenden Studie von der Konstruktivität der menschlichen Wahrnehmung und von einer Pluralität der Wirklichkeitsmodelle ausgegangen, sprich: ein konstruktivistischer Standpunkt eingenommen wird, soll im Folgenden plausibel gemacht und anhand zentraler Stationen und Theoretiker des Konstruktivismus dargelegt werden (Abschnitte 1.1 und 1.2). Ausgangspunkt ist die Annahme, dass „eine naive Abbildtheorie, die davon ausgeht, die Wirklichkeit werde im Denken oder in der Sprache gespiegelt, nicht tragfähig ist, weil es im Subjekt liegende Bedingungen und Grenzen unseres Denkens bzw. Sprechens gibt, die das Erkenntnisobjekt bestimmen" (Poser 2001, S. 28). Anschließend wird gezeigt, dass Konstruktionsprozesse grundlegend für Identitätsbildung sind (Abschnitt 1.3), was in Teil II, Kapitel 7, weiter vertieft wird, und dass Sprache als grundlegendes Konstruktionsmedium anzusehen ist.[9]

1.1 Grundannahmen der konstruktivistischen Erkenntnistheorie

Die alltägliche Auffassung von Wirklichkeit und Erkennen beschreiben Philosophen häufig als „naiven Alltagsrealismus", der davon ausgeht, dass uns unsere Sinnesorgane, ähnlich einer Kamera, ein exaktes Bild der äußeren „Realität" liefern, d. h. sie genau „abbilden" (vgl. Emrich 2000, S. 3). Im Gegensatz dazu geht die konstruktivistische Position nicht von einer passiven Aufnahme von Sinnesdaten, sondern von der Konstruktivität jeglicher Wahrnehmungsprozesse aus. Die Grundannahme lautet: Die Wirklichkeit wird von uns nicht gefunden, sondern erfunden (konstruiert) (vgl. Gumin/Mohler 1985, S. VIII).

---

[8] Vgl. dazu Teil II, Kap. 7.
[9] Ausführlicher dazu Teil III, Kapitel 5.

Der Zweifel an gesichertem, realitätsgetreuem Wissen blickt auf eine lange philosophische Tradition zurück und reicht von den Vorsokratikern über Descartes – der dem Zweifel ein Ende zu bereiten versuchte, indem er ihn maximal steigerte zu seinem „Cogito ergo sum" – bis hin zur Transzendentalphilosophie Kants.

Mit seiner „Kritik der reinen Vernunft" widerlegte Kant die Möglichkeit einer „wahren" Erkenntnis der Wirklichkeit, indem er Raum und Zeit als subjektive Erkenntniskategorien entlarvte und damit den Zugang zu einer wahren, ontischen Wirklichkeit für unmöglich erklärte (vgl. von Glasersfeld 1985, S. 2). Kant sah „die Natur als Phänomen, das durch menschliche Erkenntnisbedingungen konstituiert ist, nämlich durch die transzendentalen Bedingungen der Möglichkeit der Erkenntnis, die zugleich Bedingungen der Möglichkeit der Gegenstände der Erkenntnis sind" (Poser 2001, S. 82). Als erster Erkenntnistheoretiker betonte er die aktiven Leistungen des erkennenden Subjekts, dem der Erkenntnisgegenstand als „Ding an sich" nicht zugänglich ist, sondern nur das, was der Verstand daraus macht (vgl. Kant 1983/1956). Ein Beispiel ist für Kant die Mathematisierung der Welt durch das Erkenntnissubjekt. Mathematisierbarkeit basiert demnach auf einer Konstruktion, „die auf Denk- und Anschauungsformen beruht: Das Erkenntnissubjekt kann die Welt nicht anders als mathematisch strukturiert erkennen" (Poser 2001, S. 82). Bezogen auf die Fragestellung der vorliegenden Untersuchung lässt sich Analoges ableiten, und zwar dass Beobachter nicht anders können als die Welt – im Hinblick auf Identität, aber auch bezogen auf andere Sinnzusammenhänge – als sprachlich oder zeichenhaft strukturiert zu erkennen.

Die Wurzeln des Radikalen Konstruktivismus liegen nicht nur bei Kant,[10] konstruktivistische Ideen zirkulieren bis heute in verschiedenen Spielarten und Ausprägungen in zahlreichen wissenschaftlichen Disziplinen. Als mit konstruktivistischem Denken verwandt gelten die späte Sprachphilosophie Wittgensteins, die genetische Epistemologie und Entwicklungspsychologie Piagets, die Psychotherapie watzlawickscher Prägung, die Kybernetik von Foersters und die Kognitionsbiologie Maturanas und Varelas, um nur die wichtigsten Ansätze und Namen zu nennen. Allen Vertretern dieses multidisziplinären Ansatzes ist gemeinsam, dass sie von der Subjektabhängigkeit, Lebensformgebundenheit und Konstruktivität von Wirklichkeitsmodellen ausgehen. Im Folgenden werden ausgehend vom radikalkonstruktivistischen Ansatz einige zentrale Vorläufer und verwandte Positionen kurz skizziert.

---

[10] Vorläufer sind ferner die Empiristen Locke, Berkeley und Hume, auf die hier nicht näher eingegangen werden kann.

In den 80er und 90er Jahren des 20. Jahrhunderts wurde eine erkenntnistheoretische Position begründet, die in philosophischen und wissenschaftstheoretischen Kreisen bald unter dem Namen Radikaler Konstruktivismus recht kontrovers diskutiert wurde. Gegenüber dem gemäßigten oder so genannten informationstheoretischen Konstruktivismus, der zwar auch von der Konstruktivität von Erkenntnisprozessen, aber von der prinzipiellen, d. h. beobachterunabhängigen Erkennbarkeit einer ontischen Realität ausgeht,[11] erklärt die radikale Ausprägung des Konstruktivismus den endgültigen „Abschied von der Objektivität" (von Glasersfeld 1991) zum Programm. Objektivität, so von Foerster (vgl. Hejl 1985, S. 85), sei eine dem physiologischen blinden Fleck entsprechende Täuschung, Beobachtungen könnten ohne einen Beobachter gemacht werden. Der Konstruktivismus gilt als eine „Epistemologie des Beobachtens": „Das heißt, Beobachter und Beobachtetes sind untrennbar verknüpft." (von Foerster 1985, S. 30) Seit den 60er Jahren untersuchte von Foerster im Rahmen einer interdisziplinären Forschergruppe an dem von ihm gegründeten „Biological Computer Laboratory" an der University of Urbana Prinzipien der Regelung und Selbstorganisation in biologischen, sozialen und technischen Systemen und leitete daraus eine spezielle Epistemologie ab.

In Anlehnung an die Kybernetik haben Maturana und Varela die biologische Theorie der Autopoiesis, der operationalen Geschlossenheit lebender Organismen, entwickelt und den konstruktiven Charakter sogar wahrnehmungsphysiologischer Prozesse nachgewiesen. Die chilenischen Neurobiologen leiten ihre Erkenntnistheorie aus der umfassenden Auseinandersetzung mit der Funktionsweise lebender Organismen ab (Maturana/Varela 1987). Im Kern ihres Ansatzes steht die Vorstellung, dass lebende Organismen autopoietische, d. h. operational geschlossene, an ihre Umgebung zwar strukturell gekoppelte, aber von dieser unabhängig operierende Systeme sind, die sich ihre Wirklichkeit selbst und durch aktive Tätigkeit schaffen.[12] Durch die intensive Auseinandersetzung mit den biologischen Grundlagen des Verstehens kommen Maturana und Varela zu einer Sichtweise, „die das Erkennen nicht als eine Repräsentation *der* ,Welt da draußen' versteht, sondern als ein andauerndes Hervorbringen *einer* Welt durch den Prozeß des Lebens selbst" (ebd., S. 7). Autopoiesis,

---

[11] Lediglich unsere Wahrnehmung sei defektiv, Realität aber prinzipiell erkennbar und mental re-konstruierbar, so die gemäßigten Konstruktivisten (vgl. Wendt 2000, S. 17 f.).

[12] Derart radikal anmutende Postulate werden durch jüngere Ergebnisse von Sprachlernforschung und Psycholinguistik gestützt, wonach jegliches (Sprachen-)Lernen und Verstehen nicht als passives Aufnehmen von Input zu verstehen ist, sondern als aktives Verstehen und Konstruieren von Wissen.

kognitive Autonomie, Selbstorganisation und Selbstreferenzialität sind zentrale, auf der neurobiologischen Arbeit Maturanas und Varelas fußende konstruktivistische Konzepte, die beträchtliche Implikationen etwa für Lernprozesse und didaktische Leitlinien haben. So ist es beispielsweise nicht möglich, auf ein autopoietisches System direkt einzuwirken, um bestimmte Wirkungen zu erzielen. Zustandsveränderungen innerhalb eines Systems können von Umständen in seiner Umgebung nur ausgelöst, nicht determiniert werden.[13] Diese vom Umfeld ausgelösten Anregungen und Impulse bezeichnen die Neurobiologen als Perturbationen (ebd., S. 27).

Ein zentrales Ergebnis Maturanas und Varelas besteht in der Erkenntnis, dass autonome, aktive Lebewesen sich im Prozess der Autopoiesie selbst erzeugen, dass sie Produkt ihrer Organisation sind (ebd., S. 56).

Bedeutsam scheint in diesem Zusammenhang die wahrnehmungsphysiologische Begründung des konstruktivistischen Ansatzes. Neurobiologische Forschungen haben gezeigt, dass das Nervensystem eines Organismus lediglich quantitative Reize empfängt, die erst innerhalb des Systems, d. h. aufgrund systemspezifischer Operationen in qualitative Informationen umgewandelt werden. Von Foerster (1985, S. 41) erläutert dieses neuronale, so genannte „Prinzip der Undifferenzierten Codierung" folgendermaßen: „Die Erregungszustände einer Nervenzelle codieren *nur* die Intensität, aber *nicht* die Natur der Erregungsursache. Codiert wird nur [am Beispiel der Tastsinnzelle, M. K.]: „So-und-soviel an dieser Stelle meines Körpers", aber nicht „Was"." D. h. der Signalfluss transportiert keinerlei Hinweise über die Art oder gar die Beschaffenheit, sondern lediglich über die Intensität und Lokalisierung des betreffenden Reizes. Diese neurobiologische Erkenntnis hat die bahnbrechende epistemologische Konsequenz, dass Organismen ihre Erlebniswelt im Hinblick auf ihre qualitative Beschaffenheit systemintern konstruieren oder erfinden. Die Identifizierung und Interpretation von Sinnesreizen erfolgt im Gehirn, denn es erfolgt keine Übertragung von Informationen, ebenso wenig wie Kommunikation in der Übertragung von Informationen besteht.[14]

Auf diese neurobiologischen Ergebnisse stützten sich im Folgenden verschiedenste Disziplinen und Forscher bei der Definition von Wirklichkeit als Konstruktion. An die Stelle der rationalistischen Unterscheidung

---

[13] D. h. die Veränderung ist optional, was von Foerster zum wesentlichen Merkmal nichttrivialer Maschinen erklärt.

[14] „Übertragungen codierter Informationen finden zwischen lebenden Organismen, auch zwischen Menschen, die dieselbe Sprache sprechen, nicht statt." (Rusch 1992, S. 392). Durch dieses radikale kommunikationstheoretische Postulat wird die informationstheoretische Metapher von Kommunikation als Informationsübertragung obsolet.

zwischen Subjekt und Objekt der Erkenntnis tritt die radikalkonstruktivistische Vorstellung der Selbstreferenz kognitiver Systeme. Wissen stellt demnach keine Widerspiegelung der Realität dar, das ist allein aus neurobiologischen Gründen gar nicht möglich, es hat vielmehr die Funktion, das Erreichen von Handlungszielen zu ermöglichen. Der Radikale Konstruktivismus distanziert sich von der Vorstellung einer Übereinstimmung oder auch Korrespondenz zwischen Erleben und Wirklichkeit. Wissen muss nicht wahr sein, sondern viabel.

> Im Gegensatz zu der „ikonischen" Relation der Übereinstimmung, die – auch wenn nur eine ungefähre Annäherung postuliert wird – begrifflich auf Isomorphie beruht, ist die Relation der Viabilität auf den Begriff des Passens im Sinne des Funktionierens gegründet. Das heißt, etwas wird als „viabel" bezeichnet, solange es nicht mit etwaigen Beschränkungen oder Hindernissen in Konflikt gerät.
>
> von Glasersfeld (1985, S. 9)

Dabei zeigt sich die Verwandtschaft konstruktivistischer Ideen mit der evolutionären Erkenntnistheorie, die im Anschluss an Darwin das Erkenntnisvermögen in Funktion zur Anpassung an die Umwelt versteht. Schon Piaget (1973/1937) hatte im Zuge der Entwicklung seiner Genetischen Epistemologie erkannt, dass die kognitiven Strukturen, die wir als „Wissen" bezeichnen, nicht als „Kopie der Wirklichkeit" zu verstehen sind, sondern vielmehr als Resultat der Anpassung (vgl. von Glasersfeld 1985, S. 17).

Insgesamt hat der Konstruktivismus entscheidend dazu beigetragen, dass die Begriffe Realität und Wirklichkeit an Selbstverständlichkeit und Einheitlichkeit verloren haben. Der damit verbundene Wirklichkeitsrelativismus erweist sich als das große Subparadigma in wissenschaftlichen und intellektuellen Diskursen unserer Zeit, was programmatisch durch den Buchtitel Watzlawicks „Wie wirklich ist die Wirklichkeit?" (1976) ausgedrückt wird (vgl. Emrich 2000). Vor dem Hintergrund des so genannten Positivismusstreits in der Soziologie sowie der allgemeinen Kritik an induktionistisch-quantitativen Methoden, deren Angemessenheit für die Erforschung geisteswissenschaftlicher Gegenstände zunehmend in Zweifel gezogen wurde, stieß der Konstruktivismus als transdisziplinärer und postpositivistischer Ansatz, der seine Attraktivität insbesondere aus dem versuchten Brückenschlag zwischen Natur- (Neurobiologie, Kybernetik) und Geisteswissenschaft (Soziologie, Philosophie) speist, in vielen verschiedenen Disziplinen auf Resonanz. Aufgegriffen wurden konstruktivistische Vorstellungen z. B. in der Kommunikationstheorie und Psychotherapie (etwa Watzlawick 1976), die das Subjekt als Konstrukteur seiner persönlichen Wirklichkeit modellieren, sowie in Sprachlerntheorie und -didaktik (vgl. z. B. Wendt 2000). Ferner zeugen Übertragungen in die Literatur-, in die Medien- und Kommunikationswissenschaft (Schmidt, Merten, Weischenberg u. a.), und ansatzweise auch in die Sprachwissenschaft,[15] von der Prominenz und vielseitigen Anschlussfähigkeit dieser postmodernen Erkenntnistheorie. Selbstverständlich sind angesichts der Radikalität des Konstruktivismus, der mitunter zur Aufgabe vermeintlich sicherer, grundlegender Gewissheiten zwingt, Kritik und Bedenken nicht ausgeblieben. Der am häufigsten geäußerte Verdacht ist der des Solipsismus: Impliziert die Theorie der autopoietischen Systeme, dass wir als operational geschlossene Systeme auf unsere subjektiven, gänzlich kontingenten, fiktionalen Wirklichkeiten zurückgeworfen und zur Einsamkeit verdammt sind? Diesem Vorwurf können aus konstruktivistischer Sicht folgende Argumente entgegengesetzt werden: 1. Eine erlebnisunabhängige Realität ist existent, uns jedoch nicht zugänglich (vgl. Kruse/Stadler 1994, S. 21). 2. Wirklichkeitsmodelle sind geteilte, d. h. soziale Konstrukte, die ihren intersubjektiven Charakter, wie in Kapitel 2 gezeigt wird, vor allem durch das sozial gewachsene und sozial verwurzelte Kommunikationsmedium der Sprache erhalten.

Die Einsicht in den sozialen Charakter der Wirklichkeitsentwürfe hat zur Herausbildung des so genannten sozialen Konstruktivismus geführt.[16] Bereits in den 60er und 70er Jahren des 20. Jahrhunderts entwickelten Sozialwissenschaftler wie Schütz (1971), Berger/Luckmann (2003/1969) und Garfinkel (1967) Ansätze, die den Konstruktions- und Aushandlungscharakter sozialer Wirklichkeit betonen. Im Mittelpunkt der Untersuchungen stehen vor allem soziale, kulturelle und historische Konventionalisierungen, die Wahrnehmung, Bedeutungszuweisung und Wissen im Alltag lenken (vgl. Flick 2003, S. 151). „Objektive Wirklichkeit" wird dabei als Resultat der interaktiven Hervorbringung gesellschaftlicher Tatsachen verstanden.

> „Die" Gesellschaft hat eine doppelgründige Wirklichkeit. Sie ist eine objektive Gegebenheit infolge der Objektivierung der menschlichen Erfahrung im gesellschaftlichen Handeln, in sozialen Rollen, Sprache, Institutionen, Symbolsystemen. Obwohl die letzteren Produkte menschlichen Handelns sind, gewinnen sie eine Quasi-Autonomie.
> Berger/Luckmann (2003, S. VI)

In ihrer viel beachteten wissenssoziologischen Abhandlung „Die gesellschaftliche Konstruktion der Wirklichkeit" (2003) zeigen die beiden Wissenssoziologen Berger und Luckmann anhand einleuchtender Beispiele, wie das, was von jedermann und jedefrau als „die" Wirklichkeit, als allgemein gültiges Wissen erfahren wird, im Rahmen von sozialen Interak-

---

[15] Zu konstruktivistischen Ansätzen in der Linguistik vgl. Kapitel 2 und Teil III, Kapitel 6.
[16] Zum sozialen Konstruktivismus vgl. Hejl (1985, 1994) und Frindte (1995, 1998).

tionen konstituiert und gesellschaftlich institutionalisiert, an nachfolgende Generationen weitergegeben und auf diese Weise allmählich und unmerklich objektiviert wird. Daraus folgt letztlich die Erkenntnis, dass jegliches Wissen kulturspezifisch und dass gesellschaftliche Wirklichkeiten – und letztlich auch Identitäten – relativ sind.

Auch Maturana und Varela (1987, S. 209 ff.) betonen den sozialen Aspekt der autopoietischen Wirklichkeitserzeugung: Sozial gekoppelte Organismen verwirklichen ihre individuellen Ontogenesen als Ko-Ontogenesen, koordinieren ihr Verhalten mittels Kommunikation und operieren in sozialen Systemen. Die Verwandtschaft mit der luhmannschen Systemtheorie, die auf der Basis ähnlicher Konzepte („Autopoiesis", „Selbstreferenz", „soziale Systeme" etc.) eine umfassende Erklärung der Gesellschaft und ihrer Organisation anstrebt, ist offensichtlich. Luhmann (z. B. 1990, S. 27) knüpft an Maturanas Theorie autopoietischer Systeme an und überträgt das ursprünglich auf biologische Systeme zugeschnittene Prinzip der Autopoiesie auf das Gesellschaftssystem.

Einen an Maturana, Varela und auch an Luhmann anschließenden, radikalkonstruktivistisch inspirierten Versuch, den sozialen Charakter von Konstruktionen zu erfassen, stellt die von Hejl vorgelegte konstruktivistische Sozialtheorie dar. Für ein effizientes Zusammenleben im Sinne einer optimalen Verhaltenskoordinierung und einer wechselseitigen Angleichung der Verhaltenserwartungen,

> wird es notwendig, in einen *Prozeß wechselseitiger Interaktionen und damit wechselseitiger Veränderungen* einzutreten, der zu einer partiellen *„Parallelisierung"* der selbstreferentiellen Subsysteme (der kognitiven Subsysteme) der interagierenden Systeme führt. In dem Ausmaße, in dem lebende Systeme derartige Parallelisierungen ausgebildet haben, d. h. vergleichbare Realitätskonstrukte, sind *soziale Bereiche* entstanden.
>
> Hejl (1985, S. 97)

Die elementare Rolle von Kommunikation mittels „sozial ausgebildete[r] Symbolsysteme" (ebd., S. 99) bei der Hervorbringung einer sozialen Wirklichkeit ist evident. Kommunikation und Sprache bilden die Voraussetzung dafür, dass sich die einzelnen kognitiven Systeme zu sozialen Systemen organisieren. Hejl (1994, S. 57) versteht „Wirklichkeiten als Konstrukte von individuellen und sozialen Systemen", wobei er, wie Luhmann, von einer funktionalen Ausdifferenzierung der Gesellschaft in Subsysteme ausgeht, sodass „neue Quellen für die Erzeugung von Wirklichkeiten" (ebd., S. 55) entstehen. „In jedem dieser Subsysteme [z. B. Wirtschaftssystem, Wissenschaftssystem etc., M. K.] werden systemspezifische Wirklichkeitskonstrukte und auf sie bezogene Handlungs- und Verhaltensweisen ausgebildet." (ebd.) Sozialsysteme werden laut Hejl (ebd., S. 58) durch die weitgehende Parallelisierung bzw. Teilung von Wirklichkeitskonstrukten zusammengehalten. Die funktionale Ausdifferenzierung in eine wachsende Anzahl sozialer Subsysteme führt zu einer „Pluralität sozialer Wirklichkeiten" (ebd., S. 58 f.). Dem damit einhergehenden erhöhten Bedarf an Wirklichkeitsparallelisierung und sozialer Koordination wird durch Systeme 2. Ordnung begegnet. Medien als solche Systeme 2. Ordnung leisten einen wichtigen Beitrag zur Erzeugung und Vermittlung paralleler Wirklichkeitsmodelle.

Mit der Einbettung der individuellen Wirklichkeitskonstruktionen in soziale Prozesse wird erklärt, weshalb Wirklichkeitskonstruktion zwar subjektiv, aber nicht willkürlich ist. Die intersubjektive Anpassung oder „Parallelisierung" der Wirklichkeitsmodelle bewirkt, dass wir im Alltag dennoch das Gefühl haben, in einer einzigen, mit anderen geteilten Realität zu leben (vgl. Schmidt 1994b, S. 10). Der von Gergen (z. B. 2002) begründete soziale Konstruktionismus rückt sogar soziale Beziehungen in den Mittelpunkt einer Theorie der Wirklichkeitskonstruktion und hebt sich vom radikalen Konstruktivismus durch die Annahme ab, dass jegliches Wissen nicht intra- sondern interindividuell im Rahmen von Beziehungen und Diskursen erzeugt wird (vgl. Baecker et al. 1992, S. 119).

1.2 Wissenschaft als Konstruktion der Konstruktion

Die radikalkonstruktivistische Konzeptualisierung von (alltäglicher) Erkenntnis und von (Alltags)Wissen als Konstruktion gipfelt in der Vorstellung von professioneller, d. h. systematisch und reflektiert betriebener Wissenserzeugung als Konstruktion der Konstruktion. Jede Theorie ist somit eine eigene Wirklichkeit (Schülein/Reitze 2002, S. 175).

Aus den Sozialwissenschaften kommt die Unterscheidung zwischen Konstruktionen ersten und zweiten Grades, die auf die Differenz zwischen alltäglicher und wissenschaftlicher Erkenntnis abhebt. Nach Schütz (1971, S. 68) „[...] sind die Konstruktionen der Sozialwissenschaften sozusagen Konstruktionen zweiten Grades, das heißt Konstruktionen von Konstruktionen der Handelnden im Sozialfeld." (vgl. auch Flick 2003, S. 57). Ferner nimmt Schütz (1971) „mannigfaltige Wirklichkeiten" an, von denen die Welt der Wissenschaft nur eine darstellt, die sich teilweise anders organisiert als die Welt des Alltags." (ebd.)

Im Anschluss an Watzlawick (1976, S. 142–144) ist zu unterscheiden zwischen einer Wirklichkeit ersten Grades bzw. erster Ordnung, die physikalische Besonderheiten und Gesetzmäßigkeiten von Dingen, wie sie die Naturwissenschaften anhand objektivierter[17] Messmethoden ermitteln, einschließt (z. B. die Wellenlänge des Lichts), und einer Wirklichkeit zweiter Ordnung im Sinne kultureller, sozialer oder psychischer Artefakte, Sinnzusammenhänge und Bedeutungen, die im Fokus der Humanwissenschaften, etwa der Kulturwissenschaften, der Psychologie und Soziologie stehen. Die von den Wissenschaften erzeugten Konstrukte und Erklärungsmodelle lassen sich schließlich als Wirklichkeiten dritter Ordnung definieren, sodass Folgendes deutlich wird: Während die Naturwissenschaften, z. B. die Physik und Chemie, es mit (mehr oder weniger verlässlich messbaren) Wirklichkeiten erster Ordnung zu tun haben, beschäftigen sich die Human- und Geisteswissenschaften mit den Wirklichkeiten zweiter Ordnung.[18] Wirklichkeiten dritter Ordnung sind Theorien, die aufgrund systematischer und professioneller Beschäftigung mit einem Gegenstand der ersten oder zweiten Ordnung entwickelt werden. Watzlawick (1976) zeigt anhand vieler eindrucksvoller Beispiele aus dem Bereich der Psychotherapie, dass die Wirklichkeit zweiter Ordnung vor allem das Resultat zwischenmenschlicher Kommunikation und aus in der Sache liegenden Gründen besonders anfällig für Störungen, Verzerrungen und Missverständnisse ist, was zugleich darauf hindeutet, dass es viele individuelle, der wechselseitigen Anpassung bedürftige Wirklichkeiten zweiter Ordnung gibt (vgl. ebd., S. 7). Weitgehende intersubjektive Übereinstimmung in Bezug auf die „Tatsachen" erster Ordnung sowie in Prozessen der sozialen Interaktion ausgehandelte Parallelwelten zweiter Ordnung sorgen dafür, dass wir kein einsames Dasein in unseren subjektiven Konstruktionen fristen.

Welche Implikationen ergeben sich aus dem konstruktivistischen Wissens- und Wissenschaftsverständnis für diese Arbeit? Die im Rahmen der Studie entwickelten Begriffe, Modelle und empirischen Resultate sollen nicht wahr, sondern im Sinne des Konzepts der Viabilität, das an die Stelle des traditionellen philosophischen Wahrheitsbegriffs tritt, den Zwecken oder Beschreibungen angemessen sein, für die sie verwendet werden (vgl. von Glasersfeld 1997, S. 43). Vom konstruktivistischen Standpunkt aus gibt es nicht die eine „gültige" Konstruktion oder Theorie der Wirklichkeit bzw. eines bestimmten Wirklichkeitsausschnittes, sondern verschiedene (befriedigende) Wege, die zum Ziel führen, verschiedene Lösungen und

---

[17] „Objektiviert" meint nicht „objektiv", sondern höchstens „intersubjektiv nachprüfbar". Messmethoden erweisen sich stets als theorieabhängig.

[18] Ob von Foerster (2001, S. 183) jedoch in der folgenden Polemik zuzustimmen ist, sei dahingestellt: „Die ‚hard sciences' sind erfolgreich, weil sie sich mit den ‚soft problems' beschäftigen; die ‚soft sciences' haben zu kämpfen, denn sie haben es mit den ‚hard problems' zu tun."

Vorstellungen eines Problems (vgl. von Glasersfeld 1985, S. 18). Eine radikalkonstruktivistische Forschungshaltung bewahrt auf diese Weise auch vor wissenschaftlicher Arroganz und vor der Vermessenheit universaler Geltungsansprüche. In diesem Sinne versteht sich diese Studie als ein auf bestimmte theoretische Aspekte fokussierter und in einer spezifischen metatheoretischen Perspektive entfalteter Beitrag zur sozialpsychologisch-sprachtheoretischen Erforschung des Zusammenhangs von Sprache, Sprechen und Identität.[19]

Anstatt wie herkömmliche quantitativ-empirische Forschungen nach Wahrheit und Validität zu streben, zeichnet sich die konstruktivistische Forschungshaltung durch die Bemühung um Glaubwürdigkeit, Effektivität und Fruchtbarkeit der Modelle sowie um Transparenz ihrer Begriffe, Methoden und Ergebnisse aus. Auf eine derartige Transparenz zielen die Erörterungen dieses Teilkapitels ab. Bedeutsam scheint insgesamt auch das Bewusstsein hinsichtlich des beobachterabhängigen, vorläufigen Status gewonnener Einsichten und der Subjektivität auch der Wirklichkeitskonstruktionen 3. Ordnung. Gleichwohl können gewisse Vorkehrungen getroffen werden, um wissenschaftlich gewonnene Erkenntnisse intersubjektiv nachvollziehbar, nachprüfbar und für weitere Forschungen und Diskussionen anschlussfähig zu machen.

> Die Validität bemisst sich an der Relevanz und Angemessenheit der Analyse im Hinblick auf die Erkenntnis über den Gegenstandsbereich, also auf die Frage: Inwieweit trägt der Beitrag des Autors zu einer Erweiterung des Diskussions- und Bezugsrahmens sozialer Wirklichkeit bei?
>
> Matt (2003, S. 586)

Über diese Frage möge der sachkundige Leser nach Lektüre der vorliegenden Arbeit selbst befinden.

1.3 Identitätskonstruktion

Die vorliegende Studie begreift die Konstruktion von Identität als Spezialfall des allgemeinen Prozesses der Wirklichkeitskonstruktion. Identitätskonstrukte werden als ein, wenn auch zentraler, weil subjektiv bedeutsamer und unmittelbar subjektbezogener Bestandteil von Wirklichkeitsmodellen verstanden, die ihre hohe Relevanz auch aus dem Umstand speisen, dass wir uns Wirklichkeiten immer (noch) als mit handelnden Akteuren besetzte Szenarien vorstellen und diese nicht etwa, wie die Systemtheorie

---

[19] Diese metatheoretische Perspektive wird in den Kapiteln 1 und 2 dargelegt.

suggeriert, als subjektlose Kommunikationen oder Systemzusammenhänge denken. Der für diese Arbeit grundlegende Terminus der Konstruktion bedarf einer näheren Spezifizierung, insofern sich im Lichte der konstruktivistischen Rahmentheorie zusätzlich zur Alltagsbedeutung mindestens eine weitere, spezielle Verwendungsweise ergibt. Auch Schmidt (1994b, S. 5) weist auf die Zweischneidigkeit/Missverständlichkeit des Begriffs „Konstruktion" hin:

> Umgangssprachlich bezeichnet man planvolle, intentionale Herstellungen von etwas als Konstruktion. Ganz im Gegensatz dazu benutzen Konstruktivisten dieses Wort, um Prozesse zu bezeichnen, in deren Verlauf Wirklichkeitsentwürfe sich herausbilden, und zwar keineswegs willkürlich, sondern gemäß den biologischen, kognitiven und sozialen Bedingungen, denen sozialisierte Individuen in ihrer sozialen und natürlichen Umwelt unterworfen sind.

Während im Alltagsgebrauch „Konstruktion" also die bewusste und absichtsvolle Zusammen-Setzung von etwas bezeichnet,[20] bezieht sich der epistemologisch gewendete Begriff auf die un- oder vorbewusst ablaufende, aber dennoch aktive kognitive Tätigkeit des Hervorbringens von Wirklichkeit auf der Grundlage von Wahrnehmungen. Gemeint ist im konstruktivistischen Sinne also der mentale Akt der Zusammensetzung von Vorstellungen, Kategorien, Konzepten oder ganzen Wirklichkeitsmodellen durch das wahrnehmende Individuum.[21] Dabei hängt der Grad der Komplexität und Spezifik der betreffenden Konstruktionsprozesse einerseits von der Art der Perturbation ab, d. h. davon, ob etwa ein materieller Gegenstand, ein lebendiger Körper oder ein sprachlich verfasster Text Konstruktionsprozesse auslösen. Wie Schmidt (ebd.) verdeutlicht, setzen andererseits die biologische Beschaffenheit des kognitiven Systems und seine sozio-kulturelle Verankerung der individuellen Konstruktionsaktivität Grenzen, sodass von einer Beliebigkeit oder Willkürlichkeit der Konstruktionsprozesse nicht die Rede sein kann.[22] Während an einem Ende

---

[20] Es gibt eine konkrete („ein Gebäude konstruieren") und auch eine abstrakte Alltagsbedeutung („eine konstruiert wirkende Erklärung") (vgl. Stegu 2000, S. 210 ff.). Stegu (ebd.) weist auf den zugrunde liegenden Metaphorisierungsprozess und die Problematik der unreflektierten, unspezifischen Verwendung hin.

[21] Im Gegensatz dazu steht die Modellierung von Wahrnehmung als passiv-rezeptive Informationsaufnahme.

[22] Dem Konstruktivismus wird häufig vorgeworfen, dass die angenommene Konstruktivität von Wahrnehmungs- und Erkenntnisprozessen zu einer unberechenbaren Beliebigkeit und Willkürlichkeit von Wirklichkeitsentwürfen führen müsste. Diesem Vorwurf ist entgegenzusetzen, dass keine Beliebigkeit darin besteht, wie Sinnesdaten interpretiert werden. Die Interpretation geschieht immer vor dem Hintergrund von

einer imaginären Skala, die zunehmende und abnehmende Bewusstheit und Intentionalität von Konstruktionen verzeichnet, z. B. das Betrachten eines Gemäldes, das vorkonstruktivistisch als passiv-aufnehmender Vorgang gegolten hat, zu verorten wäre, sind solch tätig-aktive Prozesse wie „die Konstruktion eines architektonischen Gebildes" an dem anderen Ende dieser Skala anzusiedeln. Sie fallen somit auch unter den erkenntnistheoretischen Konstruktionsbegriff, hinsichtlich Bewusstheit und Intentionalität stellen sie allerdings den Extremfall menschlicher Wahrnehmungs-, Denk- und Schaffensprozesse dar. Ähnlich wie Rusch (1999, S. 9), der „bemerkt, daß kognitiv-soziale Konstruktivität tiefer reicht als die bewusste Manipulation von Sachverhalten", wird hier die bewusste Manipulation von Sachverhalten und Gegenständen als intentionaler, an der Oberfläche angesiedelter Spezialfall von Konstruktion verstanden.

In Bezug auf das spezielle Thema dieser Arbeit erweist sich die Unterscheidung zwischen dem unbewussten Regelfall und dem bewusst-absichtsvollen Extremfall von Konstruktivität als in komplexer Weise zutreffend, insofern zu differenzieren ist zwischen der unbewussten gegenüber der bewussten Wahrnehmung von Identität bzw. Eindrucksbildung in Bezug auf andere Personen und Gruppen einerseits und der planvollen Selbstdarstellung gegenüber der ungeplant-unbewussten Herausbildung von Identität andererseits. All dies sind Vorgänge, die auf aktiver kognitiver Tätigkeit basieren und gleichfalls auf verschiedenen Stufen der Bewusstheit vorkommen. Die Bewusstheit beider Arten von Prozessen, d. h. sowohl der Wahrnehmung fremder Identitäten als auch der Konstruktion eigener Identität erweist sich bei genauerer Betrachtung als variabel, situations- und auch medienabhängig. Eine bedeutende Rolle spielt in diesem Zusammenhang der ebenfalls variierende Bewusstheitsgrad hinsichtlich der zum Zwecke der Identitätskonstruktion verwendeten sprachlichen Ausdrucksmittel. Wenn also in den folgenden Kapiteln von Identitäts**konstruktionen** die Rede ist, ist entweder die Konstruktivität der zugrunde liegenden Wahrnehmungen im Hinblick auf identitätsbezogene Eindrucksbildung oder die absichtsvolle Inszenierung bestimmter Identitäten und Identitätsaspekte oder aber beides gemeint, was jeweils durch den Kontext spezifiziert wird. Sofern der Grad der Bewusstheit der Konstruktionsprozesse eine besondere Rolle spielt, wird dies angegeben.

Die Körperferne der Kommunikation in virtuellen Welten führt zu einer Verstärkung der potenziellen Bewusstheit und kreativen Steuerbarkeit von Prozessen der Identitätskonstruktion. Unabhängig von physi-

---

Erfahrungen und ist durch die spezifische Struktur des kognitiven Systems sowie durch die Art der Reize geprägt (vgl. Konrad 1999, S. 306 f.).

schen Identitätsvorgaben können hier verschiedenste Selbstaspekte entworfen werden, zunehmend willentlich und intentional, aber auch unbewusst. Eine Besonderheit der virtuellen Kommunikation besteht ferner in dem Umstand, dass die konstruierten Welten und Identitäten sich durch verstärkte Kontingenz auszeichnen bzw. dass diese Kontingenz stärker ins Bewusstsein rückt, all das freilich innerhalb der Grenzen der biologisch-strukturellen Vorgaben einerseits sowie der individuellen Sozialisation, gesellschaftlichen Ordnung und kulturellen Rahmung andererseits.

Die Konstruktion von Identität stellt im Vergleich zum Entwerfen und Errichten etwa einer Brücke dennoch einen besonderen Fall dar, denn:

> Subjekt und Objekt der Handlung fallen zusammen. Der Konstrukteur (das zentrale Nervensystem) sitzt nicht am Reißbrett, um eine Konstruktion zu erstellen, die seinen Vorstellungen – oder besser gesagt: einer gegebenen Problemstellung – genügen soll; es [das Nervensystem, M. K.] hat keine Distanz zu seiner Konstruktion, es steht seiner Konstruktion nicht gegenüber: es *ist* seine Konstruktion.
>
> Konrad (1999, S. 307)

Was Konrad (ebd.) in Bezug auf Konstruktionsprozesse im Allgemeinen formuliert, trifft auf den Sonderfall der Ich-Konstruktion erst recht zu. Ein wichtiger Aspekt scheint die Rekursivität und Selbstreferenzialität des Prozesses der Selbstkonstruktion zu sein, so modelliert Rusch (1987, S. 130) „Selbst und Ich-Bewußtsein als eine konstruktive Leistung eines zu rekursiven Operationen fähigen Organismus." **Identität** und **Ich** nehmen in der konstruktivistischen Theorie eine besondere Stellung ein, denn ihnen wohnt gewissermaßen ein doppeltes Moment der Selbstreferenzialität inne. Selbstreferenziell und rekursiv wird ein Teil der Wirklichkeit erzeugt, der sich auf das eigene Selbst bezieht: die personale und soziale Identität des autopoietischen Systems. In seiner subjektiven Welt oder, postmodern gesprochen, in den vielfältigen Wirklichkeiten, in denen es sich bewegt, erscheint die eigene Identität als „archimedischer Punkt", auf den alle Erlebnisse und Erfahrungen zentriert sind und der diese vielleicht zusammenzuhalten vermag.

> Dieser Mangel, niemals die *wirkliche Pracht der ganzen Wahrheit* erblicken zu können, der dem Radikalen Konstruktivismus vorgeworfen werden kann, wird wiedergutgemacht durch den archimedischen Punkt, den es in der Welt seiner Kritiker nicht geben kann, in einer subjektiven Konstruktion aber durchaus gibt: Das *Ich* ist der Punkt. […] Das Wissen von Welt ist eine Konstruktion, deren Zentrum die Identität […], die Vorstellungen über die eigene Existenz bildet.
>
> Konrad (1999, S. 309 f.)

Zusätzlich zu der Unterscheidung zwischen bewusster und unbewusster Konstruktionsaktivität, d. h. zwischen verschiedenen Bewusstheitsgraden des „kognitiv-sozialen Operierens" (vgl. Weber 2003, S. 186), ist zu differenzieren zwischen struktureller, sozialer oder kultureller Determiniertheit vs. Nichtdeterminiertheit von Konstruktionsprozessen.[23] Maturana/Varela (1987, S. 216 f.) setzen an einem Ende einer entsprechenden Skala biologische Organismen an, deren einzelne Komponenten eine minimale Autonomie und Freiheit besitzen, wobei die Systeme insgesamt eine maximale interne Stabilität aufweisen. An dem anderen Ende der Skala sind menschliche Gesellschaften angesiedelt, deren Mitglieder aufgrund des Operierens im Bereich der Sprache maximale Autonomie besitzen, was die individuelle Kreativität und Wandelbarkeit der einzelnen Komponenten gewährleistet. Ein Gegenbeispiel stellen diktatorische Gesellschaften dar, d. h.

> jene menschlichen Gemeinschaften, die Zwangsmechanismen zur Stabilisierung aller Verhaltensdimensionen ihrer Mitglieder heranziehen und dadurch entartete soziale Systeme im menschlichen Bereich darstellen. Solche zwangsstabilisierten Systeme verlieren ihre Eigenschaft als ‚soziale' Systeme; sie werden unmenschlich, da sie ihre Mitglieder depersonalisieren. Sie ähneln mehr einem Organismus als einem menschlichen sozialen System, wie das zum Beispiel bei dem Stadtstaat Sparta der Fall war.
>
> ebd. (S. 217)

Die kreative Konstruktion einer personalen Identität ist folglich gebunden an das Verfügen über das Medium der Sprache, das dem Individuum durch seine relative Plastizität ein Maximum an Konstruktionsfreiheit bietet. Im Falle rigider biologischer, sozialer oder kultureller Festlegung, die durch ein zwangsstabilisiertes Sprachsystem unterstützt werden kann, wird freie Identitätskonstruktion eingeschränkt oder gar unmöglich. Nicht von ungefähr legen Diktaturen großes Gewicht auf Reglementierungen und Einschränkungen des Sprachgebrauchs bzw. auf Verbote von Minderheitssprachen.

Der konstruktivistische Ansatz bildet den metatheoretischen Rahmen, in den die im Rahmen dieser Arbeit zu untersuchenden Phänomene Sprache, Sprechen und Identität eingebettet werden, denn, wie Berger/Luckmann (2003) zu Recht bemerken: Identitätstheorien sind, wie im Übrigen auch alle anderen theoretischen Konstrukte, „in eine allgemeinere Interpretation der Wirklichkeit eingebettet. Sie sind in die symbolische Sinnwelt und deren Legitimationen ‚eingebaut' und wechseln je nach deren Charakter. [...] Wenn eine Identitätstheorie immer in die umgreifende Theorie der Wirklichkeit eingebettet ist, so kann sie nur nach deren innerer Logik verstanden werden" (ebd., S. 186).

---

[23] Für einen entsprechenden Hinweis sowie für zahlreiche weitere Anregungen zu Konstruktivismus, Sprache und Identität danke ich Hans Bickes.

In Teil II werden auch nichtkonstruktivistische Identitätstheorien vorgestellt, allerdings gipfelt die Auseinandersetzung mit dem Identitätsphänomen in seiner konstruktivistischen Modellierung. Insgesamt wird die Auffassung vertreten, dass die Position des Konstruktivismus einen geeigneten erkenntnistheoretischen Rahmen abgibt, um dem Konstruktionscharakter von Identitätsbildungsprozessen und der Rolle des Konstruktionsmediums Sprache angemessen Rechnung zu tragen.

2 Sprachbezogene Prämissen

Auf die durch Kant ausgelöste konstruktivistische Wende in der Erkenntnistheorie folgten als revolutionäre Umwälzungen der linguistic turn und der pragmatic turn in der (Sprach-)Philosophie. Während Kant auf die Subjektbezogenheit des Denkens hinwies, wird seit dem linguistic turn seine Sprachabhängigkeit hervorgehoben. In den Fokus philosophischer Betrachtungen rückte die Nichthintergehbarkeit der Sprache in Bezug auf Denk- und Erkenntnisprozesse, das so genannte Sprachapriori. Dieses definiert Apel (1993, S. 40) als „das transzendentalsemiotische Apriori der Zeichen- und Sprachvermitteltheit des intersubjektiv gültigen Denkens". Auf das Sprachapriori rekurrieren Ansätze wie die Sprachhermeneutik nach Gadamer, die Sprachspieltheorie des späten Wittgenstein sowie die von Austin und Searle ausgehende Sprechakttheorie (u. a.). All diese Positionen modellieren jegliches Denken und Erkennen als von intersubjektiver Verständigung abhängig (vgl. ebd., S. 40 f.).

In seiner Spätphilosophie interessiert sich Wittgenstein insbesondere für das Funktionieren der Sprache im Gebrauch: Erst der Gebrauch eines Zeichens gibt ihm Leben; im Leben erhält es gewissermaßen seine Bedeutung (PU 43 und 432). In so genannten Sprachspielen, die mit bestimmten Lebensformen einhergehen, vollzieht sich die sprachliche Praxis.

> Das Wort „Sprach*spiel*" soll hier hervorheben, daß das Sprechen der Sprache Teil ist einer Tätigkeit, oder einer Lebensform:
> Führe dir die Mannigfaltigkeit der Sprachspiele an diesen Beispielen, und an anderen, vor Augen:
>
> > Befehlen, und nach Befehlen handeln –
> > Beschreiben eines Gegenstandes nach dem Ansehen, oder nach Messungen –
> > [...]
> > Eine Geschichte erfinden; und lesen –
> > Theater spielen –
> > Reigen singen –
> > Rätsel raten –
> > Einen Witz machen; erzählen
> > [...]
> > Bitten, Danken, Fluchen, Grüßen, Beten.
>
> (PU 23)

Mit seinem Sprachspiel-Konzept weist Wittgenstein auf die Mannigfaltigkeit der Sprechweisen hin und zeigt auf, dass es so viele Sprechstile wie Lebensformen gibt, denen jeweils bestimmte Regeln oder Prinzipien zugrunde liegen. Die Vielfalt der Sprachspiele wird potenziert durch die vielen Möglichkeiten ihrer Umsetzung in verschiedenen (Sub-)Kulturen und

Gesellschaften. So mannigfaltig die Sprachspiele sind, so zahlreich sind die untrennbar mit ihnen verknüpften Lebensformen. Bereits bei Wittgenstein zeigt sich so die enge Verbindung zwischen Sprache im Sinne der Teilhabe an einem Sprachspiel oder Sprechstil und einer spezifischen Lebensform, d. h. einer bestimmten sozio-kulturellen Identität.[24] Durch das Sprachspiel-Konzept kommt der lebensform- und damit wirklichkeitskonstituierende Chararakter der menschlichen Sprechaktivität in den Blick.

Die Erkenntnis, dass unser Denken und unser Wissen über die Welt hauptsächlich in Sprache gefasst sind, findet sich seitdem in verschiedenen wissenschafts-, erkenntnis- und sprachtheoretischen Arbeiten. Reflexionsfähigkeit gilt als kommunikativ-sozialer Prozess (vgl. z. B. Bickes 1993). Vor dem Hintergrund des wittgensteinschen Privatsprachenarguments wird eigenes – und auch fremdes – Verhalten nur im konventionalisierten, kommunikativ-sozialen Medium der Sprache verstehbar (ebd.). Für Bickes „verweist reflexives Bewußtsein immer über den Bereich des Individuellen hinaus ins kommunikativ vernetzte Soziale" (ebd., S. 168).[25] Aus dieser Perspektive wird das Zeichen zur grundlegenden menschlichen Erkenntniseinheit: „In der Sprache vollzieht sich kommunikative Zeichenverwendung nicht allein zur Übermittlung von Information; in ihr konstituiert sich typisch menschliche Erkenntnisfähigkeit" (ebd., S. 178).

Poser (2001, S. 30) weist auf den wirklichkeitskonstituierenden Charakter der Sprache hin: „Die Wirklichkeit ist unendlich komplex, und durch die Sprache wird aus ihr etwas herausgegriffen und durch sie thematisiert." Wirklichkeit ist hier noch eine von Sprache unabhängige Größe. In konstruktivistischem Sinne lässt sich diese Behauptung dahin gehend zuspitzen, dass durch Sprache diejenigen Unterscheidungen getroffen und benannt werden, die unsere Wirklichkeit konstituieren, wobei binäre Differenzpaare wie Frau-Mann, Geist-Materie, Natur-Kultur usw. dominieren. Auch der konstruktivistische Medienepistemologe Schmidt (1999, S. 122) bemerkt zu Recht, dass wir als Beobachterinnen weder hinter unsere Wahrnehmung noch hinter unsere Sprache zurückkönnen; zudem tragen unsere sozialen und kulturellen Prägungen dazu bei, dass sich uns das Beobachtete im Lichte spezifischer Setzungen und Perspektivierungen darstellt.

---

[24] Somit kann Wittgenstein gewissermaßen als Wegbereiter variations- und soziolinguistischer Ansätze angesehen werden.

[25] Weiter heißt es: „Interpretiert man Handlungen in diesem Sinne als kommunikativ gerichtetes (und eben dadurch reflektierbares) Verhalten, das sich konventionalisierter Ausdrucksformen bedient, so folgt mit Notwendigkeit der *Zeichencharakter* jedweden Handelns" (Bickes 1993, S. 168).

Was bedeutet die Einsicht in die sprachliche Verfasstheit des Denkens für wissenschaftliche Formen der Erkenntnis? „Die Logik unserer Sprache ist die Logik unseres wissenschaftlichen Denkens. Ihre Beschränkungen übertragen sich auf dieses" (Eberhardt 1999, S. 25). Wenn Sprache bezeichnet und festlegt, was wir als wirklich definieren, d. h. wenn unser Denken und unsere Wirklichkeitsmodelle sprachlich gefasst sind, erweist sich das Verhältnis zwischen Sprache, Erkenntnis und Wirklichkeit als prekär für die Wissenschaft, insofern ihre Erkenntnisprozesse und Resultatsdarstellungen an das Medium der Sprache gebunden sind (vgl. Poser 2001, S. 28 f.). Was bedeutet dies für die Sprachwissenschaft? Sprache stellt für sie nicht nur das Medium der Erkenntnis, sondern auch ihren Untersuchungsgegenstand dar. Konstruktivistisch orientierte Sprachwissenschaft zielt darauf ab, in Bezug auf (sprach-)wissenschaftlich getroffene Unterscheidungen (syntaktische Phänomene, Jugendsprache, Dialekte etc.) viable Theorien und Aussagen zu formulieren, die anschlussfähig kommunizierbar sein sollen.

Aus der konstruktivistischen Position lassen sich spezifische sprachbezogene Prämissen, auch im Sinne von Implikationen für die linguistische Theorie und Analyse ableiten. Die für die vorliegende Arbeit relevanten Implikationen beziehen sich zunächst auf den Bereich der Bedeutungs- bzw. Zeichentheorie: Es wird eine bestimmte Zeichen-Referent-Relation postuliert. Ferner ergibt sich aus konstruktivistischer Perspektive eine bestimmte Vorstellung von Kommunikation und Verstehen auf kommunikationstheoretischer Ebene. Die konstruktivistische Sicht auf die Rolle von Sprache im Hinblick auf Wirklichkeits- und Identitätskonstruktionen führt uns schließlich zu einem bestimmten Sprachbegriff, der im Folgenden angedeutet, in Teil III dann mit Bezug auf die Identitätsbildung noch detaillierter herausgearbeitet werden soll. Ähnlich wie Stegu (2000, S. 205 ff.), der die Langue als ein Gebilde „fixierter, ‚systematisierter' Konstruktionen", die Parole als Modus der „Wirklichkeitskonstruktion im Gespräch" und schließlich Sprachtheorien als „‚Konstruktionen zu Konstruktionen'" definiert,[26] werden im Folgenden Grundbegriffe einer konstruktivistisch inspirierten Linguistik und ihr jeweiliger Stellenwert für Prozesse sprachlicher Identitätskonstruktion vorgestellt.

Die Verwerfung der Bild- oder Korrespondenztheorie der Sprache, wie sie etwa Wittgenstein in seiner Frühphase vertreten hat, gipfelte in den textbasierten Wissenschaften in der so genannten Krise der Repräsentation. Der späte Wittgenstein verabschiedete sich von der Vorstellung der

---

[26] Ferner ergeben sich aus der konstruktivistischen Theorie vielfältige Implikationen für das Sprachenlernen und für dessen interkulturelle Aspekte (vgl. Stegu 2000, S. 205).

sprachlichen Exaktheit einer logischen Idealsprache (vgl. Stegmüller 1989, S. 566 f.), die die Struktur der Wirklichkeit abbilden könne, und erkannte die intensionale Vagheit und Mehrdeutigkeit sprachlicher Ausdrücke an (ebd., S. 568). Frühzeitig haben auch Philosophen wie Quine (1980/1960) auf die unvermeidliche Unbestimmtheit der Referenz sprachlicher Ausdrücke (vgl. Gergen 2002, S. 32–35) hingewiesen.

Kognitivistisch orientierte Linguistinnen siedeln die Referenten sprachlicher Ausdrücke in einer projizierten Wirklichkeit an und erklären sie damit zu rein mentalen Phänomenen. Nach Jackendoff (1983, S. IX) z. B. drücken grammatische und lexikalische Systeme Konzepte aus. Bei einem Konzept handelt es sich um eine kognitive Struktur, die das Individuum aufgrund sprachlicher, sensorischer und motorischer Informationen ausbildet (ebd., S. 17). Das Konzept [BAUM] beispielsweise wird erzeugt, wenn wir bei einem Spaziergang entsprechendes visuelles Input empfangen. Diese mentale Repräsentation ist, so Jackendoff, deutlich von dem Objekt (realer Baum) zu unterscheiden. Da wir die Welt an sich („the world as it is") (ebd., S. 26) nicht wahrnehmen können, übermitteln sprachliche Ausdrücke auch keine Informationen über die „reale" Welt: *„Hence the information conveyed by language must be about the projected world"* (ebd., S. 29). Fr unterscheidet zwischen der „realen Welt", deren Existenz er nicht bestreitet (ebd.) – ihr entstammt das auf uns einströmende Input – und der „projizierten Welt", die vom Individuum aufgrund von Erfahrung (ebd., S. 28) in konstruktiver kognitiver Tätigkeit ausgebildet wird. Wurzeln dieser konstruktivistischen Sicht der Psychologie sieht Jackendoff gleichfalls bei Kant (ebd., S. 29). Aus der Unterscheidung zwischen realer und projizierter Welt ergeben sich weit reichende Konsequenzen für die Semantik.

> [...] the real world plays only an indirect role in language: it serves as one kind of fodder for the organizing processes that give rise to the projected world. If this is the case, we must question the centrality to natural language semantics of the notions of truth and reference as traditionally conceived. Truth is generally regarded as a relationship between a certain subset of sentences (the true ones) and the real world; reference is regarded as a relationship between expressions in a language and things in the real world that these expressions refer to. Having rejected the direct connection of the real world to language, we should not take these notions as starting points for a theory of meaning.
>
> (ebd.)

Referenz und Wahrheitsgehalt sprachlicher Ausdrücke werden so zu einer mentalen Angelegenheit. Die ähnliche genetische Ausstattung der Menschen und vergleichbare Umweltbedingungen garantieren die Kompatibilität der Projektionen (ebd., S. 30 f.). Zu ergänzen wäre in diesem Zusammenhang der wichtige Hinweis auf den sozial-kommunikativen Charakter der Aushandlung sowohl von Bedeutungen als auch der projizierten Wirklichkeit insgesamt.[27]

Eine konstruktivistisch fundierte Semantik geht folglich davon aus, „daß alle Referenten unserer sprachlichen Ausdrücke im Bereich unserer Kognition liegen" (Rusch 1992, S. 383), wobei die jeweilige Bedeutung aktiv vom jeweiligen Sprachteilnehmer hergestellt wird. Präzisieren lässt sich dies mit Wendt (2000, S. 26) dahin gehend, „dass sprachliche Äußerungen sowohl auf individuelle wie auf gesellschaftlich ausgehandelte Bedeutungen referieren". Auf der Grundlage von Perturbationen erzeugt das Gehirn Bedeutungen, die nur aus ihm selbst stammen (ebd.). Diese können das kognitive System nicht verlassen und auch nicht übertragen werden, aber dennoch in sozialen Prozessen an- und abgeglichen werden.

Bereits 1923 stellen Ogden und Richards das Referenzproblem der Semantik in ihrem bekannten semiotischen Dreieck dadurch dar, dass sie die Relation zwischen Wort und Ding nur durch eine gestrichelte Linie markieren, um anzuzeigen, dass es sich um eine bloß angenommene Beziehung handelt. Auch de Saussure betont, dass signifiant und signifié assoziativ im Geiste des Zeichenbenutzenden miteinander verbunden sind, Bedeutung also „nicht im Bereich der sogenannten realen Gegenstände" (vgl. von Glasersfeld 1997, S. 90) existiert. Ferner haben Zeichentheoretiker und Sprachphilosophen wie Peirce, Morris und der späte Wittgenstein dazu beigetragen, dass eine realistische, abbildtheoretische Vorstellung der Zeichen-Referent-Relation abgelöst wurde durch eine pragmatische, an der Sprachverwendung orientierte Semantik, die der konstruktivistischen Auffassung von Bedeutung recht nahe kommt (vgl. Rusch 1987, S. 153). Allerdings vermag der konstruktivistische Ansatz über die gebrauchstheoretische Konzeption der Semantik hinaus, wie sie in einer reinen Form etwa von Keller vertreten wird, Bedeutung auch in der individuellen Kognition zu verankern (vgl. ebd., S. 160), wodurch sich eine deutliche Nähe zur mentalistisch orientierten Linguistik ergibt. Von Glasersfeld, der das Referenzproblem als erkenntnistheoretisches, nicht als semantisches einordnet, bringt das Anliegen der kognitiv orientierten Semantik[28] deutlich zum Ausdruck. Er bedauert, dass

> [...] die semantische Analyse lange Zeit von zwei Grundannahmen behindert worden ist. Zunächst einmal hat die traditionelle Theorie der Referenz durch ihre recht großzügige Vernachlässigung epistemologischer Probleme die Vorstellung vertreten, dass „Bedeutung" Wörter mit Gegenständen der wirklichen Welt ver-

---

[27] Vgl. dazu Abschnitt 1.1.
[28] Vgl. dazu auch Bickes 1993.

> bindet (was natürlich mit sich bringt, dass wir über irreale Elemente nicht sinnvoll reden noch sie richtig benennen können). Zum anderen haben die Vertreter des Logischen Positivismus behauptet, daß „Bedeutung" von der Wahrheit oder Falschheit oder zumindest der Verifizierbarkeit einer Aussage abhängig sei. Für die Art der semantischen Analyse, die wir als kognitive bezeichnen können, ist jedoch die Existenz von Dingen oder die Wahrheit von Aussagen kaum je von irgendeiner Bedeutung. Was in der Tat wichtig ist, das sind die *begrifflichen* Elemente, die durch die sprachlichen Aussagen aktiviert, sowie die Relationen, die zwischen ihnen hergestellt werden.
>
> von Glasersfeld (1987, S. 39)

Von Glasersfelds Auffassung zufolge sind Entitäten und „Ereignisse, auf die wir uns auch in sprachlicher Kommunikation beziehen, Konstrukte, oder mit anderen Worten: Resultate mentaler Operationen" (ebd., S. 25). Allerdings handelt es sich bei diesen Konstrukten um mit anderen geteilte, d. h. soziale Phänomene: „Sozial konstruierte Wirklichkeiten – und nicht die Realität – bilden daher den Referenzbereich von Kommunikationen" (Schmidt 1992b, S. 431). Auch Rusch (1987, S. 157) findet es

> wenig überzeugend, sprachlichen Ausdrücken (seien sie phonetisch oder skriptural realisiert) Bedeutung in einem propositionalen Sinne oder im Sinne einer Eigenschaft, die ihnen ganz unabhängig zukommt, zuzuschreiben. Als akustisches Ereignis bzw. als Geräusch ist auch die Äußerung eines Wortes oder Satzes nicht mehr als ebendies: ein Geräusch [...]. Es sind die Organismen, die aus Geräuschen Phoneme und aus bestimmten visuellen Objekten Grapheme machen. Und es sind die Organismen, die sich aufgrund dieser ihrer Beschreibungen orientieren.

Rusch ordnet Referenten „Orientierungswerte" zu und „Bedeutung aufgrund der *operativen Funktion*, die ihnen [...] in der Kognition eines Organismus zukommt." (ebd., S. 158)

Der amerikanische Philosoph Rorty erinnert daran, „daß der Großteil der Realität indifferent gegenüber unseren Beschreibungen von ihr ist und daß das menschliche Selbst durch die Verwendung eines Vokabulars geschaffen und nicht adäquat oder inadäquat in einem Vokabular ausgedrückt ist" (1991, S. 27). Damit deutet er wichtige Implikationen der konstruktivistischen Bedeutungsauffassung für die Identitätsfrage an. Wird Identität, wie im Rahmen dieser Arbeit, als sprachlich ausgehandeltes Konstrukt konzeptualisiert,[29] so ist die Sprache der Ort, an dem die Suche nach Identitäten ihren Anfang nimmt. Inwiefern die sprachlich-medial verfassten Äußerungen die „wahre" Identität von Personen im Sinne des „realen" Referenten (biologisches Alter, Geschlecht o. ä.) adäquat ausdrücken, erweist sich als unbedeutend bzw. ist – insbesondere in virtuel-

---

[29] In anderen Disziplinen und Zusammenhängen, etwa biologisch-forensischen, könnte Identität z. B. als „genetischer Fingerabdruck" modelliert und untersucht werden.

len Kommunikationsformen wie dem Chat – schwer ermittelbar. Der hier eingenommene Standpunkt impliziert, dass Identität bzw. verschiedene Identitätsaspekte (wie auch andere Wirklichkeitselemente) sich in Sprache und in Diskursen verwirklichen. Insofern sind sie zunächst nur als sprachlich-diskursive Manifestationen von Interesse. Ein nächster Schritt würde darin bestehen, die aus den sprachlich-medialen Perturbationen abgeleiteten, mentalen Identitätskonstrukte und schließlich auch die sozialen und kulturellen Voraussetzungen ihrer Entstehung zu untersuchen.

Die konstruktivistische Sicht auf Sprache hat zudem beträchtliche Implikationen für den Kommunikationsbegriff. Das von Shannon/Weaver (1949) im nachrichtentechnischen Kontext konzipierte Sender-Empfänger-Modell, das Kommunikation als Informationsübertragung beschreibt, erweist sich als inadäquat für die Beschreibung zwischenmenschlicher Kommunikation.[30] Genauso wenig wie Medien von Konstruktivistinnen als ‚Wirklichkeitsabbilder' angesehen werden, gilt Kommunikation im Rahmen der konstruktivistischen Kommunikationstheorie als Übertragung von Informationen.

> Als Menschen können wir miteinander kommunizieren, gerade weil wir *nicht* wie durch Röhren und Kanäle Gedanken und Informationen austauschen, sondern diese aufgrund bestimmter Kognitionsanlässe (wie Texte und Bilder) je selbst konstruieren.
> Schmidt (2000b, S. 143)

Würden wir, so Schmidt (ebd.), in Kommunikationen Informationen austauschen, stünde eine Kontrollmöglichkeit par excellence zur Verfügung, die es unmöglich machte, sich gegen Kommunikation zu wehren. Die Mitteilungen anderer würden uns gleichsam überfluten und überwältigen. Erfolgreiche Kommunikation basiert aus konstruktivistischer Sicht – und wieder ergeben sich eindeutige Parallelen zur Kognitionspsychologie – auf der aktiven Tätigkeit der an der Kommunikation beteiligten Rezipienten und Produzenten, die hinreichend parallelen Gebrauch von ihren kognitiven Möglichkeiten machen können und wollen (ebd.).

Rusch (1994 und 1987, S. 60 ff.) erklärt, wie unter der Bedingung der operationalen Geschlossenheit autopoietischer Systeme kommunikative und sprachliche Interaktion funktionieren kann. Werden die beteiligten Interaktanten als kognitiv autonome Individuen modelliert, lässt sich kommunikativer Austausch als Orientierungsinteraktion (ebd.) begreifen, bei der die Beteiligten einander auf bestimmte Bedeutungen oder Orientierungswerte (ebd., S. 158) hin orientieren. Verstehen bzw. die wechsel-

---

[30] Vgl. dazu Krippendorff (1994) und Stegu (2000), S. 207.

seitige Unterstellung von Verstehen, so Schmidt (2000b), basiert auf Anschlusshandlungen und Anschlusskommunikationen, die vom jeweiligen Kommunikationspartner als angemessen angesehen werden, um dem anderen Verstehen zu unterstellen. Mit anderen Worten: Das Verhalten des Zuhörenden muss den Erwartungen des Sprechenden entsprechen, weshalb Verstehen als soziale Leistung anzusehen ist (ebd., S. 147). Durch sprachliche Verhaltensweisen werden Perturbationen ausgelöst, die wiederum sprachliches (oder nichtsprachliches) Verhalten auslösen (ebd., S. 149). Hundertprozentiges Verstehen im Sinne einer 1:1-Entsprechung zwischen Gemeintem und Verstandenem kann es aus konstruktivistischer Sicht also gar nicht geben, abgesehen davon, dass eine solche Äquivalenz sich gar nicht feststellen ließe. Ähnlich wie bei Schmidt wird Bedeutung im Rahmen dieser Arbeit als Resultat „der Interaktion parallel sozialisierter Kommunikationspartner" aufgefasst,[31] Verstehen „als soziale Leistung" im Sinne einer Erwartungsentsprechung und Kommunikation „als zentrales Instrument sozialer Wirklichkeitskonstruktion" (ebd., S. 143).

Für die Zwecke dieser Untersuchung angemessen scheint die Vorstellung von Kommunikation, genauer gesagt von Gesprächen und Texten, als Orten der sozialen Wirklichkeitskonstruktion und von Sprache als zentralem Medium dieser Konstruktion(en). Zugleich gilt Sprache als zentrales Medium der menschlichen Existenz, insofern sie neben der Be-Handlung außerhalb der betreffenden Konstrukteure liegender und für diese relevanter Ereignisse und Entitäten auch die Herausbildung eines individuellen und sozialen Selbst(-Bewusstseins) ermöglicht. Schmidt beschreibt diese wichtigen Zusammenhänge in ontogenetischer Perspektive:

> Mit der Muttersprache erwirbt das Kind nicht bloß ein Zeichensystem plus Grammatik, sondern ein höchst sensibles Instrument der Kopplung kognitiver, semiotischer und sozialer Handlungen. […] Mit der Sprache entstehen die Unterscheidungen (und die Beziehungen zwischen den Unterscheidungen), die uns Beobachtungen und Beschreibungen erlauben. *Mit der Sprache entsteht der Beobachter, mit ihm entstehen Bewusstsein, Selbstbewusstsein und Ich* [Hervorhebung M. K.]. Das System der Sprache bildet das überindividuell gehandhabte System von Unterscheidungen, das Verhaltenskoordination erlaubt – und daraus hervorgeht.
>
> ebd. (S. 149)

Auf der Folie des erkenntnistheoretischen Konstruktivismus zeigt sich die zentrale Rolle von Sprache im Hinblick auf Wirklichkeitserzeugung und Identitätskonstruktion, was in Teil II vor dem Hintergrund ausgewählter

---

[31] Wie Schmidt (ebd.) betont, ist Bedeutung keine Eigenschaft von Texten. Spätestens seit der Begründung der Rezeptionsästhetik (Jauß, Iser u. a.) besteht auch in der Literaturtheorie Konsens darüber, dass die Bedeutung eines Textes als Leistung der (individuellen) Leserin anzusehen ist.

Identitätstheorien aufzuzeigen ist. In einem nächsten Schritt gilt es die konstruktivistischen Prämissen in einen Sprachbegriff zu integrieren, der auf sprachtheoretischer Ebene die essenzielle Funktion von Sprache in Bezug auf Identitätskonstruktion berücksichtigt (Teil III).

Wie deutlich geworden ist, gibt die Position des Konstruktivismus einen geeigneten erkenntnistheoretischen Rahmen für das skizzierte Vorhaben ab, insofern sie der Konstruktivität von Identitätsbildungsprozessen einerseits und der Funktion des Konstruktionsmediums Sprache andererseits in angemessener Weise Rechnung trägt. Die Vorgehensweise besteht darin, Beobachtungen und Reflexionen 3. Ordnung vorzunehmen, sodass eine Konstruktion der Konstruktion sprachlich-medialer Identität abgeleitet werden kann. Der konstruktivistische Zugang zum Thema „Sprache und Identität" leitet sich zudem aus der Annahme ab, dass einzelne Identitätsaspekte, wie etwa Geschlecht, Alter und sozialer Status, generative Muster zur Herstellung sozialer Ordnung bilden, die durch Versprachlichung überhaupt erst „Wirklichkeit werden" (vgl. Gildemeister 2003, S. 217 und S. 220). In kommunikativer, sprachlicher Interaktion ver**wirklicht** sich Identität.

3 Forschungslage: Sprache und Identität

Der Themenkomplex „Sprache und Identität" mit seinen vielfältigen Unteraspekten ist erwartungsgemäß kaum Gegenstand deskriptiv-linguistischer Untersuchungen im engeren Sinne, die sich vorrangig mit sprachsystemimmanenten Formen und Funktionen befassen. Während die strukturalistisch geprägte Systemlinguistik von den sprecherbezogenen, individuellen[32] und sozialen Prägungen sprachlicher Äußerungen absehen muss, da es ihr um das überindividuelle, a- oder präsoziale Sprachsystem geht, gelingt es durch den zunehmenden Einfluss der Soziologie im geisteswissenschaftlichen Diskurs seit den 60er Jahren auch innerhalb der Linguistik gesellschaftliche und soziale Einflüsse auf Sprachverhalten in den Fokus der Aufmerksamkeit zu bringen. Zunächst werden soziale Gruppen und ihre Sprechstile, im Zuge der kognitiven Wende in Psychologie und Linguistik schließlich auch Individuen und die mentale Verankerung von Sprache zum prominenten Untersuchungsgegenstand insbesondere der so genannten Bindestrichlinguistiken. Spätestens seit der Etablierung von Sozio- und Psycholinguistik setzt die Erforschung von Sprache beim sprechenden Individuum an, dabei mit jeweils inter- oder intraindividueller Schwerpunktsetzung. Auch die mit der so genannten pragmatischen Wende einhergegangene Akzentuierung des Sprachgebrauchs setzte den Blick für den Sprachhandelnden, seine kommunikativen Intentionen und die jeweils vollzogenen illokutiven Akte frei, so dass der Schritt zur Benennung sprachlich vollzogener „acts of identity" (Le Page/Tabouret-Keller 1985) nicht mehr allzu groß war. Bald erwiesen sich Gesprächslinguistik und Diskursanalyse als prädestiniert für die Untersuchung von Identitäten, die auch von Psychologie und Soziologie zunehmend als interaktiv-dynamisch und kommunikativ ausgehandelte Konstrukte aufgefasst werden.

> So wäre der ausgezeichnete Ort der Konstitution des Subjekts das *Gespräch*, in dem durch wechselseitige Perspektivierungen, Zuschreibungen und Aushandlungsprozesse über diese Perspektiven und Zuschreibungen die – allerdings immer wieder zu revidierende – Identität der beteiligten Subjekte erst entwickelt wird."
> Klein/Schlieben-Lange (1996b, S. 1)

Ein näherer Blick in die Forschungsliteratur enthüllt denn auch, dass die meisten Untersuchungen zum Themenbereich „Sprache und Identität" methodisch der Gesprächs- und Konversationsanalyse (z. B. Gülich/Drescher 1996, Antaki/Widdicombe 1998), der interaktionalen Soziolinguistik

---

[32] Zum Verhältnis von Individualität und Sprache siehe Nowak (1983).

(v. a. Gumperz 1982), der Ethnografie der Kommunikation (Gumperz/ Hymes 1972) und im weitesten Sinne textanalytischen und diskursanalytischen Ansätzen (z. B. Ivanic 1998, Androutsopoulos/Georgakopoulou 2003) verpflichtet sind. Antaki und Widdicombe (1998) etwa stellen ethnomethodologisch und konversationsanalytisch fundierte Untersuchungen vor, die zeigen, wie Identitäten sozusagen „live" im kommunikativen Austausch konstruiert werden. Dabei wird deutlich, wie Personen im Gespräch bestimmten, etwa sozialen oder ethnischen Identitätskategorien zugeordnet werden und welche Konsequenzen sich daraus für den weiteren Verlauf der Interaktion ergeben. Auch hier wird Identität als kommunikativ-sprachlich ausgehandeltes Phänomen aufgefasst. Schließlich zählt auch die Feministische Linguistik zu den jüngeren linguistischen Teildisziplinen, die seit den 70er Jahren einen Beitrag dazu geleistet haben, das Verhältnis von Sprache und (geschlechtlicher) Identität zu erforschen. Hierbei hat sich neben dem Einsatz quantitativer auch die Anwendung qualitativer Methoden als hilfreich erwiesen.

Insgesamt zeigt sich bei der Durchsicht der vielfältigen und umfangreichen Literatur zum Zusammenhang von Sprache und Identität, dass die meisten linguistisch ausgewiesenen Arbeiten zu diesem Thema Sprache und Sprachgebrauch in Abhängigkeit von einem bestimmten Identitätsaspekt, wie etwa dem sozialen Status, betrachten. Dabei dominieren im weitesten Sinne diskursanalytisch und soziolinguistisch orientierte Arbeiten mit entsprechendem Schwerpunkt auf sozialer Identität.[33] Ferner gibt es allgemeine, zumindest dem Titel nach übergreifende Abhandlungen,[34] die sich bei genauerem Hinsehen jedoch häufig gleichfalls als Fokussierungen auf einen bestimmten Identitätsaspekt entpuppen. Im Folgenden werden die wichtigsten Forschungslinien und zentralen Einzelarbeiten vorgestellt, um den Hintergrund und die spezifische Stoßrichtung der vorliegenden Studie deutlich zu machen.[35] Dabei wird vom Allgemeinen zum Speziellen vorangeschritten.

Zu den groß angelegten Projekten gehörte der von 1997 bis 2003 arbeitende Freiburger Sonderforschungsbereich 541 mit dem Titel „Identitäten und Alteritäten – Die Funktion von Alterität für die Konstitution und Konstruktion von Identität". Insgesamt drei Teilbereiche un-

---

[33] Zu Gegenstand und Grundbegriffen der Soziolinguistik sowie zu identitätsbezogenen soziologischen Konzepten vgl. die Beiträge in Ammon et al. (2004).
[34] z. B. Janich/Thim-Mabrey (2003)
[35] Dieser Abschnitt bietet einen sprachwissenschaftlich orientierten Überblick über ausgewählte Forschungsrichtungen und wichtige Einzelarbeiten. Eine Auswahl soziologischer und psychologischer Arbeiten zur Rolle von Sprache in Identitätsbildungsprozessen wird in Teil II besprochen.

tersuchten mit je unterschiedlicher Akzentuierung „kollektive Identitäten als wirkmächtige Konstrukte, mit denen die Zugehörigkeit zu einem ‚Wir' erreicht werden kann, indem zugleich ein Bezug zur Alterität eines ‚Ihr' bzw. ‚Sie' bedeutsam gemacht wird" (Eßbach 2000, S. 9). Die Ergebnisse der mehrheitlich transdisziplinär[36] ausgerichteten Teilprojekte sind in verschiedenen Einzelpublikationen und Tagungsbänden dokumentiert (vgl. z. B. ebd. und Fludernik/Gehrke 1999). Der Bereich A[37], der mit „Kommunikative[n] Strategien, Repräsentationen und Medien der Konstitution und Konstruktion von Identität" befasst war,[38] und insbesondere das Teilprojekt A2 unter der Leitung von Auer und Mair zum Thema „Sprache als Mittel der Identitätskonstitution und Abgrenzung" erweist sich für die vorliegende Fragestellung als besonders relevant. Die germanistische Linie des Teilprojekts A2 untersuchte die „Sprachliche Symbolisierung ethnischer Identität in den deutschen Sprachinseln in Rio Grande do Sul (Brasilien)", während die anglistische Seite „Normbildung und postkoloniale Identität in der plurizentrischen Weltsprache Global English am Beispiel Jamaikas" erforschte. Neben den Ergebnissen zu diesen soziolinguistisch ausgerichteten, vorrangig mit der sprachlichen Konstitution ethnischer und nationaler Identität befassten Teilprojekten des SFB finden sich in zwei Tagungsbänden (Fludernik/Gehrke 1999, Eßbach 2000) weitere sprachwissenschaftliche Arbeiten, etwa zu Dialekten (Riehl 1999) und sprachlichen Grenzen (Raible 1999) oder zu den Konsequenzen des Zweitspracherwerbs für Identität (Kallifatides 1999); ferner Forschungsergebnisse zu „Sprachliche[n] Verfahren und Funktionen der Unterscheidung von *echten* und *unechten* Mitgliedern sozialer Kategorien" (Deppermann 2000) und zu „Linguistische[n] Perspektiven auf das Verhältnis von Identität und Alterität" (Tophinke 2000).[39]

Dass die Frage nach der Konstruktion von Identität auf der Folie von Andersheit, nach dem prekären Verhältnis zwischen Fremdem und Eigenem die Geistes- und Kulturwissenschaften seit einiger Zeit beschäftigt,

---

[36] Beteiligt waren u. a. psychologische, soziologische, historische, kulturwissenschaftliche sowie sprach- und literaturwissenschaftliche Ansätze.

[37] Vgl. die Website dieses Bereichs unter <http://www.sfb541.uni-freiburg.de/A2/index.html> (Aufruf: 02–05–05).

[38] Die anderen Bereiche untersuchten „Historisch-soziale Voraussetzungen, Konstellationen und Prozesse der Konstitution und Konstruktion von Identität" (Bereich B) sowie „Formen und Modi von Alterität in der Reflexion auf Identitätsdiskurse" (Bereich C).

[39] Tophinke (2000, S. 347–353) bietet einen klaren, komprimierten Überblick über den (möglichen) Beitrag der Linguistik zur Identitätserforschung.

belegen auch weitere Publikationen.[40] Linguistische Analysen zu diesem Thema vereinigt ein von Reiher und Kramer (1998) herausgegebener Sammelband: „Sprache als Mittel von Identifikation und Distanzierung", d. h. die sprachlich-kommunikative Schaffung von Distanz und Einverständnis ist das zentrale Thema, wobei vielfältige Bezüge zu der Problematik von Eigenem und Fremdem deutlich werden. Ebenfalls dem Thema „Alterität" ist ein Themenheft der Zeitschrift für Literaturwissenschaft und Linguistik (Heft 110/Juni 1998) gewidmet. Darin findet sich u. a. ein Artikel von Raible (1998), der einige grundsätzliche Klärungen zum Konzept der Alterität auch mit Blick auf die Konstitution von Sprachgemeinschaften und Kulturen bringt, sowie ein Beitrag von Schlieben-Lange (1998), die „Alterität als sprachtheoretisches Konzept" mit Blick auf Bedeutungstheorien diskutiert. Erwähnenswert ist ferner das zweiteilige Themenheft „Subjektivität und Sprache" der gleichen Zeitschrift (Heft 101+102/1996), welches sowohl sprach- als auch literaturwissenschaftliche Beiträge u. a. zu grammatischen, gesprächs- und körperbezogenen sowie mit Sprachwandel verbundenen Aspekten des Rahmenthemas versammelt. Besonders zentral scheinen dabei die grundlegenden Klärungen Kleins und Schlieben-Langes in den jeweiligen Einleitungen zu den grundsätzlich denkbaren Perspektivierungen bei der Beschäftigung mit Subjektkonstitution und Sprache (1996a) sowie die von ihnen vorgenommene Situierung der betreffenden Prozesse im Gespräch (s. o.) (1996b, S. 1).

Einen umfassenden Überblick über das weite Feld von Sprache und Identität bietet Crystal (1995), der einen ganzen Teil (Teil II, S. 17–79) seiner bekannten „Cambridge-Enzyklopädie der Sprache" diesem Thema widmet. Zwar richtet sich das Lexikon vorrangig an den interessierten Laien, sodass es der Darstellung hier und da an fachlicher Tiefe fehlt, allerdings behandelt Crystals Sprachenzyklopädie meines Wissens als einzige „[d]ie vielen Arten des sprachlichen Ausdrucks menschlicher Individualität und gesellschaftlicher Identität" (S. V) in ihrer ganzen Bandbreite und wird dadurch inhaltlich der Versprechung des Titels „Sprache und Identität" gerecht.[41] Die Rede vom „sprachlichen Ausdruck" von Identität bei Crystal deutet indes darauf hin, dass er eine essenzialistische Identitätsvorstellung vertritt. Viele andere Arbeiten zum Thema lassen sich einem der cry-

---

[40] Von der wissenschaftlichen Bedeutung dieser Opposition zeugt auch die Existenz weiterer, DFG-geförderter Projekte zum Thema, so etwa das Graduiertenkolleg „Identität und Differenz. Geschlechterkonstruktion und Interkulturalität (18.–21 Jh.)" und das DFG-Projekt „Das Subjekt und die Anderen", die beide im Hinblick auf sexuelle und kulturelle Identitäten Fragen von Differenz und Alterität untersuchen.

[41] Eine derart umfassende Behandlung eines Themas ist für eine kompilatorisch-enzyklopädische (im Gegensatz zu einer monografischen o. ä.) Arbeit allerdings typisch.

stalschen Teilkapitel zuordnen, insofern sie wie diese einen bestimmten Identitätsaspekt behandeln: Sprache und physische, psychische, geografische, ethnische und nationale, soziale, kontextuelle und stilistische Identität. Die Lektüre des crystalschen Überblicks führt Folgendes eindrücklich vor Augen: Die Identitätsfrage als schon in sich komplexes und facettenreiches Problem durchzieht – von der Phonetik über die Soziolinguistik bis hin zu angewandten Bereichen wie der Forensischen Linguistik – nahezu die ganze Palette linguistischer Teildisziplinen.

Die Beiträge eines internationalen Symposiums[42] zum Thema „Sprachidentität – Identität durch Sprache" erweisen sich bei näherer Durchsicht des dazugehörigen Sammelbandes (Janich/Thim-Mabrey 2003) als Diskussionsbeiträge zu Sprachkulturforschung und Sprachpolitik vor dem Hintergrund von Globalisierung, EU-Erweiterung sowie Leitkulturdebatte und Anglizismenstreit in Deutschland. Behandelt werden im Einzelnen „das deutsche kulturelle Selbstverständnis, seine Dynamik im Spannungsfeld der deutschen Wiedervereinigung, seine Rolle im Kontext der medialen und wirtschaftlichen Globalisierung, eine dem entgegenwirkende Regionalisierung in Bezug auf identitätsstiftende Bezugspunkte sowie die Chancen einer auswärtigen Kulturpolitik". Thim-Mabrey (2003) führt in einem einleitenden „Problemaufriss aus sprachwissenschaftlicher Sicht" den auch für diese Arbeit zentralen und in Teil III zu definierenden Begriff der „Sprachidentität" ein. Dem auf der Tagung beleuchteten Zusammenhang von (deutscher) Sprache und kultureller oder nationaler Identität gilt in jüngerer Zeit angesichts der genannten (welt-)gesellschaftlichen Prozesse eine verhältnismäßig hohe öffentliche Aufmerksamkeit, u. a. in Diskussionen um die Rolle des Deutschen als Wissenschaftssprache und um den Einfluss des Englischen. Zudem bilden die politisch brisanten Fragen von Zuwanderung und Immigration, europäischer Mehrsprachigkeit und Identität sowie die „Leitkultur"-Debatte aktuelle Bezugspunkte für Fragen von „Sprache und Identität", besonders im Hinblick auf das deutsche kulturelle Selbstverständnis, auf Sprachpflege und -kultivierung. Davon zeugen nicht zuletzt die auf sehr unterschiedliche Motivationen und Ziele zurückführbaren Bemühungen von Sprachgesellschaften, -instituten und -vereinen.[43] Kenn-

---

[42] Das Symposium wurde im April 2002 an der Universität Regensburg abgehalten. Tagungsankündigung unter: <http://www.uni-regensburg.de/Universitaet/Veranstaltungskalender/Sprachidentitaet.htm> (Aufruf: 02–05–05)

[43] Als Wichtigste seien hier genannt das „Institut für Deutsche Sprache" (IDS) in Mannheim und die „Gesellschaft für deutsche Sprache" (GfdS) in Wiesbaden. Der „Verein Deutsche Sprache" (VDS) ist im Gegensatz zu den Erstgenannten nicht öffentlich subventioniert und hat durch sprachpuristisch und populistisch gefärbte Initiativen eher in negativem Sinne Aufmerksamkeit auf sich gezogen. Für einen Überblick siehe Wiechers (2001).

zeichnend für die Diskussionen um Sprache und nationale und kulturelle Identität ist eine jeweils national- und einzelsprachliche Perspektive im Sinne der Formel: eine Identität = eine Sprache. Alle anderen Fokussierungen (Sprache und geografische, soziale etc. Identität) erfolgen aus einer binnensprachlichen Perspektive im Sinne von: ein bestimmter Identitätsaspekt = eine Sprachvarietät.

Spezielle Identitätsaspekte transzendierende Überlegungen zum Zusammenhang von „Sprache, Sprechen und Identität" finden sich bei Goßmann (1993), die mit einer Problematisierung des diffusen und vorwissenschaftlich mit verschiedensten Bedeutungen aufgeladenen Sprachbegriffs ansetzt. Die von Goßmann getroffene Unterscheidung zwischen „Sprache" und „Sprechen" in Bezug auf Identitätskonstitution (ebd., S. 36 f.) wird auch für die vorliegende Studie relevant und in Teil III, Kapitel 1, aufgegriffen. Goßmann versteht Sprache als ein „Medium, das im Spannungsfeld von Ich und Umwelt entfaltet wird und das gleichermaßen der Ausbildung von Identität als auch der Bewältigung der Welt dient." (ebd., S. 33). Damit kommt die ontogenetische Sicht auf die Sprachidentitätsfrage ins Spiel, d. h. der Zusammenhang von Spracherwerb, kognitiver Entwicklung bzw. Kognition und Identität.

Grundlegende Überlegungen zum „Verhältnis von Sprache und Kognition" entfaltet Bickes (1988a), der Kognition an Sprache bindet, indem er kognitiven Prozessen einen essenziell zeichenhaften Charakter zuspricht. Bickes zeigt, dass (Selbst-)Reflexion als Spezialfall der Kognition grundsätzlich semiotischer Natur ist und im Bereich der Sprache stattfindet. Daraus folgt für jedwede Kognitionstheorie, „daß ‚typisch menschliches' Erkennen offenbar notwendig als sozial bzw. kommunikativ – im Rahmen einer Sprache – eingebunden zu beschreiben ist" (ebd., S. 238). Diese Auffassung kommt den in den Kapiteln 1 und 2 entfalteten epistemologischen und sprachbezogenen Prämissen sehr nahe. Für die Zwecke der vorliegenden Untersuchung lässt sie sich dahin gehend zuspitzen, dass soziale und personale Identität gleichfalls „als sozial bzw. kommunikativ – im Rahmen einer Sprache – eingebunden zu beschreiben ist" (ebd.). An anderer Stelle hebt Bickes (1988b) die Grundannahme auch dieser Studie hervor: „Selbstreflexion, die Konstitution individueller Identität, von Ich-Bewußtsein, vollzieht sich [...] notwendig im Medium der Sprache", weshalb eine Uniformität der Sprache besonders fatale Konsequenzen für die Ich-Entfaltung nach sich zöge. Individualität setzt eine individuelle Sprache jenseits ihrer unvermeidbaren, überindividuellen Konventionalität voraus (ebd., S. 13 f.).

Eine ganze Reihe von Arbeiten, die mehrheitlich soziolinguistischen und sprachsoziologischen Ansätzen verpflichtet sind, beschäftigt sich mit dem Verhältnis von Sprache und sozialer Identität bzw. Gruppenzugehörigkeit. Viele dieser Arbeiten entstammen der englischsprachigen und insbesondere amerikanischen Forschung, angefangen von Bernsteins (z. B. 1987) viel beachteter und umstrittener Kode-Theorie, wonach Kinder der Mittel- bzw. Unterschicht einen elaborierten bzw. einen restringierten Kode verwenden, wobei mit Letztgenanntem erhebliche Benachteiligungen im Bildungssystem einhergehen. Während die von Bernstein aufgestellte Defizithypothese einerseits durch Studien insbesondere von Labov (1972a) widerlegt und scharf kritisiert wurde – anstelle der defizitären Sicht auf Sprachvarietäten wurde eine Differenzhypothese vorgeschlagen –, ging von den bernsteinschen Ergebnissen ein starker Einfluss auf die deutsche Soziolinguistik und Dialektforschung aus, sodass beispielsweise auf die Benachteiligung Dialekt sprechender Schülerinnen hingewiesen wurde (z. B. Ammon 1972, vgl. auch Bußmann 2002b, S. 349).[44] Andere Forschungen wiederum, die manchmal der interaktionalen Soziolinguistik, bisweilen auch der Ethnografie der Kommunikation zugerechnet werden (Gumperz/Hymes 1972, Labov 1972a und Gumperz 1982), beschreiben kulturell konventionalisierte Weisen des Sprechens bzw. der Bewältigung kommunikativer Aufgaben, indem sie – häufig anhand von Fallstudien – Sprache als Mittel der Symbolisierung und des Ausdrucks sozialer Identität beschreiben. Dabei wird – zumindest implizit – von einer präverbalen Existenz von Identität ausgegangen. Labov (1972b) hat in einer berühmt gewordenen Untersuchung die soziale Motivation eines Lautwandels auf der Insel Martha's Vineyard vor Massachusetts aufgezeigt.[45] Gumperz konnte in einem Großprojekt gemeinsam mit anderen Soziolinguisten und Kommunikationsethnografen durch Analysen interethnischer Gespräche zwischen Mitgliedern unterschiedlicher sozialer Gruppen zeigen, dass geteilte Sprechweisen und kommunikative Strategien eine Voraussetzung bilden für den Zugang zu sozialen Netzwerken und für die Teilhabe an sozialen Aktivitäten.[46] Neben dem starken sozialpolitischen

---

[44] Während Bernstein (1970) in dem grammatisch und lexikalisch weniger komplexen Kode der Unterschichtkinder einen zentralen Grund für Ihre Benachteiligung im mittelschichtsdominierten Schulsystem sah, konnte Labov (1972a) nachweisen, dass etwa das Black English keine defizitäre, sondern eine in Bezug auf innere Regularitäten und Ausdrucksmöglichkeiten vom Standard English lediglich verschiedene Sprachvarietät darstellt (= Differenzhypothese) (vgl. Bußmann 2002b, S. 349). Das ändert zunächst jedoch nichts an dem Umstand der bildungsbezogenen Benachteiligung der betreffenden Sprecher.

[45] Labov konnte zeigen, dass Personen, die sich stark mit der lokalen Gemeinschaft identifizierten, am häufigsten die traditionelle Aussprache beibehielten (vgl. dazu auch Burke 1994, S. 12).

[46] Vgl. dazu auch Heller (1987, S. 783).

Impetus, der von den gumperzschen Arbeiten ausging, konnten sie bereits in den 80er Jahren mit Mitteln der Soziolinguistik nachweisen, dass Geschlecht, Ethnizität und soziale Schichtzugehörigkeit nicht als Konstanten, sondern als kommunikativ erzeugte Identitätszuschreibungen zu verstehen sind (vgl. Gumperz 1982, S. 1), die wandelbar und Resultat von Aushandlungen sind.

Verschiedene Autorinnen (z. B. Heller 1987 und Kramsch 2001) beschreiben seither Identität als kulturelles Konstrukt und Sprechen als kulturell geprägte Aktivität. Ethnografische Analysen spielen im Rahmen soziolinguistischer Untersuchungen eine besondere Rolle, weil sie Rückschlüsse auf kulturelle und soziale Lebensbedingungen von Sprachgemeinschaften zulassen. Die unterschiedliche soziale und kulturelle Organisation lokaler Gemeinschaften schlägt sich in verschiedenen Sprechstilen nieder, sodass sich „Sprachgemeinschaften als Mengen von Stilen umfassende Einheiten" (Schlobinski 1996, S. 223 f.) definieren lassen. Sprechstile gelten im Rahmen ethnografischer Ansätze als konstitutive Elemente von Gruppenidentitäten (vgl. ebd., S. 229); so genannte „Gruppenstile" dienen der Inszenierung sozialer Identität und Zugehörigkeit (Habscheid/Fix 2003).

Von den nicht primär linguistischen, für das Thema dieser Arbeit aber unmittelbar relevanten Forschungslinien sei an dieser Stelle lediglich auf die „Social Psychology of Language" (vgl. Robinson/Giles 2001) verwiesen, eine Richtung der angloamerikanischen Sozialpsychologie, die sich insbesondere mit Fragen der interethnischen Kommunikation, mit Spracheinstellungen und auch mit dem Zusammenhang zwischen Sprache und verschiedenen Identitätsmerkmalen wie Geschlecht, Alter und sozialem Status sowie mit Sprachmustern in verschiedenen Arten sozialer Beziehungen (Freundschaften, Partnerschaften etc.) beschäftigt. Da Identitätsentwicklung, Sozialisation, Gruppenprozesse und soziale Kognition zu den traditionellen Themen der Sozialpsychologie zählen, verwundert es nicht, dass sich diese wissenschaftliche Disziplin auch für den essenziellen Anteil der Sprache an diesen Phänomenen interessiert (vgl. Coleman 1988).

In der Tradition der gumperzschen Kommunikationsethnografie und interaktionalen Soziolinguistik steht die Forschergruppe um Kallmeyer am Institut für Deutsche Sprache in Mannheim (IDS, Abteilung Pragmatik), die im Rahmen eines Langzeitprojekts an einer „,Soziostilistik der Kommunikation in Deutschland' arbeitet. Zentral für dieses groß angelegte Forschungsvorhaben ist der Zusammenhang zwischen dem kommunikativen Stil von sozialen Welten und sozialen Prozessen der Integration bzw. der Ab- und Ausgrenzung" (Keim/Schütte 2002, S. 9). Die einzelnen Teiluntersuchungen und -projekte wählen v. a. gesprächsanalytische und soziolinguistische Zugänge, die durch ethnografische Verfahren ergänzt werden, um verschiedene kommunikative soziale Stile, die spezifische lokal situierte, soziale Identitäten „transportieren" (vgl. ebd., S. 10), in ihren Besonderheiten zu erfassen und zu beschreiben. Untersucht wurden bislang insbesondere im städtischen Bereich Mannheims angesiedelte soziale Gruppen, darunter Kommunikationsstile und sprachliche Abgrenzungs- sowie Identifikationsverfahren jugendlicher Migrantinnen (z. B. Deutsch-Türkinnen bei Keim 2002), aber auch der jugendlichen Hip-Hop-Szene (Bierbach/Birken-Silverman 2002 und Streeck 2002). In dem vorhergehenden Projekt „Kommunikation in der Stadt" wurden verschiedene soziale Welten vom Arbeitermilieu bis hin zum Bildungsbürgertum im Hinblick auf ihr Ausdrucks- und Interaktionsverhalten sowie Verfahren der sprachlichen „Symbolisierung" sozialer Identität untersucht (vgl. Kallmeyer 1994, 1989), darunter ältere und jüngere Bewohner bestimmter Mannheimer Stadtteile (vgl. auch Schwitalla 1995).

Die am IDS untersuchten „kommunikativen sozialen Stile" zeichnen sich dadurch aus, dass sie nicht als alternativ wählbare Varianten zur Disposition stehen. Der jeweilige kommunikative Stil positioniere den Sprechenden vielmehr als Ausdruck einer relativ fixen [sic!] sozialen Identität in einer bestimmten sozialen Welt (vgl. Keim/Schütte 2002, S. 10). Im Gegensatz dazu definiert die so genannte Stilistik, eine zunehmend textlinguistisch und pragmatisch (vgl. z. B. Sandig 1986) fundierte sprachwissenschaftliche Disziplin, Stil als mehr oder weniger bewusste Wahl zwischen mehreren linguistischen Alternativen (ebd., vgl. auch Stickel 1995). Stil und Stilisierung (vgl. Hinnenkamp/Selting 1989) lassen sich vor diesem Hintergrund als Mittel und Ressource zur Konstruktion sozialer und auch personaler Identität in Gesprächen und Texten auffassen. Dabei ist der Auffassung, es gäbe eine 1:1-Entsprechung zwischen feststehenden Identitäten und Sprechstilen oder sprachlichen Varianten, angesichts jüngerer identitätstheoretischer Konzeptualisierungen eines dynamischen, konfliktträchtigen und wandelbaren Selbst mit Vorsicht zu begegnen.

Die Ergebnisse der soziolinguistisch-ethnografischen Untersuchungen führen indes deutlich vor Augen, dass die sprachliche Konstruktion sozialer Identität, insbesondere im Falle ethnischer Minderheiten in Einwanderungsländern wie den USA, Großbritannien und auch in Deutschland, auf vielfältige und komplexe Weise verflochten ist mit der Frage der kulturellen und ethnischen Zugehörigkeit bzw. Herkunft. Zentral für den Zusammenhang von Sprache und Ethnizität ist die Arbeit des amerikanischen Sprachsoziologen Fishman, der als Herausgeber des „Handbook of Language and Ethnic Identity" (1999) die vielfältigen methodologischen und inhaltlichen Aspekte des Themas bündelt. Ethnische Identität und Sprache, davon zeugen die Beiträge des renommierten Handbuchs, ist ein Gebiet von hoher (sprachen)politischer Brisanz und sprachsoziologischer Komplexität, das, ebenso wie der allgemeine Zusammenhang von Sprache, Sprechen und Identität im Rahmen dieser Studie, nur interdisziplinär zu erkunden ist. Die vorliegende Forschungsliteratur zeigt, dass die Verflechtung linguistischer mit psychologischen, sozialpsychologischen und soziologischen Herangehensweisen fruchtbare Ergebnisse verspricht, wobei soziolinguistische und ethnografische Methoden von Beginn an bedeutend scheinen für die Untersuchung der sprachlichen Voraussetzungen und der Konstitution sozialer Identität. Als wichtiger Beitrag zur Erforschung von Sprachgebrauch und Ethnizität gilt auch die Arbeit Le Pages und Tabouret-Kellers (1985), die kreolsprechende Gemeinschaften karibischer und westindischer Herkunft untersucht haben. Von den zahlreichen Arbeiten zu einzelnen Ethnien und ihren Sprachen sei Jaeschkes (1999) am Beispiel der Hispanidad[47] entwickeltes, mehrdimensionales Identitätskonzept erwähnt, das neben der flüchtigen Gelegenheitsidentität auch überdauernde Sprachgemeinschaftsidentitäten umfasst.[48] In ähnlicher Weise integriert Kresic (2004) die mit Globalisierung und europäischer Integration einhergehende Multiplizität von Sprachen in ein multiples und dynamisches Identitätsmodell.

Interessant ist in diesem Zusammenhang der Hinweis von Kummer (1990), dass es sich häufig um machtpolitisch motivierte Setzungen handelt, wenn Sprache zum Kennzeichen ethnischer bzw. nationaler Identität deklariert wird. Solche Setzungen dienen z. B. der Intelligenz ethnischer Minderheiten dazu, politische Ziele zu erreichen und Macht zu erlangen, letztlich um – laut Kummer nur vermeintlich sprachbasierte – ethnisch-nationale Identität zu etablieren. In der Diskussion um Sprache und kulturelle, nationale oder ethnische Identität gibt es zwei grundsätzliche Perspektiven: zum einen diejenige der kulturellen Majoritäten, die sich, häufig gleichfalls aus machtstrategischen Gründen, für die Bewahrung ihrer Sprache und für eine Abgrenzung gegenüber Fremdem einsetzen (s. o. die nationale deutsche Perspektive) und zum anderen diejenige der anderskulturellen Minderheiten innerhalb einer Majoritätengesellschaft, die ihre Herkunftskultur und Sprache zu bewahren versuchen und gleichzeitig gehalten sind, sich die Mehrheitenkultur und -sprache anzueignen. Die betreffenden Diskussionen drehen sich um die bereits erwähnte Opposition Fremdes vs. Eigenes, wobei der Frage nach der Rolle des Englischen

---

[47] Der Begriff „Hispanidad" bezeichnet den Nationen und Kontinente überschreitenden Sprachraum des Spanischen.
[48] Vielfältige Informationen zu ethnischen Gruppen und ihren Sprachen sind unter <http://www.ethnologue.com> (Aufruf: 02–05–05) versammelt.

als weltumspannender Sprache der Globalisierung ein besonderer Stellenwert zukommt. Eine Monografie jüngeren Erscheinungsdatums (Joseph 2004) bietet einen umfassenden Überblick über das Verhältnis zwischen Sprache und nationaler, ethnischer und religiöser Identität. Joseph führt unter Berücksichtigung aktueller Ansätze zunächst in verschiedene theoretische Aspekte der linguistischen Behandlung der Identitätsfrage ein, um die Problematik dann am Beispiel von drei Fallstudien, u. a. zu Sprache und Identität von Christen und Muslimen im Libanon, zu konkretisieren.

Im deutschsprachigen Raum bieten die Wiedervereinigung sowie die europäischen Ost-West-Beziehungen einen aktuellen politisch-gesellschaftlichen Hintergrund für die Beschäftigung mit Sprache und sozialer bzw. kultureller Identität (vgl. Bickes 1992). So haben Hellmann (z. B. 2003) und Schlosser (z. B. 2004) in zahlreichen Publikationen die Folgen der Teilung und Wiedervereinigung Deutschlands für den deutschen Sprachgebrauch analysiert. Im Rahmen einer korpusgestützten Studie (Hausendorf 2000) wurde auf der Grundlage eines linguistischen Beschreibungsrahmens gezeigt, wie die sozialen Kategorien „Ossi" und „Wessi" sprachlich-kommunikativ erzeugt werden. Neben grammatisch-lexikalischen Analysen wurden auch konversationsanalytische Untersuchungen an einem umfangreichen Gesprächskorpus durchgeführt, um die Hervorbringung der jeweiligen sozialen Identitäten nachzuweisen. Und eine Reihe kleinerer Arbeiten (Czyżewski et al. 1995) untersucht „Nationale Selbst- und Fremdbilder im Gespräch" am Beispiel der deutschen Wiedervereinigung und des politischen Wandels in Osteuropa. Ebenfalls mit Hilfe ethnomethodologisch-konversationsanalytischer Methoden wird gezeigt, wie Nationalstereotype und Fremdbilder erzeugt, ethnische Identitäten abgegrenzt und soziale Kategorien verfestigt werden. Ferner wurden die europäische Integration und die zunehmende Mobilität innerhalb Europas etwa von Soziolinguisten (z. B. Ammon et al. 1995) und von Forschenden und Lehrenden im Bereich der Erwachsenenbildung (Bron/Schemmann 2000) zum Anlass genommen, Überlegungen zur europäischen Identität und Sprachenvielfalt sowie zum Sprachenlernen in den europäischen Ländern in Form von Sammelpublikationen zu bündeln.

Eine relativ große Zahl an Arbeiten, die der Sprachlernforschung, Psycholinguistik und Sprach(lern)soziologie zuzurechnen sind, befassen sich mit den Konsequenzen des Zweitspracherwerbs bzw. der individuellen und gesellschaftlichen Mehrsprachigkeit für die Identitäten der betreffenden Individuen (vgl. z. B. de Florio Hansen/Hu 2003). Hervorgehoben wird u. a., dass Bilingualismus, d. h. der Erwerb einer zweiten Sprache etwa durch ethnische Minderheiten im Umfeld einer Mehrheitensprache einhergehen kann mit dem Erlangen einer bikulturellen Identität (vgl.

Raupach 1995, S. 471). Gewarnt wird in diesem Zusammenhang vor der Vernachlässigung der Erstsprache (z. B. Cummins 1979), was – gemessen an den Fähigkeiten monolingualer Sprecher – zu Semilingualismus und Identitätsproblemen führen könne (vgl. dazu Apeltauer 2001, S. 633). Auf der Folie poststrukturalistischer Identitätstheorien, die das Selbst als multiples, dynamisches und wandelbares Phänomen modellieren, entwickelt Norton (1995, 2000) einen interessanten Erklärungsansatz zum Zweitspracherwerb, indem sie individuelle Lerninvestitionen und -erfolge zurückführt auf die jeweiligen sozialen Kontexte, Netzwerke und Machtstrukturen, in denen diese stattfinden. Die soziale, postmodern definierte Identität des Sprachenlernenden wird so zum zentralen Element der Zweitspracherwerbstheorie. Die Beiträge in Pavlenko/Blackledge (2004) beschäftigen sich gleichfalls aus poststrukturalistischer Sicht mit der Konstruktion multipler Identitäten in mehrsprachigen Kontexten, wobei eine sozialkritische Sicht auf die jeweiligen Machtstrukturen und auf die Komplexität hybrider Identitäten eingenommen wird. Hüllen (1992) macht die nützliche Unterscheidung zwischen Kommunikationssprachen, die vorrangig der Realisierung praktischer Kommunikationsabsichten dienen, und Identifikationssprachen, i. d. R. Muttersprachen, zu denen die betreffenden Sprecherinnen eine hohe emotionale Verbundenheit und Loyalität entwickeln. In jüngerer Zeit sind eine Reihe von Arbeiten zu multilingualen Sprachbiografien erschienen (z. B. Franceschini/Miecznikowski 2004, Treichel 2004). Zwar zeugen auch die zahlreichen literarischen Verarbeitungen zwei- und mehrsprachiger Biographieverläufe von den damit verbundenen, möglichen Identitätsproblematiken,[49] allerdings kann die bi- oder multikulturelle Identität Mehrsprachiger durchaus ausbalanciert werden und sich unproblematisch entwickeln. So konnten sozio- und kontaktlinguistische Arbeiten zeigen, dass mehrsprachige Individuen durch Phänomene wie Sprachmischung (vgl. z. B. Hinnenkamp 2002) und Code-Switching (z. B. Auer 1998) teils auf sehr kreative Weise in der Lage sind, ihrer bi- und multilingualen Identität Ausdruck zu verleihen. Gemessen an den Fähigkeiten einsprachiger Individuen verfügen sie dann sozusagen über sprachliche Multikompetenzen, verbunden mit möglicherweise inte-

---

[49] Besonders spannend ist die in „Lost in Translation" geschilderte Zweisprachigkeitserfahrung der in die USA emigrierten, polnischstämmigen Schriftstellerin Hoffman (1995), die ihr „Ich als Summe meiner Sprachen" definiert. Für diesen Hinweis danke ich Eva-Maria Thüne (Bologna), die in dem Aufsatz „Berlin und Istanbul: in fremdem Stimmengewirr" (2000) die deutsch-türkischen Erfahrungen und Texte der Berliner Autorin und Schauspielerin Özdamar diskutiert. Ein weiterer Schriftsteller türkischen Ursprungs, dessen Lyrik eindrucksvoll die Problematik doppelter bzw. geteilter Identität und Sprache widerspiegelt, ist der Erlanger Bektas (vgl. SZ vom 5.1.04, S. 48).

grierten, multiplen Identitäten (vgl. Kresic 2004).[50] Auch auf der gesellschaftlichen Ebene belegen Diglossie-Situationen, wie etwa in Griechenland, oder die Koexistenz mehrerer Sprachen in Staaten wie Kanada und der Schweiz, dass mehrere Sprachen auch relativ konfliktfrei parallel verwendet werden können.

Das Verdienst der im Anschluss an die US-amerikanische Frauenbewegung auch in Europa mit Nachdruck betriebenen Feministischen Linguistik ist es, auf die vielfältigen Interdependenzen zwischen Sprache, Sprachgebrauch und geschlechtlicher Identität hingewiesen zu haben, indem sie die Ungleichstellung von Mann und Frau in Beruf und Familie auf entsprechende Ungleichheiten im Sprachsystem und bezüglich des Sprachverhaltens zurückführen konnte. So wurde darauf hingewiesen, dass das Deutsche und auch andere Sprachen so strukturiert sind, dass Frauen, etwa bei generischer Form der Personenbezeichnung (z. B. *der/die Schüler*), sprachlich unter- bzw. überhaupt nicht repräsentiert sind. Da als Wurzel der gesellschaftlichen Benachteiligung die – im doppelten Sinne des Wortes – sprachliche „Unterdrückung" vermutet wurde, sollte durch verschiedenste Bemühungen um einen geschlechtergerechten Sprachgebrauch diesem Missstand entgegengewirkt werden.[51] Ferner gibt es eine diskursanalytisch orientierte Forschungslinie innerhalb der Feministischen Linguistik, die durch Untersuchungen von Gesprächen zwischen Frauen und Männern zeigen konnte, dass Frauen etwa durch dominantes männliches Gesprächsverhalten, z. B. in Form von Unterbrechungen, im Vorbringen und Durchsetzen ihrer kommunikativen Absichten behindert werden. Untersuchungen zu geschlechtstypischen Interaktions- und Ausdrucksweisen in Gesprächen, die zur – leider nach wie vor männlich dominierten – Geschlechterrollenkonstruktion und -hierarchie in verschiedenen institutionellen Kontexten beitragen, vereinigt der Band von Günthner/Kotthoff (1992). Die jüngere Gender-Forschung innerhalb von Kulturwissenschaften und Philosophie definiert Geschlecht zunehmend als in sozialen Interaktionen und in Kommunikationen konstruierte Kategorie (vgl. etwa Butler 2003/1991, 2001), die auf kulturellen Zuschreibungen und Setzungen beruht. Diese Vorstellung von Gender als dynamischem und nicht zwangsläufig binärem, d. h. entweder rein männlichem oder rein weiblichem

---

[50] Auf äußerst anschauliche und bunte Weise legen die von Krumm/Jenkins (2001) veröffentlichten Sprachporträts Zeugnis ab von den vielen Sprachen und Teilidentitäten mehrsprachiger Kinder in deutschsprachigen Schulen.
[51] Auf geschlechtergerechten Sprachgebrauch zielt z. B. die Geschlechtsspezifikation bzw. die Nennung beider Geschlechter bei Personenbezeichnungen: *die Schülerinnen und Schüler*.

Konstrukt harmoniert mit der in dieser Arbeit vertretenen Auffassung, dass sämtliche Identitätsaspekte als kommunikativ-sprachlich konstruiert, flexibel, nicht zwangsläufig dichotomisch, multipel und in wechselseitiger Abhängigkeit bzw. Interaktion zu denken sind.[52]

Vor allem im Rahmen soziolinguistischer und diskursanalytischer Ansätze werden Identitätskonstitution und Sprachgebrauch seit einiger Zeit im Hinblick auf die Variable Lebensalter untersucht. Die Beschäftigung mit den Sprechstilen Jugendlicher (z. B. Widdicombe/Wooffitt 1995, Schlobinski/Heins 1998, Androutsopoulos 1998, Androutsopoulos/Georgakopoulou 2003), bei denen spezifische, auch durch Musik und Fernsehen geprägte Sprechweisen wichtige identitätskonstituierende Funktion haben, hat zu der Erkenntnis geführt, dass nicht von der Jugendsprache die Rede sein kann, sondern auch hier eine Multiplizität sowie syn- und diachrone Dynamik feststellbar ist. Außerdem spielen verschiedene Formen von Sprachspielen und sprachliche Kreativität sowie das Prinzip der Bricolage, das als Strategie des Mischens bereits bestehender Stilelemente überhaupt zentral ist für die Bildung von Gruppenstilen (vgl. Schlobinski 1996, S. 228), eine wichtige Rolle bei der sprachlichen Konstruktion von Jugendidentität (vgl. Androutsoupolous/Georgakopoulou 2003, S. 5). Während es kaum linguistische Forschungen speziell zum kommunikativen Stil der mittleren Lebensspanne gibt, vielleicht weil sie als unmarkierter „Normalfall" bislang noch kein Forscherinteresse geweckt hat, beschäftigt sich eine kleine Zahl von Arbeiten, z. B. Coupland et al. (1991) und Thimm (2000) und auch ein Teilprojekt des Forschungsvorhabens „Kommunikative soziale Stilistik des Deutschen" am IDS in Mannheim (vgl. Fiehler 2001, 2002a), mit der sprachlichen Ausprägung und den kommunikativen Folgen von Altersidentität. Im Mittelpunkt der Analyse stehen hier „Gespräche, die alte Menschen untereinander oder mit jüngeren führen". Sie „lassen sich als – häufig impliziter – Identitätsdiskurs interpretieren, in dem es um die Ausarbeitung von Aspekten der Altersidentität geht" (Fiehler 2002b, S. 23).

Eine ganze linguistische Teildisziplin, die Dialektologie, befasst sich mit denjenigen Subsystemen oder Varietäten von Einzelsprachen, die

---

[52] Für einen Überblick zur Feministischen Linguistik vgl. Frank (1992) und Bußmann (1995, 2002a), als „polemische" Klassiker der linguistischen Geschlechterforschung gelten Pusch (1984) sowie Trömel-Plötz (1984), ein aktueller und didaktisch orientierter Überblick zum Thema ist Bickes/Bickes (2003). Günthner (2001) diskutiert verschiedene Ergebnisse und Analyseebenen der linguistischen Gender Studies. Diese Forschungsrichtung gilt als Nachfolgerin der Feministischen Linguistik und befasst sich mit der sprachlich-kommunikativen Konstruktion des Geschlechterunterschieds (vgl. ebd.).

an geografisch oder regional definierte Identitäten gebunden sind. Angefangen bei den bekannten Dialektwörterbüchern (z. B. Eichhoff 1977/78) über die Ortssprachenforschung[53] bis hin zur verhältnismäßig jungen Stadtsprachenforschung (z. B. Dittmar/Schlobinski 1988 zum Berlinischen), der im Grunde auch die IDS-Projekte zur Mannheimer Stadtkommunikation zuzurechnen sind, haben sich die Fragestellungen und Methoden der Dialektforschung im Laufe der Zeit gewandelt. Neben den lexikalischen, morphosyntaktischen und phonologischen Besonderheiten regional gebundener Varietäten werden seit einiger Zeit unter dem Einfluss von Variations- und Soziolinguistik zunehmend sozialwissenschaftliche Fragen und Methoden bei der Erforschung von Dialekten einbezogen, insbesondere zur Untersuchung möglicher Interdependenzen zwischen sozialer Gruppenzugehörigkeit und Dialektverwendung (vgl. Bußmann 2002b, S. 164).

In diesem Zusammenhang darf die für die Soziolinguistik grundlegende Unterscheidung zwischen diatopischen (Dialekte), diastratischen (Soziolekte) und diaphasischen (Register/Stile) Subsystemen einer Sprache (Coseriu 1976) nicht unerwähnt bleiben. Dies wird in Teil III, Kapitel 2 und 3, ausführlicher diskutiert und im Hinblick auf sprachtheoretische und identitätsbezogene Implikationen ausgelotet. Wie zu zeigen sein wird, ist die Auffassung von Sprache als einem komplexen, aus mehreren Subsystemen bestehenden Diasystem (Coseriu) bzw. dynamischem Polysystem (Halwachs 1993), das sich zudem als durch individuelle und gruppenspezifische Mehrsprachigkeit geprägtes Repertoire (ebd.) beschreiben lässt,[54] hervorragend vereinbar mit der Vorstellung von Identität als einem gleichfalls multiplen und variablen Konstrukt.

Im Vergleich zu der relativ großen Zahl an Arbeiten zum Zusammenhang zwischen Sprache und sozialer Gruppenzugehörigkeit, unter die häufig auch alters- und geschlechtsbezogene, ethnische, kulturelle sowie geografische Identitätsaspekte subsumiert werden, beschäftigen sich verhältnismäßig wenige Untersuchungen mit der sprachlich-kommunikativen Konstruktion personaler oder individueller Identität. Eine der wenigen Ausnahmen stellt Bickes (1988b, s. o.) mit seinen Überlegungen zum Dualismus von Massensprache und Individualität dar. Interessant, wenngleich philosophisch und nicht linguistisch inspiriert, ist auch der Hinweis auf die Überlegungen des amerikanischen Philosophen Rorty (1991) an an-

---

[53] Leuenberger (1999) z. B. untersucht, inwiefern „Ortsloyalität als verhaltens- und sprachsteuernder Faktor" anzusehen ist.

[54] Gemeint ist hier durchaus die innersprachliche Mehrsprachigkeit im Sinne des Beherrschens mehrerer Varietäten eines Sprachsystems.

derer Stelle.⁵⁵ Dieser spricht von der Erschaffung des Selbst durch einen individuellen Sprachgebrauch, durch ein eigenes Vokabular, was nur gelingen kann, wenn wir ein Zuviel an „Stammessprache" meiden. Zentrales Thema der Abhandlung „Kontingenz, Ironie und Solidarität" (Rorty 1991) ist die Spannung zwischen dem Wunsch des Individuums nach Einmaligkeit und Unverwechselbarkeit einerseits und der Sehnsucht nach Gemeinschaft und Solidarität andererseits. Diese Spannung spiegelt sich auf der Ebene der Sprache, die Rorty als Mittel zur Erschaffung des Selbst ansieht, als Konflikt zwischen Stammessprache bzw. geteilten Sprachspielen und individuellen Vokabularien.

Bedeutsam erscheint in der Diskussion um Sprache und individuelle Identität Willenbergs (1999) Hinweis darauf, dass die Identität von Ausländerinnen nicht nur durch ihre Herkunftskultur und Sprache bestimmt ist, sondern dass sich diese auch als personale Identität in der alltäglichen Kommunikation entfaltet. Dieser Einwand mag als Reaktion auf die in der Literatur verbreitete Gleichsetzung von Identität mit kultureller, ethnischer Identität oder sozialer Identität zu verstehen sein. Des Weiteren ist der sprachwissenschaftliche Terminus Idiolekt, der „den Sprachbesitz und die sprachliche Verhaltensweise (Sprachäußerung) eines Individuums" (Oksaar 1987, S. 293) bezeichnet, insbesondere für die Soziolinguistik von Belang, insofern auf der Folie des Idiolektbegriffs „Dialekt", „Soziolekt" und „Repertoire" definiert werden (vgl. ebd.). Ein Idiolekt ist sowohl durch verbale als auch durch non- und paraverbale Spezifika gekennzeichnet (vgl. ebd., S. 294). Verschiedene Forscherinnen weisen zudem darauf hin, dass Individualität und Subjektivität nicht gerade Eigenschaften sind, die Sprache zugeschrieben werden, sondern dass diese im Allgemeinen als überindividuelles bzw. soziales Phänomen angesehen wird, woraus entsprechend Konsequenzen für die Sprachentwicklungsforschung (Klann-Delius 1996), aber auch für die Sprachtheorie (Nowak 1983) abgeleitet werden.

Eine der wenigen Studien, die das Phänomen der Identitätskonstruktion von der Seite der sprachlichen Form – und zugleich sprachvergleichend – angehen, ist diejenige von Mühlhäusler und Harré (1990). Durch die Analyse und Gegenüberstellung der pronominalen Systeme verschiedener Sprachen versuchen die Autoren zu klären, auf welche Weise/n personale und soziale Identität pronominal konstruiert werden. Ausgehend von der Theorie der sprachlichen Relativität wird diskutiert, inwiefern in verschiedenen Sprachen mittels unterschiedlicher Strukturierung des Pronominal-

---

⁵⁵ Vgl. Bickes (1995a, S. 397f.), der ausführlich auf die Überlegungen Rortys zum Zusammenhang von Sprache und Individualität eingeht.

systems ein unterschiedliches Konzept des Selbst entworfen wird. Schließlich zeigt auch die Durchsicht gängiger wissenschaftlicher Grammatiken, dass selbst der vermeintlich strukturorientierte, sprachimmanente Bereich der Grammatikbeschreibung, sofern ein funktionaler Ansatz zugrunde gelegt wird (z. B. Halliday 2004 und Zifonun et al. 1997), einiges an Erklärungspotential im Hinblick auf Identitätskonstitution birgt, wenn sprachliche Formen, z. B. das Pronominalsystem, als Mittel der Personen- oder Selbstdarstellung analysiert werden.

Insgesamt lassen die vorliegenden Forschungsergebnisse indes den Schluss zu, dass Identitätskonstruktion am augenscheinlichsten auf der Diskursebene manifest wird, während z. B. das Sprachsystem im engeren Sinne kaum Kategorien bereitstellt, die das soziale oder personale Ich direkt enkodieren (vgl. Ochs 1993, S. 288). Ausnahmen bilden Pronomina, (personal)deiktische Ausdrücke[56] sowie die Personennamen als Sonderklasse der Eigennamen[57]. Substantive und Adjektive haben lediglich bei expliziten Selbst- oder Fremdcharakterisierungen, wie z. B. in *Ich bin/sie ist eine großartige Pianistin*, eine identitätskonstitutive Funktion;[58] im Regelfall der impliziten Kategorisierung und Zuschreibung hingegen nicht. Denkbar ist auch die indirekte (soziale) Identitätsmarkierung z. B. durch fehlende oder vorhandene syntaktische Komplexität. Soziolinguistik und Diskursanalyse haben bei der Untersuchung sprachlicher Identitätskonstruktion wohl deshalb den Vorrang, weil sie indirekte, diskursive, gesprächsstrategische und stilistische Verfahren der Konstitution des Selbst zu erfassen vermögen.[59] Ähnliches stellt Ochs (ebd.) fest: „the relation between language and social identity is predominantly a sociolinguistically distant one".

Die in vielen Studien vorzufindende Fokussierung auf die sprachliche Aushandlung eines bestimmten Identitätsaspekts stellt eine analytisch wohl notwendige, die kommunikative Komplexität jedoch stark reduzie-

---

[56] Das Phänomen der Deixis wird ausführlich in Teil III, Kapitel 4.3 behandelt.

[57] Familiennamen geben beispielsweise Hinweise auf die regionale Herkunft, bisweilen auch auf die Nationalität des Namensträgers (z. B. *Mac ...* als schottischer Namenszusatz, wohingegen ein *Herr Weizenbaum* oder *Rosenbaum* aus Israel kommen/stammen mag). Spitznamen können gar etwas über persönliche Gewohnheiten oder charakterliche Merkmale, die einer Person von ihrem Umfeld zugeschrieben werden, verraten (z. B. *Schluffi, Schnarchi*).

[58] Dabei bedarf das Identität ausdrückende Verb schlechthin, die Kopula *sein*, als semantisch leeres Lexem der inhaltlichen Füllung und Spezifikation durch ein Prädikatsnomen oder -adjektiv.

[59] Ein Beispiel für eine gesprächsstrategisch motivierte, implizite Charakterisierung wäre, wenn ein bestimmter Gesprächspartner als guter und verständnisvoller Zuhörer wahrgenommen wird, weil er fortlaufend rückmeldende Hörersignale aussendet.

rende Beschränkung dar. Im konkreten Datenmaterial liegen die verschiedenen Identitätsaspekte eher einander überlagernd und miteinander interagierend vor. Sie werden ko-konstruiert, wie auch Androutsoupolous und Georgakopoulou (2003, S. 1f.) bemerken:

> In empirical analyses, [...] the once favourable variationist project [...] of forming absolute correspondences and one-to-one-mappings between language forms and social identity aspects has been lately reassessed as a methodologically problematic pursuit [...] the linguistic *indexing* of one identity aspect (such as gender, see Ochs 1992) may be mediated by other identity aspects or social practices that construct them. As a result, rather than artificially keeping one identity aspect apart from others, and examining it in isolation, it seems more productive to investigate co-constructions and co-articulations of positions in discourse.

Resümierend bleibt festzuhalten, dass die sprachliche „Verwirklichung" einzelner Identitätsfacetten durch eine hohe Vielschichtigkeit und Ko-Okurrenz von Sprachphänomenen und Identitätskonstrukten gekennzeichnet zu sein scheint. Dass die sprachliche und diskursive Konstruktion eines bestimmten Identitätsaspekts – insbesondere trifft dies auf die Geschlechtsidentität zu – stets im Zusammenspiel mit anderen erfolgt, dürfte auch der Forschungsüberblick verdeutlicht haben. Zu beobachten ist etwa eine enge Verwobenheit der sprachlichen Konstruktion sozialer Identität mit der Konstruktion ethnischer und kultureller Identität vor dem Hintergrund von Zweitspracherwerb und Mehrsprachigkeit. Diese sind wiederum durchzogen vom Gender-Aspekt.

So betont auch Bußmann (2002a, S. 410), dass bei der Untersuchung geschlechtsspezifischen Gesprächsverhaltens „die Variable ‚Geschlecht' in ihrer Wechselwirkung mit anderen Variablen wie Alter, Ausbildung, Status, Nationalität, Bedingungen der kommunikativen Situation usw." zu betrachten ist. (Sozial)Konstruktivistische und diskursanalytische Ansätze scheinen für derartige Analysen besonders geeignet (vgl. Androutsoupolous/Georgakopoulou 2003, S. 2), vermögen sie doch der Konstruktivität, Dynamik und Multiplizität der betreffenden Prozesse gerecht zu werden. Aber gerade die Wandelbarkeit, Komplexität und auch sprachliche Vielschichtigkeit von Identitätsaushandlungen macht sie, zumal in einer überschaubaren Menge an Daten, analytisch schwer fassbar, weshalb die meisten Arbeiten die erwähnte Konzentration auf einen speziellen Identitätsaspekt oder auf die Diskurs- und Gesprächsebene aufweisen.

Von den zahlreichen sprachwissenschaftlichen Untersuchungen zum großen Themenkomplex „Sprache und Identität" konnte hier lediglich eine Auswahl derjenigen Arbeiten vorgestellt werden, die den Forschungshintergrund der vorliegenden Studie bilden. Während also die meisten Arbeiten mit Hilfe im weitesten Sinne diskursanalytischer oder soziolinguistischer Methoden versuchen, sprachlich-diskursive Verfahren, Strategien und Prozesse der Identitätskonstruktion in Gesprächen und auch in Texten aufzuspüren, ist das Anliegen dieser Arbeit auf einer abstrakteren, die empirischen Prozesse transzendierenden Ebene angesiedelt. Es geht darum, auf theoretischer Ebene ein konstruktivistisches Identitätskonzept (Teil II) und einen entsprechenden Sprachbegriff zu erarbeiten. Auf deren Grundlage soll dann die Kategorie der Sprach- bzw. Sprecheridentität in der Sprachtheorie verankert werden (Teil III). In dieser Weise gebündelte und aufeinander bezogene erkenntnis-, identitäts- und sprachtheoretische Erkundungen zum Zusammenhang von Sprache, Sprechen und Identität liegen bislang noch nicht vor.

Teil II: Identität

„Wir Menschen existieren in Sprache, und unsere Erfahrung als Menschen vollzieht sich in Sprache in einem Fluß unwillkürlicher Koordinierungen von unwillkürlichen Handlungskoordinierungen, die wir in Sprache hervorbringen. Objekte, Bewußtsein, Selbstreflexion, Selbst, Natur, Realität ... alles was wir Menschen tun und sind, findet statt in Sprache, als Unterscheidungen oder Erklärungen in Sprache von unserem Dasein in Sprache."

H. Maturana (2002, S. 200)

In einer Vielzahl sprachwissenschaftlicher Arbeiten, die dem Themenkomplex „Sprache und Identität" gewidmet sind, verbleibt der zugrunde gelegte Identitätsbegriff implizit bzw. von identitätstheoretischer Seite eigentümlich dünn untermauert.[60] In der Varietätenlinguistik ist zudem die Vorstellung verbreitet, Identitäten hätten eine vorsprachliche Existenz und würden schließlich sprachlich „ausgedrückt". Weshalb diese Konzeptualisierung von Identität abzulehnen ist, zeigt die Diskussion des Identitätsbegriffs im II. Teil dieser Studie. Auf der Grundlage bedeutender soziologischer und psychologischer, aber auch erkenntnistheoretisch-philosophisch inspirierter Theorien zum menschlichen Selbst wird am Ende dieses Teils ein sprachbezogener Identitätsbegriff erarbeitet,[61] der den sprachlich-medialen Konstruktionscharakter der betreffenden Prozesse akzentuiert. Diese sprachorientierte Konzeptualisierung des Phänomens soll der weiteren Argumentation – und möglicherweise auch anderen Studien – ein tragfähiges Fundament bieten.

Bei der Auswahl der zu behandelnden Identitätstheorien wurden folgende Kriterien zugrunde gelegt: 1. Bedeutung (Bekanntheit, Einfluss) der Theorie; 2. Relevanz, die der Sprache in Bezug auf Identitätsbildung zugesprochen wird. Alle ausgewählten Ansätze erfüllen mindestens das 1.

---

[60] M. E. ist es z. B. zweifelhaft, eine sprachwissenschaftliche Auseinandersetzung mit dem Thema „Sprache und Identität" auf dem wackeligen Fundament einer Konversationslexikon-Definition aufzubauen. Es gibt Arbeiten, die auf Bestimmungen des Identitätsbegriffs etwa durch „Meyers Lexikon" fußen.

[61] Unberücksichtigt bleiben muss in der nachfolgenden Darstellung aus arbeitsökonomischen und argumentativen Gründen – ein sprachphilosophischer Anschluss wird in den folgenden Kapiteln nicht angestrebt –, die seit Jahrhunderten in der Philosophie geführte Diskussion um den Identitätsbegriff (vgl. dazu Henrich 1979).

Kriterium. Diejenigen Positionen, die dem 2. Kriterium nicht oder nur unzureichend genügen, werden im Hinblick auf eine entsprechende Erweiterung geprüft; an geeigneten Stellen werden Vorschläge im Sinne „sprachbewusster" Erweiterungen der betreffenden Identitätskonzepte unterbreitet.

1 Fragestellung und grundlegende Unterscheidungen der jüngeren Identitätsforschung

Das zentrale Anliegen der Identitätsforschung ist es, zu erklären, wie Individuen und Gruppen zu Antworten auf die Fragen „Wer bin ich?" bzw. „Wer sind wir?" kommen und welche Prozesse und Strategien diesen individuellen und kollektiven Selbstdefinitionen zugrunde liegen. Dass die Antworten auf personaler und sozialer, aber auch auf wissenschaftlicher Ebene recht unterschiedlich ausfallen können, liegt auf der Hand. Grundlegend scheint dabei die Unterscheidung zwischen eher traditionell geprägten und postmodernen Identitätsvorstellungen. Diese werden auf theoretischer Ebene zum einen durch die psychoanalytische Identitätstheorie und zum anderen durch postmoderne und poststrukturalistische Ansätze vertreten.

Die folgende Aufstellung wichtiger Dimensionen des Selbst mag geeignet sein, herauszufinden, ob eine Person eine eher traditionelle oder eine postmoderne Vorstellung von (ihrer) Identität hat. Wer sich auf den nachfolgenden Skalen durch Selbsteinschätzung bevorzugt links einordnet, befindet sich in der Tradition überkommener Identitätstheorien. Wer sich hingegen überwiegend auf der rechten Seite ansiedelt, verkörpert bzw. vertritt eher postmoderne Selbstkonzeptionen.

Wahrnehmung des eigenen Selbst als einheitliche und gleich bleibende Größe	↔	Wahrnehmung des Facettenreichtums und der Wandelbarkeit des eigenen Ichs
Identifizierung mit klar vordefinierten Rollen (z. B. Mann/Frau)	↔	Infragestellen vorgegebener Rollen/Selbstkonstruktion von Rollen jenseits bzw. auf den Zwischenstufen althergebrachter Dichotomien
sichere weltanschauliche Überzeugungen, (übernommene) Wert- und Normvorstellungen	↔	Orientierung suchen; Ambivalenzen wahrnehmen und aushalten; Weltanschauungen, Werte und Normen in Frage stellen/begründen/selbst herleiten
einem vorgegebenen Muster folgende, kontinuierliche biografische Linie	↔	weitgehend selbst erarbeitete Lebensziele und selbst konstruierter, flexibler Lebenslauf
eingebunden in lebenslang sichere und feste soziale Netze (eine Familie, ein Arbeitgeber, eine soziale Schicht, ein Staat	↔	losgelöst aus festen sozialen Bezügen, individualisiert, sozial mobil und ungebunden (hinsichtlich Familie, Arbeit, Freunden sowie Zugehörigkeit zu sozialer Schicht, Staat und Nation)

Eindeutigkeit, Abgeschlossenheit der eigenen Identität (mit dem Erwachsenenalter)	↔	Identität als lebenslanges, offenes Projekt

Abb. II.1: *Dimensionen des Selbst*

Die tatsächlich existenten Identitätsvorstellungen sowohl auf wissenschaftlicher als auch auf lebenspraktischer, individueller wie sozialer Ebene sind wohl eher auf verschiedenen Zwischenstufen als auf den Endpunkten dieser abstrakten Skalen angesiedelt. Allerdings ist mit dem Übergang von der Moderne zur Postmoderne eine deutliche Tendenz hin zu den auf der rechten Seite aufgelisteten Positionen zu beobachten. Bevor in den nachfolgenden Kapiteln die Entwicklung von der traditionellen zur aktuellen Auffassung des Identitätsphänomens anhand wichtiger identitätstheoretischer Stationen aufgezeigt wird, werden in diesem Abschnitt einige Grundbegriffe der Identitätsforschung erläutert.

Zunächst einige Erläuterungen zum Begriff der Identität selbst: Unstrittig scheint, dass der „schillernde" Identitätsbegriff dringend einer Klärung bedarf, um ihn, soweit möglich, vor der Konturlosigkeit eines bedeutungsleeren Schlagwortes zu bewahren. Erschwert wird dieses Vorhaben durch die weit vorangeschrittene Popularisierung des Identitätsbegriffs. „Seit einigen Jahren hat er", so Keupp (1998a, S. 239),

> die Fachdiskurse verlassen, und inzwischen bestimmt er den medialen und politischen Diskurs. Im religiösen Feld tummeln sich „Identity-Churches", im politischen Raum ist von „Identity-Politics" die Rede, die Imagepflege von Warenproduzenten kommt als „Corporate Identity" daher, und die Ratgeberliteratur verspricht uns „Identity Styling" oder „Identity Shaping" bzw. hält „Identity Cancelling" für erforderlich. Der Identitätsbegriff ist zu einem alltagskulturellen Begriff mit weiter Verbreitung geworden. Er ist der „Inflationsbegriff Nr. 1" [...].
> Detlev Claussen stellt fest, daß das Konstrukt in der Hegelschen Philosophie einen differenzierten Ort hatte und fragt weiter: „Wie konnte Identität aus den Repräsentationsräumen des Hegelhauses in Stuttgart ausbrechen, die psychologischen Fachtagungen zur Entwicklung des Kindes verlassen und Karriere machen in den Seminaren von Universitäten und in den Workshops zur Selbstfindung, in den Bierkneipen der Multi-Kulti-Viertel und in den Weinstuben des von einer Asylantenschwemme sich bedroht fühlenden Mittelstandes? [...]
> Claussen (1994, S. 60) zit. n. Keupp (1998a, S. 240)

Die begriffliche Unschärfe ist auch Resultat einer breit gestreuten, häufig emotional geführten, vielfach ins Populistische gleitenden und jenseits differenzierten Argumentenaustauschs geführten Diskussion. Kein anderes Thema betrifft jeden und das auf so unmittelbare Weise. Bedauerlicherweise gilt wohl immer noch, was Marquard (1979, S. 347) vor 25 Jahren konstatierte:

Das Thema „Identität" hat Identitätsschwierigkeiten: die gegenwärtig inflationäre Entwicklung seiner Diskussion bringt nicht nur Ergebnisse, sondern auch Verwirrungen. In wachsendem Maße gilt gerade bei der Identität: alles fließt. So werden die Konturen des Identitätsproblems unscharf; es entwickelt sich zur Problemwolke mit Nebelwirkung: Identitätsdiskussionen werden – mit erhöhtem Kontrollrisiko – zum Blindflug.

Die Intensität der Beschäftigung mit dem Identitätsthema hat seither nicht nachgelassen, wohl gerade wegen der mit ihm verbundenen Problematiken und Umbrüche im Zeitalter der Postmoderne. Das Konzept der Identität trotzt schließlich den Versuchen einflussreicher soziologischer und philosophischer Theoretiker, sich seiner gänzlich zu entledigen;[62] das Interesse daran scheint vielmehr stetig gewachsen zu sein bis hin zu der Einsicht, dass wir auf das Identitätskonzept offenbar nicht verzichten können (vgl. Androutsopoulos/Georgakopoulou 2003, S. 2).

Der Terminus „Identität" ist abgeleitet von dem lateinischen „identitas", aus „idem" = „derselbe/dasselbe" (griech. ταυτότης) und bezeichnet in der Theoretischen Philosophie eine zweistellige Relation, woraus sich Probleme logisch-formaler Art ergeben: „Identität bezeichnet die Relation, in der jede Entität zu sich selber steht" (Teichert 2000, S. 1f.; vgl. auch Mittelstraß 1995a, S. 189). „Identität" bedeutet auf der Ebene der Logik demnach zunächst „Reflexivität", die sich in Bezug auf Personen als Selbstreflexivität oder Selbstbewusstsein, als das innere Gefühl, mit sich selbst identisch oder eins zu sein, definieren lässt.[63] Diese Vorstellung der Einheit mag in Zeiten, die durch Identitätsbrüche und postmoderne Fragmentarisierungsprozesse gekennzeichnet sind, antiquiert klingen. Eine Zweistelligkeit findet sich indes auch wieder in dem unbestreitbar sozialen Charakter der Identitätskonstitution, wonach jemand ein Bestimmter nur im Verhältnis zu (mindestens) einem anderen ist. Auch das Merkmal der Einzigartigkeit personaler Identität steht der Vorstellung eines derart sozial gefassten relationalen Begriffs nur scheinbar entgegen, da jemand als Unverwechselbarer immer erst von jemandem als solcher wahrgenommen werden muss bzw. sich als Einzigartiger nur durch den Vergleich mit anderen identifizieren lässt.

Was hat es mit den teils synonym zum Identitätsbegriff verwendeten Termini auf sich? Zwar ist der Begriff „Identität" der zentrale für die meis-

---

[62] Vgl. ausführlich dazu Abschnitt 6.8.
[63] In ähnlicher Weise konstatiert Mittelstraß (1995a, S. 191) einen Gegensatz zwischen der logischen Behandlung der Relation „Identität" (die bei ihm allerdings, konträr zu Teicherts Auffassung, zwischen zwei Elementen besteht) und anthropologischen und psychologischen Ansätzen seit S. Freud, in denen es um Fragen der Gleichheit, Einheit und psychischen Konstitution einzelner Personen, um die „Frage nach der *Selbstidentität* oder *Ichidentität*, d. h. nach der I. eines Menschen mit sich selbst" geht.

ten Identitätstheorien, einige verwenden allerdings mit davon abweichender Bedeutung oder, wie im Titel dieser Arbeit, synonym den Begriff „Selbst", ferner die Termini „Selbstkonzept" und „Ich". Haußer (1995, S. 2) bemerkt in der Psychologie sogar die Tendenz, den Identitätsbegriff seit einiger Zeit gänzlich zu meiden und den auf das Kognitive fokussierten Begriff des Selbstkonzepts vorzuziehen. Dieser bezeichnet die Gesamtheit der „selbstbezogenen Kognitionen" sowie die Bewertungen und „Einstellungen zur eigenen Person" (H.D. Mummendey 1994, S. 281; vgl. auch Haußer 1995, S. 2). Der Begriff „Ich" wird vor allem in philosophischen Zusammenhängen häufig synonym zum Terminus „Selbst" verwendet, in der Tradition der Subjektphilosophie spielt ferner das „Selbstbewusstsein" eine wichtige Rolle (Mittelstraß 1995b, S. 752). Auch im psychoanalytischen Strukturmodell kommt dem „Ich" ein zentraler Platz als „realitätsbezogene" Instanz der Persönlichkeit zu. Mead wiederum verwendet „Selbst" in spezifischer Abgrenzung zu „Ich"[64] und auch bei Habermas spielt das „Selbst" eine Rolle. In soziologischer Sicht wird das „Ich" (engl. „I" oder „me") „als handlungssteuernde Instanz der *Person* betrachtet, die sich unter dem Einfluss sozialer Erfahrungen ausbildet" (Krappmann 2002, S. 218). Aus sprachwissenschaftlicher Sicht verweist der deiktische Ausdruck *ich* als indexikalischer auf die Person des Sprechenden, indem er auf diesen verweist.[65]

In Bezug auf das Problem der Abgrenzung von „Identität" und „Selbst" stellt Krappmann (1980, S. 100) fest,

> daß Soziologen von der „Problematik der Identität" sprechen und mit diesem Konzept den subjektiven Beitrag des Individuums zur Einigung über Bedeutungen und Sinn im sozialen Handlungsprozeß unterstreichen wollen [...], Psychologen hingegen bevorzugen den Begriff des „Selbst", wenn sie den situationsübergreifenden Einfluß einer Summe von Aussagen über die eigene Person (Selbstbild, Selbstmodell) herausstellen wollen [...].

Diese Begriffsvielfalt ist mitunter verwirrend. Da der Begriff „Identität" übergreifenden und theorieunspezifischen Charakters ist, wird er in der vorliegenden Studie bevorzugt verwendet. Der Begriff „Selbst" wird synonym gebraucht. Die anderen genannten Termini werden im Zusammenhang mit spezifischen identitätstheoretischen Positionen jeweils so verwendet, wie diese sie jeweils definieren.

Welche Perspektiven sind nun möglich auf das Ich, das Selbst bzw. auf die eigene Identität? Bereits James (1890, S. 400f., zit. n. Haußer 2002, S. 219) unterschied als erster Identitätspsychologe die Innenperspektive

---

[64] Siehe Abschnitt 3.3.
[65] Eine detaillierte Erörterung des Phänomens der Deixis erfolgt in Teil III, Kapitel 4.3.

des „I", die das Selbst-Erfahrene beinhaltet, und die Außenperspektive des „Me", das von der Umwelt erlebte Ich. Auch Cooley versteht mit seinem viel zitierten „looking-glass self" Identität „als konstituiert durch den sozialen Spiegel" (ebd.). In ihrer Bestandsaufnahme psychologischer und soziologischer Identitätsforschung differenzieren Frey und Haußer (1987) gleichfalls zwischen Innenperspektive und Außenperspektive und plädieren mit Blick auf eine deutlichere Konturierung des Identitätsbegriffs für eine Beschränkung der Identitätsforschung auf die Innenperspektive und die vom Individuum wahrgenommene Außenperspektive. Die soziale Außenperspektive solle ausgeklammert bleiben, sodass eine klare Abgrenzung zu den verwandten Begriffen „Rolle" und „Persönlichkeit" möglich würde. „Identität ist weder das Bündel gesellschaftlicher Verhaltenserwartungen in der Lebenswelt eines Menschen (*Rolle*) noch die Gesamtheit seiner psychischen Merkmale (*Persönlichkeit*)" (Haußer 1995, S. 3).

Der Begriff „Rollenidentität" verweist in der Literatur häufig auf normative Erwartungen (Außenperspektive) in Bezug auf eine spezifische Position in einem Sozialsystem, etwa im Sinne sozial normierter Geschlechterrollen oder institutionalisierter beruflicher Rollen (vgl. Bevers 1997, S. 278), wohingegen Identitäten eher als Bündel interaktiv hervorgebrachter (selbst hervorgebrachter und wahrgenommener = Innenperspektive) Selbstzuschreibungen verstanden werden. Gemäß der an sie herangetragenen Erwartungen im Zusammenhang mit einer bestimmten Rolle agieren Personen „quasi als ‚Vertreter' erworbener oder zugeschriebener Positionen bzw. präskriptiv im Sinne eines positionsspezifischen ‚Drehbuchs'" (Müller/Müller-Andritzky 1994, S. 251).

Das Ausbalancieren und Oszillieren zwischen individuellen Neigungen und sozialen Erwartungen, zwischen Innen- und Außensicht erweist sich als konstitutiv für Identitätsprozesse.

> Dieses Konstrukt [= Identität, M. K.] verweist auf das menschliche Grundbedürfnis nach Anerkennung und Zugehörigkeit. Es soll dem anthropologisch als „Mängelwesen" bestimmbaren Subjekt eine Selbstverortung ermöglichen, liefert eine individuelle Sinnbestimmung, soll den individuellen Bedürfnissen sozial akzeptable Formen der Befriedigung eröffnen. Identität bildet ein selbstreflexives Scharnier zwischen der inneren und der äußeren Welt. Genau in dieser Funktion wird der Doppelcharakter von Identität sichtbar: Sie soll einerseits das unverwechselbar Individuelle, aber auch das sozial Akzeptable darstellbar machen. Insofern stellt sie immer eine Kompromißbildung zwischen „Eigensinn" und Anpassung dar.
> Keupp (1998a, S. 240)

Parallelen und Überschneidungen mit der Unterscheidung zwischen Innen- vs. Außenperspektive weist das identitätspsychologische Gegensatzpaar „Selbstdarstellung vs. Eindrucksbildung" auf. Während Individuen mit Hilfe verschiedenster Selbstdarstellungsstrategien[66] darauf abzielen, bei ihren Ko-Akteuren einen möglichst positiven oder mit den eigenen Zielen konformen Eindruck zu hinterlassen (Mummendey 1990), lassen sich auch verschiedene Verfahren der Eindrucksbildung im Sinne der interpersonalen Wahrnehmung ausmachen (vgl. Taylor et al. 2003), mit deren Hilfe wir uns ein Bild von anderen Personen machen. Dabei spielen (kulturabhängig) verschiedene Identitätsindikatoren, wie etwa Hautfarbe oder Kleidung, eine wichtige Rolle (vgl. Döring 2003, S. 334). Völlig neue Bedingungen ergeben sich in Bezug auf Eindrucksbildung, wenn bestimmte, insbesondere körperliche Identitätsindikatoren etwa in virtuellen Umgebungen entfallen.

In jeder Gesellschaft steht Individuen eine bestimmte Anzahl an kulturspezifisch definierten „Definitionsräumen für Identität" (Frey/Haußer 1987, S. 14) zur Verfügung. Diese sollen hier in konstruktivistischem Sinne als „Konstruktionsräume" bezeichnet werden, die jeweils spezifische soziale und mediale Bedingungen für die Konstruktion bestimmter Identitätsaspekte bereitstellen. Beispiele sind: „Ausbildung/Beruf", „Beziehungen/Partnerschaft" (vgl. Haußer 1995, Teil C und 2002, S. 219), und neuerdings auch „mediale Umgebungen". Unter den Begriff „Identitätsaspekte" fallen Parameter wie z. B. „Geschlecht", „Heimat/regionale Identität" und „ethnische Zugehörigkeit". Konstruktionsräume für Identität sind in einem konkreten Sinne als bestimmte, teils institutionalisierte „Interaktionsfelder" (vgl. ebd., S. 15) vorstellbar, in denen Identitäten ausgehandelt werden, wie etwa in Chat-Foren im Internet. Es handelt sich dabei gewissermaßen um sozio-mediale Plattformen der Identitätskonstruktion (Familie, Internet etc.), während Identitätsaspekte vergleichsweise fester an Personen gebundene Parameter (Geschlecht, Alter) darstellen. Zwischen diesen sind vielfältige Interdependenzen möglich. Sprachlich-kommunikativ ist von der Ko-Konstruktion mehrerer Identitätsaspekte in verschiedenen Konstruktionsräumen auszugehen.

Eine wichtige Ergänzung zu der Unterscheidung zwischen verschiedenen Definitions-/Konstruktionsräumen für Identität bildet die Differenzierung zwischen der Kernidentität und verschiedenen Teil- oder Subidentitäten (vgl. Haußer 1995, S. 9). Insgesamt zeigt die Durchsicht der umfangreichen Literatur zum Identitätsthema die besondere Theorieabhängigkeit des Identitätsbegriffs, wie auch die nachfolgenden Erörterungen zeigen werden.[67]

---

[66] Bzw. mit Hilfe von Strategien der Imagepflege (Goffman), siehe Abschnitt 4.2.
[67] Einen grundlegenden, theoretisch fundierten Überblick über den Diskurs zum Identitätsbegriff bietet Straub (2004) und (2000).

2 Identität als Entwicklungsziel: psychoanalytischer Zugang

2.1 Eriksons Phasenmodell

Als Klassiker der Identitätsforschung gilt Erikson, der aus seinen Erfahrungen als Psychoanalytiker und Kinderpsychologe anhand anthropologisch-vergleichender Studien zu Kultur und Leben „umzuerziehender" Indianerstämme (z. B. der Sioux) in den USA und anhand anderer konfliktträchtiger Fälle von Identitätsentwicklung in den 50er Jahren eine verschiedene Stadien des menschlichen Lebenszyklus umfassende Identitätstheorie erarbeitet hat (vgl. Erikson 1992). Berühmt geworden sind seine Analysen der Lebensläufe berühmter Persönlichkeiten (z. B. Ghandi und Luther), wobei sich sogleich die Frage nach der Repräsentativität solcher Fälle aufdrängt. Es ist auch darauf hingewiesen worden, dass sich evidente Parallelen zwischen den von ihm postulierten Entwicklungskrisen und seinem eigenen Lebenslauf nachweisen lassen (vgl. Mietzel 2002, S. 389). Gleichwohl zeugt die breite Rezeption und Bekanntheit des Phasenmodells nach Erikson von dessen Fruchtbarkeit und Anwendbarkeit in vielerlei Kontexten. Dass der in den USA arbeitende Jude dänisch-deutscher Herkunft in Bezug auf die Identitätsfrage vor allem als Traditionalist einzustufen ist, offenbart seine viel zitierte Definition[68] des Konzepts der Identität:

> Das bewußte Gefühl, eine *persönliche* Identität zu besitzen, beruht auf zwei gleichzeitigen Beobachtungen: die unmittelbare Wahrnehmung der eigenen Gleichheit und Kontinuität in der Zeit, und der damit verbundenen Wahrnehmung, daß auch andere diese Gleichheit und Kontinuität erkennen.
> Erikson (1966b, S. 18)

Die Betonung des Gefühls der Gleichheit und der Kontinuität sowie die Vorstellung von Identität als etwas, das wir besitzen, folglich auch verlieren oder gar nicht erst erlangen können (vgl. Frey/Haußer 1987, S. 7), deuten auf eine traditionelle Identitätskonzeptualisierung hin. An verschie-

---

[68] Böse Zungen behaupten, der Ansatz Eriksons speise seine Popularität aus dem Umstand, dass er den Begriff der Identität an keiner Stelle eindeutig und einheitlich definiert. Leserinnen könnten so ihren eigenen Identitätsbegriff beibehalten und in einigen seiner Fallbeispiele wieder finden (vgl. Haußer 1995, S. 2). Es finden sich in der Tat viele unterschiedliche Begriffsbestimmungen in Eriksons Schriften. Dieser erkennt das Definitionsproblem selbst, indem er feststellt: „Je mehr man über diesen Gegenstand [Identität, M.K.] schreibt, desto mehr wird das Wort zu einem Ausdruck für etwas, das ebenso unergründlich als allgegenwärtig ist." (Erikson 1988/1968, S. 7)

denen Stellen macht Erikson deutlich, dass dauerhafte Identitätsunsicherheit, -diffusion und -wechsel – über das Jugendalter hinaus – als pathologische Zustände anzusehen sind.[69] Kohärente und kontinuierliche Identität ist hingegen das bis zum Ende der Adoleszenz zu erreichende, gesunde Entwicklungsziel. Erstrebenswert sei eine definitive Identität in einer bestimmten gesellschaftlichen und kulturellen Wirklichkeit (Erikson 1992, S. 230).

Einen zentralen Stellenwert vor allem in Eriksons frühen Arbeiten hat der Begriff der Ich-Identität, unter den er das Vertrauen fasst, die eigene Gleichheit und Kontinuität aufrechtzuerhalten, sowie die Überzeugung, „daß man auf eine erreichbare Zukunft zuschreitet, dass man sich zu einer bestimmten Persönlichkeit innerhalb einer nunmehr verstandenen sozialen Wirklichkeit entwickelt" (Erikson 1966c, S. 107). Zwei Komponenten bilden folglich die Ich-Identität, die eine ist innerpsychischer, die andere sozialer Natur.

Das „Ich" als Bestandteil der Ich-Identität bei Erikson ist verwandt mit der Ich-Instanz des innerpsychischen Strukturmodells nach Freud (ebd. und S. 188 f.),[70] dessen Phasenmodell der psychosexuellen Entwicklung Erikson weiterentwickelt hat. Das kontinuierliche Selbstgefühl muss „letzten Endes der Arbeit des Ichs zugeschrieben werden" (ebd., S. 107), was Erikson zur Verwendung des Terminus „Ich-Identität" veranlasst. Während bei Freud (1975/1923) das vielerlei Konflikten ausgesetzte „Ich" unbewusste Anteile enthält und zwischen den Triebansprüchen des „Es", den normativen Befehlen des „Über-Ich" und den Anforderungen der Außenwelt vermitteln muss, bezeichnet der Begriff der „Ich-Identität" bei Erikson vor allem das innere Gefühl des kontinuierlichen Sich-Selbst-Gleichseins und gilt dabei als Untersystem des klassischen psychoanalytischen Ich (Erikson 1966d, S. 190). Bei Erikson erhält das Ich neben seiner Aufgabe als Vermittler zwischen seinen drei Herren „Es", „Über-Ich" und „Außenwelt" die zusätzliche Funktion, ein kontinuierliches Identitätsgefühl herzustellen. Beide Psychoanalytiker vertreten einen psychodynamischen Ansatz, allerdings kommt in Eriksons Modell den unbewussten Prozessen kaum noch eine Bedeutung zu, da die Konfliktbewältigung als aktive Auseinandersetzung des Individuums mit der Umwelt verstanden wird (vgl. Krampen 2002, S. 675).

---

[69] Vgl. etwa die Identitätsprobleme ehemaliger Soldaten geschildert in Erikson (1992, S. 36 ff.).
[70] Freud selbst verwendet den Begriff „Identität" nur an einer einzigen Stelle, um seine eigene Bindung an das Judentum zum Ausdruck zu bringen (Erikson 1966d, S. 124).

Die soziale und für Eriksons Ansatz bedeutende Komponente der Ich-Identität besteht darin, dass sich diese im Rahmen einer bestimmten gesellschaftlichen Wirklichkeit entfaltet (Erikson 1966c, S. 107), die an das Individuum kulturspezifische und historisch gewachsene Entwicklungsaufgaben heranträgt. Von Bedeutung ist folglich beides: die Innenperspektive im Sinne des inneren Selbstgefühls und einer gelungenen Ich-Synthese und die Außenperspektive als Anerkennung der eigenen Identität durch andere (ebd.) sowie deren Integration in eine bestimmte Gruppenidentität (vgl. Erikson 1992, S. 230).

Insofern geht der Ansatz Eriksons auch über das freudsche, auf die intraindividuell-innerpsychische Struktur sowie auf die Stadien der infantilen Sexualität (vgl. Erikson 1966a, S. 7) fokussierte Modell hinaus. Erikson (1992, S. 30) verurteilt die seiner Auffassung nach künstliche disziplinäre Trennung zwischen Biologie, Psychologie und Sozialwissenschaften, deren Perspektiven bei der Erforschung des Individuums und seiner Identitätsentwicklung er zu verbinden versucht. Seine psychosozialen Phasen der Ich-Entwicklung sind, so Erikson (ebd., S. 41), „in der Mitte zwischen körperlichen Phasen und sozialen Institutionen" angesiedelt. Zudem verfolgt er die menschliche Entwicklung über die frühe psychosexuelle Entwicklung hinaus bis in das reife Erwachsenenalter hinein. Wie das folgende Diagramm zeigt, sind die ersten Stadien an Freuds Phasen der Sexualentwicklung (oral, anal etc.) angelehnt, darüber hinaus werden Bezüge zu relevanten Elementen der Sozialordnung hergestellt und die jeweiligen Beziehungspersonen und psychosozialen Modalitäten berücksichtigt.

	A Psychosoziale Krisen	B Umkreis der Beziehungspersonen	C Elemente der Sozialordnung	D Psychosoziale Modalitäten	E Psychosexuelle Phasen
I	Vertrauen gg. Mißtrauen	Mutter	Kosmische Ordnung	Gegeben bekommen Geben	Oral-respiratorisch, sensorisch kinästetisch (Einverleibungsmodi)
II	Autonomie gg. Scham, Zweifel	Eltern	„Gesetz und Ordnung"	Halten (Festhalten) Lassen (Loslassen)	Anal-urethral Muskulär (Retentiv-eliminierend)
III	Initiative gg. Schuldgefühl	Familienzelle	Ideale Leitbilder	Tun (Drauflosgehen) „Tun als ob" (=Spielen)	Infantil-genital Lokomotorisch (Eindringend, einschließend)

	A Psychosoziale Krisen	B Umkreis der Beziehungspersonen	C Elemente der Sozialordnung	D Psychosoziale Modalitäten	E Psychosexuelle Phasen
IV	Werksinn gg. Minderwertigkeitsgefühl	Wohngegend Schule	Technologische Elemente	Etwas „Richtiges" machen, etwas mit anderen zusammen machen	Latenzzeit
V	Identität und Ablehnung gg. Identitätsdiffusion	„Eigene" Gruppen, „die Anderen". Führer-Vorbilder	Ideologische Perspektiven	Wer bin ich (wer bin ich nicht) Das Ich in der Gemeinschaft	Pubertät
VI	Intimität und Solidarität gg. Isolierung	Freunde, sexuelle Partner, Rivalen, Mitarbeiter	Arbeits- und Rivalitätsordnungen	Sich im anderen verlieren und finden	Genitalität
VII	Generativität gg. Selbstabsorption	Gemeinsame Arbeit, Zusammenleben in der Ehe	Zeitströmungen in Erziehung und Tradition	Schaffen Versorgen	
VIII	Integrität gg. Verzweiflung	„Die Menschheit" „Menschen meiner Art"	Weisheit	Sein, was man geworden ist; wissen, daß man einmal nicht mehr sein wird.	

Abb. II.2: Diagramm der Identitätsentwicklung (nach Erikson 1966d, S. 214 f.)

Im Mittelpunkt des psychodynamischen Modells nach Erikson steht der Gedanke, dass in jeder Phase des menschlichen Lebenszyklus eine typische psychosoziale Krise durchlaufen wird, die durch spezielle soziale Anforderungen hervorgerufen wird und mit der spezifische psychische Konflikte einhergehen. Die dauerhaften Auflösungen der jeweiligen Konflikte sind unabdingbare Stufen auf dem Weg der Identitätsentwicklung und fügen der Identität „eine neue Ichqualität" im Sinne „wachsender menschlicher Stärke" (Erikson 1992, S. 264) hinzu. Eine gelungene Konfliktlösung verhindert das Verfestigen der korrespondierenden psychosozialen Störung (z. B. Misstrauen) und begünstigt das Entstehen relativer psychosozialer Gesundheit (z. B. Ur-Vertrauen). Das Diagramm stellt „einen Vorgang zeitlich fortschreitender Differenzierung von Komponenten" (Erikson 1966c, S. 59) dar, wobei die einzelnen Komponenten systematisch miteinander verbunden und abhängig von der richtigen Entwicklung bzw. Auflösung zur richtigen Zeit sind. Die „richtige Zeit" wird bestimmt durch die Reife des Individuums und durch die entsprechenden Anforderungen der Gesellschaft (Erikson 1966d, S. 149). Jedes Problem existiert vor und nach seiner Kulmination in einer der acht phasentypischen psychosozialen Krisen, welche jeweils am Ende des betreffenden Stadiums erfahren werden (vgl. Erikson 1966b, S. 59 f.).

Die Jugendzeit ist für Erikson die zentrale Phase der Identitätsbildung und soll daher exemplarisch, auch zur Verdeutlichung eines Phasenverlaufs, erläutert werden (vgl. Erikson 1966c, S. 106–114): Thema dieses Abschnitts ist „Identität gegen Identitätsdiffusion". Zusätzlich zu den körperlichen Veränderungen in der Pubertät beschäftigen den Jugendlichen mögliche soziale Rollen, die er einnehmen könnte. Bisweilen krampfhaft versucht der junge Mensch zu ergründen, wie er in den Augen anderer erscheint, und welche Ideale und Idole ihm Orientierung geben können. Viele suchen nach einer Form der sozialen Zugehörigkeit, sodass Cliquen, Freundeskreise und etwa Fangemeinden im Musikbereich einen großen Zulauf haben. Die Entwicklungsaufgabe dieser Phase besteht in der Herauskristallisierung einer Ich-Identität, welche die früheren, durch Körperbedürfnisse und Elterneinfluss geprägten Kindheitsphasen auf befriedigende Weise mit der Vielzahl zukünftiger sozialer Rollen zu verknüpfen vermag. Gleichzeitig droht die Gefahr der Identitätsdiffusion oder gar der Wahl einer negativen, z. B. delinquenten Identität, wenn die einzelnen Identifikationen bis zum Ende der Adoleszenz nicht zu einem einheitlichen Ganzen integriert werden können (vgl. Döring 2003, S. 323) und die zentralen, durch die jeweilige Gesellschaft definierten Entwicklungsaufgaben, etwa die Entscheidung für eine Berufsidentität, nicht gelingen. Die Gesellschaft gewährt Jugendlichen in dieser Phase eine Karenzzeit, ein so genanntes psychosoziales Moratorium (Erikson 1966d, S. 137), das als Zeit des Noch-Nicht-Festgelegt-Seins und Experimentierens-mit-Rollen institutionalisiert ist.

Gelungene Identitätsbildung ist bei Erikson Resultat des Meisterns phasentypischer psychosozialer Krisen. Dieses Konzept eines kontinuierlichen Stufenmodells, das bei adäquatem Durchlaufen bis zum Ende der Adoleszenz in ein einheitliches und konsistentes Identitätsgefühl mündet, ist seit den 80er Jahren Gegenstand scharfer Kritik gewesen (vgl. Keupp 1998a, S. 241). Kritisiert wurde an dem Modell vor allem, dass es präformierte und universelle Entwicklungsphasen annimmt und von der Irreversibilität einmal erreichter Krisenlösungen ausgeht (vgl. Haußer 1995, S. 79). Die jüngere Identitätsforschung weiß sowohl um die Kulturspezifik bestimmter Entwicklungsstadien als auch um die Möglichkeit des neuerlichen Aufkommens vermeintlich gelöster Konflikte. Zudem erstrecken sich die Jugendzeit und damit auch Eriksons „psychosoziale Moratorien" heute häufig bis weit in das Erwachsenenalter und die Identitätsfrage gilt in der Entwicklungspsychologie mittlerweile als ein lebenslanges Projekt (vgl. Mietzel 2002, S. 390).

Eine viel beachtete Weiterentwicklung der Identitätstheorie Eriksons ist Marcias „Ego Identity Status-Modell" (vgl. Marcia et al. 1993), das verschiedene mögliche Identitätszustände von Individuen beschreibt. Mit Hilfe thematisch strukturierter Interviews kann erhoben werden, in welchem von vier möglichen Identitätszuständen eine Person sich befindet: *erarbeitete Identität* (identity achievement), *Moratorium*, *Identitätsübernahme* (foreclosure) oder *Identitätsdiffusion* (identity diffusion), wobei jeweils eine zusätzliche Differenzierung hinsichtlich der identitätsrelevanten Variablen *innere Verpflichtung* (commitment) und *Exploration von Alternativen* vorgenommen wird (Marcia 1993, S. 11). Die Identitätstypen *Moratorium* und *Identitätsdiffusion* werden damit zu einem nichtpathologischen, in der individuellen Lebensspanne mehrfach sich wiederholenden Zustand, ohne dass allerdings – so die Ansicht postmoderner Kritiker – Marcia die konsequente „‚Normalisierung' diffuser Identitätszustände" (Straub 2000, S. 294–296) gelingt.

2.2 Rolle der Sprache bei Erikson

Insgesamt spielen Sprache und Sprachentwicklung in Eriksons Phasenmodell, das vornehmlich die psychosozialen Modalitäten der Identitätsbildung in den Blick nimmt, kaum eine Rolle. Immerhin finden sich in seinen Schriften einige Anmerkungen zum Stellenwert der Sprache in der kindlichen Entwicklung. Während z. B. in der dritten Phase (s. Diagramm) das Kind im Vergleich zu früheren Stadien ein deutliches Plus an Bewegungsfreiheit und damit auch an Möglichkeiten zur Initiative erlangt, wird die Erweiterung der Handlungsmöglichkeiten und der Vorstellungswelt, so Erikson (1966c, S. 87), auch durch ein verbessertes Sprachvermögen erreicht.

An anderer Stelle geht Erikson ausführlicher auf die Rolle der Sprache im Hinblick auf die Ich-Entwicklung ein (1966d, S. 142 f.). Ihre Rolle wird von der klassischen Psychoanalyse, wie Erikson selbst einräumt (ebd.), vernachlässigt. Das Kind, das sprechen lernt, erwirbt mit der sprachlichen Ausdrucksfähigkeit eines der wichtigsten Mittel zur Stützung der individuellen Autonomie und zur Erweiterung der Handlungsmöglichkeiten. Den Grundgedanken der linguistischen Sprechakttheorie ontogenetisch anwendend, weist Erikson darauf hin, dass Kinder lernen, dass mit Sprache gehandelt wird, in Eriksons Worten (ebd., S. 143): „das gesprochene Wort ist ein *Pakt*, insofern das Gesagte Konsequenzen nach sich zieht". Erikson plädiert dafür, diesen psychosozialen Aspekt des Sprechens bei der Identitätsentwicklung mit den (freudschen) psychosexuellen Aspekten zusammenzudenken:

> Diese innere Beziehung der Sprache, nicht nur zur Welt der mitteilbaren Tatsachen, sondern auch zum sozialen Wert einer Verpflichtung durch das Wort und zur Wahrheit des Gesprochenen, ist unter den Erfahrungen, die eine gesunde Ich-Entwicklung fördern (oder stören), von geradezu strategischer Bedeutung. Wir müssen lernen, diesen psychosozialen Aspekt mit den bislang besser bekannten psychosexuellen Aspekten in Beziehung zu setzen, wie z. B. der auto-erotischen Lust am Sprechen [...].
>
> Erikson (1966d, S. 143)

Gleichzeitig wird die individuelle Art zu sprechen und sich zu artikulieren zu einem zentralen Bestandteil der kindlichen Identität, d. h. das Kind bildet eine eigene idiosynkratische Sprechweise heraus:

> So entwickelt das Kind im Gebrauch seiner Stimme und der Wörter die ihm eigentümliche Kombination von Singen und Jammern, von Sagen und Streiten als Teil eines neuen Elements der zukünftigen Identität, nämlich der eines Wesens, das in einer bestimmten Weise redet und in einer bestimmten Weise angesprochen wird.
>
> ebd.

Sprache ist als identitätsbildendes Kommunikationsmittel in Eriksons Modell nicht integriert, könnte aber, etwa in Form einer zusätzlichen Spalte in sein Diagramm eingefügt werden. Dass dem Sprachvermögen, pragmalinguistisch gesprochen: der Fähigkeit Sprechhandlungen auszuführen, eine zentrale Rolle im Prozess der Identitätsentwicklung zukommt, deutet Erikson an den genannten Textstellen selbst an. Wichtig scheint neben der Herausbildung einer individuellen Sprache, eines kindlichen Idiolekts etwa in Phase III, auch die Aneignung und Verwendung von Soziolekten, wenn sich das sprachliche Repertoire des Individuums erweitert, insbesondere in der Jugendzeit. Eine weitere Spalte F ließe sich betiteln mit „Sprachliche Entwicklung und Identität" und würde in der Horizontalen I/II einen Eintrag „Spielen mit Lauten und Imitieren von Sprache", in III „Entstehung eines kindlichen Idiolekts", in V etwa „Konstruktion jugendlicher Identität durch Verwendung von Jugendsprache", in VI z. B. „Konstitution eines bestimmten sozialen Status durch Gebrauch eines spezifischen Soziolekts". Die Phase VIII wäre gekennzeichnet durch die „Verwendung der Sprache des Alters". Auf diese Weise ließe sich der Anteil der Sprache am Prozess der Identitätsentwicklung deutlich machen, freilich nur unter Berücksichtigung des Umstands, dass sich die Phasen der Sprachentwicklung ebenso wie diejenigen der Identitätsentwicklung überlappen können und dynamisch in ihrem Fortschreiten vorzustellen sind.

Was lässt sich dem häufig vorgebrachten Vorwurf, Erikson sei ein anachronistischer Traditionalist in Identitätsfragen, entgegnen? Auch bei Erikson (1966b, S. 17 f.) ist zumindest im Ansatz ein Eingeständnis der potenziellen Widersprüchlichkeit und Multiplizität moderner Identität auffindbar:

> Die Expansionstendenz unserer Zivilisation zusammen mit ihrer Schichtenbildung und Spezialisierung zwingt das Kind, sein Ich-Modell auf wechselnde, nur einen Ausschnitt der Welt repräsentierende und noch dazu widerspruchsvolle Prototypen zu gründen.

Insofern jede einzelne Phase des Modells der psychosozialen Entwicklung eine Krise beschreibt, die in den jeweils anderen Phasen auch latent vorhanden ist, ist in ihm dennoch eine gewisse Multiplizität angelegt. Diese rückt es vielleicht nicht in die Nähe, aber doch in die grobe Richtung postmoderner Identitätskonzepte, da diese gleichfalls widersprüchliche und multiple Identitätselemente integrieren. Denn auch Erikson betrachtet es als die schwierige, letztlich Komplexität und Multiplizität reduzierende Funktion des Ichs, „die psychosexuellen und psychosozialen Aspekte einer bestimmten Entwicklungsstufe zu integrieren und zu gleicher Zeit die Verbindung der neu erworbenen Identitätselemente mit den schon bestehenden herzustellen" (1966d S. 143). Dass angesichts dieser Vielheit und Verschiedenheit von Identitätselementen das Verfügen über ein multiples Sprachrepertoire eine essenzielle Rolle spielt, wird in Teil III dieser Arbeit gezeigt.

3 Identität als Resultat symbolvermittelter Interaktion: sozialpsychologischer Zugang

3.1 Meads Ansatz

Etwas früher als Erikson, in den Jahren 1900–1930, hat der an der University of Chicago (USA) lehrende Mead im Rahmen von Vorlesungen zur Sozialpsychologie eine Identitätstheorie entwickelt, die durch die Betonung des gesellschaftlichen Einflusses auf die Herausbildung des Selbst eine offensichtliche Parallele zum Ansatz des Psychoanalytikers aufweist. Im Übrigen sind die Theorien jedoch grundsätzlich verschieden.

Schon der metatheoretische Ausgangspunkt Meads ist dem der Psychoanalyse diametral entgegengesetzt. Er propagiert in seinem posthum (1968/1934) erschienenen, auf Vorlesungsmitschriften von Studierenden basierenden Werk „Geist, Identität und Gesellschaft" (Untertitel: aus der Sicht des Sozialbehaviorismus) eine Version des Behaviorismus, die sich immerhin deutlich von derjenigen des Begründers dieser verhaltenspsychologischen Schule, Watson, absetzt. Psychologisch relevante Daten beschränkt Mead nicht auf das beobachtbare Verhalten allein, sondern bezieht auch innerhalb des Individuums angesiedelte Prozesse und Zustände, wie etwa Haltungen, reflexives Bewusstsein und innere Kommunikation (mit sich selbst) in seine Überlegungen ein (vgl. Mead 1968, S. 39–46):

> Die Sozialpsychologie ist in dem Sinne behavioristisch, daß sie mit einer beobachtbaren Aktivität beginnt – dem dynamischen gesellschaftlichen Prozeß und den ihn konstituierenden gesellschaftlichen Handlungen –, die untersucht und wissenschaftlich analysiert wird. Sie ist jedoch nicht in dem Sinne behavioristisch, daß die innere Erfahrung des Individuums – die innere Phase dieses Prozesses oder dieser Aktivität – ignoriert wird.
>
> ebd. (S. 46)

Meads Ansatz ist trotz seiner behavioristischen Wurzeln, die durch die Setzung des beobachtbaren Verhaltens als Ausgangspunkt, die Anlehnung an Darwins Evolutionstheorie und den wiederholten Rückgriff auf das Reiz-Reaktions-Schema deutlich erkennbar sind, ernst zu nehmen, denn er liefert einen äußerst erhellenden und nach wie vor aktuellen Blick auf den Zusammenhang zwischen menschlichem Denken (= Geist[71]), Ich-Entwick-

---

[71] Der Ausdruck „Geist" steht bei Mead „ganz allgemein, für die Fähigkeit, zu denken und zu fühlen", wobei diese Fähigkeit nicht in idealistischem Sinne als apriorische verstanden werden darf (Mead 1968, S. 441).

lung (= Identität[72]) und sozialem Handeln und Zusammenleben (= Gesellschaft). Auch wenn Mead viele andere Interessen, u. a. ethischer und pädagogischer Art verfolgte,[73] war es ihm doch ein Hauptanliegen, die Wechselwirkungen zwischen den drei genannten Komponenten zu erforschen.

Mead steht in der Tradition des philosophischen Pragmatismus und gilt als Gründungsvater einer soziologisch orientierten Sozialpsychologie. Er initiierte auch eine Vielzahl von Forschungen, die sich dem Symbolischen Interaktionismus zugehörig fühlen. Obwohl dieser Terminus in treffender Weise den Kerngedanken der meadschen Theorie zum Ausdruck bringt, wurde er nicht von Mead, sondern von dessen Schüler Blumer geprägt, um eine soziologische Richtung zu bezeichnen und zu begründen,[74] die von der Prämisse ausgeht, dass „Menschen Dingen gegenüber auf der Grundlage von Bedeutungen handeln, die diese Dinge für sie besitzen" (Blumer 1992/1973, S. 23). Insofern diese Schule davon ausgeht, dass die Dinge keine Bedeutung „an sich" haben, sondern Bedeutungen ihnen in Interaktionen zugewiesen und konstruiert werden, stehen sie auch konstruktivistischen Ansätzen nahe bzw. bilden einen bedeutenden Vorläufer.

3.2 Signifikante Symbole, der generalisierte Andere und Identität

Im Mittelpunkt der Identitätstheorie Meads steht die Vorstellung, dass unser Selbst hauptsächlich durch soziale Interaktion konstituiert wird. Geist und Identität entstehen in einem gesellschaftlichen Prozess (vgl. Morris 1968/1934, S. 18), das zentrale Medium oder Mittel dafür ist die Sprache.

---

[72] Dem Begriff „Identität" im deutschen Titel des Hauptwerks von Mead (1968) entspricht der Ausdruck „self" in der englischen Vorlage. Diesem Gebrauch wird hier gefolgt, später allerdings werden für die zwei Bestandteile der Identität anstelle der üblichen deutschen Übersetzung „Ich" und „ICH" die von Mead verwendeten, englischen Termini „I" und „Me" beibehalten.

[73] Vgl. Joas (1987), der eine zweibändige Auswahl aus Meads Schriften herausgegeben hat, um Texte jenseits der studentischen Mitschriften und die ganze Bandbreite der Interessen Meads bekannt zu machen. Mead selbst hat zu Lebzeiten nicht viel publiziert, sodass jede Rezipientin seines Werks mit quellenbezogenen und texteditorischen Problemen zu kämpfen hat. Die Rezeption in den deutschsprachigen Ländern setzte erst in den späten sechziger Jahren des vorigen Jahrhunderts ein.

[74] Vgl. die verschiedenen in Joas (1989) zusammengestellten Rezeptionsvarianten des meadschen Werks. Der Symbolische Interaktionismus, als dessen Begründer Mead häufig bezeichnet wird, ist lediglich eine davon. Eine neue Mead-Interpretation liefert Wagner (1993). Einen guten Überblick über den Ansatz Meads aus kommunikationswissenschaftlicher Perspektive geben Krallmann und Ziemann (2001).

Während bei Watson Sprache nur als vokale Reaktion oder reduziert auf die Bewegung der Stimmbänder vorkommt (ebd., S. 19), bildet sie bei Mead die Voraussetzung dafür, dass biologischen Organismen Geist oder Identität zugesprochen werden kann. Wie begründet er dies?

Für Mead ist die Sprache wichtigstes Mittel „der Kooperation, die in einer Gruppe anhand von Signalen und Gesten stattfindet" (Mead 1968, S. 44).[75] Eine Vorstufe der sprachlichen Kommunikation liegt nach Mead vor, wenn mit Hilfe von Gesten, unter die er (Teile von) Handlungen fasst, entsprechende Reaktionen bei einem Interaktionspartner ausgelöst werden (ebd., S. 82 f.). Gesten sind für Mead der Mechanismus schlechthin, durch den der gesellschaftliche Prozess angetrieben wird (ebd., S. 52), sie dienen der wechselseitigen Anpassung von Verhalten (ebd., S. 84). Ein Beispiel für eine Geste ist das Fauchen der Katze und ihre sich sträubenden Rückenhaare, wenn sie sich bedroht fühlt oder angreifen will. Als Geste gilt auch das Anbieten eines Sitzplatzes, wenn eine Person einen Raum betritt. Solch nahezu instinktive und „frühe Phasen gesellschaftlicher Handlungen gehen dem eigentlichen Symbol und bewußter Kommunikation voraus" (ebd., S. 53). Dieses Modell der gestenvermittelten Kommunikation zeichnet sich dadurch aus, dass die verwendeten Zeichen nicht signifikant sind.

Signifikante oder bewusste Kommunikation liegt hingegen vor, wenn eine Geste eine bestimmte Idee bzw. einen Sinn ausdrückt, der für alle Interaktionspartnerinnen innerhalb einer Gesellschaft gleich ist. „[D]ie bloß durch Gesten (Gebärden) vermittelte Interaktion wird mit semantischen Bedeutungen der Sprache überformt, es kommt zur Semantisierung der Geste" (Weiss 1993, S. 69). Auf diese Weise wird die Geste zum signifikanten Symbol, das beim Sender die gleiche Wirkung oder Haltung auslöst wie beim Empfänger und damit ein vortreffliches und höchst effektives Mittel der Verhaltenskoordination darstellt. „An diesem Punkt, an dem die Geste diesen Zustand erreicht, wird sie zu dem, was wir ‚Sprache' nennen" (Mead 1968, S. 85). Es ist die vokale Geste, der Mead einen besonderen Status zuspricht, denn mit ihr steht uns ein vorzügliches Instrument zur Selbstkontrolle zur Verfügung. Indem wir uns selbst sprechen hören, so wie andere uns vernehmen, neigen wir verstärkt dazu, auf die vokale Geste (zumindest innerlich) so zu reagieren, wie unser Gegenüber es tun würde (vgl. ebd., S. 100–107).

> Nur durch Gesten qua signifikante Symbole wird Geist oder Intelligenz möglich, denn nur durch Gesten, die signifikante Symbole sind, kann Denken stattfinden,

---

[75] Wichtige Vorüberlegungen zum Konzept der symbolvermittelten Interaktion finden sich in Mead (1987a, 1987b).

das einfach ein nach innen verlegtes oder implizites Gespräch des Einzelnen mit sich selbst mit Hilfe solcher Gesten ist. Dieses Hereinnehmen-in-unsere-Erfahrung dieser äußerlichen Übermittlung von Gesten, die wir mit anderen in den gesellschaftlichen Prozeß eingeschalteten Menschen ausführen, macht das Wesen des Denkens aus.

ebd.(S. 86)

Und nur durch Gesten im Sinne signifikanter Symbole, die für alle Interagierenden die gleiche Bedeutung haben, wird, so Mead, Identität möglich. „Unterhalb der menschlichen Entwicklungsstufe ist die Übermittlung von Gesten nicht signifikant, weil sie nicht bewußt, d. h. nicht ‚identitätsbewußt' ist" (ebd., S. 121). Symbolvermittelte Kommunikation bildet folglich die Grundlage für Identitätskonstitution. Eine wichtige Voraussetzung für die Internalisierung der Haltung anderer zu sich selbst und für die Herausbildung von Identität ist ferner, dass sich das Individuum selbst zum Objekt werden kann (ebd., S. 140 und S. 179), eine selbstbezügliche und sprachgebundene Kompetenz, wie sie charakteristisch für die reflexive Intelligenz des Menschen ist. Besonders kritisch für die Herausbildung von Identität ist das Vorhandensein von Sprache, insofern die Verwendung signifikanter Symbole in uns die gleichen Haltungen und Reaktionen auszulösen vermag wie beim Gegenüber. Nicht nur die Übernahme der Haltung der anderen ist dabei wichtig, sondern auch die ihrer Rolle: „Wir versetzen uns unbewußt in die Rolle anderer und handeln so wie sie" (ebd., S. 108).

Die Tendenz zur Übernahme der Rolle anderer (qua Sprache) hat seinen ontogenetischen Ausgangspunkt im kindlichen Spiel, das in Meads Theorie entscheidend für die Identitätsentwicklung ist. Genauso wie Sprache nicht gleich nach der Geburt vorhanden ist, muss auch die Identität eines Menschen sich erst entwickeln (ebd., S. 177). Die erste Stufe der Identitätsentwicklung liegt mit dem nachahmenden Spiel („play") des Kindes vor, das verschiedene Rollen (Mutter, Polizistin etc.) ausprobiert. Das Kind richtet die Handlungen und Verhaltensweisen der verschiedenen Rollen aneinander aus, indem sie diese in einen Dialog mittels Gesten treten lässt (vgl. ebd., S. 192 f.). Die nächste Stufe verwirklicht sich im organisierten Wettkampf („game"): Am Beispiel des Baseball-Spiels zeigt Mead, dass der einzelne Spieler in der Lage sein muss (mindestens im Geiste, bisweilen auch in der tatsächlichen Ausführung,) die Rollen aller anderen am Spiel Beteiligten (Werfer, Fänger etc.) zu übernehmen. Der Übergang vom kindlichen Rollenspiel zum organisierten Wettkampfspiel ist entscheidend für die Identitätsbildung (ebd., S. 194), denn nur wenn das Individuum die Haltungen der organisierten Gesellschaft, der es angehört, anzunehmen lernt, kann es eine Identität entwickeln (ebd., S. 197).

> Die organisierte Gemeinschaft oder gesellschaftliche Gruppe, die dem Einzelnen seine einheitliche Identität gibt, kann ‚der (das) verallgemeinerte Andere' genannt werden. Die Haltung dieses verallgemeinerten Anderen ist die der ganzen Gemeinschaft.
>
> ebd. (S. 196)

Dadurch, dass die einzelnen Mitglieder der Gesellschaft diese Haltung des generalisierten Anderen internalisiert haben, steht der Gemeinschaft ein Instrument par excellence zur Verfügung, um Verhalten und Denken ihrer einzelnen Mitglieder aneinander anzupassen (ebd.). Identitätsbildung und damit Vergesellschaftung sind möglich, weil das Individuum die Fähigkeit zur Rollenübernahme erlernt, die wiederum von der Fähigkeit zur Kommunikation mittels signifikanter Symbole abhängt. Spracherwerb wird so zur conditio sine qua non für Identitätsbildung, deren Ziel laut Mead darin besteht, die Haltung des generalisierten Anderen verinnerlicht zu haben.

3.3 Struktur der Identität und Rolle der Sprache bei Mead

Welche Struktur hat diese Identität? Sie gliedert sich laut Mead in das „I" und das „Me". Die übernommenen Haltungen des Anderen, alle gesellschaftlichen Konventionen und Erwartungen bilden zusammen das „Me", das damit stark an Freuds „Über-Ich" erinnert,[76] während das in konkreten Situationen reagierende, spontane Selbst als „Ich" bezeichnet wird. Dass das „Ich" bisweilen auch Verhaltensweisen zeigen kann, die den im „Me" angelegten sozialen Anforderungen entgegengesetzt sind, liegt auf der Hand (vgl. ebd., S. 216–221). Als initiativer Teil der Persönlichkeit gibt es dem Einzelnen das Gefühl der Freiheit und auch kreativen Handlungs- und Gestaltungsspielraum. Zusammen bilden das „I" und das „Me" die Identität. Durch die Einführung des „I", ein Kunstgriff sozusagen, versucht Mead die Übermacht des Anpassung verlangenden „Me" etwas einzudämmen, indem er dem Selbst einen kleinen individuellen und freiheitsstrebenden Anteil anhängt. Dennoch haftet seinem Identitätsmodell die beängstigende Note gesellschaftlicher Kontrolle und Konformität an.

Von der ungebrochenen Relevanz (trotz behavioristischer Affinitäten) der Theorie Meads zeugt der Umstand, dass er zum einen sozialen Prozessen eine entscheidende Rolle bei der Identitätskonstitution zuspricht und

---

[76] Mead (1968, S. 254) selbst weist auf die Parallele zu Freud hin, dessen Schule er als „phantastische[n] Psychologie" (ebd., S. 255) bezeichnet und offenbar auf die Beschäftigung mit pathologischen Fällen reduziert.

zum anderen durch die Betonung innerer Vorgänge, wie der intraindividuellen Kommunikation qua Symbolen und der Internalisierung gesellschaftlicher Haltungen, die kognitive Komponente des Prozesses herausstellt: „Das Wesen der Identität ist [...] kognitiv" (ebd., S. 216). Auch wenn er grundsätzlich von dem Erlangen einer „definitiven Identität" (ebd., S. 237) ausgeht, weist Mead, noch früher als Erikson,[77] auf die Möglichkeit multipler Identität hin. Diese Textstelle liest sich erstaunlich postmodern:

> Wir spalten uns in die verschiedensten Identitäten auf, wenn wir zu unseren Bekannten sprechen. Mit dem einen diskutieren wir Politik, mit einem anderen Religion. Es gibt die verschiedensten Identitäten, die den verschiedensten gesellschaftlichen Reaktionen entsprechen. [...] Eine mehrschichtige Persönlichkeit ist bis zu einem gewissen Grad etwas Normales
>
> ebd. (S. 184)

Indem er der Sprache in Bezug auf gesellschaftliche Prozesse im Allgemeinen und im Hinblick auf Identitätskonstitution im Besonderen eine herausragende Rolle zuweist, birgt der Ansatz Meads vielfältige sprachtheoretische und sprachphilosophische Implikationen, die sich aus den angedeuteten Bezügen zwischen Sprache, Denken, Geist und Identität ergeben. Diese sind für Mead in ontogenetischer wie in phylogenetischer Perspektive untrennbar miteinander verknüpft.[78] Zwar „vernachlässigt Mead die interne Struktur sprachlicher Systeme und ist insofern linguistisch und sprechakttheoretisch ergänzungsbedürftig" (Joas 1985, S. 15). Auch semantische Aspekte sowie die Verständigungsleistung der Sprache wären in seine Theorie noch einzuarbeiten (vgl. Habermas 1981, S. 14). Doch bieten Meads Vorstellung von Sprache als Reihung signifikanter Symbole (Mead 1968, S. 384) und die Momente der Intersubjektivität und Dialogizität gute Anknüpfungspunkte für identitätsbezogene sprachtheoretische Überlegungen, was in Teil III, Kapitel 2 dieser Arbeit aufgegriffen wird.

Bedeutsam scheint ferner Meads Hinweis darauf, dass das Erlernen einer neuen Sprache zwangsläufig mit der Aneignung der Haltung und der Lebensform der betreffenden Sprachgemeinschaft einhergehen muss (ebd., S. 330 f.), denn mit dem Zweitspracherwerb, so Mead, erwirbt der Mensch „eine neue Seele. Er versetzt sich in die Haltung jener, die diese Sprache verwenden" (ebd.). Die Nähe zu Wittgenstein, der mit seinen Sprachspielen spezifische Lebensformen verbindet, ist unübersehbar. Schließlich gilt für Mead: „Sprache hat für die soziokulturelle Lebensform konstitutive Bedeutung" (Habermas 1981, S. 12). Ohne die linguistische

---

[77] Vgl. Abschnitt 2.2.
[78] Vgl. hierzu insbesondere ebd., S. 234 f.

Wende in der Philosophie zur Kenntnis genommen zu haben, rückt Mead die Analyse symbolischer oder sprachlicher Interaktion in den Mittelpunkt seiner Sozial- und Identitätstheorie (ebd.). Damit unterbreitet er implizit einen Vorschlag für pragmatische Sprachanalysen, die Identität etwa als Phänomen des Sprachgebrauchs auffassen.

Dass Mead nicht nur als Vorläufer des symbolischen Interaktionismus, sondern auch konstruktivistischer Positionen angesehen werden kann, davon zeugt der Umstand, dass er Sprache qua Symbolisierung eine wirklichkeitsschaffende Funktion zuspricht. Auch diese Textstelle liest sich erstaunlich aktuell:

> Sprache schafft bislang noch nicht geschaffene Objekte, die außerhalb des Kontextes der gesellschaftlichen Beziehungen, in denen die Symbolisation erfolgt, nicht existieren würden. Die Sprache symbolisiert nicht einfach Situationen oder Objekte, die schon vorher gegeben sind; sie macht die Existenz oder das Auftreten dieser Situationen oder Objekte erst möglich, da sie ein Teil jenes Mechanismus ist, durch den diese Situationen oder Objekte geschaffen werden.
>
> ebd. (S. 117)

Klar drückt Weiss (1993, S. 72) aus, worin die Besonderheit des meadschen Ansatzes liegt: „Ich und Denken, Sprache und Gesellschaft verschränken sich bei Mead zu einem System."

4 Identität als Dramaturgie, Imagearbeit und Balance: interaktionistische Ansätze

Im Gefolge Meads hat es eine Fülle von Weiterentwicklungen des symbolisch-interaktionistischen Ansatzes gegeben. Als prominentester Nachfolger gilt der Soziologe Goffman, der sich selbst zwar nicht als Vertreter des Symbolischen Interaktionismus verstand, aber dennoch, wie Mead, der so genannten Chicagoer Schule zugerechnet wird.[79] Beiden gemeinsam ist die Fokussierung der sozialen Interaktion[80] und die Idee des Rollenspiels, wobei Goffman über den Gedanken der sprachlich-symbolischen Identitätskonstitution hinausgehend zeigt, dass die Feinstruktur der Face-to-face-Interaktion maßgeblichen Aufschluss über die Erschaffung des Selbst gibt. Analysen der Interaktionsordnung („interaction order"), die Goffman (2001a/1983) zum Hauptgegenstand seiner Forschungen machte, enthüllen u.a. alltägliche Strategien der Selbstinszenierung. Ihn interessieren insbesondere „die syntaktischen Beziehungen zwischen den Handlungen verschiedener gleichzeitig anwesender Personen" (Goffman 1971a/1967, S. 8). Die „Grammatik" der direkten Interaktion deckte Goffman auf, indem er naturalistische Feldforschung betrieb und geeignete Analogien und Metaphern für seine Modellbildung heranzog, u.a. die Spielanalogie und die Theatermetapher. Noch zu seinen Lebzeiten sahen viele in Goffman einen Exoten, der in die Nähe des absurden Theaters und der existentialistischen Philosophie gerückt wurde, aber nicht als ernst zu nehmender Wissenschaftler galt (vgl. Weiss 1993, S. 80). Das änderte sich, als die Goffman-Rezeption spätestens seit den 80er Jahren des vorigen Jahrhunderts

---

[79] Der Soziologe Strauss steht gleichfalls in der Tradition Meads. In seiner essayistischen Abhandlung „Spiegel und Masken: die Suche nach Identität" (1968/1959) beschreibt er Verfahren der Fremd- und Selbstdarstellung in der Metaphorik der Maskerade. Wie Mead betont er die Bedeutung signifikanter Anderer und bestimmter Rollen bzw. Maskierungen im Hinblick auf die Konstitution von Identität und stellt auch die Relevanz der Sprache heraus: „Sprache muß", so Strauss (ebd., S. 13), „im Mittelpunkt jeder Diskussion über Identität stehen". Vor allem die Namensgebung als Akt der bewertenden Klassifikation der eigenen sowie anderer Personen interessiert Strauss (ebd.): „Jeder Name ist ein Behälter, in den die bewußten oder unbeabsichtigten Bewertungen des Namengebers hineingegossen werden." Damit liefert Strauss den für die Onomastik grundlegenden Hinweis auf die Verbindung zwischen Namen und (von außen zugeschriebener) Identität. Ferner zeigt Strauss, dass Identitätstransformationen auf eine wandelbare Sprache, die neue Begrifflichkeiten bereitstellt, angewiesen sind.

[80] Im Grunde gehört auch Mead zu den Interaktionisten und könnte gleichfalls dem Kapitel 4 zugeschlagen werden.

83

(vgl. z. B. Hettlage/Lenz 1991 und Knoblauch 2001) seine Interaktionsanalysen als wichtigen Beitrag zur soziologischen Interaktions- und Identitätstheorie anerkannte.[81]

4.1 Goffmans dramaturgischer Ansatz

Mit Hilfe der Theatermetapher hat Goffman die dramaturgische Inszenierung des Selbst vor allem in „Wir alle spielen Theater: die Selbstdarstellung im Alltag" (1973/1959) herausgearbeitet. Er beschreibt die soziale Welt als Bühne und die sozialen Akteure als Darsteller, Zuschauer und Außenseiter. Zwar weist das soziale Leben deutliche Unterschiede zum Bühnengeschehen auf, insofern im Theater „Dinge vorgetäuscht" (ebd., S. 3) werden und ein an der Inszenierung nicht (direkt) beteiligtes Publikum anwesend ist; Goffman selbst warnt davor, die Bühnenmetapher wörtlich zu nehmen. Doch das dramaturgische Modell liefert eine solch einleuchtende und sogar dem Konstruktionsgedanken postmoderner Ansätze nahe stehende Erklärung der alltäglichen Selbstdarstellungsstrategien, dass ein genauerer Blick darauf lohnend erscheint.

Ausgangspunkt ist der Gedanke, dass beim unmittelbaren Zusammentreffen von Personen einerseits das Einholen von Informationen über andere und andererseits das Kontrollieren von Informationen (sozialer, statusbezogener etc. Natur) über das eigene Selbst elementar sind (ebd., S. 5). Goffman unterscheidet dabei zwischen zwei Ausdrucksmöglichkeiten: „Ausdruck, den sich der Einzelne gibt, und Ausdruck, den er ausstrahlt", wobei der Erstgenannte sprachlich-symbolischer Art und der zweite auf das Handeln und Verhalten allgemein bezogen ist (vgl. ebd., S. 6 und 9). Dieser allgemeine Ausdruck ist derjenige, der Goffman als der bühnenmäßigere und stärker das Gesamtverhalten betreffende besonders interessiert, wohingegen der sprachliche Ausdruck als der stärker bewusst kontrollierbare ihm nebensächlich erscheint (ebd., S. 9 f.).[82] Die bis zu einem gewissen Grad mögliche Kontrolle des nonverbalen Verhaltens „schafft die Bühne für so etwas wie ein Informationsspiel – einen potentiell endlosen Kreislauf von Verheimlichung, Entdeckung, falscher Enthül-

---

[81] Vgl. auch den nützlichen Überblick zum Werk Goffmans bei Krallmann und Ziemann (2001, S. 229–256).

[82] Dies erinnert an die von Watzlawick et al. (2000/1969) eingeführte Unterscheidung zwischen digitaler und analoger Kommunikation. Auch sie postulieren eine höhere Glaubwürdigkeit der analogen (nonverbalen) Ausdrucksmodalität wegen ihrer geringeren Kontrollierbarkeit.

lung und Wiederentdeckung" (ebd., S. 12). Selbstdarstellung und Eindrucksmanagement gelten bei Goffman als Hauptaufgaben des sozialen Akteurs.

Zu den wesentlichen Elementen der Situation, in der das Selbst dargestellt wird, gehört neben dem Darsteller das Publikum, das gleichzeitig Partner des Darstellenden, d. h. selbst darstellend sein kann (ebd., S. 18). Die Darstellenden spielen einzeln oder gemeinsam als koagierendes Ensemble (ebd., S. 75) bestimmte soziale Rollen, die wir „als die Ausübung von Rechten und Pflichten definieren, die mit einem bestimmten Status verknüpft sind" (ebd., S. 18) und die mehrere Teilrollen umfassen können. Das Ausfüllen einer Rolle kann a) ohne Rollendistanz, d. h. in der Überzeugung, dass die inszenierte Realität „wirkliche" Realität sei, erfolgen oder aber b) in dem Bewusstsein, dass die Rolle inszeniert und das Publikum überzeugt, im schlimmsten Falle getäuscht werden muss. Goffman unterscheidet entsprechend zwischen a) aufrichtigen und b) zynischen Darstellern (ebd., S. 19 f.). Jede Darstellerin zeigt üblicherweise eine Fassade, d. h. ein standardisiertes Ausdrucksrepertoire (ebd., S. 23), um beim Publikum einen bestimmten Eindruck zu erzeugen. Die Fassade kann fallen oder bröckeln, d. h. die Darstellung ist für Störungen anfällig, sodass bestimmte Reparaturmaßnahmen erforderlich werden. Die Darstellung findet statt in einem Bühnenbild, das Möbel und sämtliche Requisiten umfasst, zwischen und mit denen sich die Handlung abspielt. Während also das Bühnenbild „die szenischen Komponenten des Ausdrucksrepertoires" (ebd., S. 25) umfasst, gehören zur persönlichen Fassade die dem Darsteller eigenen Merkmale wie etwa Gesichtsausdruck, Haltung, Gestik, Größe, Alter, Geschlecht, Kleidung usw. (ebd.)

Das Geschehen spielt sich an verschiedenen Orten ab. Da ist zum einen die Vorderbühne, auf der die eigentliche Vorstellung stattfindet (ebd., S. 100), und zum anderen die Hinterbühne, auf der sich jenseits von Rollenvorgaben das Hintergrundgeschehen abspielt. Hier treten unterdrückte Aspekte des Darstellerselbst zutage, Requisiten, Kleidung und Maske werden ab- und angelegt, Elemente der persönlichen Fassade werden überprüft und korrigiert, das Textbuch ist nicht mehr verpflichtend (ebd., S. 104 f.). Goffman spricht von einer eigenen, inoffiziellen Hinterbühnensprache, die sich durch Anrede mit Vornamen, Vulgarität, Dialekt und Umgangssprache, aggressive und nörgelnde Ausdrucksweise, insgesamt durch größere (Nach-)Lässigkeit im Hinblick auf verbale Ausdrucksweise und körperliches Verhalten auszeichnet (ebd., S. 117 f.). Ein gutes Beispiel ist das verbale und nonverbale Verhalten in der Küche (Hinterbühne) gegenüber dem Verhalten im Speiseraum oder Wohnzimmer (Vorderbühnen), wenn Gäste empfangen und bewirtet werden. Da die Hinterbühne der Ort ist, an dem Rollencharaktere ab- und angelegt werden, bedarf sie dringend des Schutzes vor unbefugten Eindringlingen, so genannten Außenseitern. Die Kontrolle des Hinterbühnenzugangs ist eine unabdingbare Schutzmaßnahme, die Entlarvung verhindern und interne Geheimnisse bewahren helfen soll.

Goffman beschreibt verschiedene Techniken der Eindrucksmanipulation, die ein guter Darsteller beherrschen muss, will er einen glaubwürdigen Eindruck erzeugen. Neben Loyalität gegenüber den anderen Darstellern, Selbstbeherrschung und Sorgfalt, die helfen, unbeabsichtigte Gesten und Ausrutscher zu vermeiden, ist, so Goffman, „Schwerpunkt solcher dramaturgischer Disziplin [...] wohl die Kontrolle über Gesichtsausdruck und Stimme. Die wirkliche Gefühlsreaktion muß verborgen und die angemessene Gefühlsreaktion gezeigt werden" (ebd., S. 197). Allerdings können die Darsteller mit der „taktvollen Neigung des Publikums und der Außenseiter" rechnen, „die fremden Darstellungen zu schützen" (ebd., S. 208), indem sie sich beispielsweise von den Hinterbühnen fernhalten.

Die Struktur des dramaturgisch inszenierten Selbst ist zweigeteilt: Einerseits gibt es das dargestellte Selbst, die Rolle, die durch die Bemühungen und Handlungen des Darstellers auf der sozialen Bühne gespielt wird und als Gesamteindruck seiner selbst (beim Publikum) entsteht. Andererseits gibt es das Individuum als Darsteller der betreffenden Rolle, das gewissermaßen als psychische Mitte oder Darsteller-Ich zu Träumen, Phantasien und auch Schamgefühlen neigt, Angst und Sorge wegen möglicher Enthüllungen empfindet. Das Darsteller-Selbst ist dasjenige, das die jeweiligen Rollen lernt, koordiniert und möglicherweise auch in Distanz zu ihnen gehen kann (ebd., S. 230–232).

Goffman räumt ein, dass sein Modell der dramaturgischen Selbstdarstellung an der westlichen, insbesondere der angelsächsischen Kultur ausgerichtet ist (ebd., S. 218 und S. 223) und folglich keine universale Geltung beanspruchen kann. Und er enttarnt seine Bühnenanalogie schließlich als teilweises „rhetorisches Manöver" (ebd., S. 232):

> Deshalb lassen wir nun die Sprache und die Maske der Bühne fallen. Gerüste sind letzten Endes dazu da, andere Dinge mit ihnen zu erbauen, und sie sollten im Hinblick darauf errichtet werden, daß sie wieder abgebaut werden. Unser Bericht hat es nicht mit Aspekten des Theaters zu tun, die ins Alltagsleben eindringen. Er hat mit der Struktur sozialer Begegnungen zu tun – mit der Struktur der Einheiten im sozialen Leben, die entstehen, wann immer Personen anderen Personen unmittelbar physisch gegenwärtig werden.
>
> ebd. (S. 232 f.)

Gemeinsam sind der Bühne und dem „wirklichen" Leben die Strategien der Selbstinszenierung.

4.2 Das Image-Selbst

Das Individuum agiert bei Goffman als Stratege, der darauf bedacht ist, sein verbales und nonverbales Verhalten derart zu gestalten, dass er ein möglichst positives „Image" („face") vermittelt (Goffman 1971b/1967).

> Der Terminus *Image* kann als der positive soziale Wert definiert werden, den man für sich durch die Verhaltensstrategie erwirbt, von der die anderen annehmen, man verfolge sie in einer bestimmten Interaktion. Image ist ein in Termini sozial anerkannter Eigenschaften umschriebenes Selbstbild, – ein Bild, das die anderen übernehmen können.
>
> ebd. (S. 10)

In der sozialen Interaktion geht es darum, das eigene Image oder Gesicht aufrechtzuerhalten, zu wahren, ggf. zu verteidigen und in keinem Fall zu verlieren. Zu diesem Zwecke bedient sich der Einzelne verschiedener „Techniken der Imagepflege" (Goffman 1971b), die als rituelle Muster in jeder (Sub-)Kultur vorhanden sind und „Takt, savoir-faire, Diplomatie oder soziale Geschicklichkeit" (ebd., S. 19) genannt werden. Jede Teilnehmerin an sozialen Interaktionen kann sich auch dabei des Mitgefühls und taktvollen Entgegenkommens ihrer Mitakteure sicher sein. Diese sind in der Regel bemüht, das Image des Gegenübers zu schonen und zu wahren. Die reziproke Rücksichtnahme und Kooperativität in Bezug auf die Imagewahrung bezeichnet Goffman als grundlegendes Strukturmerkmal der direkten Interaktion (ebd., S. 16 f.). Diskretion, das Vermeiden bestimmter Themen oder das Ignorieren imagebedrohender Ereignisse gehören zu den Strategien der Aufrechterhaltung eines positiven Selbstbildes (ebd., S. 22 f.).

Das anhand der Spielanalogie entwickelte „Image-Selbst" ist gleichfalls zweigeteilt und weist deutliche Parallelen zum dargestellten Selbst und Darsteller-Selbst des Theater-Modells auf. Goffman unterscheidet

> das Selbst als ein Image, das aus den expressiven Implikationen des gesamten Ereignisverlaufs einer Interaktion zusammengesetzt ist, und das Selbst als eine Art Spieler in einem rituellen Spiel.
>
> ebd. (S. 38)

Während im Theater-Modell Sprache nur eine nebensächliche Rolle im Hinblick auf die Inszenierung des Selbst spielt, räumt Goffman ihr im Zusammenhang mit dem Image-Konzept einen bedeutenderen Stellenwert ein. Als Grundelemente des zu untersuchenden Verhaltens in Face-to-face-Interaktionen nennt er „Blicke, Gesten, Haltungen und sprachliche Äußerungen" (1971a, S. 7), d. h. Sprache erscheint hier als gleichrangiges Element neben dem nonverbalen Verhalten. In „Techniken der Imagepflege" (1971b) vermutet er „eine funktionale Beziehung zwischen der Struktur des Selbst und der Struktur sprachlicher Interaktion" (ebd., S. 43). Besonders wichtig sind dabei Gesprächsregeln, die Redner- und Themenwechsel bestimmen. Die konventionelle Ordnung von Gesprächen erweist sich als günstige Voraussetzung für die Imagepflege. Die rituelle Struktur des Selbst wiederum begünstigt die Einhaltung eines geregelten Ablaufs von Gesprächsbeiträgen (ebd., S. 46); Imagearbeit und konversationelle Regeln bedingen einander. „Image" wird so zum Hauptprinzip der rituellen Ordnung von Kommunikation (ebd., S. 52). Die Anschlussmöglichkeiten für die linguistische Gesprächs- und Konversationsanalyse sind vielfältig, wovon zahlreiche Arbeiten zeugen (z. B. Brown/Levinson 1987), die Goffmans Konzept der Imagearbeit („facework") aufgegriffen haben.

4.3 Das Stigma-Selbst

Goffman hat sich dem Identitätsthema auch durch die Analyse des Abweichenden genähert. Sein Ziel war dabei, Erkenntnisse über „Normalität" auf der Folie der „Abnormalität" zu gewinnen. In „Asyle" (1977/1961) zeigt er, wie es Insassen totaler Institutionen (z. B. psychiatrischer Kliniken und Gefängnisse) gelingt, unter den besonderen Bedingungen des sozialen Lebens in diesen geschlossenen Welten ihr Selbst zu wahren. Eine Möglichkeit ist das Entwickeln eines subversiven Unterlebens. In „Stigma" (1979/1963) entwickelt er anhand der Analyse verschiedener Arten von Abweichungen ein neues Strukturmodell des Selbst, das über das Identitätsmanagement von Personen mit körperlichen, geistigen und charakterlichen Defekten hinaus auch Besonderheiten der Identität so genannter „Normaler" zu erklären vermag. Goffman beschreibt Techniken, die Stigmatisierte entwickeln, um ihren Defekt zu verstecken, und die Bemühungen, trotz eines offensichtlichen Stigmas soziale Anerkennung zu erlangen. Interessant ist auch die Darstellung der Strategien, mit deren Hilfe Stigmatisierte Kontakte mit Nicht-Stigmatisierten von Unsicherheiten und Spannungen zu entlasten versuchen, um das instabile „Normal-Ich" nicht zu gefährden. Von Stigmatisierten wird erwartet, eine Schein-Normalität vorzutäuschen, die durch Anpassung sowie weitgehendes Verbergen des Defekts und der damit verbundenen Problematiken gekennzeichnet ist (ebd., S. 151f.).

Wichtig für das Verständnis des Stigma-Begriffs sind die Konzepte der sozialen und personalen Identität. Unter den Terminus „soziale Identität" fasst Goffman die Einordnung einer fremden Person in eine bestimmte soziale Kategorie auf der Grundlage von Antizipationen und normativen

Erwartungen, die wir an sie herantragen. Den Begriff „soziale Identität" hält er für geeigneter „als ‚sozialer Status', weil persönliche Charaktereigenschaften wie zum Beispiel ‚Ehrenhaftigkeit' ebenso einbezogen sind wie strukturelle Merkmale von der Art des ‚Berufs'" (ebd., S. 10). Die soziale Identität gliedert sich in eine „virtuale soziale Identität", die Resultat normativer Erwartungen und Zuschreibungen ist, und in eine „aktuale soziale Identität", die auf den tatsächlichen Attributen und sozialen Zugehörigkeiten einer Person basiert. Vor allem Stigmatisierte befinden sich in der misslichen Lage, offen sichtbare (z. B. amputierte Gliedmaßen) oder versteckte (z. B. Impotenz) Merkmale mit diskreditierender Wirkung zu besitzen (ebd., S. 10 f.). Insbesondere bei verdeckten Stigma-Merkmalen macht die Diskrepanz zwischen virtualer und aktualer sozialer Identität besondere Taktiken des Stigma-Managements erforderlich, die zunächst auf Verhüllung und Täuschung abzielen.

Von Bedeutung für das Stigma-Management ist auch, ob die stigmatisierte Person ihren Interaktionspartnern persönlich bekannt ist. Ist dies nicht der Fall, wird eine stereotype Einordnung wahrscheinlich. Unter „persönlicher Identität" versteht Goffman die Einzigartigkeit einer Person, die an bestimmten „positiven Kennzeichen" oder „Identitätsaufhängern" (ebd., S. 73), wie z. B. Fingerabdrücken, festgemacht werden kann. Bedeutsam ist ferner eine „einzigartige Kombination von Daten der Lebensgeschichte" (ebd., S. 74):

> Persönliche Identität hat folglich mit der Annahme zu tun, daß das Individuum von allen anderen differenziert werden kann und dass rings um dies Mittel der Differenzierung eine einzige kontinuierliche Liste sozialer Fakten festgemacht werden kann, herumgewickelt wie Zuckerwatte, was dann die klebrige Substanz ergibt, an der noch andere biographische Fakten festgemacht werden können.
>
> ebd.

Der Umgang mit Stigmatisierten ist umso unproblematischer, je bekannter und vertrauter die Interaktionspartner mit ihnen sind. An die Stelle von Verhaltensweisen, die auf Stereotypen basieren, treten Verstehen, Sympathie und eine realistischere Einschätzung persönlicher Qualitäten (ebd., S. 68).

Das in „Stigma" entwickelte Identitätsmodell ist im Gegensatz zum dramaturgischen Selbst und zum Image-Selbst ein triadisches, das zusätzlich zu den Elementen der „sozialen" und „persönlichen Identität" das an Erikson angelehnte Konzept der „Ich-Identität" enthält. Dabei handelt es sich um „das subjektive Empfinden seiner eigenen Situation und seiner eigenen Kontinuität und Eigenart, das ein Individuum allmählich als ein Resultat seiner verschiedenen sozialen Erfahrungen erwirbt" (ebd., S. 132). Während die soziale und auch die persönliche Identität von außen zugeschrieben werden, wohnt der Ich-Identität ein subjektives, reflexives Moment inne, denn sie wird vom Individuum selbst, gewissermaßen aus der Innenperspektive empfunden und konstruiert (ebd.).[83] Zwar konzentriert Goffman seine Analysen vor allem auf die sozialen Erwartungen und Bedingungen, denen Selbstdarstellungen unterliegen. Doch er hebt auch den konstruktiven und kreativen Anteil der Identität herausbildenden Person hervor:

> Natürlich konstruiert das Individuum sein Bild von sich aus den gleichen Materialien, aus denen andere zunächst seine soziale und persönliche Identifizierung konstruieren, aber es besitzt bedeutende Freiheiten hinsichtlich dessen, was es gestaltet.
>
> ebd. (S. 133)

Zudem wird die Multiplizität des Selbst von Goffman anerkannt. Die diachrone Einzigartigkeit der individuellen Lebenslinie kontrastiert er mit der synchronen

> Vielzahl von Ichs [...], die man in dem Individuum findet, wenn man es aus der Perspektive der sozialen Rolle betrachtet, wo es, wenn das Auseinanderhalten der diversen Rollen und der entsprechenden Bezugsgruppen gut gehandhabt wird, ganz bequem verschiedene Ichs aufrechterhalten und bis zu einem gewissen Grad beanspruchen kann, etwas einmal Gewesenes nicht länger zu sein.
>
> ebd. (S. 81 f.)

Die Allgemeingültigkeit des Stigma-Ansatzes und seine sprachbezogenen Implikationen verdienen nähere Beachtung. Zunächst zählt Goffman auffällige physische Deformationen, psychische Krankheiten, Süchte, Alkoholismus, Gefängnishaft, Nationalität, Hautfarbe u. a. m. als stigmatisierende Merkmale auf (ebd., S. 13). Schließlich betont er aber, dass Stigma-Management als allgemeiner sozialer Prozess überall dort anzutreffen ist, wo es Identitätsnormen gibt (ebd., S. 160 f.). Die Gesellschaft ist nicht aufzuteilen in zwei Gruppen, die Stigmatisierten und die Normalen, wir haben es vielmehr zu tun mit einem „Zwei-Rollen-Prozeß, in dem jedes Individuum an beiden Rollen partizipiert, zumindest in einigen Zusammenhängen und in einigen Lebensphasen. Der Normale und der Stigmatisierte sind nicht Personen, sondern eher Perspektiven" (ebd., S. 170). Dies werden alle bestätigen können, die in einem bestimmten Zusammenhang einmal das Gefühl hatten, nicht den sozialen Erwartungen hinsichtlich Herkunft, Schönheit, materieller Situiertheit, intellektuellem Niveau oder weltanschaulicher Ausrichtung entsprochen zu haben. Die Liste ließe sich problemlos erweitern.

---

[83] Die von der Außenperspektive abhängigen Konzepte „persönliche Identität" und „soziale Identität" bei Goffman erinnern an Meads „Me", während die „Ich-Identität" in gewisser Weise mit dem meadschen „I" korrespondiert.

Interessant für den Zusammenhang von Sprache und Identität ist die von Goffman (ebd., S. 59) hervorgehobene Möglichkeit, dass auch Sprache „Stigmasymbol" sein kann. So wie der geschorene Kopf bei weiblichen Häftlingen als stigmaanzeigendes Zeichen fungiert, enthülle das „‚gute Englisch' eines gebildeten nordstaatlichen Negers, der den Süden [der USA, M. K.] besucht" (ebd.), die aktuale soziale Identität. Ähnliches gilt sicher für alle sprachlichen Varietäten, aufgrund derer einer Sprecherin eine bestimmte soziale oder regionale Herkunft zugewiesen wird. Allerdings wird hier – im Unterschied zu Goffman – der Standpunkt vertreten, dass auf der Grundlage einer Varietät eine Sprecheridentität konstruiert oder zugewiesen, nicht aber angezeigt oder enthüllt wird.

Linguistisch und im Speziellen wieder onomastisch interessant ist der Hinweis Goffmans, dass Namen als besonders wichtige Identitätsaufhänger fungieren. Sie dienen der offiziellen Identifizierung, können unerlaubterweise gefälscht, aber auch auf legale Weise geändert werden (ebd., S. 76 f.). Besonderen kreativen Spielraum haben Kommunizierende heute in virtuellen Welten, wo sie mit Hilfe frei erfundener Namen über die Funktion der Identifizierung hinausgehend beliebige Identitätsmerkmale hinzukonstruieren können (z. B. durch Pseudonyme wie *HotLover26*). Dies ist möglich, weil sprachliche Interaktion auf digitalen Plattformen losgelöst von der persönlichen, körpergebundenen Identität erfolgen kann. Goffman spricht in diesem Zusammenhang davon, dass die Information, die ein Mensch von sich gibt (im doppelten Sinn des Ausdrucks), *„im Körper konkretisiert* oder *vom Körper abgelöst* sein" (1971c/1963, S. 25) kann.

4.4 Linguistische „Wende" und Bedeutung Goffmans

Insgesamt ist in Goffmans Arbeiten eine zunehmende Hinwendung zur Sprache als elementarem Bestandteil der von ihm untersuchten Interaktionen zu verzeichnen. Er anerkannte in immer stärkerem Maße die wichtige – und anderen Formen des Ausdrucks mindestens gleichberechtigte – Funktion von Sprache in Prozessen und Strategien der Selbstinszenierung. In der Literatur ist bisweilen die Rede von einem „linguistic turn" beim späten Goffman (vgl. Hettlage/Lenz 1991, S. 14 f. und Knoblauch 2001, S. 28 f.). Zwar weist seine späte Aufsatzsammlung „Forms of talk" (1983) keine expliziten Bezüge zur Identitätsfrage auf; es geht dort vielmehr um das Verfahren der Rahmenanalyse, um Gesprächsrituale und Feinstrukturen der Face-to-face-Interaktion. Wichtige Impulse gingen indes von den Arbeiten Goffmans für die linguistische Gesprächs- und Diskursanalyse aus, schließlich begründeten seine Schüler Sacks und Schegloff die Konversationsanalyse.[84] Goffman ging es in seinen Forschungen zuletzt eher um die Interaktionsordnung an sich, sodass Fragen der Aushandlung von Image und Identität in den letzten Jahren ein wenig in den Hintergrund rückten. Denkbar und wünschenswert wäre daher eine Auswertung und Anwendung der von ihm bereitgestellten Kategorien und Verfahren aus linguistischer Sicht, wie sie etwa Holly (1979) im Hinblick auf die Imagepflege vorgelegt hat. Wie Kotthoff (2001) zeigt, lassen sich Goffmans Untersuchungen zum interaktiv hervorgebrachten „Arrangement der Geschlechter" (Goffman 2001b/1977) auch für die linguistische Geschlechterforschung fruchtbar machen.

4.5 Balancierende Ich-Identität bei Habermas und Krappmann

Wichtige Elemente des goffmanschen Ansatzes wurden von Habermas (1973/1968) und Krappmann (2000/1969) aufgegriffen und weiterentwickelt. In Anknüpfung an Goffmans Identitätskonzept nennt Habermas Kriterien, die Voraussetzung sind für die Herausbildung einer balancierenden Ich-Identität. Diese zeichnet sich dadurch aus, dass sie die Anforderungen unterschiedlichster Rollen ausbalanciert. Voraussetzung hierfür sind das Aushalten von Rollenambivalenz und Rollenambiguität sowie die autonom-reflexive Anwendung von Identitätsnormen (vgl. Habermas 1973, S. 128 f.). Goffmans Unterscheidung zwischen a) sozialer und b) persönlicher Identität greift Habermas auf (ebd., S. 131) und verortet beide präzisierend in einer a) horizontal-rollenspezifischen und in einer b) vertikal-biografischen Dimension.

> Während persönliche Identität so etwas wie die Kontinuität des Ich in der Folge der wechselnden Zustände der Lebensgeschichte garantiert, wahrt soziale Identität die Einheit in der Mannigfaltigkeit verschiedener Rollensysteme, die zur gleichen Zeit ‚gekonnt' sein müssen. Beide ‚Identitäten' können als Ergebnis einer ‚Synthesis' aufgefaßt werden, die sich auf eine Folge von Zuständen in der Dimension der sozialen Zeit (Lebensgeschichte) bzw. auf eine Mannigfaltigkeit gleichzeitiger Erwartungen in der Dimension des sozialen Raums (Rollen) erstreckt.
>
> ebd.

---

[84] Die Konversationsanalyse kritisierte Goffman zwar, weil sie ihm zu mechanistisch erscheint, respektierte den Ansatz jedoch. Von Goffmans Engagement in linguistischen Belangen zeugt auch der Umstand, dass er gemeinsam mit dem Linguisten Hymes die Zeitschrift „Language in Society" herausgegeben hat (vgl. Krallmann/Ziemann 2001, S. 231).

Unter „Ich-Identität" versteht Habermas (ebd.) die Balance zwischen sozialer und persönlicher Identität im Sinne von Goffman. Bei Verlust der sozialen Identität drohe „Verdinglichung", bei Preisgabe der persönlichen Identität „Stigmatisierung" (ebd.). Zusätzlich zu der von Goffman postulierten „Scheinnormalität" („phantom normalcy"), die eine Konformität des Individuums auf der horizontal-sozialen Linie suggeriert, bedarf es nach Habermas (ebd., S. 132) der Aufrechterhaltung einer „fiktiven Einzigartigkeit" („phantom uniqueness"), will das Individuum auf der vertikal-lebensgeschicht-lichen Linie als unverwechselbares erscheinen. „Diese dialektische Beziehung ist", so Habermas (ebd.), „an die Struktur der Umgangssprache gebunden".

Habermas (ebd., S. 144 f.) hält Sprache für unabdingbar für die kognitive und die motivationale Entwicklung des Individuums, letztlich für die Herausbildung von Identität. Die intersubjektive und reflexive Verwendung von Sprache macht diese zu einem Medium, in dem sich Identität oder Nicht-Identität konstituiert. In der Umgangssprache[85] spiegelt sich die soziale und persönliche Ebene der Identität, denn sie ermöglicht „eine indirekte Selbstdarstellung der unvertretbaren Individualität in den unvermeidlich allgemeinen und mit anderen Individuen geteilten Kategorien des Sprechens und Handelns" (ebd., S. 145).

An die Vorarbeiten Meads und Goffmans und sogar direkt an die Begrifflichkeit Habermas' schließt das von Krappmann (2000)[86] formulierte, soziologische Konzept der „balancierenden Ich-Identität" an. Wie seine interaktionistisch orientierten Vorgänger erfasst Krappmann das Identitätskonzept von der Interaktion aus und erklärt Identität sogar zur strukturellen Voraussetzung von Interaktionsprozessen. Das Individuum ist zum einen, wie schon bei Mead, auf andere und auf Interaktionen angewiesen, um eine Identität zu entwickeln (ebd., S. 20 f.). Zum anderen müssen andere wissen, wer ich bin, damit ich überhaupt an Interaktionen teilnehmen kann. „Mit Menschen ohne Ich-Identität ist es nicht möglich zu interagieren" (ebd., S. 79).

> Die vom Individuum für die Beteiligung an Kommunikation und gemeinsamem Handeln zu erbringende Leistung soll hier mit der Kategorie der Identität bezeich-

---

[85] Mit „Umgangssprache" meint Habermas wohl die im sozialen Miteinander verwendete Alltagssprache in Abgrenzung zu formalisierten oder logischen Sprachen (oder etwa der Sprache der Wissenschaft).
[86] Der Umstand, dass Krappmanns Monografie „Soziologische Dimensionen der Identität. Strukturelle Bedingungen für die Teilnahme an Interaktionsprozessen" 2000 unverändert in 9. Auflage erschienen ist, deutet darauf hin, dass der Autor seinen soziologischen Klassiker zum Identitätsthema nicht für revisionsbedürftig hält, d. h. dass die Inhalte nach wie vor Gültigkeit beanspruchen.

net werden. Damit das Individuum mit anderen in Beziehungen treten kann, muß es sich in seiner Identität präsentieren; durch sie zeigt es, wer es ist.

ebd. (S. 8)

Im Prozess der Identitätsbalance[87] werden nach Krappmann (ebd., S. 8 f. und S. 207 f.) widersprüchliche eigene und fremde Erwartungen austariert. Grundlegend dafür ist, wie auch bei Habermas, die von Goffman getroffene Unterscheidung zwischen sozialer und persönlicher Identität. Balancierende Ich-Identität wird Individuen zugesprochen, wenn sie die eigene Individualität in mit anderen geteilten Symbolsystemen behaupten und zugleich soziale Anerkennung erreichen können (ebd., S. 9, S. 79 und S. 208).

> Ich-Identität erreicht das Individuum in dem Ausmaß, als es, die Erwartungen der anderen zugleich akzeptierend und sich von ihnen abstoßend, seine besondere Individualität festhalten und im Medium gemeinsamer Sprache darstellen kann.
>
> ebd. (S. 208)

Grundqualifikationen für die Teilnahme an Interaktionsprozessen, d. h. notwendig im Sinne einer Identitätsbalance sind für Krappmann (ebd., S. 210), ähnlich wie für Habermas (s. o.), „Empathie, Rollendistanz, Ambiguitätstoleranz, die Fähigkeit zur Identitätspräsentation und das diese Fähigkeiten tragende Sprachvermögen" (ebd.).

> Die Identität, die ein Individuum aufrechtzuerhalten versucht, ist in besonderer Weise auf sprachliche Darstellung angewiesen, denn vor allem im Medium verbaler Kommunikation – das allerdings durchaus auch die Hilfe extraverbaler, zum Beispiel gestischer oder mimischer Symbolorganisation in Anspruch nimmt – findet die Diskussion der Situationsinterpretationen und die Auseinandersetzung über gegenseitige Erwartungen zwischen Interaktionspartnern statt, in der sich diese Identität zu behaupten versucht.
>
> ebd. (S. 12)

Zwar ließe sich anzweifeln, ob Identität im Medium der Sprache „dargestellt" wird, Krappmann ist jedoch darin zuzustimmen, dass mit der Umgangssprache (ebd., S. 12 f.) das geeignete Instrument zur Herausbildung individueller und sozial anerkannter Identität sowie zur Herstellung von Identitätsbalance vorliegt. Dass Sprache elementar für Identitätsbildung ist, steht für Krappmann außer Zweifel. Er präzisiert die Anforderungen, die die hierfür geeignete Sprache erfüllen muss: Sie kann die Erwartungen der Interaktionspartner an die jeweils anderen bzw. an die Situation auszudrücken, Widersprüche und divergente Inhalte transportieren, d. h. sie eignet sich auch als Medium der Problemlösung, zudem kann sie beziehungsmäßige Botschaften im Sinne von Watzlawick et al. (2000) übermit-

---

[87] Kritische Überlegungen zum Balance-Konzept entfaltet Reck (1981, S. 133–153).

teln. All dies leistet die dialogische Umgangssprache (vgl. ebd., S. 12 f.). Obwohl nach Krappmann „die Fähigkeit zu umgangssprachlicher Kommunikation erst die Chance eröffnet, Identität zwischen den Erwartungen der Partner im Interaktionssystem auszubalancieren" (ebd., S. 15), leitet er das Konzept der balancierenden Ich-Identität nicht von einer Analyse sprachlicher Bedingungen ab, sondern argumentiert soziologisch z. B. durch das Einbeziehen der Rollenerwartungen.

Es besteht eine Korrespondenz zwischen der Vorläufigkeit und Revidierbarkeit balancierender Identität in Interaktionsprozessen und der Offenheit der Sprache als Medium, in dem sich Identitätsbildung und -balance vollziehen (vgl. ebd., S. 68). Der balancierenden Ich-Identität entspricht eine diese Balance widerspiegelnde Umgangssprache,

> die in ihrem Sinn grundsätzlich mehrdeutig ist und gleichzeitig Inhalte unterschiedlicher Art zu übermitteln vermag. Sie ist in der Lage, sowohl zwischen dem Gesamt aller Interaktionsprozesse zu vermitteln als auch im einzelnen Interaktionsprozeß als Kommunikationsmedium zu dienen. Die Umgangssprache ist daher für die Verständigung über Ich-Identitäten, die divergierende und kontradiktorische Elemente in sich enthalten, in besonderer Weise geeignet, denn ihre Symbole bieten Raum auch für nicht definitiv und ein für allemal bestimmbare Sachverhalte, wie sie balancierenden Identitäten eigen sind. Die Umgangssprache kann sich auf den jeweiligen Interaktionszusammenhang einstellen und die ständigen Veränderungen in den Definitionen und Interpretationen von Identitäten und Situationen mitvollziehen.
>
> ebd. (S. 83 f.)

Eine nicht gelingende Balance birgt die Gefahr von Nicht-Identität und Nicht-Sprache in sich:

> Wie die Ich-Identität balanciert auch die Sprache, und wie die Ich-Identität ist auch sie in Gefahr, in zwei Richtungen zu entarten und zur Nicht-Sprache zu werden. Sie wird zur Nicht-Sprache entweder in Gestalt einer Sprache, die aus Stereotypen besteht. Das bedeutet, daß sie sich dagegen verschließt, Situationen und ihre Veränderung zur Kenntnis zu nehmen. Oder sie wird zur Nicht-Sprache in Gestalt inhaltsloser Formeln, die beliebig gefüllt werden können. [...] Diese beiden Nicht-Sprachen entsprechen der Nicht-Identität der isolierten Einzigartigkeit und des widerstandslosen Aufgehens in den Erwartungen der anderen.
>
> ebd. (S. 84)

An anderer Stelle weist Krappmann (1977, S. 325) darauf hin, dass das flexible Rollenspiel in einem balancierten Interaktionssystem einen „sehr fein differenzierenden Begriffsapparat" (ebd.) erfordert, der eine klare Gliederung auf verschiedenen Abstraktionsebenen aufweist und den sprachlichen Mitteln des „elaborierten Kodes" nach Bernstein entspricht. Krappmann betont auch in späteren Publikationen (z. B. 1987) den interaktiv-prozessualen Aushandlungscharakter von Identität und steht damit deutlich in der Tradition Goffmans, der die interaktiven Strategien von Imagepflege und Selbstinszenierung analysiert:

> Identität ist eine ungesicherte Qualität des Teilnehmers an sozialen Handlungsprozessen, die erworben und mit anderen ausgehandelt wird, die man erstrebt oder die gegenseitig abverlangt wird, die erfolgreich behauptet oder zerstört werden kann.
>
> ebd. (S. 132)

Zudem muss sich das Individuum angesichts der divergenten Erwartungen „zerteilen" und ein chamäleonartiges Verhalten an den Tag legen, weil die Rollenerwartungen sich wandeln (Krappmann 1977, S. 318).

In einem aktuellen Überblicksartikel zum Thema beschreibt Krappmann (2004) Identität in zunehmend postmoderner Weise als widersprüchlichen Anforderungen ausgesetzten Entwurf, „in dem Vorerfahrungen, plurale Interaktionsbeteiligungen und denkbare Zukunftsoptionen in einen Interaktionssinn stiftenden Zusammenhang gestellt werden" (ebd., S. 406). Die Problematik postmoderner Identität besteht in ihrer Wandelbarkeit aufgrund der raschen Änderungen von Bedingungen „im Handlungs-, Sprach- und Beziehungsumfeld" (ebd., S. 405) von Personen. Widersprüchliche Anforderungen in verschiedenen Interaktionszusammenhängen machen verschiedene Strategien notwendig, um die bedrohte Identität zu wahren. Krappmann listet vier identitätsbedrohende Aspekte auf:

> (1) Die Beteiligung des Menschen an Interaktionen in verschiedenen Situationen, Rollen und Institutionen. Sie stellt die ‚Selbigkeit' der Person infrage. (2) Die lebensgeschichtliche Abfolge der Interaktionen, die erfordern, daß der Mensch sich entwickelt und lernt, Übergänge vollzieht und sich mit Widerfahrnissen auseinandersetzt. Sie stellt die ‚Kontinuität' der Person infrage. (3) Die widersprüchlichen Erfahrungen, Handlungsziele und Sehnsüchte der Person. Sie stellen die ‚Einheit' der Person infrage. (4) Die Eigenarten, durch die sich diese Person von anderen abhebt. Diese Besonderheit der Person stellt die ‚Anerkennung' durch die anderen infrage.
>
> ebd. (S. 405)

In (1) und (2) finden sich Goffmans Konzepte der sozialen und persönlichen Identität wieder, (2) und (3) spiegeln Eriksons Definition von Ich-Identität als kontinuierlichem und einheitlichem Phänomen, (4) präzisiert das Element der Individualität.

Dem interaktionistisch-soziologischen Ansatz, wie zunächst von Mead und später von Goffman und Krappmann vertreten, kann vorgeworfen werden, dass er nur die Außenperspektive auf Identität, d. h. von außen zugeschriebene Identitätsmerkmale berücksichtigt, das innere Identitätsgefühl hingegen eher vernachlässigt. Zudem wird der Eigenanteil des Individuums sowie der konstruktive Charakter der Prozesse, in denen Identität herausgebildet wird, zwar erwähnt (Krappmann, s. o.), jedoch im Gesamtkonzept nicht angemessen berücksichtigt. Letztlich handelt es sich bei den unter (1)–(4) aufgelisteten Merkmalen der Selbigkeit, Kontinuität, Einheit und soziale Anerkennung um Aspekte, die vor allem von der betreffenden Person selbst empfunden werden. Krappmann gibt gewissermaßen eine Definition ex negativo, indem er identitätskritische Merkmale anführt, die stark an die traditionelle, auf Einheit und Kontinuität abzielende Identitätsvorstellung eriksonscher Prägung erinnern. Damit entpuppt er sich sozusagen als Traditionalist. Insofern er in dem gleichen, aktuellen Text allerdings hervorhebt, dass das Individuum seine Identität selbst entwirft und die o. g. identitätskritischen Merkmale in Diskursen verteidigt und bewahrt werden (ebd., S. 406), anerkennt er zum einen den konstruktiven Charakter von Identitätsbildungsprozessen und zum anderen den außerordentlichen Stellenwert von (sprachlich realisierten) Diskursen in diesem Zusammenhang. Auch die postmoderne Vorstellung der Multiplizität von Identitäten fügt sich gut in die interaktionistische Identitätsvorstellung, insofern sie die Vielzahl der Rollen und Interaktionszusammenhänge in synchron-sozialer und diachron-biografischer Dimension berücksichtigt. Damit ist der späte Krappmann – trotz traditionalistischer Anklänge und soziologischer Verengung auf das Außen – sozusagen richtungsweisend. Zwar scheint bei Krappmann die Vorstellung durch, Identität hätte eine vorsprachliche Existenz (Sprache „drücke" Identität „aus", „stelle" sie „dar"), allerdings liest sich sein Ansatz, der neben Sozialität auch Entwurfcharakter und Situationsspezifik von Identität betont, bemerkenswert postmodern.

Zusammenfassend bleibt hervorzuheben, dass Krappmanns Ansatz für die hier behandelte Fragestellung interessant ist, insofern er den problematischen, interaktiv-prozessualen und revidierbaren Charakter von Identität hervorhebt und zudem die entscheidende Rolle der Sprache bei Prozessen der Herausbildung von Ich-Identität betont. Damit bringt er die Ergebnisse seiner Vorgänger gewissermaßen in eine interaktionistisch-postmoderne Richtung und eröffnet Perspektiven für sprachbezogene Herangehensweisen an das Problem, insbesondere für gleichfalls auf interaktiven Austausch fokussierte, gesprächs- und diskursbezogene Analysen.

5 Identität als Gruppenphänomen: Ansätze zum sozialen Selbst

5.1 Die Social Identity Theory (SIT) nach Tajfel und Turner

An der University of Bristol haben Tajfel und Turner in den 70er Jahren einen sozialpsychologischen Ansatz entwickelt, der Identität als durch intergruppales Verhalten gekennzeichnetes Phänomen beschreibt (Tajfel 1978, 1981 und Tajfel/Turner 1986).[88] Den Blick der psychologisch orientierten Sozialpsychologie, die sich eher auf den Einfluss sozialer Faktoren auf individuelles Verhalten und Kognizieren konzentriert, lenkten sie auf interaktive Prozesse und soziale Strukturen in intergruppalen Situationen (vgl. Mummendey 1985, S. 185). Damit setzten sie nach dem Zweiten Weltkrieg wichtige Weichen für die europäische Sozialpsychologie. Als Überlebender des Holocaust hatte der polnische Jude Tajfel selbst schmerzliche Erfahrungen mit Gruppenprozessen gemacht, sodass ihn vor allem Konflikte zwischen größeren Gruppen, wie etwa ethnischen oder religiösen Gemeinschaften, interessierten. Tajfel und Turner untersuchten, inwiefern sich Identität und Selbstkonzept von Personen verändern, wenn sie als Mitglieder von Gruppen agieren, und stellten einen deutlichen Unterschied gegenüber dem Verhalten als Individuen fest (vgl. Brown 1996, S. 33).

Dabei konnten sie auf die Ergebnisse der Feldexperimente von Sherif/Sherif (1953 und Sherif et al. 1961) zurückgreifen, die in einem Ferienlager in den Bergen von Pennsylvania durchgeführt wurden. Zunächst beobachteten die Sherifs natürliche Interaktionen zwischen campierenden Jungen und die sich auf diese Weise entwickelnden bzw. bereits bestehenden Freundschaften. Die Kinder wurden dann willkürlich in zwei Gruppen unterteilt, die „Red Devils" und die „Bulldogs". Bereits auf dieser Stufe bildeten sich Statusstrukturen innerhalb der Gruppen sowie Ingroup-Präferenzen heraus. Durch die Vergabe von Punkten und Preisen für bestimmte Aktivitäten wurden zuerst ein „sportlicher Wettbewerb" und dann eine Konkurrenzsituation zwischen den Gruppen erzeugt, die in Outgroup-Stereotypisierungen, Kämpfe und feindliche Stimmung mündeten. Die konfliktbeladene Beziehung zwischen den Gruppen ließ sich schließlich entspannen, indem ihnen ein gemeinsames, übergeordne-

---

[88] Einen exzellenten Überblick über Tafjfels Theorie bieten Mummendey (1985, 1994), ferner Tajfel und Turner (1986) selbst.

tes Ziel gesetzt wurde. Angesichts der zusammengebrochenen Wasserversorgung im Ferienlager waren sie zur Zusammenarbeit gezwungen.

Die aus diesen Untersuchungen abgeleitete „Theorie des realistischen Gruppenkonflikts"[89] bietet eine Erklärung dafür, wie intergruppale Konflikte entstehen und aufrechterhalten werden. Nimmt eine bestimmte Ingroup die Existenz einer Outgroup als Bedrohung wahr, häufig aufgrund einer Konkurrenz- und Konfliktsituation im Hinblick auf (knappe) materielle Ressourcen, führt dies in der Regel zu einem Wandel des sozialen Klimas sowie der internen Struktur der Ingroup. Zusammenhalt und Führungsrollen werden akzentuiert, wobei sich das Verhalten gegenüber der Outgroup verändert. Die gleichen Prozesse vollziehen sich innerhalb der Outgroup, was insgesamt zu einer Zuspitzung des intergruppalen Konflikts führen kann (vgl. Worchel/Austin 1986, S. 4f.). Die zentrale Hypothese des Ansatzes von Sherif lautet, dass reale Interessenskonflikte zwischen Gruppen einerseits die positive Identifikation mit der eigenen Ingroup erhöhen und andererseits zum intergruppalen Konflikt führen. Konfligierende Interessen entwickeln sich zum offenen sozialen Konflikt. Das Vorhandensein gruppenübergreifender Ziele hingegen begünstigt Kooperation und freundschaftliche Beziehungen (vgl. Tajfel/Turner 1986, S. 7f.).

Tajfel und Turner setzen in Ihrer Theoriebildung an einer noch grundlegenderen Ebene an, indem sie eine Dichotomie zwischen interpersonalem gegenüber intergruppalem Verhalten postulieren.

> At one extreme (which most probably is found in its pure form only rarely in real life) is the interaction between two or more individuals that is fully determined by their interpersonal relationships and individual characteristics, and not at all affected by various social groups or categories to which they respectively belong. The other extreme consists of interactions between two or more individuals (or groups of individuals) that are fully determined by their respective memberships in various social groups or categories, and not at all affected by the interindividual personal relationships between the people involved.
>
> Tajfel/Turner (1986, S. 8)

Ein Beispiel für das interpersonale Extrem ist die Interaktion zwischen zwei „besten Freundinnen". Ein Extremfall intergruppalen Verhaltens liegt vor, wenn die Angehörigen im Krieg befindlicher Volksgruppen interagieren, wie vor einigen Jahren Serben, Moslems und Kroaten im Ex-Jugoslawien. Während im erstgenannten Beispiel vor allem persönliche Merkmale der Beteiligten ihr gegenseitiges Verhalten prägen, sind im letztgenannten Fall die individuellen Eigenschaften der beteiligten Personen völlig irrelevant. Die Interaktionen – in diesem Fall Kriegshandlungen

---

[89] Diese Bezeichnung stammt nicht von Sherif selbst, sondern von Campbell (1965).

– basieren auf wechselseitigen Zuschreibungen als Gruppenmitglieder. Je größer ein bestehender Intergruppenkonflikt, und hier knüpfen Tajfel und Turner an die Vorarbeiten der Sherifs an, desto wahrscheinlicher ist es, dass die betreffenden Gruppenmitglieder ihr Verhalten an der jeweiligen Gruppenmitgliedschaft ausrichten und nicht im Hinblick auf individuelle Merkmale oder interpersonelle Beziehungen.

Nach Tajfels und Turners Ansicht kommt es zu Ingroup-Begünstigung und Out-group-Diskrimierung nicht nur bei Gruppen der Größenordung religiöser oder nationaler Gemeinschaften, sondern auch im Falle kleiner, ad-hoc gebildeter face-to-face-Gruppen, die unter künstlichen Laborbedingungen gebildet wurden. Tajfel konnte zeigen, dass Verhalten in der Nähe des intergruppalen Extrems sogar nachweisbar ist, wenn so genannte minimale Gruppenbedingungen vorliegen, d. h. Anonymität der Mitglieder untereinander, die Abwesenheit konfligierender Gruppeninteressen sowie vorhergehender Rivalität zwischen den Gruppen (ebd., S. 9). Mit anderen Worten: „the mere perception of belonging to two distinct groups – that is, social categorization per se – is sufficient to trigger intergroup discrimination favoring the in-group" (ebd., S. 13).

Was genau ist eine soziale Gruppe? Gruppenmitgliedschaft basiert nach Tajfel und Turner darauf, dass Individuen sich selbst als Mitglieder einer sozialen Gruppe definieren und auch von anderen als solche definiert werden. Die Mitgliedschaft hat eine kognitive, eine emotionale und eine evaluative Komponente:

> We can conceptualize a group, in this sense, as a collection of individuals who perceive themselves to be members of the same social category, share some emotional involvement in this common definition of themselves, and achieve some degree of social consensus about the evaluation of their group and of their membership in it.
>
> ebd. (S. 15)

Ist die Interaktion zwischen zwei oder mehr Gruppen nach ihrer Zugehörigkeit zu unterschiedlichen sozialen Kategorien ausgerichtet, liegt Verhalten zwischen Gruppen vor (ebd. und Sherif 1966, S. 12). Intergruppales Verhalten ist nach Tajfel und Turner durch vier miteinander verknüpfte psychologische Konzepte bzw. Prozesse gekennzeichnet: soziale Kategorisierung, soziale Identität, sozialer Vergleich und soziale Distinktheit (vgl. Mummendey 1985, S. 195 f.):

Soziale Kategorisierung ist ein kognitiver Prozess, mit dessen Hilfe das Individuum seine Umwelt in soziale Kategorien oder Gruppen segmentiert und somit ordnet. Über die orientierende Systematisierung der sozialen Welt hinaus ermöglicht das Kategorisieren eine Selbstpositionierung, sie definiert den Platz des Individuums im sozialen System. Diese soziale

Selbstidentifizierung beschreiben Tajfel und Turner (1986, S. 16) als einen relationalen und vergleichsbasierten Vorgang. Durch Prozesse des sozialen Vergleichs, die den Einzelnen besser oder schlechter im Vergleich zu Mitgliedern anderer sozialer Gruppen abschneiden lassen, entwickelt sich soziale Identität. Diese definiert Tajfel als „that part of the individuals self-concept which derives from their knowledge of their membership of a social group" (Tajfel 1981, S. 255). Tajfel und Turner gehen davon aus, dass Individuen stets nach einer positiven sozialen Identität streben und formulieren folgende Grundannahmen:

> 1. Individuals strive to maintain or enhance their self-esteem: they strive for a positive self-concept.
> 2. Social groups or categories and the membership of them are associated with positive or negative value connotations. Hence, social identity may be positive or negative according to the evaluations [...] of those groups that contribute to an individual's social identity.
> 3. The evaluation of one's own group is determined with reference to specific other groups through social comparisons in terms of value-laden attributes and characteristics. [...]
>
> Tajfel/Turner (1986, S. 16)

Es sind vor allem positiv ausfallende Vergleichsprozesse mit relevanten Outgroups, die Tajfels Ansatz zufolge für das Erlangen einer positiven sozialen Identität der Ingroup erforderlich sind.[90] „Positive Distinktheit" ist in diesem Zusammenhang das Schlüsselwort: „the in-group must be perceived as positively differentiated or distinct from the relevant outgroups" (ebd.).

Tajfels Theorie akzentuiert das soziale Selbst, das durch die genannten Prozesse der sozialen Kategorisierung, des sozialen Vergleichs und der sozialen Distinktheit herausgebildet wird. Soziale Identität erweist sich hier, anders als in den in Kapitel 2, 3 und 4 vorgestellten Ansätzen, als Gruppenphänomen, als Resultat des Verhaltens zwischen Gruppen. Ähnlich wie bei den Interaktionisten Goffman und Krappmann findet sich in Tajfels SIT als Gegenstück zu ihrem Kernkonzept der sozialen Identität auch die Vorstellung von einer personalen Identität.

> Im Unterschied zur sozialen Identität bilden die eher idiosynkratischen Aspekte einer Person, wie persönlicher Geschmack, intellektuelle Fähigkeiten die persönliche Identität; persönliche und soziale Identität bilden gemeinsam das Selbstkonzept eines Individuums.
>
> Mummendey (1985, S. 199)

---

[90] Wichtig ist zudem, dass die jeweilige Vergleichsdimension (z. B. ökonomischer Wohlstand) für alle Gruppen gleichermaßen relevant ist.

Wie mehrere Autoren hervorheben (z. B. Brown 1996, S. 40), drängt sich in Bezug auf die von der SIT postulierte Dichotomie soziale vs. personale Identität die Frage auf, ob der personale und der soziale Teil des Selbstkonzepts überhaupt klar voneinander trennbar sind. Döring (2003, S. 331) bemerkt etwa zu Recht, dass die – zunächst persönliche – Eigenschaft, körperlich beleibt zu sein (Selbstdefinition: „Ich bin dick"), auch oder gar vorrangig eine Gruppenmitgliedschaft begründen kann (Selbstdefinition: „Wir, die Dicken"). Doch auch Tajfel und Turner betonen, dass es sich bei der Dichotomie interpersonelles vs. intergruppales Verhalten, und damit auch beim Gegensatzpaar personale vs. soziale Identität, um Extrempole eines Kontinuums handelt, die tatsächlich eher auf den Zwischenstufen realisiert werden.[91]

Simon und Mummendey (1997) schlagen zur Auflösung dieses Problems „ein Selbst-Aspekt-Modell (SAM) vor, welches von der grundlegenden These ausgeht, daß Menschen in Abhängigkeit von der sozialen Situation bzw. vom sozialen Kontext unterschiedliche Aspekte ihrer Person betonen" (ebd., S. 13). In Anlehnung an die SIT gehen Simon und Mummendey davon aus, dass ein kollektives Selbst salient ist, wenn in einer bestimmten Situation ein sozial geteilter Selbstaspekt im Vordergrund steht (z. B. „Wir, die Protestanten"). Im Unterschied zur SIT nehmen sie an, dass ein individuelles Selbst aktiviert ist, wenn eine ganze Konfiguration von Selbst-Aspekten die jeweilige Selbstinterpretation bestimmt (z. B. „Ich als Mutter, Tai-Chi-Schülerin, Netzforenteilnehmerin" etc.) (ebd., S. 18 f.). Durch die Anerkennung pluraler individueller Selbst-Aspekte aktualisieren Simon und Mummendey Tajfels Theorie aus postmoderner Sicht.[92] Sowohl kollektive als auch individuelle Selbst-Interpretationen (z. B. „Ich bin weiblich") sind Simons und Mummendeys Auffassung zufolge sozialen Ursprungs und Inhalts (ebd., S. 21).

---

[91] Das Konzept der Identitätsbalance, wie von Krappmann und Habermas (vgl. Abschnitt 4.5) entwickelt, stellt m. E. eine sinnvolle Ergänzung der in vielen identitätstheoretischen Ansätzen vorkommenden Dichotomie soziale vs. personale Identität dar. Auch bei Tajfel wird nicht deutlich, ob und wie es dem Individuum gelingt, diese beiden Aspekte des Selbst auszutarieren.
[92] Neuere Positionen und Forschungen im Rahmen des SIT-Paradigmas versammeln Abrams/Hogg (1990) und Worchel et al. (1998).

5.2 Sprachbezogene Implikationen der SIT

Worin liegt nun die Bedeutung der SIT für die Sprachwissenschaft? Tajfel selbst hat der Sprache keinen Raum in seiner Theorie zugewiesen, die Anknüpfungspunkte sind jedoch evident. Die für diesen Ansatz zentralen Konzepte a) der sozialen Kategorisierung, b) der sozialen Identität, c) des sozialen Vergleichs und d) der sozialen Distinktheit lassen sich letztlich als sprachliche Prozesse beschreiben. Sie entsprechen sprachlich getroffenen Unterscheidungen und in Sprache gefassten Begriffen bzw. Kategorien (a), vollziehen sich in mit anderen geteilten Sprechweisen (z. B. Jugendsprache, Dialekte etc.) (b). Diese identitätskonstitutiven sprachlichen Varietäten wiederum liefern relevante Vergleichsdimensionen (c) für die Konstruktion sozialer Identität (b). Durch sie heben wir uns von anderen ab (d). Anders zu sprechen bedeutet gemeinhin auch anders zu sein, einer anderen sozialen, regionalen oder national-ethnischen Gruppe anzugehören. Die Konstruktion von Identität auf der Folie von Alterität wird auch auf der elementaren sprachlichen Ebene vollzogen, wobei das Fremde meist mit einer anderen Sprache oder Sprechweise verbunden ist.[93]

Es gibt linguistische Arbeiten, die die Implikationen der SIT berücksichtigen. Insbesondere der Soziolingulstik und Stilistik zuzurechnende Ansätze fußen auf der Annahme, dass die Sprechweise, d. h. das sprachliche Verhalten von Personen in bestimmten Situationen auf ihrer Selbstdefinition als Gruppenmitglied basiert. Bisweilen scheint allerdings die Annahme durch, der kommunikative, sozial bedingte Sprechstil sei etwas Fixes und nicht zur Disposition Stehendes. Solchen Positionen ist die Auffassung Tajfels und Turners (1986) entgegenzusetzen, dass soziale Identität keine absolut fixe, sondern eine dynamische und fließende Größe darstellt. Einerseits sorgen kontinuierliche soziale Vergleiche zwischen Ingroup und Outgroup für einen fortdauernden Veränderungsprozess. Die auf diese Weise entstehenden „ungesicherten sozialen Identitäten" (Tajfel 1978) kommen andererseits auch dadurch zustande, dass die Möglichkeiten der sozialen Mobilität und der sozialen Veränderung bestehen.

Bestimmte Situationen sind, so Tajfel und Turner (1986, S. 9 und S. 19), durch die Überzeugung gekennzeichnet, dass soziale bzw. individuelle Mobilität möglich sind. Die Gesellschaft wird dann von den beteiligten Individuen als flexible und durchlässige Struktur aufgefasst, die die Bewegung aus einer als negativ erlebten in eine andere, positiver besetzte soziale Gruppe zulässt. In anderen Situationen werden Strategien der sozia-

---

[93] Vgl. Teil I, Kapitel 3, in dem die Arbeiten des SFB „Identität und Alterität" in den hier behandelten Gesamtzusammenhang eingeordnet werden.

len Veränderung eingesetzt, um die intergruppalen Beziehungen zu ändern und um auf diese Weise zu einer positiveren sozialen Identität zu gelangen.[94] Zu den Strategien der sozialen Veränderung zählen beispielsweise: der direkte soziale Wettbewerb auf einer bestehenden Vergleichsdimension, die Erschaffung einer neuen Vergleichsdimension, die Selektion einer neuen Vergleichsgruppe u. a. (vgl. Mummendey 1985, S. 202–204). Während das Erlernen des Soziolekts oder der Sprache der neuen Ingroup sprachliche Voraussetzung für soziale Mobilität ist, können mit Prozessen der sozialen Veränderung z. B. verschärfte sprachpuristische Bestrebungen einhergehen.

Eine Vielzahl englischsprachiger Forschungsarbeiten in der Tradition der angloamerikanischen „Social Psychology of Language" knüpfen an die Ergebnisse der SIT an.[95] Die wichtigste, sprachorientierte Fortführung der SIT stellt das Modell der ethnolinguistischen Identität nach Giles und Johnson (1981, 1987) dar.[96] An dieses schließen verschiedene Forschungen zum Zusammenhang zwischen Sprache und ethnischer Identität an.[97] Giles und Johnson beschreiben Bedingungen des sozialen Wettbewerbs, unter denen ethnische Gruppen ihre jeweiligen Sprachen oder Dialekte besonders akzentuieren. Eine besondere Rolle scheinen Umstände zu spielen, in denen die soziale Identität bestimmter Gruppen bedroht scheint. Sprache wird dann zu einer wichtigen Dimension des sozialen Vergleichs und spielt eine Schlüsselrolle bei der Herausbildung sozialer Identität: „language seems to be an especially salient dimension of separate identity [in French Canada, Wales and Belgium]" (Tajfel/Turner 1986, S. 16).

Beispiele für ethnolinguistische Minderheiten gibt es viele: Man denke an die Lage der Basken in Spanien, der frankophonen Bevölkerung Québecs und an diejenige von Migrantinnen in nahezu jedem Staat. Soziale Distinktheit wird in solchen Situationen vor allem durch sprachliche Distinktheit erzielt. Doch nicht nur die Erhaltung der Muttersprache und mit

---

[94] Während die Strategie der sozialen Mobilität einen individuellen Lösungsversuch darstellt, liegt im Falle der sozialen Veränderung eine gruppenbezogene Strategie vor. Sie wird mit dem Ziel eingesetzt, soziale Distinktheit und somit eine positivere soziale Identität zu erreichen.

[95] Vgl. Giles/Robinson (1990) und Robinson/Giles (2001) für einen Überblick zu dieser angloamerikanischen „Sozialpsychologie der Sprache".

[96] Zu Weiterentwicklungen vgl. Sachdev und Bouhris (1990), die Konsequenzen der SIT aus Sicht der Social Psychology of Language erörtern. Hansen und Liu (1997) diskutieren ebenfalls Arbeiten, die im Anschluss an Tajfel den Zusammenhang zwischen Sprache, Spracherwerb und sozialer Identität behandeln. Sie alle erschöpfend zu besprechen, würde den Rahmen dieser Studie sprengen.

[97] Vgl. auch Teil I, Kapitel 3.

ihr der Ursprungsidentität spielt eine zentrale Rolle, bisweilen werden (distinkte) multikulturelle Identitäten durch die Verwendung gemischter Sprechweisen konstruiert. Das erklärt beispielsweise die hohe Popularität von „Kanaksprach" und „Türkendeutsch" im deutschsprachigen Raum (vgl. z. B. Keim 2002). Die Varietät der Ingroup wird akzentuiert oder es wird sogar ein eigener Sprechstil erfunden, um sich von der Outgroup abzuheben und um eine positivere soziale Identität zu erlangen. Es kann aber auch eine Anpassung an die Sprache der sprachlichen Mehrheit, der Outgroup, erfolgen, bei gleichzeitigem Verlust der Erstprache, vor allem wenn es zu individueller Mobilität und nicht zu sozialer Veränderung (s. o.) kommt. Dieses Phänomen ist in der Literatur unter dem Terminus „subtraktiver Bilingualismus" (vgl. z. B. Apeltauer 2001, S. 633) mitunter kontrovers diskutiert worden. Auch Vertreterinnen der interaktionalen Soziolinguistik, wie Gumperz (1982) und Heller (1987), postulieren die Herstellung und Aufrechterhaltung sozialer bzw. ethnischer Identität durch Sprache, wobei Code-Switching auf multiple Gruppenzugehörigkeiten hindeutet (vgl. Hansen/Liu 1997, S. 568).[98]

Wie das Beispiel Québec zeigt (vgl. Sachdev/Bouhris 1990, S. 212–216), erfordern Sprachkonflikte in ethnolinguistisch schwierigen Situationen spezielle sprachpolitische Regelungen. Sprachliche Varietäten konstituieren soziale Zugehörigkeit (vgl. Hausendorf 2000) und Gruppenidentität. Wie Bickes (1992) am Beispiel der deutschen Wiedervereinigung zeigt, lässt sich Tajfels Modell auch auf deutsche Verhältnisse gut anwenden. Nach dem Fall der Mauer stellte sich angesichts des verschärften sozialen Wettbewerbs zwischen Bürgerinnen aus Ost und West die Frage, welche Rolle die einende, jedoch auch andere Minderheiten ausgrenzende Sprache im Hinblick auf den Aufbau einer gemeinsamen Gruppenidentität spielt.

In eine postmoderne Richtung bringen Hogg und Abrams (1988) den tajfelschen Ansatz, indem sie den Besitz eines ganzen Repertoires sozialer Identitäten als Möglichkeit diskutieren. Die Aktivierung etwa der familiären, der beruflichen, der religiösen, der geschlechtlichen, status- oder altersbezogenen Identität oder auch mehrerer Teilidentitäten einer Person erweist sich als kontextabhängig. Ähnlich denken Giles und Johnson (1981), die multiple Gruppenmitgliedschaften für möglich halten (vgl. McNamara 1997, S. 564). Dieser Aspekt wird in Teil III, Kapitel 3 dieser Arbeit aus sprachtheoretischer Sicht vertieft.

---

[98] Vgl. auch das Modell der multiplen Sprachidentität in Teil III, Kapitel 7.2 dieser Arbeit.

6 Identität als „bunter Flickenteppich": postmoderne Perspektiven

In der Literatur zum Identitätsthema werden meist traditionelle, Einheitlichkeit hervorhebende und jüngere, die Pluralität des Phänomens betonende Ansätze unterschieden. Die eingehende Beschäftigung mit den bis hier referierten Identitätstheorien hat jedoch gezeigt, dass im Grunde nur Erikson, evtl. auch Mead die Bezeichnung „Traditionalisten" verdienen, insofern sie die Herausbildung einer einheitlichen, definitiven Identität als Entwicklungs- bzw. Interaktionsziel definieren. Wie in den Kapiteln zu Erikson (2.) und zu Mead (3.) aufgezeigt wurde, sind bereits in diesen frühen Arbeiten zur Identitätsthematik die Mehrschichtigkeit und Widersprüchlichkeit des Ichs in der modernen Gesellschaft zumindest angedeutet. Spätestens die Interaktionisten und ihnen voran Goffman (Kapitel 4) beziehen die Vielzahl der Ichs in ihre Modelle ein, indem sie etwa dem sozialen Akteur eine Vielzahl von Rollen zuweisen.

Die Rede von einer „auszubalancierenden Identität" (Habermas und Krappmann) angesichts vielfältiger, teils divergenter Rollenerwartungen, von einer „ungesicherten Identität" (Tajfel und Turner), die dynamischen und fließenden Charakters ist, von „pluralen Selbst-Aspekten" (Simon und Mummendey) und von dem Besitz eines ganzen „Repertoires sozialer Identitäten" (Hogg und Abrams) zeugt davon, dass die gesellschaftlichen und kulturellen Veränderungen von der Moderne hin zur Postmoderne (vgl. Welsch 2002 und Zima 2001) nicht spurlos an den Identitätsdiskursen und ihrer Theoriebildung vorübergegangen sind.[99]

6.1 Moderne/Postmoderne

Die ungefähr mit dem Beginn des 20. Jahrhunderts einsetzende Moderne zeichnet sich als kultur- und geistesgeschichtliche Periode durch zunehmende Erkenntnisskepsis und den Verlust von Einheitsvisionen aus. Diese Tendenz wird in der Postmoderne, die ihre Wurzeln in den USA der 1960er Jahre hat (vgl. Mayer 2001, S. 522) und in den 1970er Jahren Europa erreichte (Welsch 2002, S. 10), nicht verworfen oder widerlegt, sondern fortgesetzt und verschärft, was Welsch zu der Bezeichnung „postmoderne Moderne" veranlasst hat (vgl. Welsch 2002). Bisweilen wird die „neue"

---

[99] Eine gute Einführung in aktuelle sozial- und kulturwissenschaftliche Identitätsdiskussionen, auch mit Bezug auf Globalisierung, Migrationsprozesse und überkommene Geschlechterrollen bieten Eickelpasch und Rademacher (2004).

Moderne des ausgehenden zweiten Jahrtausends auch als Spät- oder Hypermoderne bezeichnet oder etwa unter den Begriff der reflexiven Modernisierung (Beck/Bonß 2001) gefasst. Trotz der Bedenken einiger Theoretiker hinsichtlich der Unschärfe und drohenden Verwässerung des Begriffs „Postmoderne" (z. B. Beck 1986, S. 12), soll diese Bezeichnung im Rahmen dieser Untersuchung aufgrund ihrer Eingängigkeit beibehalten werden.

Von zentraler Bedeutung für die postmoderne Ära ist „der bereits in der Moderne angelegte Bruch mit dem aufklärerischen Projekt einer umfassenden Erfassung und Erklärung der Welt, die Ablösung der sinnstiftenden ‚großen Erzählungen' (J.-F. Lyotard) der Religion und der Wissenschaft durch fragmentarische und vorläufige Wissensmodelle" (Mayer 2001, S. 522). „Pluralität" gilt als der Schlüsselbegriff der Postmoderne, der „sämtliche als postmodern bekannt gewordene Topoi – Ende der Meta-Erzählungen, Dispersion des Subjekts, Dezentrierung des Sinns, Gleichzeitigkeit des Ungleichzeitigen, Unsynthetisierbarkeit der vielfältigen Lebensformen und Rationalitätsmuster –" (Welsch 2002, S. XVII) umfasst. Schließlich gelten der rasante technologische Fortschritt, die mediale Vernetzung und damit einhergehende Globalisierungstendenzen als wichtige Merkmale der Postmoderne, die neue Formen der Kommunikation und Transaktion ermöglichen.

Die radikale Pluralität der Postmoderne ist nicht, so Welsch (ebd.), mit gefälliger „Oberflächen-Buntheit" gleichzusetzen, denn sie rührt an grundlegenden Definitionen und durchdringt vielerlei Bereiche des geistigen und sozialen Lebens: bildende Kunst, Architektur, Literatur, Wissenschaft, Philosophie und Erkenntnistheorie, Soziologie, Ökonomie, Technologie und die Gesellschaft überhaupt. Während in der Wissenschaft z. B. das Nebeneinander konkurrierender Paradigmen zum Normalfall wird, stellen im sozialen Miteinander vielfältige, teils subversive Lebensformen und Sprachspiele traditionelle Normen in Frage. Zunehmend wird das Kontingente, Heterogene und Widersprüchliche der uns umgebenden Wirklichkeit betont, die Existenz der einen Wahrheit bzw. des einen richtigen Weges in Zweifel gezogen.[100] In der Erkenntnistheorie liegt der Schritt zur konstruktivistischen Position daher nahe.

> Die Grunderfahrung der Postmoderne ist die des unüberschreitbaren Rechts hochgradig differenter Wissensformen, Lebensentwürfe, Handlungsmuster. [...] Zu ihrer Anerkennung kommt es aufgrund einer relativ einfachen Schlüsselerfahrung: daß ein und derselbe Sachverhalt in einer anderen Sichtweise sich völlig anders

---

[100] Eine Zuspitzung erfährt dies im wissenschaftlichen Bereich durch den methodischen Leitsatz des Wissenschaftstheoretikers Feyerabend: „Anything goes".

darstellen kann und daß diese andere Sichtweise doch ihrerseits keineswegs weniger ‚Licht' besitzt als die erstere – nur ein anderes. Licht, so erfährt man dabei, ist immer Eigenlicht. Das alte Sonnen-Modell – die eine Sonne für alles und über allem – gilt nicht mehr, es hat sich als unzutreffend erwiesen. Wenn man diese Erfahrung nicht verdrängt, sondern wirksam werden lässt, gerät man in die ‚Postmoderne'. Fortan stehen Wahrheit, Gerechtigkeit, Menschlichkeit im Plural.

ebd. (S. 5)

Aus dieser weltanschaulichen und erkenntnisbezogenen Pluralität resultieren auch ein drohender Orientierungsverlust, der Vorwurf der Beliebigkeit bis hin zu der Annahme, „Realität werde durch multimediale Technologien der Simulation (J. Baudrillard [...]) verdrängt" (Mayer 2001, S. 522). Doch die neue „Vielfalt der Sprach-, Denk- und Lebensformen" (Welsch 2002, S. 35) lässt sich auch als Chance begreifen. Die „Zustimmung zur Multiplizität, ihre Verbuchung als Chance und als Gewinn, macht das ‚Postmoderne' am postmodernen Bewußtsein aus" (ebd., S. 33).[101]

6.2 Die Problematik postmoderner Identität

Wie gestaltet sich angesichts dieser radikalen Vielheit und Verschiedenheit, angesichts einschneidender gesellschaftlicher Brüche und Differenzen die Herausbildung von Identität? Während in vormodernen Zeiten weitgehend durch Geburt festgelegt war, welcher sozialen Schicht jemand angehörte und welchen Beruf er ausübte (vgl. Beck-Gernsheim 1994a), und zudem die Geschlechterrollen in hohem Maße durch gesellschaftliche Normen festgeschrieben waren, stehen alle diese Dinge spätestens seit dem postindustriellen Zeitalter zunehmend zur Disposition. In den westlichen Gesellschaften ermöglichen der allgemeine Zugang zu Bildung und die marktwirtschaftliche Organisation der Ökonomie soziale Mobilität und individuellen Aufstieg – aber auch Abstieg – für alle. Was und wer wir sind, liegt in der modernen Gesellschaft zu einem Großteil in unserer eigenen Hand. Identität wird so zur individuellen Selbstverwirklichungsaufgabe, die angesichts vieler möglicher Lebens- und Berufswege sowie an Verbindlichkeit verlierender Wertsysteme hohe Anforderungen an den Einzelnen stellt. Es gibt nicht die eine richtige, gesellschaftlich vorgegebene Lebensform, sondern verschiedene Möglichkeiten des sozialen

---

[101] Demgegenüber sieht Zima (2001) in der Postmoderne eine „Ära der Indifferenz: der austauschbaren Individuen, Beziehungen, Wertsetzungen und Ideologien" (ebd., S. 44); er erkennt „in der Indifferenz als Austauschbarkeit von Wertsetzungen [...] die Kehrseite der pluralistischen Medaille" (ebd., S. 12).

Miteinanders und unterschiedliche Wege der individuellen Entwicklung. Die radikale Pluralität der Postmoderne bedeutet auch eine inter- und intraindividuelle Pluralität der Identitäten.

Dem entspricht eine Vielzahl an Bemühungen in der soziologischen, psychologischen und philosophischen Theoriebildung, das postmoderne Identitätsproblem zu erklären. Jüngere identitätstheoretische Ansätze verbindet die unwiderrufliche Verabschiedung des Einheitlichkeit und Kontinuität betonenden, in der Moderne verwurzelten Identitätsmodells. Zwei aktuellere Positionen werden im Folgenden herausgegriffen und näher erörtert: zum einen die viel diskutierten Thesen des Soziologen Beck zu Individualisierung, reflexiver Modernisierung und Quasi-Subjektivität, zum anderen das Patchwork-Modell der Identität des Psychologen Keupp und seiner Mitarbeiter. Während Beck eine überzeugende Darstellung der gesellschaftlichen Rahmenbedingungen (Stichworte: Risikogesellschaft, Fragmentierung, Individualisierung, Globalisierung, Reflexivität der Moderne und Quasi-Subjektivität) postmoderner Identitätsbildung bietet, entwickeln Keupp et al. (1999) ein viel versprechendes Modell des pluralen Selbst, das die psychosoziale Dynamik alltäglicher Identitätsarbeit berücksichtigt. Keupp et al. rekurrieren auf Beck et al. (2001), sodass sich die hier gewählte Chronologie anbietet. Eingeschoben wird ein Abschnitt zur Problematik heutiger weiblicher Identität. Schließlich wird der Versuch unternommen, sprachbezogene Implikationen der postmodernen Identitätskonstruktion insbesondere aus dem keuppschen Modell abzuleiten.

6.3 Risikogesellschaft, Individualisierung und Selbstsuche

In der viel beachteten Monografie „Risikogesellschaft: Auf dem Weg in eine andere Moderne" analysiert Beck (1986) den gesellschaftlichen Wandel von der klassischen Industriegesellschaft der Moderne hin zur so genannten Risikogesellschaft. Die typischen Risiken der zweiten oder, wie Beck sie nennt, reflexiven Modernisierung zeichnen sich u. a. dadurch aus, dass sie irreversible Schäden hinterlassen (z. B. Schadstoffe in Wasser und Luft) und meist unsichtbar sind (z. B. Radioaktivität, BSE, gentechnische Veränderung von Lebensmitteln). Sie verursachen soziale Gefährdungslagen, die einerseits die verschiedenen sozialen Schichten ungleich (be)treffen, andererseits aber auch eine Bedrohung für alle – ungeachtet sozialer Klassengrenzen – darstellen (ebd., S. 29 f.).

Die Modernisierungsrisiken und ihre spezifische Verteilungslogik bilden, so Beck (ebd., S. 115), „nur *eine* Dimension der Risikogesellschaft":

> Die [durch die Modernisierungsrisiken, M. K.] entstehenden Globalgefährdungslagen und die in ihnen enthaltene soziale und politische Konflikt- und Entwicklungsdynamik sind neu und beträchtlich, werden jedoch überlagert durch gesellschaftliche, biographische und kulturelle Risiken und Unsicherheiten, die in der fortgeschrittenen Moderne das soziale Binnengefüge der Industriegesellschaft – soziale Klassen, Familienformen, Geschlechtslagen, Ehe, Elternschaft, Beruf – und die in sie eingelassenen Basisselbstverständlichkeiten der Lebensführung ausgedünnt und umgeschmolzen haben.
>
> ebd. (S. 115)

Die Wechselwirkung beider Dimensionen, die gesamtgesellschaftlichen Risiken und die individuell-biografischen Verunsicherungen im Zusammenspiel, verleihen der Risikogesellschaft ihre spezifische soziale und politische Dynamik. Während sich zum einen insbesondere die Folgen des allzu sorglosen Umgangs mit der Ressource Natur als Risiken bemerkbar machen und die Gesellschaft gleichsam von außen bedrohen, wird auch das innergesellschaftliche Bezugssystem althergebrachter Normen und Lebensweisen brüchig (ebd.). Im Zentrum der Argumentation steht die Einschätzung,

> daß wir Augenzeugen eines Gesellschaftswandels innerhalb der Moderne sind, in dessen Verlauf die Menschen aus den Sozialformen der industriellen Gesellschaft – Klasse, Schicht, Familie, Geschlechtslage von Männern und Frauen – *freigesetzt* werden, ähnlich wie sie im Laufe der Reformation aus der weltlichen Herrschaft der Kirche in die Gesellschaft ‚entlassen' wurden.
>
> ebd.

Parallel zu dieser Freisetzung aus althergebrachten Sozialformen wie Klassenbindungen (z. B. Auflösung des traditionellen Arbeitermilieus), Familienbezügen (Stichworte: Zunahme der Singlehaushalte und so genannter Patchwork-Familien), herkömmlichen Geschlechterrollen (Zunahme der Erwerbstätigkeit von Frauen, Geburtenrückgang z. B. insbesondere in Ostdeutschland und unter Akademikerinnen) hat sich ein folgenreicher Individualisierungsschub (vgl. auch Beck/Beck-Gernsheim 1994) vollzogen.

Dass Beck diese Entwicklung vor „dem Hintergrund eines vergleichsweise hohen materiellen Lebensstandards und weit vorangetriebenen sozialen Sicherheiten" (Beck 1986, S. 116) beschreibt, situiert seine Analysen in der wohlfahrtsstaatlichen Prosperitätsphase der 80er Jahre des 20. Jh.s, die inzwischen schon lange vorüber ist.[102] Auch heute noch zutreffend ist

---

[102] Es ist auch Kritik an der Individualisierungshypothese Becks geübt worden, so etwa von Gerhard (2003, S. 31), der den sozial-selektiven Charakter der beckschen Analysen bemängelt. Diese würden lediglich Trends in Teilsektoren der Gesellschaft aufgreifen. Zudem seien die mit der Individualisierungshypothese verbundenen Annahmen hin-

jedoch die Charakterisierung der Individualisierung als Herauslösung der Individuen aus traditionalen Bezugs- und Versorgungssystemen wie Klasse und Familie. Die Einzelnen sind nunmehr „verstärkt auf sich selbst und ihr individuelles Arbeitsmarktschicksal mit allen Risiken, Chancen und Widersprüchen verwiesen" (ebd.). Beck versteht Individualisierung als einen „*neuen Modus der Vergesellschaftung*, ein ‚kategorialer Wandel' im Verhältnis von Individuum und Gesellschaft" (ebd., S. 205).

> In der individualisierten Gesellschaft muß der einzelne entsprechend bei Strafe seiner permanenten Benachteiligung lernen, sich selbst als Handlungszentrum, als Planungsbüro in bezug auf seinen eigenen Lebenslauf, seine Fähigkeiten, Orientierungen, Partnerschaften usw. zu begreifen.
>
> ebd. (S. 217)

Im Gefolge der Individualisierung kommt es zu einer „Diversifizierung von Lebenslagen und Lebensstilen" (ebd., S. 122). Dazu tragen nicht zuletzt auch die vielfältigen Möglichkeiten des Massenkonsums bei, sodass Lebensstile sich als Konsumstile äußern (in Bezug auf Einrichtung, Mode, Mediennutzung, persönliche Inszenierung u. a. m.) (ebd., S. 124 f.).

Die Freisetzung aus traditionellen Versorgungsbezügen und Bindungen bedeutet zwar einen Freiheitsgewinn. Allerdings stattet die Risikogesellschaft den Einzelnen mit „riskanten Freiheiten" (Beck/Beck-Gernsheim 1994) bzw. mit „riskanten Chancen" (Keupp 1994a, S. 344 ff.) aus. Denn das Individuum ist den „Zwänge[n] des Arbeitsmarktes und der Konsumexistenz und der in ihnen enthaltenen Kontrollen und Standardisierungen" (Beck 1986, S. 211) ausgesetzt. Zudem stellen die Risiken der reflexiven Moderne Bedrohungen dar, die der individualisierte Einzelne zunehmend selbständig auszuhalten und zu verarbeiten hat. Angesichts weit verbreiteter Arbeitslosigkeit, unberechenbarer atomarer Bedrohungen, terroristischer Anschläge und kriegerischer Auseinandersetzungen in Nachbarstaaten und in der Welt u. v. a. m. wird für den Einzelnen die Fähigkeit zunehmend wichtiger, „Gefahren zu antizipieren, zu ertragen, mit ihnen biographisch und politisch umzugehen" (ebd., S. 101). Der individualisierte Einzelne bleibt dabei zunehmend auf sich selbst zurückver-

---

sichtlich eines Zuwachses an individueller Freiheit durch die tatsächlichen gesellschaftlichen Entwicklungen der 90er Jahre nicht gänzlich bestätigt worden. Des Weiteren kritisiert Gerhard (ebd.): „Das im Begriff der Individualisierung eingefangene Gesellschaftsbild entstammt zudem einer ökonomischen Prosperitätsphase und läuft angesichts der gegenwärtigen gesellschaftlich-ökonomischen Krisentendenzen Gefahr, den neoliberalen Habitus von ‚Modernisierungsgewinnern' ideologisch zu rechtfertigen". M. E. stellt der becksche Ansatz dennoch einen wichtigen Versuch dar, die für die individuelle Identitätskonstitution einschneidenden Veränderungen der Zweiten oder Reflexiven Moderne zu beschreiben.

wiesen, es entsteht ein Zwang „zur Selbstverarbeitung von Unsicherheit" (ebd., S. 102):

> Traditionale und institutionelle Formen der Angst- und Unsicherheitsbewältigung in Familie, Ehe, Geschlechtsrollen, Klassenbewusstsein und darauf bezogenen politischen Parteien und Institutionen verlieren an Bedeutung. Im gleichen Maße wird deren Bewältigung den Subjekten abverlangt. [...] In der Risikogesellschaft werden derart der Umgang mit Angst und Unsicherheit biographisch und politisch zu einer *zivilisatorischen Schlüsselqualifikation* und die Ausbildung der damit angesprochenen Fähigkeiten zu einem wesentlichen Auftrag der pädagogischen Institutionen.
>
> ebd.

Die vielfältigen Folgen der Postmodernisierung machen Identitätsbildung zu einem unsicheren Unterfangen: die drohende Erwerbslosigkeit, der Konkurrenzdruck und die Erfordernis räumlicher Mobilität auf dem Arbeitsmarkt, der Verlust familiärer Bindungen und traditioneller Wertsysteme, insgesamt das Anwachsen privater und beruflicher Unsicherheit, eine zunehmende Kontingenz der Lebensläufe, die Entstehung neuer medialer Erfahrungsräume u. v. a. m. Zudem werden kollektive Identitäten und nationale Bindungen brüchiger,[103] sodass Identitätsbildung zur individuellen Gestaltungsaufgabe gerät.

Während noch in den Jahren nach dem Zweiten Weltkrieg ein glückliches Familienleben, das Einfamilienhaus, der gute Lebensstandard wichtige Lebensziele darstellten, beschäftigt viele Menschen mittlerweile etwas anderes:

> Heute sprechen hier viele eine andere Sprache, die – zwangsläufig vage – um die Suche nach der eigenen Individualität und Identität kreist, die ‚Entwicklung der persönlichen Fähigkeiten' und das ‚In-Bewegung-Bleiben' zum Ziel hat. [...] Die konventionellen Erfolgssymbole (Einkommen, Karriere, Status) erfüllen für viele nicht mehr die neu erwachten Bedürfnisse nach Selbstfindung und Selbstbestätigung, ihren Hunger nach einem ‚ausgefüllten Leben'.
>
> Beck (1994a, S. 55)

Mit dem Ende der klassischen Moderne, ihres Fortschrittsglaubens und ihrer Einheitsbestrebungen, wird auch die Vorstellung von einer teleolo-

---

[103] Anders argumentiert Castells (1997), der in zunehmendem Nationalismus und Fundamentalismus eine gegenläufige Tendenz zur Globalisierung ausmacht. Seine Trilogie „Das Informationszeitalter" (Castells 1996, 1997, 1998) widmet sich der Entstehung einer neuen Gesellschaftsform, der „network society", in der die elektronischen Kommunikationsmöglichkeiten eine Schlüsselrolle spielen. Als Reaktion auf konstruierte globalisierte und virtuelle Identitäten entstünden im Gegenzug widerständische kollektive, lokale und protestorientierte Identitäten (z. B. Antiglobalisierungs- und Umweltbewegung, Fundamentalismus).

gisch sich entwickelnden, einheitlichen und selbstverständlichen Identität, wie sie Erikson noch vor Augen hatte, obsolet.

> Die vorgefertigten Schablonen des Lebenslaufs – die Kindergartenkindheit, die schulbezogene Jugendzeit, das Erwachsenenalter in Familie und Beruf – werden nicht nur in ihren Negativbildern (Schulschwierigkeiten, Arbeitslosigkeit, Beziehungskrisen), sondern auch in den Übergängen zwischen diesen Phasen zu eigenständigen Risikolagen.
>
> Rauschenbach (1994, S. 92)

Von den individuellen Erfahrungen der „Selbstverunsicherung, Selbstbefragung und Selbstvergewisserung" (Beck 1994a, S. 55) profitieren nicht zuletzt vielfältige therapeutische und esoterische Angebote. Nicht von ungefähr erleben wir in den letzten Jahren einen Boom psychologischer Ratgeber und esoterischer Heilsversprechungen.

Auch der Gebrauch psychoaktiver Substanzen nicht mehr nur durch Jugendliche und Mitglieder gesellschaftlicher Randgruppen lässt sich als Begleiterscheinung der diffizilen Identitätsbildungsprozesse in der Spätmoderne deuten (Gerhard 2003). In Zeiten zunehmend problematisch werdender, verunsicherter Identitäten dienen Drogen als Krücke zur Selbstfindung und „-heilung", sie werden zum Lifestyle-Phänomen, zum wichtigen Bestandteil leistungs- und vergnügungsorientierter Lebensstile.[104] Es verwundert nicht, dass im Zeitalter der Individualisierung auf verschiedenste, mitunter risikobehaftete Hilfsmittel und zweifelhafte Helfer zurückgegriffen wird, um die diffizile Selbstsuche zu bewältigen.

6.4 Reflexive Modernisierung

In einem programmatischen Aufsatz zur „Theorie der reflexiven Modernisierung" arbeiten Beck et al. (2001) die Details des Wandels von der ersten zur zweiten oder reflexiven Moderne heraus. Entscheidend ist vor allem die Aufhebung wichtiger Basisprämissen der Moderne (ebd., S. 19): Nationalstaat, Vollbeschäftigung, Normalbiografie, sozialstaatliche Absicherung, Kleinfamilie mit traditioneller Geschlechtsrollenverteilung und geschlechtsspezifischer Arbeitsteilung werden aufgehoben oder zumindest

---

[104] Dabei ist der politisch-revolutionäre Anspruch der einstigen Hippies dem weitgehend unpolitischen „Selbsterfahrungstrip" der Generation „Techno" gewichen. Gerhard (2003, S. 202) bringt dies pointiert auf den Punkt: „Wenn Kiffen unter den gesellschaftlichen Bedingungen der späten 60er und frühen 70er Jahre als Geste der Befreiung aus ‚muffigen' gesellschaftlichen Verhältnissen verstanden werden konnte, dann sind die Zuckungen derer, ‚die mit der Pille tanzen', ein Versuch, der „Zugluft" im postmodernen Lebensgebäude standzuhalten".

in Frage gestellt (vgl. ebd., S. 11). Ins Wanken geraten auch althergebrachte Dichotomien wie Natur/Gesellschaft, Wissen/Nicht-Wissen, Fiktion/Realität, Globalität/Lokalität, Mann/Frau, Fremdes/Eigenes. Es entstehen hybride Formen und ambivalente Identitäten, die die strikte Trennung von Identität und Alterität zweifelhaft erscheinen lassen (vgl. Beck 1994b, S. 475). Die Auflösung und Verflüssigung von Grenzen als allgemeines Merkmal der reflexiven Modernisierung (vgl. Beck et al. 2001, S. 39) führt zur Aufhebung traditioneller Dichotomien.

Die Moderne wird zum reflexiven Projekt, das der Neuverhandlung und Restrukturierung bedarf. Dadurch unterscheidet sich die reflexive Moderne, so Beck et al. (ebd., S. 13 f. und S. 17 f.), von der Postmoderne, der die Autoren eher destruktive Kräfte im Sinne von Dekonzeptualisierung und Destrukturalisierung zuschreiben. Aus diesem Grunde grenzen sie sich deutlich von ihr ab (ebd.). Möglicherweise liegt hier eine etwas pauschale Gleichsetzung von Postmoderne und poststrukturalistischen und insbesondere dekonstruktivistischen Ansätzen im Gefolge von Derrida u. a. vor. Wie zu zeigen sein wird, gibt es im Bereich der postmodernen Theoriebildung durchaus Versuche, in konstruktivem Sinne zeitgemäße Identitätskonzepte zu entwerfen (insbesondere Keupp et al., s. u.).

Mit der reflexiven Modernisierung, einem Metawandel kategorialer Art,

> entstehen eine neue Art von Kapitalismus, eine neue Art von Arbeit, eine neue Art von globaler Ordnung, eine neue Art von Subjektivität, eine neue Art alltäglichen Zusammenlebens, ja eine neue Art von Staat [...].
> Beck et al. (2001, S. 13)

6.5 Quasi-Subjektivität

Vor allem der von Beck et al. festgestellte Wandel der Subjektivität zu einer „Quasi-Subjektivität" ist für die hier behandelte Thematik von Bedeutung. Während in der ersten Moderne die Souveränität des Individuums durch nicht-optionale Grenzen (Geschlecht, Nationalität, Klasse, Familie) beschränkt war, ist für die reflexive Moderne eine Pluralisierung der Subjektgrenzen kennzeichnend (ebd., S. 42 f.). Diese lösen sich auf (ebd., S. 43) und unterliegen nunmehr der Gestaltungsmöglichkeit der Quasi-Subjekte:

> Entsprechend ist das Individuum nicht mehr als festes, unverwechselbares Subjekt zu begreifen, sondern als ‚Quasi-Subjekt', das Resultat *und* Produzent seiner Vernetzung, Situierung, Verortung, Gestalt ist. Es kann nicht länger als *Herrscher* über seine Umwelt innerhalb vorgegebener Grenzen gedacht werden; es ist nicht län-

ger der Kontrolleur und Garant von Sicherheit und Ordnung. Aber das Individuum bleibt oder wird sogar mehr denn je der *fiktive* Entscheider, Autor seiner selbst und seiner Biographie. Die Unterscheidung von (‚tatsächlichem') Lebenslauf und erzählter *fiktiver Biographie* wird konstitutiv, und zwar derart, daß der Lebens(ver)lauf irreversibel diffundiert, während die Fiktion der Biographie – des ‚Selbstunternehmers' (in jedem Sinne des Wortes) – erwartet und anerkannt wird.

ebd. (S. 44)

Wie in Kapitel 7 deutlich werden wird, betonen viele jüngere Arbeiten zum Identitätsthema die Eigenaktivität und Konstruktivität des Individuums, das in postmodernen Zeiten jenseits fixer Vorgaben und unveränderlicher Grenzziehungen zum Autor und Konstrukteur seines eigenen sozialen Netzwerks, seines individuellen Lebensprojekts wird.[105] Die von Beck et al. postulierte Fiktionalität von Identität kommt in virtuellen Welten noch stärker zum Tragen.

Das Verschwimmen vorgegebener Grenzen unter Beibehaltung von Individualisierungsdruck und gesellschaftlichen Zwängen erzeugt nach Beck et al. den ambivalenten Zustand der fiktiven Subjektautonomie (ebd., S. 45). Die Fluidität reflexiv-moderner Identität drücken die Metaphern „Surfer" und „Drifter" aus. Surfer zeichnen sich als fluide Persönlichkeiten durch die Bereitschaft und Fähigkeit aus, auf Kontextveränderungen schnell zu reagieren und Entscheidungen auch unter der Bedingung der Ungewissheit zu treffen. Kurskorrekturen werden im Lichte langfristiger Ziele gesehen. Drifter hingegen empfinden das – letztlich durch die Pluralisierung der Subjektgrenzen induzierte – Gefühl ziellosen inneren Dahintreibens (vgl. Sennett 1998) als Bedrohung, die Kontingenz des eigenen Lebensverlaufs und fehlende Kontinuität als Verlust (vgl. ebd., S. 45).

6.6 Identität von Frauen in der Postmoderne

Als besonders prekär erweisen sich in der individualisierten Risikogesellschaft der reflexiven Moderne Biografie und Identität von Frauen. Seit den späten sechziger und frühen siebziger Jahren des 20. Jahrhunderts ist dank der Frauenbewegung das traditionelle, durch männliche Dominanz

---

[105] Diese neu gewonnenen Freiheiten beobachte ich, wie die meisten anderen Autorinnen von Texten zur Postmoderne, als Angehörige der weißen Mittelschicht einer westeuropäischen Gesellschaft. Außerhalb meines momentanen Blickfelds, aber dennoch existent, sind kulturelle Wirklichkeiten, in denen unverrückbare Grenzziehungen einen konstitutiven Platz haben. Beispiele sind die Geschlechterrollenverteilung und die Stellung von Frauen in islamischen Staaten wie dem Iran.

und Hierarchie geprägte Geschlechterverhältnis zumindest auf dem Papier, häufig auch in der Lebenspraxis gleichgestellt. Zwar gibt es auch heute noch Familien mit traditioneller Rollenverteilung (Erwerbstätigkeit des Mannes und Hausfrauenexistenz der Frau) und patriarchalisch organisierte Kulturen. In den meisten westlichen, reflexiv-modernen Gesellschaften hingegen haben sich die Lebensläufe von Frauen stark zugunsten größerer Selbständigkeit gewandelt. Relative Unabhängigkeit von Mann und Familie aufgrund eigener Berufstätigkeit ist die eine Seite der Medaille, die Kehrseite bilden die „biographischen Dilemmata" (Geissler/Oechsle 1994) von Frauen in postmoderner Zeit.

> Die traditionale Lebensführung und der auf die Ehe bezogene weibliche Normal-Lebenslauf haben keine Geltung mehr; sie können keine das Handeln anleitenden Sinnstrukturen herstellen. Für junge Frauen heute gibt es – angesichts der Modernisierung ihres Lebenszusammenhangs – keine allgemeine biographische Leitlinie.
>
> ebd. (S. 144)

Als Leitbild für viele Frauen gilt nunmehr die „doppelte Lebensführung" (ebd., S. 147), die häufig nur auf unzulängliche Unterstützung von staatlicher und männlicher Seite zurückgreifen kann. Die Vereinbarkeit von Beruf und Familie ohne institutionelle Absicherung (ebd., S. 149) – es gibt keine sozialstaatliche Verankerung und kein biografisches Muster (ebd.) der doppelten weiblichen Existenz – belastet die Lebensplanung vieler Frauen. Zu den Konsequenzen zählen: der Zuwachs an Single-Haushalten, Beziehungsprobleme, zerbrechende Familien, Scheidungskinder, Patchwork-Familien, Wahlverwandtschaften und ähnliche „postfamiliale" Konstruktionen (vgl. Beck-Gernsheim 1994b), sinkende Geburtenraten, insbesondere bei Frauen mit höheren Bildungsabschlüssen, späte Mutterschaften mit und ohne Väter u. v. a. m. Die Zahl der Frauen mit ausschließlicher Familien- und Haushaltsorientierung sinkt, denn es gibt einen „Anspruch und Zwang zum ‚eigenen Leben'" (ebd., S. 122 f.). Die Versorgung durch den Mann ist immer weniger erwünscht, an die Stelle treten Forderungen nach Selbständigkeit, nach individuellen Lebensplänen (ebd.).

Die Widersprüche weiblicher Identität liegen auf der Hand: Beruf **und** Familie, Autonomie **und** Solidarität, Selbstverwirklichung **und** Fürsorge, Erfolgs- **und** Verständigungsorientierung, hübsches, weibliches Aussehen **und** Leistung (vgl. Geissler/Oechsle 1994, S. 145 und Bilden 1989, S. 32). Die Wahlmöglichkeiten, aber auch die Ambivalenzen werden größer. Weibliche Identität in postmodernen Zeiten ist derart widersprüchlich, dass Frauen stark um sie ringen müssen. Möglicherweise liegen hier die Gründe dafür, dass verantwortliche Positionen in Wirtschaft, Wissenschaft und Politik nach wie vor mit Frauen unterbesetzt sind. Schließlich handelt es sich dabei um Bereiche, in denen eher männliche Eigenschaften (z. B. Autonomie, Erfolgsorientierung, Leistungs- und Konkurrenzdenken etc.) honoriert werden.

In der Forschung werden seit einigen Jahren – vor allem weibliche – Stimmen lauter, die die androzentrisch geprägte Vorstellung von Identität und Individualität kritisieren. Bilden (1989) z. B. entlarvt das Konzept des autonomen, vernunftgeleiteten, auf berufliche Leistung, Macht und öffentliche Anerkennung hin orientierten Individuums als ein Konstrukt des 19. Jahrhunderts, das ursprünglich an das aufgeklärt-bürgerliche, männliche Individuum geknüpft war und auf dem hierarchischen bürgerlichen Geschlechterverhältnis gründet.[106] So wird bis heute Individualität mit den o. g., typisch männlichen Eigenschaften gleichgesetzt, während Seele, Emotionalität, Fürsorge, Sinnlichkeit, Körperlichkeit, Eingebundenheit in Natur und soziale Umwelt ausgegrenzt und als niedriger bewertete Selbstaspekte den Frauen zugewiesen werden. Sie bleiben auf die Privatsphäre beschränkt (vgl. ebd,. S. 28 f.).

> Obwohl das Konzept des autonomen, stabil und hierarchisch organisierten Individuums weitgehend nur für die männlichen Mitglieder des (Unternehmer- und Bildungs-) Bürgertums sinnvoll war, wurde es, wenn auch erst im 20. Jahrhundert, zur allgemeinmenschlichen Norm generalisiert, die auch Arbeiter und Frauen betrifft.
>
> ebd. (1989, S. 31)

Problematisch ist, dass dieses am bürgerlich-männlichen Vorbild orientierte Individuumskonzept die Erwartungen prägt, die Gesellschaft und soziales Umfeld heutzutage an Frauen stellen. Die darin enthaltenen Forderun-

---

[106] Auch Eriksons Modell der sich durch verschiedene Phasen hindurch vervollkommnenden Identität entpuppt sich, aus feministischer Sicht betrachtet, als angelehnt an die männliche, im 19 Jh. wurzelnden Normalbiografie. So schreibt Bilden (1989, S. 30 f.): „Im bürgerlichen Konzept von Jugend, das im letzten Drittel des 19. Jahrhunderts entstand […], wurde die Entwicklung des (männlichen) Individuums im Rahmen eines festen ‚Lebenszyklus', der männlichen ‚Normalbiographie' gesehen. Der bürgerliche junge Mann sollte mit ca. 30 Jahren, bis hin zur beruflichen Etablierung und Heirat Reife, eine stabile Persönlichkeitsstruktur gewonnen haben, indem er sich ökonomisch und psychisch selbständig gegenüber dem Vater machte. Er ‚wurde etwas', d. h. erreichte durch eigene Leistung eine berufliche Position in der Gesellschaft." Erstaunlich ähnlich liest sich Eriksons Phasenmodell der Identitätsentwicklung. Komplementär dazu besteht die weibliche „Normalbiografie" dann aus Kindererziehung, Haus- und Beziehungsarbeit. Es stellt sich die Frage, ob sich Frauen in Eriksons Modell – abgesehen von seiner Überholtheit auch in Bezug auf männliche Biografien heute – wieder finden (wollen). Bilden schlägt ein alternatives Konzept vor, das verschiedene – männliche wie weibliche – Formen von Individualität zu erfassen vermag.

gen nach Autonomie und Überlegenheit etwa stehen jedoch im Widerspruch zu den o. g., mit Weiblichkeit assoziierten Eigenschaften und Normen (vgl. ebd.).

> Die Identitätssuche der Frauen muß scheitern, wenn sie sich an den androzentrischen Vorstellungen vom autonomen, unabhängigen Individuum orientieren, wenn sie nur auf eine Berufskarriere setzen und männliches Verhalten an den Tag legen: Dann wird ihnen ihre Weiblichkeit abgesprochen [...]. Aber sie können auch nicht dem ebenso androzentrischen Weiblichkeitsentwurf folgend eine konsistent an der Ehefrau- und Mutterrolle orientierte Biographie leben und gleichzeitig ‚autonome' Individuen sein: ‚Weibliche Identität' ist ein Widerspruch in sich, weil ‚Weiblichkeit' Unterordnung und Abhängigkeit der Frau gegenüber dem Mann, Selbstlosigkeit der Mutter gegenüber dem Kind beinhaltet.
>
> ebd. (S. 32)

Dieser Widerspruch kann zumindest auf theoretischer Ebene aufgehoben werden, indem den vorherrschenden Vorstellungen von Identität solche entgegengesetzt werden, die weibliche Eigenschaften und Normen berücksichtigen. So entwickelt etwa Gilligan (z. B. 1982) das „Konzept eines *weiblichen Selbst-in-Beziehung-zu-anderen* (self in relation)" (Bilden 1989, S. 34), das Merkmale wie soziale Verantwortung, wechselseitige Verbundenheit und Fürsorge beinhaltet. Im Gegensatz zum männlichen Autonomie-Ideal definiert sich weibliche Identität eher über Beziehungen. Auch das vergrößert die Verwirrung bei der weiblichen Identitätssuche, die sich in weitaus größerem Maße am „Chor der Stimmen" (Jaeggi 2003, S. 30) bedeutsamer Anderer orientiert als die männliche.[107]

Bilden (1989, S. 40) verzichtet aufgrund seiner Verwurzelung in traditionellen, Einheitlichkeit und Geschlechterhierarchie suggerierenden Vorstellungen sogar völlig auf den Identitätsbegriff und schlägt ein offenes Individualitätskonzept vor, das als multiple und dynamisch zu denkende Struktur die vielfältigen Wirklichkeiten und Biografieverläufe auch von Frauen mitzuerfassen mag (ebd, S. 41–44). Nur so könnte das bipolar-komplementäre Geschlechterverhältnis aufgebrochen (ebd., S. 44) und die Öffnung von Individuen für bislang dem jeweils anderen Geschlecht zugewiesene Identitätsaspekte erreicht werden.[108] Dass derlei Bestrebungen im öffentlichen Bereich, etwa im Berufsleben, im Ansatz bereits zu ver-

---

[107] Vgl. auch Gergens „multiphrenes Selbst", Kapitel 7.5.
[108] Das Aufbrechen der traditionellen Geschlechterrollen sorgt inzwischen auch für Identitätskonfusion beim männlichen Geschlecht. Die Kritik aus der Reihe der Frauen hat dafür gesorgt, dass männliche Identität zunehmend problematisch und in Frage gestellt wird. Die Identität der „neuen Väter" (vgl. Rerrich 1989), (Teil-)Hausmänner und Lebenspartner emanzipierter, selbständiger Frauen bedarf dringend einer Neudefinition.

zeichnen sind, davon zeugen die Forderungen von Personalchefs nach „sozialer Kompetenz" und „emotionaler Intelligenz" der einzustellenden (männlichen wie weiblichen) Mitarbeiter. Bis Frauen in den Chefetagen nicht mehrheitlich als Putzfrauen und Sekretärinnen anzutreffen sind und das „Hausmannleben" nicht mehr als Randphänomen gilt, wird indes noch einige Zeit verstreichen.

6.7 Plurale Identitätsmodelle (Keupp et al.)

Plurale, sozialkontext-sensitive Identitäten werden nicht mehr ausschließlich von der feministischen Sozialpsychologie in die Diskussion eingebracht. Inzwischen basieren zahlreiche psychologische und soziologische Identitätsmodelle auf der Vorstellung eines multiplen Selbst. Dieses ist nicht gleichzusetzen mit dem psychopathologischen Störungsbild der multiplen Persönlichkeit.[109] Vielfältige Wirklichkeiten und divergierende soziale Kontexte, in denen wir uns alltäglich bewegen, machen es zur Regel, dass wir multiple Identitätsaspekte und komplexe Selbstmodelle herausbilden. Zu den postmodernen, die Pluralität und Fragmentierung des Selbst betonenden Ansätzen zählen u. a.: Gergens „multiphrenes Selbst", Hitzlers und Honers (1994) „Bastelexistenz", Bildens (1998) „dynamisches System vielfältiger Teil-Selbste", Turkles (1995) dezentrierte „virtual personae"[110] und Keupps „Patchwork-Identität" (1998b und Keupp et al. 1999). Das letztgenannte Modell als Versuch, die Vielheit und Buntheit postmoderner Identität zu erfassen, wird im Folgenden näher erörtert.

Auch Keupp (1989, S. 59 f. und 1998b, S. 14 f.) stuft Eriksons klassisches Identitätskonzept angesichts der Entwicklungen hin zur Postmoderne als bedeutendes, aber in vielerlei Hinsicht überholtes Vorgängermodell ein, das an das überkommene Projekt der klassischen Moderne geknüpft ist.[111] Der Sozialpsychologe schlägt in einer frühen Arbeit ein „Patchwork-Modell der Identität" vor und untersucht die kontinuierliche Weiterentwicklung dieses Patchworks in alltäglicher Identitätsarbeit[112]. Im Mittelpunkt des Ansatzes steht der Gedanke, dass sich das Selbst in einem lebenslan-

---

[109] Bei diesem klinischen Störungsbild, das häufig aufgrund von Missbrauchserfahrungen im Kindesalter entsteht, bildet das Individuum verschiedene, komplett voneinander getrennte Persönlichkeitsanteile aus. Vgl. dazu auch Keupp (1989, S. 53 f.) und Keupp et al. (1999, S. 92).
[110] Zum Phänomen der virtuellen Netz-Identitäten vgl. auch Teil III, Kapitel 8.
[111] Ausführlicher dazu Keupp et al. (1999, S. 30).
[112] Zum Prozess der Identitätsarbeit vgl. auch Straus/Höfer (1998).

gen Prozess aus vielfältigen Teil-Selbsten zusammensetzt.[113] Ausgangspunkt ist die Metapher des Flickenteppichs, die jedoch – entgegen dem Vorwurf der beliebigen Anpassungsfähigkeit des postmodernen Selbst – als wichtiges Moment die Eigentätigkeit und Kreativität des individuellen Konstrukteurs beinhaltet:

> Eine ‚Patchworkidentität', wie ich sie nennen möchte, kann ja wohl nur dann als ‚proteisches Chamäleon' mißverstanden werden, wenn man nie die schöpferische Energie bei dem Entwurf und der Verwirklichung eines Patchworkproduktes erlebt hat. Hier bedarf es der Idee und der Realisierung einer ganzheitlichen Gestalt, der Abstimmung von Farben und Mustern, der Verwendung von geeigneten Stoffen. [...] Die klassischen Patchworkmuster entsprechen dem klassischen Identitätsbegriff. Da sind geometrische Muster in einer sich wiederholenden Gleichförmigkeit geschaffen worden. Sie gewinnen eine Geschlossenheit in diesem Moment der durchstrukturierten Harmonie, in einem Gleichgewichtszustand von Form- und Farbelementen. Der „Crazy Quilt" hingegen lebt von seiner überraschenden, oft wilden Verknüpfung von Formen und Farben, zielt selten auf bekannte Symbole und Gegenstände. Gerade in dem Entwurf und der Durchführung eines solchen „Fleckerlteppichs" kann sich eine beeindruckende schöpferische Potenz ausdrücken.
> Wieder zurückübersetzt in identitätstheoretische Überlegungen läßt sich sagen, daß Identitätsbildung unter den Bedingungen der Gegenwart etwas von diesem ‚Crazy Quilt' hat.
>
> Keupp (1989, S. 64)

Die Vorstellung eines mehr oder minder wild „zusammengeflickten" Selbst, die Patchworkmetapher, stand am Beginn eines von Keupp et al. durchgeführten, longitudinal angelegten Forschungsprojekts an der Universität München.[114] Untersucht wurde die Identitätsarbeit junger Erwachsener aus Ost- und Westdeutschland in Bezug auf verschiedene Identitätsaspekte (soziale Beziehungen, Partnerschaft, Arbeit und Kultur). Keupp et al. knüpfen u. a. auch an Becks Individualisierungsthese und das Konzept der Risikogesellschaft an (vgl. Keupp 1998b, S. 11 und 16 sowie Keupp et al. 1999, S. 16–62), um die veränderten Bedingungen der Ich-Entwicklung in der Postmoderne zu erfassen. Mit dem Abschied vom Projekt der Moderne ist, so Keupp, den traditionellen Identitätskonzepten die gesellschaftliche Grundlage entzogen. An die Stelle der eriksonschen Vorstellung einer „Akkumulation innerer Besitzstände" (Keupp 1998b, S. 12) rückt die lebenslange Identitätsarbeit ins Zentrum.

---

[113] Betont wird zudem der interaktive Aushandlungscharakter von Identität. Keupp et al. (1999, S. 95–98) verorten sich in der Tradition des (symbolischen) Interaktionismus; zu diesem vgl. Kapitel 3 und 4.
[114] Konzeption und Ergebnisse dieses Forschungsprojektes sind dokumentiert in Keupp/Höfer (1998) und Keupp et al. (1999).

> Mit unserem Projekt verfolgen wir das Ziel, Identitätsarbeit als aktive Passungsleistung des Subjekts unter den Bedingungen einer individualisierten Gesellschaft zu begreifen und sie in ihren wesentlichen Funktionsprinzipien zu rekonstruieren. Identität verstehen wir als das individuelle Rahmenkonzept einer Person, innerhalb dessen sie ihre Erfahrungen interpretiert und das ihr als Basis für alltägliche Identitätsarbeit dient. In dieser Identitätsarbeit versucht das Subjekt, situativ stimmige Passungen zwischen inneren und äußeren Erfahrungen zu schaffen und unterschiedliche Teilidentitäten zu verknüpfen. Auf dem Hintergrund von Pluralisierungs-, Individualisierungs- und Entstandardisierungsprozessen ist das Inventar kopierbarer Identitätsmuster ausgezehrt.
>
> Keupp et al. (1999, S. 60)

Bei der Konstruktion eines individuellen Identitätspatchworks handelt es sich um einen lebenslangen, alltäglichen Prozess der Verknüpfung von Teilidentitäten (= Identitätsarbeit),[115] um die Herstellung einer Passung zwischen multiplem Innen und pluralem Außen. Dieser Prozess „findet in einem machtbestimmten Raum statt, der schon immer aus dem Potential möglicher Identitätsentwürfe bestimmte behindert beziehungsweise andere favorisiert, nahelegt oder gar aufzwingt" (Keupp 1998b, S. 34 f.) und erweist sich als abhängig von psychischen, sozialen und materiellen Ressourcen (vgl. Keupp et al. 1999, S. 7).

Diese Voraussetzungen sind nicht bei jedem Individuum gleichermaßen vorhanden, wie die Untersuchungsergebnisse von Keupp et al. zeigen. Insgesamt 152 jüngere Erwachsene wurden in drei Untersuchungswellen auf der Grundlage leitfadengestützter Interviews befragt. Wichtiges Ergebnis der empirischen Befunde ist ein Modell der alltäglichen Identitätsarbeit, das Identitätsprojekte als lebenslange Prozesse des Passens, Konstruierens und „Patchworkens" mit Hilfe bestimmter Identitätsstrategien im Hinblick auf gesetzte Identitätsziele begreift (vgl. ebd., S. 83 f.).

Im Zentrum dieses heuristischen Modells steht der Gedanke der permanenten Verknüpfungsarbeit des Identität konstruierenden Subjekts. Den „Strom der (Selbst)-Erfahrung" (ebd., S. 190 f.) ordnet das Individuum, indem es zeitliche Verknüpfungen (in Vergangenheit, Gegenwart, Zukunft), lebensweltliche Verknüpfungen (Arbeit/Frei-zeit, Mutter/Vater) und inhaltliche Verknüpfungen (Ähnlichkeiten, Unterschiede, Neues) des eigenen Ich vornimmt.

---

[115] So erweist sich die Integration der Lebensfelder Beruf und Familie bzw. die Entscheidung für Beruf und/oder Familie als wichtige Frage der Identitätsarbeit (vgl. Keupp et al. 1999, S. 181). Auf die einzelnen Ergebnisse der empirischen Studie kann hier nicht näher eingegangen werden, von Interesse für die Zwecke der vorliegenden Arbeit ist insbesondere das aus ihnen abgeleitete theoretische Modell.

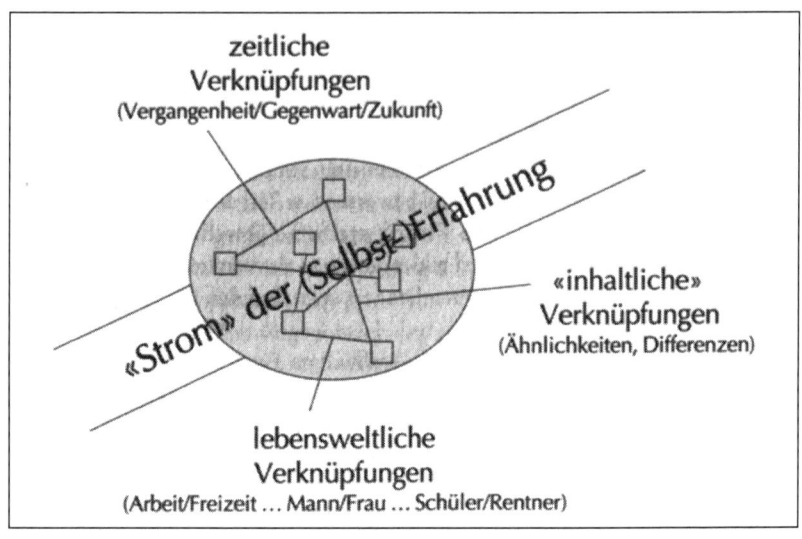

Abb. II.3: Identität als Verknüpfungsarbeit (nach Keupp et al. 1999, S. 191)

Einzelne Teilidentitäten und Selbstaspekte verbleiben keineswegs unverbunden nebeneinander. Bei der alltäglichen Identitätsarbeit spielt die individuelle Ordnungsarbeit, die Herstellung von innersubjektiv empfundener Kohärenz (vgl. Keupp 1989, S. 64) eine wichtige Rolle. Dies kann zum einen auf der Grundlage so genannter situationaler Selbstthematisierungen geschehen, und zwar in emotionaler Hinsicht („Wie habe ich mich bei dem Bewerbungsgespräch gefühlt?"), in körperlicher („Habe ich geschwitzt?"), in sozialer („Was für ein Feedback bekomme ich?!), in kognitiver („Habe ich meinen eigenen Anforderungen genügt?") sowie in produktorientierter Hinsicht („Was habe ich geleistet?") (vgl. Keupp et al. 1999, S. 192). Zusätzlich zu diesen Selbstreflexionen entlang der genannten fünf Modi werden die komplexen Selbstwahrnehmungen unter bestimmten Identitätsperspektiven gebündelt. „Dieser Verknüpfungsschritt alltäglicher Identitätsarbeit (Reflexionsprozess) ist stark kulturell und narrativ geprägt" (ebd., S. 193). In Abhängigkeit von Lebensphasen oder Lebensbereichen werden einzelne Selbstaspekte zu Teil- oder Metaidentitäten gebündelt (z. B. „meine Zeit als Hausmann und Vater") und narrativ weitergegeben. Auf der Grundlage meist retrospektiver autobiografischer Erzählungen kann so ein übergreifendes Konstrukt, ein Identitätsgefühl entstehen (vgl. ebd.). Demgegenüber stehen auf der prospektiven Achse die individuellen Identitätsentwürfe, die sich zu konkreten Identitätsprojekten verdichten können (vgl. ebd., S. 194). Keupp et al. beschreiben Identitätsarbeit „als einen Passungsprozeß, bei dem vergangene, gegenwärtige und zukunftsbezogene Selbsterfahrungen unter verschiedenen Identitätsperspektiven reflektiert und zu Teilidentitäten zusammengefasst werden" (ebd., S. 207). Wie die folgende Abbildung zeigt, basieren übergreifende Metaidentitäten auf dem erwähnten Identitätsgefühl, und auch auf der biographischen Kernnarration, einer „narrativen Verdichtung der Darstellung der eigenen Person" (ebd., S. 217). Ferner basieren sie auf einzelnen Teilidentitäten (z. B. die Berufsidentität), die in bestimmten Lebensabschnitten oder -phasen dominieren (vgl. ebd., S. 224 f.).

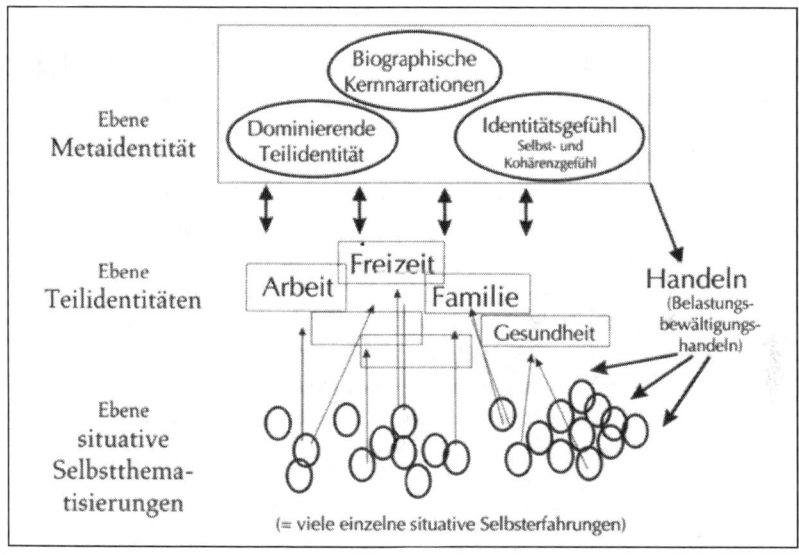

Abb. II.4: Konstruktionen der Identitätsarbeit (nach Keupp et al. 1999, S. 218)

Innere Kohärenz, soziale Anerkennung und Authentizität, individuelle Handlungsfähigkeit, psychische, soziale und kulturelle Ressourcen sowie das Mittel der Selbstnarration halten Keupp und Mitarbeiter für die zentralen Elemente des Modells der alltäglichen Identitätsarbeit (ebd., S. 270). Sie bilden die Voraussetzungen für gelingende Identität (ebd., S. 272–293).

6.8 Die These vom „Tod des Subjekts"

Eine solch optimistische Haltung, die gelungene Identitätsbildung für möglich erachtet, ist nicht selbstverständlich für die Postmoderne. Diese gilt schließlich als Ära der „Dezentrierung des Selbst" (Holland 1983). Identität wird in der Spätmoderne meist als problematisches und gefährdetes Konstrukt diskutiert, davon zeugt seine Allgegenwart in Presse und Medien, in populärer und wissenschaftlicher Literatur.[116] Radikale Stimmen sind sogar so weit gegangen, den „Zerfall" oder „Tod des Subjekts" auszurufen.[117] Verschiedenste Disziplinen und theoretische Positionen haben Erkenntnisse hervorgebracht, die das Konzept der (einen, allgemein menschlichen) Identität bröckeln lassen. Einige wichtige seien im Folgenden kurz skizziert.

O Kulturvergleichende Studien haben gezeigt, dass der Individualismus, d. h. das Idealbild des autonomen, sich selbst genügenden Individuums v. a. ein Konstrukt westlicher Gesellschaften ist. Triandis (1995) trifft die wichtige Unterscheidung zwischen individualistischen und kollektivistischen Kulturen. Während in individualistischen Gesellschaften wie der US-amerikanischen das private, unabhängige Selbst betont wird, spielen in kollektivistischen Kulturen, wie etwa der japanischen, soziale Rollen und das abhängige, durch Bindungen definierte Selbst eine größere Rolle. „Verbunden mit diesen unterschiedlichen Tendenzen legen kollektive Kulturen Wert auf Gehorsam und Respekt, individualistische Kulturen fördern Unabhängigkeit und Durchsetzungsfähigkeit der eigenen Meinung" (Oerter/Montada 2002, S. 91). Identitäten tragen folglich neben individuellen und sozialen auch kulturspezifische Züge.

O Auch die feministische Sozialforschung hat die Vorstellung vom selbstbezogenen, vernunftgeleiteten Ich als Produkt der patriarchalisch geprägten Konkurrenzgesellschaft entlarvt. Diesem werden nunmehr alternative, soziale Verbundenheit und die Bedeutung von Beziehungen betonende Individualitätskonzepte entgegengesetzt.[118] Zudem hat sich

---

[116] Vgl. z. B. den Band von Hettlage/Vogt (2000), der v. a. soziologische Beiträge zur Problematik der spätmodernen Identität versammelt. Behandelt werden u. a. die Rolle von Medien, Institutionen, Freizeit- und Konsumwelten in Prozessen der Identitätskonstitution. Vgl. auch das Themenheft „Identität. Einflüsse erkennen, den eigenen Lebensstil finden" (Oktober/2003) der populärwissenschaftlichen Zeitschrift „Psychologie heute". In verschiedenen Beiträgen kann der Psycho-Ratsuchende den aktuellen Stand der Identitätsdiskussion nachlesen und sich die Problematik seines postmodernen Selbst vergegenwärtigen.

[117] Vgl. hierzu Sampson (1989, S. 1–2) und Keupp (1994b, S. 252–254). Ein Plädoyer für gänzlich subjektfreie Theoriekonzeptionen gibt Jahrhaus (2000).

[118] Vgl. dazu Kapitel 6.6.

seit der Einführung der Unterscheidung zwischen „sex" (biologisches Geschlecht) und „gender" (soziales Geschlecht) in den Sozial- und Kulturwissenschaften die Einsicht durchgesetzt, dass das soziale Geschlecht eine von außen zugeschriebene Kategorie darstellt. Die jüngeren Thesen Butlers (2003/1991, 2001) legen indes nahe, dass auch das biologische Geschlecht als soziokulturell zugewiesene, einer zweigeschlechtlichen Ordnung verpflichtete Kategorie anzusehen ist. Die postmoderne Forderung lautet, auch andere, zwischen den beiden Polen „männlich" und „weiblich" liegende Persönlichkeitsmerkmale und damit letztlich Identitäten zuzulassen und zu leben.

O (Sozial-)Konstruktivistische Ansätze in Erkenntnistheorie und Sozialpsychologie vertreten die These, dass Person, Selbst und jegliche Eigenschaften des Individuums keine objektiven oder naturgegebenen Fakten darstellen, sondern als sozial, kulturell und historisch geprägte Zuschreibungen aufzufassen sind. So wird etwa die Geschlechtsidentität bei Butler (2003, 2001) als soziokulturelles und letztlich sprachlich-diskursiv hervorgebrachtes Konstrukt aufgefasst. Und auch die jüngere Frauenforschung versteht männliche und weibliche Identität und das Geschlechterverhältnis insgesamt als soziales, geschichtliches und somit veränderbares Konstrukt. Spätestens seit Mead hat sich in Sozialwissenschaften und Psychologie die Einsicht durchgesetzt, dass Identität in sozialer (und kommunikativer) Interaktion entsteht (vgl. Sampson 1989, S. 2). Der (sozial-)konstruktivistische Standpunkt wird in Kapitel 7 weiter vertieft.

O Die Kritische Theorie und die Vertreter der Frankfurter Schule (insbesondere Adorno und Horkheimer) haben das autonom-bürgerliche Subjekt als ideologisches Konstrukt entlarvt, das der Reproduktion kapitalistischer Verhältnisse und nicht der Verbesserung individueller und gesamtgesellschaftlicher Lebensbedingungen dient.

O Der Dekonstruktivismus (v. a. Derrida) als in der poststrukturalistischen Tradition stehender literatur- und sprachanalytischer Ansatz hat viel dazu beigetragen, dass der Primat des Subjekts und insbesondere derjenige des Autors buchstäblich dekonstruiert wurde.[119] Das individuelle Leben wird dabei als Text aufgefasst, den der Einzelne zwar fortschreiben, aber für den er keine „souveräne Autorschaft" (Keupp 1994b, S. 254) beanspruchen kann.

---

[119] Implikationen poststrukturalistischer Identitätskonzepte für die Sprachlerntheorie zeigt Norton (1995, 2000) auf und plädiert für die Integration pluraler, Ambiguität berücksichtigender Selbstmodelle in die Theorie und Praxis des Sprachenlernens.

O Die Systemtheorie v. a. luhmannscher Prägung hat in der Soziologie Relationen ontologischen Vorrang vor individuellen Einheiten eingeräumt (vgl. z. B. Luhmann 1996). Nicht der Mensch steht im Zentrum dieser soziologischen Theorie, sondern strukturell gekoppelte, soziale und psychische Systeme. Sie bilden die grundlegenden autopoietischen Einheiten. Wenn Luhmann von „Personen" spricht, meint er kommunikative Konstrukte bzw. „system- und situationsspezifische [...] Adressaten sozialer Kommunikation" (Kneer/Nassehi 2000, S. 165), keine Bewusstseinssysteme oder gar Menschen (vgl. ebd., S. 87). Typisch für moderne Gesellschaften ist ihre funktionale Ausdifferenzierung in verschiedene Teilsysteme (Rechtssystem, Wirtschaftssystem, Erziehungssystem etc.). Die an den verschiedenen, systemspezifischen Kommunikationen beteiligte Person zerfällt bei dem Luhmann-Schüler Fuchs in polykontexturale Adressen, d. h. an die Stelle ganzheitlicher (vorsystemischer) Identitäten treten in spezifischen Kommunikationsbereichen konstituierte soziale Adressen. „In diesem Sinne verändern auch psychische Systeme ihre Identität hin zu polykontexturaler Identität" (Bikkes/Schimmel 2000, S. 177). Besonders provokativ ist die systemtheoretische These, dass Individuen nicht Subjekte oder Urheber von Kommunikation sind. „Allein die Kommunikation kommuniziert, und dabei kommuniziert die Kommunikation über handelnde Personen" (Kneer/Nassehi 2000, S. 90).

O An die Ergebnisse der Kognitionswissenschaften hat die Künstliche Intelligenz (KI)-Forschung angeknüpft und die rechnerbasierte Informationsverarbeitung zum Erklärungsmodell für das Funktionieren des menschlichen Geistes erklärt (vgl. Winograd/Flores 1985). Mit Hilfe von Computern und Maschinen sind zum Teil beachtliche, zum Teil nur begrenzte Erfolge[120] im Hinblick darauf erzielt worden, menschliches Denken und Sprechen zu imitieren. Intelligenzleistungen werden im Rahmen des KI-Paradigmas als Rechenleistungen aufgefasst (vgl. Mainzer 2003, S. 12). So kommen auch von dieser Seite zumindest Zweifel auf hinsichtlich der Eindeutigkeit der Trennlinie zwischen Mensch und Maschine bzw. der Exklusivität menschlicher Identität. Das Verschwimmen dieser Grenzen wird noch prekärer angesichts der neuerdings entdeckten „Analogien zwischen Gehirn, neuronalen Netzen und World Wide Web" (ebd., S. 13) im Hinblick auf synaptische Plastizität. Beson-

---

[120] Insbesondere Bewusstsein und Emotionen gelten als spezifisch menschliche Geisteszustände, die „intelligenten" technischen Systemen im Gegensatz zu intelligenten Lebewesen bislang nicht zugeschrieben werden (vgl. Mainzer 2003, S. 10 f., der Menschen genauso wie Computer u. a. als Teilklassen intelligenter Systeme betrachtet). Für eine ausführliche Darlegung der KI-Debatte vgl. Zimmerli/Wolf (1994).

ders deutlich wird dies am Beispiel softwarebasierter Agenten im Internet, die aufgrund der Körperlosigkeit der Kommunikation äußerst schwer zu unterscheiden sind von menschlichen Netz-Akteuren.[121]

O Die Neuro- und Kognitionswissenschaften und insbesondere die moderne Hirnforschung rütteln an unserem Selbstverständnis als Individuen: Mit Hilfe ihrer bildgebenden Aufnahmeverfahren lässt sich keine zentrale Ich-Instanz oder gar ein Homunculus – eine Art kleines Wesen – als Zentrum und Träger des bewussten Erlebens (vgl. Lenk 2001, S. 8) in unserem Gehirn ausmachen. Feststellbar sind nur Milliarden von verschalteten Nervenzellen und eine Vielzahl neuronaler Prozesse (vgl. Rager et al. 2002) in einer dezentral organisierten Struktur. Nicht nur religiöse Vorstellungen, transzendentale Erlebnisse und auch der freie Wille wurden jüngst durch Rückführung auf neuronale Aktivität als Illusionen „entlarvt", die neurowissenschaftlichen Forschungsergebnisse lassen auch Zweifel aufkommen an der Existenz eines personalen Selbst.[122] Die Konstituierung und Aufrechterhaltung eines Ichs vollzieht sich vermutlich durch das Zusammenspiel verschiedener Hirnregionen, es handelt sich also um einen dezentralen, konstruktiven Prozess (vgl. Pauen 2001, S. 106). Angesichts der Vielzahl von Mechanismen, die für das Zustandekommen eines Selbstbewusstseins verantwortlich sind, ist von einem pluralen Ich mit Prozesscharakter auszugehen. Diese hirnphysiologisch motivierte Erkenntnis ist mit aktuellen sozialpsychologischen Modellen kompatibel, insofern diese Multiplizität als wichtiges Moment enthalten.

Renommierte Hirnforscher wie Singer und Ramachandran (vgl. Klimchak 2003) halten „Ich" und „Realität" für Konstrukte des Gehirns, eine Auffassung, die mit der erkenntnistheoretischen Position des Konstruktivismus harmoniert.[123] Der Neurophilosoph Dennett (1991) geht sogar

---

[121] Mainzer (2003, S. 13f.) entwirft in Bezug auf solche „virtuellen Organismen" im WWW das folgende, (noch) an Science-Fiction erinnernde Szenario: Ganze „Agentenpopulationen könnten mit genetischen Algorithmen in einer virtuellen Evolution künstliches Leben erzeugen" (ebd.). Diese würden dann freilich über virtuelle Identitäten verfügen, die mit dem menschlichen Selbst nicht mehr allzu viel gemeinsam hätten. Die Zukunftsvision der KI-Hardliner lautet: Superroboter ersetzen Menschen, virtuelle Agentenbevölkerungen im digitalen Netz ersetzen menschliche Gesellschaften und zwischenmenschliche Interaktion.

[122] Die Kompatibilität der jüngeren Erkenntnisse im Bereich der Hirnforschung mit dem christlich-abendländischen Menschenbild diskutieren Rager et al. (2002) ausführlich. In *Gehirn & Geist* 1/2003: „Angriff auf das Menschenbild" finden sich Beiträge, die die Reduktion von Gott, freiem Willen und personalem Selbst auf neuronale Zustände im Zuge jüngerer Durchbrüche in der Hirnforschung behandeln.

[123] Vgl. dazu Kapitel 7 sowie Teil I, Kapitel 1.

so weit, das Ich als bloße Fiktion zu bezeichnen. Es ist anzunehmen, dass sich die Herausbildung eines so genannten Selbstmodells (Metzinger 1993) oder Selbstkonstrukts (Vogeley 2001) in evolutionsbiologischer Hinsicht als Überlebensvorteil erwiesen hat. Eine wichtige Voraussetzung scheint dabei das Verfügen über Sprache zu sein, denn Selbstbewusstsein im Sinne der Reflexion über sich selbst ist gebunden an den reflexiven Charakter von Sprache.[124]

Es dürfte deutlich geworden sein, dass mehrere theoretische Ansätze zugleich die postmoderne These vom „Tod des Subjekts" hervorgebracht haben. Die zu Beginn dieses Kapitels beschriebenen gesellschaftlichen Entwicklungen in der Postmoderne haben dazu geführt, dass es zu einer mehr oder weniger radikalen Verneinung, Ablehnung und Auflösung menschlicher Identitäten und Identitätsgrenzen gekommen ist.

6.9 „Rettung des Subjekts": Multiplizität und Flexibilität von Identität

Bei näherer Betrachtung wird indes deutlich, dass weder eine radikale Verneinung noch ein unkritisches Bekenntnis zum herkömmlichen, einheitlich gedachten Subjekt fruchtbar sein kann für sozialpsychologische und sprachwissenschaftliche Ansätze. Insofern diese Disziplinen ihre Forschungsfragen und -gegenstände vom Individuum und seinem Sprachgebrauch her modellieren, bietet sich für ihre Zwecke eine plurale Subjektkonzeption an, wie sie Keupp (1994b, S. 243 ff.) und Keupp et al. (1999) (s. o.) vorschlagen. Auch Döring (2003, S. 325 f.) definiert in Anlehnung an Keupp und Mitarbeiter Identität als durch Vielfalt und Veränderung gekennzeichnetes Konstrukt.

> Identität wird heute als komplexe Struktur aufgefasst, die aus einer Vielzahl einzelner Elemente besteht (*Multiplizität*), von denen in konkreten Situationen jeweils Teilmengen aktiviert sind oder aktiviert werden (*Flexibilität*). Eine Person hat aus dieser Perspektive also nicht nur *eine* „wahre" Identität, sondern verfügt über eine Vielzahl von gruppen-, rollen-, raum-, körper- oder tätigkeitsbezogenen Teil-Identitäten (z. B. Berufs-Identität, Familien-Identität, Geschlechts-Identität, sexuelle Identität, Fan-Identität, nationale Identität, religiöse Identität). Diese Teil-Identitäten bilden zusammen kein stabiles und homogenes Ganzes, sondern eher ein – in lebenslanger Entwicklung befindliches – *Patchwork* [...].
>
> ebd.

Die folgende bildliche Darstellung verdeutlicht die situationsspezifische Multiplizität und Flexibilität von Identität nach Döring (ebd., S. 329):

---

[124] Näheres dazu findet sich bei Eccles (2002) und bei Bickes (1988a und 1993).

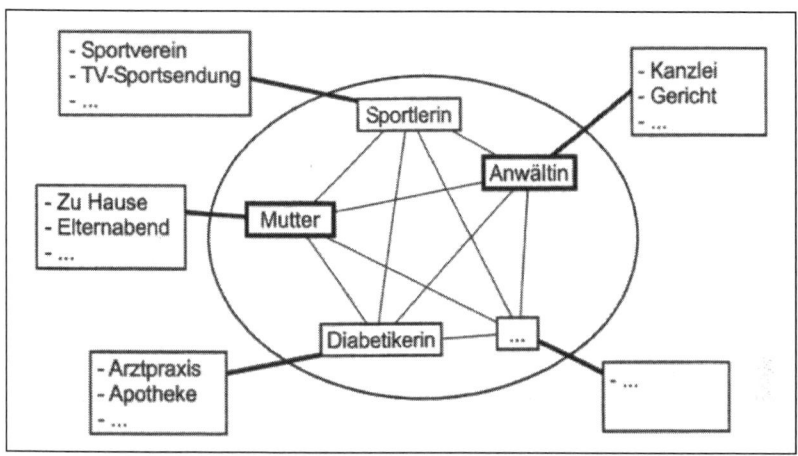

Abb. II.5: Aktivierung von Teilidentitäten in sozialen Handlungskontexten (nach Döring 2003, S. 329)

Auch für die vorliegende Untersuchung scheint ein Identitätsbegriff sinnvoll, der Multiplizität und Flexibilität als konstitutive Merkmale von Identität beinhaltet. Zusätzlich zu der in der Abbildung dargestellten synchronen (kontextbezogenen/situationsspezifischen) Multiplizität und Flexibilität ist eine diachrone (lebenslaufbezogene) Vielfalt und Veränderbarkeit anzunehmen. Angesichts der auf diese Weise entstehenden Komplexität bedarf es auf Seiten des Individuums einer gewissen Identitätskompetenz (vgl. ebd.), um die verschiedenen Teil-Selbste auszubalancieren und zu integrieren. Wie Keupp et al. (1999) herausgearbeitet haben, wird dies durch alltägliche Identitätsarbeit und verschiedene Identitätsstrategien möglich, z. B. durch die Konzentration auf einige oder eine Teilidentität(en) in bestimmten Phasen des Lebenslaufs. So können übergeordnete Kern- oder Meta-Identitäten entstehen. Die Argumentation derjenigen, die das Ich dezentriert und aufgelöst sehen, fußt im Grunde auf der Annahme, dass die Herstellung von innerlich empfundener Kohärenz, von Stringenz und Zusammenhalt der vielen Teil-Identitäten heute nicht mehr gelingen kann. Wenn dem so wäre, hätten psychiatrische Kliniken weitaus größeren Zulauf, denn wir alle würden unter dem pathologischen Störungsbild der „multiplen Persönlichkeit" leiden. Dass dies nur in Ausnahmefällen der Fall ist, verdanken wir zum einen den von Keupp et al. beschriebenen Identitätsstrategien."[125]

---

[125] Vgl. Kapitel 6.7.

6.10 Innere Kohärenz durch ‚Sein-in-der-Sprache' und kommunikative Interaktion

Zum anderen bietet uns unser Sein in kommunikativer Interaktion und Sprache den nötigen (Selbst-)Zusammenhalt. Schließlich bedeutet die Rede von der Dezentrierung oder gar vom Tod des Subjekts nicht sein gänzliches Verschwinden, sondern 1. den Abschied von der modernen Vorstellung einer einheitlichen, kontinuierlichen Identität und 2. seine Multiplizierung und Verlagerung aus dem inneren Ich in die Interaktion, wie der Psychoanalytiker Holland hervorhebt: „Das Persönlichste und Wichtigste, was ich habe, meine Identität, liegt nicht in mir, sondern in deiner Interaktion mit mir" (Holland 1983, S. 304). Mehrere Autoren, auch bereits referierte, haben gleichfalls den zentralen Stellenwert von Sprache und sprachlicher Interaktion im Hinblick auf Identitätskonstruktion unter den gesellschaftlichen Bedingungen der Postmoderne hervorgehoben. Einige wichtige Positionen seien nochmals aufgeführt.

O Verschiedene Autoren halten die Selbstnarration, das autobiografische Erzählen, für den Hauptmodus der Identitätskonstitution (z. B. Ricœur 1991 und Schmidt 2000c).[126] Straub (2004, S. 286) und Bruner (1997, S. 144) weisen darauf hin, dass die Konstitution von Identität sich vor allem durch das Erzählen von Geschichten vollzieht. Keupp et al. (1999) beziehen den narrativen Aspekt in ihr Modell der alltäglichen Identitätsarbeit ein. Identität ist ihrer Ansicht nach einerseits Handeln, d. h. „praktische Vermittlungsarbeit" (ebd., S. 269), andererseits ist sie auch „Text – also eine Selbstnarration" (ebd.). Identitäts- bzw. Passungsarbeit erweist sich somit als Erzählarbeit, durch die Kohärenz zwischen verschiedenen Teilidentitäten hergestellt werden kann.[127]

> Das Verfertigen von Selbstnarrationen ist der erzählerische Prozeß, in dem Subjekte sich selbst verstehen, sich anderen mitteilen und so ihren narrativen Faden in das Gesamtgewebe einer Kultur, die auch eine Erzählung ist, einweben. Selbstnarrationen zielen auf Anerkennung.
>
> ebd.(S. 270)

---

[126] Vgl. auch Lucius-Hoene und Deppermann (2004), die eine fundierte Einführung in die theoretischen Grundlagen und in die methodische Vorgehensweise der Untersuchung narrativer Identität auf der Basis autobiografischer Erzählinterviews bieten.

[127] Die Besonderheiten autobiografischen Erzählens bei zweisprachigen Individuen hat Thüne (2001) untersucht. Ihre Analysen zeigen, dass bestimmte Episoden des Lebenslaufs gebunden sind an eine bestimmte Sprache, sodass auch eine entsprechend geteilte Identität anzunehmen ist.

○ Dem bedrohlich anmutenden Zerfall der Identität in polykontexturale Adressen im systemtheoretischen Diskurs setzen Bickes und Schimmel (2000) die einheitsstiftende Rolle der Sprache entgegen. Gegen die Tendenz, die an einer Kommunikation beteiligten Personen auf polykontextural organisierte Adressen zu reduzieren, spricht zunächst das subjektive und alltägliche Gefühl, dass wir uns als „ungebrochene Persönlichkeiten" (ebd, S. 155) erleben. Über dieses Argument hinaus reicht die von Bickes/Schimmel vertretene

> These, dass die Sprache als das prominenteste Medium der Kommunikation im Hinblick auf das Entstehen einer personalen Identität jenen Zusammenhalt stiftet, der in früheren Theorieansätzen religiösen, moralischen oder anderen Wertsystemen zugeschrieben worden ist"
>
> ebd. (S. 156)

Durch eine Synthese zentraler Aspekte der luhmannschen Systemtheorie mit erkenntnis- und sprachtheoretischen Überlegungen Lakoffs und Johnsons (1999) wird diese These dahin gehend präzisiert, dass die Verankerung von Sprache in körperlichen Prozessen und im sozialen Miteinander für Integrität und Stabilität personaler Identität verantwortlich ist.

> Letztlich halten *im Köper verwurzelte psychische* und *kommunikative* Prozesse in ihrer Vermittlung durch das Medium Sprache (dessen Formenschatz sie nachhaltig prägen) die Gesellschaft (also Komplexe von Kommunikationen) und Individuen (also einzelne Bewußtseine) zusammen, und Sprache sichert durch ihren körperlich und sozial geprägten Charakter dem Individuum beim Eintritt in soziale Systeme durch den Spracherwerb eine in der Regel stabile Integrität als Person.
>
> Bickes/Schimmel (2000, S. 157)

Wie die kognitive Linguistik im Anschluss an Lakoff, Johnson und Langacker aufgezeigt hat, schlagen sich körperliche Erfahrungen in Kognition und Sprache in zahlreichen „körpernahen Kategorien und Schemata nieder, die durch metonymische und metaphorische Prozesse auch in abstrakte Bereiche des Denkens und der Sprache transformiert werden" (ebd., S. 162).

Der Systemtheorie zufolge kommuniziert die moderne, funktional ausdifferenzierte Gesellschaft in unterschiedlichen Funktionssystemen und orientiert sich dabei an je systemspezifischen Kodes (vgl. ebd., S. 170). Dass die systemspezifischen Kommunikationen nicht völlig auseinander driften, indem sich heterogene Gruppen- und Fachsprachen herausbilden, dafür sorgen in der Sprache verwurzelte körperliche Muster, die das Verständigungssystem durchdringen und Verständlichkeit über die Grenzen funktionaler Teilsysteme hinweg herstellen.[128] Ungeachtet der Polykontexturalität und Kontingenz funktional ausdifferenzierter Kommunikation wird dank des übergreifenden Kommunikationsmediums Sprache verhindert, dass kommunikative Prozesse aneinander vorbei laufen, denn Sprache „schafft als übergeordneter Formenvorrat in hinreichendem Ausmaß Gleichförmigkeit und Erwartungsräume" (ebd., S. 172), die von den Kommunizierenden geteilt werden.[129] Der Sprache kommt eine in vielerlei Hinsicht integrative Kraft zu (ebd., S. 173).

> Über allem steht, um das in Apelscher Terminologie zu fassen, das A-Priori der Sprachgemeinschaft, als kommunikative Gemeinschaft, die im stark geformten Medium Sprache unterschiedliche Systeme und auch funktionale Teilsysteme integriert.
>
> ebd. (S. 177)

> Ungeachtet ihrer [...] gesellschaftlichen Rolle als kontextgebundene Adresse in funktionalen Teilsystemen ist die Person zuallererst einmal integrierte Person und Einheit durch ihr Sein in der Sprache.
>
> ebd. (S. 178)

Der von Luhmann und Fuchs vollzogenen Verneinung individueller und subjektiver Einheit – der einzelne Mensch ist in der Systemtheorie keine autonom auftretende Einheit, sondern vielmehr zwischen den autopoietischen Systemen angesiedelt (vgl. Zima 2000, S. 332) – wird so eine Vision gesellschaftlicher und individueller Kohärenz entgegengehalten, die auf dem integrativen Medium Sprache beruht.

O Taylor und (im Anschluss an diesen) Keupp (1998b, S. 13 und S. 27) haben den dialogischen Charakter von Identität betont. Diese braucht Anerkennung der eigenen Person durch andere:

> Identität entsteht in einem dialogischen Prozeß, wird aber in unserer Kultur monologisch gedeutet und erzählt: „Ich habe und ich bin ..." Diese ideologische Ichbezogenheit und -befangenheit unterschlägt die große Bedeutung der ande-

---

[128] Bickes/Schimmel (2000) nennen (in Anlehnung an Lakoff und Johnson) folgende Beispiele für systemübergreifende Muster, die der Zersplitterung der Kommunikation entgegenwirken: „Das Muster ‚oben ist positiv', ‚unten eher negativ' [...] greift bei der kommunikativen Selbstbeschreibung *psychischer* Systeme (seine Laune ist auf dem *Höhepunkt/Tiefpunkt*), in der Kommunikation über *wirtschaftlich* relevante Prozesse (der Dollar ist im *Höhenflug* begriffen), in *ethisch-moralischen* Diskursen (die moralischen Standards sind [auf] einem *Tiefpunkt* angelangt)" (ebd., S. 170) etc. in gleicher Weise.

[129] Eine Ausnahme bilden Kommunikationen zwischen Angehörigen verschiedener Kulturen bzw. Sprachgemeinschaften (vgl. Bickes/Schimmel 2000, S. 14). Wird die jeweils andere Sprache nicht beherrscht, driftet die (verbale) Kommunikation zwangsläufig auseinander.

ren/des anderen und die Prozesse der dialogischen Anerkennung, die in Ich-Du- oder Ich-Wir-Bezügen begründet sind.

ebd.(S. 13)

Sehr beschränkt scheint daher die weit verbreitete Sichtweise, dass Identität als ein individuell-autonomes Konzept zu begreifen sei. Taylor zeigt auf, dass Menschen nur unter anderen Menschen existieren (können) und dass diese Koexistenz unvermeidlich an das Sprachliche gebunden ist.

> Nur in einer Sprachgemeinschaft gibt es eine Sprache, und nur in einer solchen Gemeinschaft wird sie bewahrt. Das deutet auf ein [...] entscheidendes Merkmal des Selbst hin: Ein Selbst ist man nur unter anderen Selbsten. Es ist nie möglich ein Selbst zu beschreiben, ohne auf diejenigen Bezug zu nehmen, die seine Umwelt bilden.
>
> Taylor (1994, S. 69)

Sprache, Vergemeinschaftung und Identität hängen unweigerlich miteinander zusammen. Jede Selbstdefinition im Sinne einer Antwort auf die Frage „Wer bin ich?" lässt sich nur geben unter Bezugnahme auf den Ort, von dem aus die betreffende Person spricht. Gemeint ist der Ort des Einzelnen in einer bestimmten Familien- und Sozialstruktur, in einem bestimmten Beziehungsnetz, innerhalb einer bestimmten weltanschaulichen und moralischen Ordnung (vgl. ebd.).

Die Sprachentwicklung und die Entwicklung des Ichs sind für Taylor untrennbar miteinander verbunden. Dabei erweist sich das Gespräch mit anderen als besonders wichtig: „Es gibt kein Verfahren, durch das wir zu Personen herangezogen werden können, das nicht die Einübung in eine Sprache beinhaltet" (S. 70). Taylors Auffassung nach „ist es ausgeschlossen, allein ein Selbst zu sein. Ein Selbst bin ich nur im Verhältnis zu bestimmten Gesprächspartnern" (S. 71). In diesem Zusammenhang spricht er von „‚Geweben des sprachlichen Austauschs', und nur in diesen existiert das Selbst" (ebd.).[130] Nur unter Verleugnung dieser Zusammenhänge konnte der neuzeitliche Charaktertypus des autonomen, sich selbst verwirklichenden Individuums entstehen:

> Weitgehend auf der Nichtberücksichtigung unseres Verflochtenseins in Gewebe des sprachlichen Austauschs beruht auch das weitverbreitete Bild des Selbst, wonach dieses (zumindest potentiell und im Idealfall) seine Absichten, Zwecke und Lebensentwürfe aus sich selbst schöpft und ‚Beziehungen' nur insofern anstrebt, als diese zur ‚Erfüllung' beitragen.
>
> ebd.(S. 78)

---

[130] Auf die elementare Rolle des Austauschs mit signifikanten Anderen im Hinblick auf Identitätsbildung hat bereits Mead (vgl. Kapitel 3) hingewiesen.

Dabei hatte bereits Wittgenstein die Unmöglichkeit einer privaten Sprache argumentativ nachgewiesen. Die (normative) Forderung nach einem durch starke Unabhängigkeit gekennzeichneten Individualismus impliziert jedoch, dass eine jede Einzelne imstande sein müsste, ihre eigene Sprache zu erfinden – eine Vorstellung, die zwar angesichts des wittgensteinschen Arguments absurd, aber dennoch tief in unserem neuzeitlichen Denken verwurzelt scheint (vgl. ebd.).
Die Betonung von Interaktion und der „kommunikative[n] Verbindung mit anderen" (Keupp 1994a, S. 346) bedeutet auch eine Aufwertung von Identitätskonzepten, die eher an für Frauen typischen Prozessen der Selbstkonstitution als am männlichen Autonomiemodell orientiert sind. Während in Letzterem der Konkurrenzgedanke eine Schlüsselrolle innehat, ermöglicht ein Beziehungen und sprachlich-kommunikativen Austausch integrierendes Identitätsmodell Frauen „ihre Verbundenheit mit anderen und ihre Fürsorge für sie nicht nur als mangelnde persönliche Entwicklung, als Fehlen von Autonomie und Identität, zu erleben. Sie können vielmehr beginnen, eine neue Vorstellung und Praxis eines Individuums zu entwickeln: eine Synthese von Verbindung und Autonomie, von Beziehungsfähigkeit und innerer Eigenständigkeit. Es heißt, sich selbst zu begreifen als ein Individuum, das feste und doch auch durchlässige Ich-Grenzen ausbildet, das Gefühl und Vernunft, Geist und Körper mehr und mehr gleichberechtigt vereinen kann" (Bilden 1994, S. 159).
Taylor formuliert in seiner umfänglichen Abhandlung zur Entstehung der neuzeitlichen Identität den folgenden, besonders bedeutsam erscheinenden Satz: „Eine Untersuchung, die von Personen handelt, erforscht Wesen, die nur durch eine bestimmte Sprache existieren oder zum Teil durch sie konstituiert werden" (Taylor 1994, S. 69). Dass dies der Fall ist, versucht die vorliegende Arbeit nachzuweisen.

O Zunächst bleibt wenig Hoffnung angesichts Zimas (2000, 2001) subjekttheoretischen Diagnosen, da „die Postmoderne", so Zima (2000), „im Einzelsubjekt eine unterworfene oder zerfallende Instanz erblickt" (ebd., S. XI). Das von Goffman untersuchte Phänomen der Stigmatisierung dient ihm als ein Beispiel (von vielen) für die „Entwicklung individueller Subjektivität von der modernen Selbstbehauptung zur postmodernen Selbstzerlegung" (ebd.), eine Entwicklung, der Zima das Konzept eines sich selbst diskursiv verwirklichenden, dialogischen Subjekts entgegensetzt. In diesen Subjektbegriff integriert er die unabdingbare Ausrichtung am Anderen, an der Alterität (ebd., S. XII) und verbindet ihn auf der interkulturellen Ebene der Integration Europas mit einer dezidierten Forderung nach einer polyphonen, mehrsprachigen und mehrdimensionalen Subjektivität „jenseits des monologischen Nationalstaates" (ebd., S. XIII).

> Kollektive und individuelle Subjekte entstehen in sozio-linguistischen Situationen, die als Zusammenwirken von Gruppensprachen oder Soziolekten und deren Diskursen darstellbar sind. Das Subjekt konstituiert sich im Diskurs, indem es auf andere Diskurse imitativ oder dialogisch-polemisch reagiert und sich im Verlauf dieser Kommunikation für oder gegen bestimmte semantische Relevanzkriterien, Klassifikationen und Definitionen entscheidet. Seine Identität als sprechendes und handelndes Subjekt kommt im Diskurs als narrativem Programm zustande.
>
> ebd. (S. 15)

Zima integriert in seinen Subjektbegriff gleichfalls Elemente wie die diskursive Selbstnarration und die dialogische Selbstkonstitution, um so das Subjekt vor dem völligen Zerfall zu retten. „Das individuelle Subjekt" gilt ihm „als dynamisch-dialogische Instanz [...], die von Ambivalenz und Negation, Dialogizität und Alterität, Reflexivität, Narrativität und Identitätskonstruktion lebt" (ebd., S. 368). Hier werden auf vortreffliche Weise die für die postmoderne Identität charakteristischen Merkmale in einem zeitgemäßen Subjektbegriff vereint: das Aushalten von Widersprüchen, Integration von Gegensätzen, Bezugnahme auf Alterität im Dialog, Reflexivität durch Sprache und Narration sowie Konstruktivität.

6.11 Fazit

Identität mag vielen postmodernen Autoren als längst dekonstruiertes und obsoletes Gebilde erscheinen. Die in den Kapiteln 6.9 und 6.10 angeführten Argumente machen jedoch deutlich, dass ein Pluralität und Differenz beinhaltendes Identitätskonzept unter Berücksichtigung des integrativen Mediums Sprache einen nützlichen Ausgangspunkt bilden kann für weitere Überlegungen.[131] Ein plurales Identitätsmodell vermag durch die Integration des interaktiven Aushandlungscharakters und der sprachlich-medialen Konstruktionsweise des Selbst starre und alte Identitätsvorstellungen zu überwinden und das verloren geglaubte Subjekt gewissermaßen zu „retten":

---

[131] Auch Straub (2000, S. 298) plädiert aus psychologischer Sicht für die Beibehaltung des Konzepts der Identität: „Ein Abschied vom Identitätsbegriff als psychologischem Deutungskonzept wäre derzeit ein allzu voreiliger, mit wissenschaftlichen Argumenten keinesfalls zu rechtfertigender Schritt."

> Im Gegensatz zu dem, was postmoderne Philosophen den Identitätsmodellen vorwerfen, ist Identität nicht vorab gegeben, sondern emergiert als Resultat einer Aushandlung von Differenz und Widerspruch. Dafür aber sind Zeichen, Bilder und Worte nötig, die in einer Gemeinschaft von Miteinander-Sprechenden Aussagen zu formulieren, zu befragen und zu schärfen erlauben.
>
> Krappmann (1998, S. 90)

Aus der Sicht der Textwissenschaften im Allgemeinen und der Sprachwissenschaft im Besonderen wird das widersprüchliche, schwer fassbare postmoderne Selbst in Sprache und Texten (wieder) erfassbar, durch sie wird es konstituiert und zusammengehalten. Die elementar wichtige Rolle sprachlich und medial vermittelter Kommunikation für die postmoderne Identitätsbildung[132] lässt sich in ein Modell der multiplen Sprach- und Medienidentität integrieren, wie es in Teil III, Kapitel 7 dieser Arbeit entwickelt wird. An dieser Stelle bleibt festzuhalten, dass Identität durch die dialogische Konstitution (und Integration) multipler Teil-Identitäten in verschiedenen sozialen Kontexten und Lebenswelten entsteht. Sprachlich-kommunikative Verfasstheit, Reflexivität und Konstruiertheit gelten als bedeutende Merkmale postmoderner Identität. Dass Identitäten nicht a priori gegeben sind, sondern diskursiv-sprachlich **konstruiert** werden, ist Thema des nachfolgenden Kapitels.

---

[132] Die Durchsicht der umfänglichen Literatur zum Thema zeigt, dass sich postmoderne Identität nicht nur an dem Gebrauch von Sprache und Medien festmachen lässt, sondern zunehmend auch über Lebens-, Konsum-, Kleidungs-, Einrichtungs-, Musikstile etc. konstituiert wird. Ebenso spielen der menschliche Körper und Leib eine elementare Rolle in Prozessen der Identitätsbildung, ein Umstand, der von den meisten Identitätstheoretikern schlichtweg ignoriert wird (vgl. Gugutzer 2002 und Stockmeyer 2004). Im Rahmen der vorliegenden Arbeit geht es in erster Linie um die Konstruktion von Identitäten über Sprache und Medien. Die anderen genannten Bereiche wären durch entsprechende soziologische Studien zu erfassen.

7 Identität als sprachlich-diskursive Selbstkonstruktion: der konstruktivistische Blickwinkel

7.1 Zur Konstruiertheit postmoderner Identität

Das plurale Identitätsmodell der Postmoderne gilt es in diesem, den II. Teil abschließenden Kapitel um den bedeutsamen Aspekt der Konstruktivität zu ergänzen. Die postmoderne Pluralität der Wirklichkeiten, die Enttraditionalisierung und Individualisierung der Lebensentwürfe, die Multiplizierung des Selbst in verschiedene Teilidentitäten verlangen nach einem Individuum, das als Konstrukteur seiner persönlichen Identität verschiedene Wirklichkeits- und Selbstaspekte zu entwerfen, auszuwählen und zu einem kohärenten Gebilde bzw. Identitätsgefühl zu integrieren vermag. Während soziale Vorgaben und Normen an Verbindlichkeit verlieren, gewinnt vor dem Hintergrund der reflexiven Modernisierung die selbstreflexive Eigentätigkeit des Einzelnen zunehmend an Bedeutung. Insbesondere die Konstruktionsaktivität des Individuums spielt bei der Herausbildung von Identität in zunehmendem Maße eine Schlüsselrolle.[133]

Nicht von ungefähr steht der Konstruktionsgedanke im Zentrum bedeutender Positionen zu Subjekt und Gesellschaft der Postmoderne, auch ohne dass diese jeweils explizit als in erkenntnistheoretischem Sinne konstruktivistische Ansätze ausgewiesen wären. Einige davon wurden in Kapitel 6 besprochen und werden im Folgenden nochmals in Gedächtnis gerufen, bevor entsprechende Positionen aus der Kultur- und der Sprachwissenschaft vorgestellt werden.

Das „Quasi-Subjekt"[134] (Beck et al. 2001) der reflexiven Moderne zeichnet sich durch eine Pluralisierung der Subjektgrenzen aus. Diese können nunmehr nach individuellen Wünschen und Möglichkeiten gestaltet werden (Beispiel: Transsexualität). Das Quasi-Subjekt erscheint als „Resultat *und* Produzent seiner Vernetzung, Situierung, Verortung, Gestalt", als „der *fiktive* Entscheider, Autor seiner selbst und seiner Biographie" (ebd., S. 44). Damit bekommen Identität und Biografie ei-

---

[133] Keupp et al. (1999, S. 71) datieren den Beginn dieser Entwicklung sogar etwas früher: „Die allgemeine Idee der Konstruierbarkeit der eigenen Identität ist also kein Novum der letzten Jahrzehnte, sondern der grundlegende Gedanke der gesellschaftlichen Moderne, die grob den Zeitraum der letzten 150 Jahre umfaßt". Die (auch heute noch praktizierte) Übernahme vorgegebener Identitätsschablonen erweist sich somit als Spezifikum bzw. Relikt vormoderner Zeiten.

[134] Vgl. Kapitel 6.5.

nen fiktiven Charakter und werden Resultat eines persönlichen Konstruktionsprozesses.

Sowohl Hitzlers und Honers (1994) „Bastelexistenz" als auch Keupps et al. (1999)[135] in alltäglicher Identitätsarbeit zusammengesetzte „Patchworkidentität" stellen Konzepte dar, die Identität als durch das Individuum aus multiplen Fragmenten gebildetes Konstrukt modellieren.

> Identität hat [...] von allem Anfang an Arbeitscharakter, lebt von einem Subjekt, das sich aktiv um sein Selbst- und Weltverhältnis zu kümmern hat. Es entwirft und konstruiert sich seine Selbstverortung, und es bedarf der Zustimmung der anderen zu seinen Entwürfen und Konstruktionen.
>
> ebd. (S. 27)

Keupp et al. betonen sowohl die aktive und kreative Konstruktionsleistung des Einzelnen als auch den sozialen Charakter des Konstruktionsprozesses.[136] „Die Konstruktion des individuellen Identitätskonstrukts" (Keupp 1998a, S. 244) geschieht nicht auf beliebige und gänzlich zur Disposition stehende Weise, sondern unter spezifischen sozialen und kulturellen Bedingungen, die bestimmte Identifikations- und Normalitätsmuster bereitstellen (vgl. ebd.). Beim Konstruieren von Identität geht es insbesondere darum, eine Passung zwischen „innerer und äußerer Welt" (Keupp et al. 1999, S. 7) herzustellen. Die Konstruktionsaktivität nimmt bei Keupp et al. die Form von Verknüpfungsarbeit in zeitlicher, lebensweltlicher und inhaltlicher Hinsicht an, eine wichtige Rolle spielen auch die erwähnten situationalen Selbstthematisierungen und Selbstnarrationen.[137] Die Konstruktionsleistung des Individuums besteht somit in der alltäglichen Identitätsarbeit des Passens und Verknüpfens, es handelt sich letztlich um „eine aktive Leistung der Subjekte, die zwar risikoreich ist, aber auch die Chance zu einer selbstbestimmten Konstruktion enthält" (ebd.).

Nicht nur Soziologen und Sozialpsychologen beziehen den Gedanken der Konstruiertheit von Identität in ihre Theorien ein. Auch in anderen geisteswissenschaftlichen Disziplinen wie der Semiotik sowie der Kultur- und der Sprachwissenschaft ist gegenwärtig vielfach die Rede von „Konstruktionen" und „konstruieren", wenn es um die Beschreibung und Analyse von Prozessen der sprachlich-diskursiven Identitätskonstitution geht. Einige Beispiele für solche Positionen werden im Folgenden angeführt.

---

[135] Vgl. Kapitel 6.7.

[136] Zudem weisen sie darauf hin, dass sich dieser Gedanke bereits bei den modernen Identitätstheoretikern vor Erikson findet: „Von Hegel bis Mead wurden Identitäten als Konstruktionen betrachtet, die auf wechselseitige soziale Anerkennung angewiesen sind" (Keupp et al. 1999, S. 27).

[137] Vgl. Kapitel 6.7 zu den einzelnen Modi der Identitätsarbeit bei Keupp et al. (1999).

O Die Kulturwissenschaftlerin Kimminich (2003a) betitelt den dritten Band der interdisziplinär angelegten Reihe „Welt – Körper – Sprache. Perspektiven kultureller Wahrnehmungs- und Darstellungsformen" mit „Kulturelle Identität. Konstruktionen und Krisen". In der Einleitung gibt die Herausgeberin holistischen und semiotischen Modellen bei der Untersuchung von Identitätskonstitution den Vorzug, „da Identitäten durch die Dynamik von Zeichen und Symbolen kommunikativ und intersubjektiv generiert werden; es sind **Konstruktionen** [Hervorhebung M. K.], die auf Be-deutungen basieren und mit Be-zeichnungen verstrebt werden" (Kimminich 2003b, S. VII). Und weiter heißt es zur gesellschaftlichen und politischen Brisanz von Identitätsbildungsprozessen: Der Begriff der Identität

> ist Brennpunkt einer Vielzahl von unterschiedlichen Prozessen, die sich an der Nahtstelle zwischen Subjekt bzw. Individuum, sozialer, ethnischer Gruppe, nationaler oder kultureller Gemeinschaft und politischer Führungsspitze vollziehen. Es sind Reibungsprozesse, bei denen ein hohes Maß emotionaler Energien freigesetzt wird, und es sind **Konstruktions**prozesse [Hervorhebung M. K.]. Diese Prozesse schlagen sich sowohl in kommunikativen als auch in konkreten Handlungen nieder, die ihrerseits symbolischen Charakter haben können.
>
> ebd. (S. VIII)

Die Symbol- und Zeichenhaftigkeit von Prozessen der Identitätskonstruktion veranschaulicht Kimminich (2003c) am Beispiel jugendlicher Hip-Hop-Kulturen, die sich des Rapping, Writing und Breaking bedienen, um ihren marginalisierten Identitäts- und Wirklichkeitskonstrukten Ausdruck zu verleihen (vgl. ebd., S. 87).

O Ochs erklärt aus einem dezidiert sozialkonstruktivistischen Blickwinkel, wie Identität sozial konstruiert und situativ hervorgebracht wird. Damit entlarvt sie variationslinguistische Erklärungsansätze als unzutreffend, die sprachliche Variation als Konsequenz eines spezifischen außerlinguistischen Faktors wie z. B. der sozialen oder ethnischen Gruppenzugehörigkeit betrachten. Anstatt wie eine Vielzahl von Varationslinguisten davon auszugehen, Identitäten würden vorab feststehen und dann sprachlich ausgedrückt, scheint es angemessener, die Entstehung von Identitäten im sprachlich-kommunikativen Prozess selbst zu lokalisieren und als aktive Konstruktionsleistung der beteiligten Personen zu verstehen (und zu analysieren).

> In the **social constructive approach** [Hervorhebung M. K.] to identity advocated here, the researcher (and, I might add, the interlocutor as well) asks ‚What kind of social identity is a person attempting to **construct** [Hervorhebung M. K.] in performing this kind of verbal act or in verbally expressing this kind of stance? [...] In the social-identity-as-a priori-social-fact approach, the researcher asks „How does

a person having this social identity speak?' In correlational studies of urban sociolinguistic variation, the question usually is ‚how do members of particular socioeconomic, ethnic, or generational groups speak across these situations?' In the case of gender studies the questions are ‚how do women speak?' and ‚how do men speak?' In other studies, the question might be ‚how do caregivers and children or foreigns and locals speak?' We recognize that social identities have a sociohistorical reality independent of language behaviour, but, in any given actual situation, at any given actual moment, people in those situations are **actively constructing** [Hervorhebung M. K.] their social identities rather than passively living out some cultural prescription for social identity. Interlocutors are actively constructing themselves as members of a community or professional organization, as persons of a particular social rank, as husbands and wives, as teachers, as foreigners, and even, I dare say, as language learners. In *all* situations, even the most institutionalised and ritualised, people are *agents* in the production of their own and others' social selves.

Ochs (1993, S. 296)

O Die Soziolinguistin Schiffrin weist nach, wie Sprecherinnen ihre Identitäten mit Hilfe von Erzählungen konstruieren, es geht ihr um „Narrative as self-portrait: Sociolinguistic constructions of identity"[138]. Auch wenn die Verwendung des Verbs „display" (= „anzeigen") in Bezug auf „identity" auf einen „social-identity-as-a priori-social-fact"-Ansatz hindeuten könnte, zeugen Schiffrins resümierende Ausführungen am Ende dieses Textes von einem zeitgemäßen, dynamischen Modell des Sprechens und der Identitätskonstruktion. Auch hier wird Identitätsbildung als dynamisch-interaktiver Prozess im Gespräch lokalisiert, sodass die Vorstellung, Identität sei eine fixe Größe, von der Idee eines multipel-dynamisch, kommunikativ hervorgebrachten Selbst abgelöst wird.

Of course it is hardly surprising to say that language displays social identity and relationships. This is a common assumption of sociolinguistics and other contextual approaches to language, and the view that identity is locally situated is well established in interactional and conversation-analytic approaches to discourse [...]. But my suggestion that identity is locally situated does differ somewhat from the view of identity assumed by some sociolinguistic analyses, especially those that focus on levels of language structure other than the textual. Sociolinguistic linguistic studies of variation, for example, often assume that identities are like fixed attributes that are permanent properties of speakers [...]. The view offered here suggests that identity is neither categorical nor fixed: we may act more or less middle-class, more or less female, and so on, depending on what we are doing with whom. This view forces us to attend to speech activities, and to the interactions in which they are situated, as a frame in which our social roles are realized and our identities are displayed – and even further, as a potential resource for the display (and possible creation) of identity. [...] Just as variationists already build

---

[138] Titel des Aufsatzes von 1996

into coding procedures the belief that there are no single-style-speakers (Labov
[...]), so too they can incorporate the notion that identity is dynamic, i. e. that
there are no single-identity speakers.

ebd. (S. 199 f.)

Insgesamt zeigt sich, dass die erwähnten Autorinnen, teils auch vor dem
Hintergrund eines (sozial-)konstruktivistischen Ansatzes (Ochs), Identitäten als diskursiv-sprachlich konstruierte, dynamisch-situationsabhängige
Größen begreifen. Als wichtiges Moment heutiger, zeichenhaft-textuell
hervorgebrachter Identität gilt zudem ihre Multiplizität, sodass wir es in
der Postmoderne hauptsächlich mit Mehr-Identitäten-Sprecherinnen (vgl.
Schiffrin ebd.) zu tun haben.

7.2 Zur sprachlichen Konstruktion von Identität im radikalen Konstruktivismus

Der Aspekt der sprachlichen Konstruiertheit rückt noch stärker in den Fokus der Aufmerksamkeit, wenn das Phänomen der Identitätskonstruktion
aus radikal- und sozialkonstruktivistischer Perspektive betrachtet wird.

„Identität" und „Ich" nehmen in der radikalkonstruktivistischen Theorie eine besondere Stellung ein, denn ihnen wohnt gewissermaßen ein
doppeltes Moment der Selbstreferenzialität inne. Selbstreferenziell und
rekursiv wird ein Teil der Wirklichkeit erzeugt, der sich auf das eigene
Selbst bezieht: die personale und soziale Identität des autopoietischen
Systems. Rekursivität und Selbstreferenzialität erweisen sich so als wichtige Elemente nicht nur der Wirklichkeitskonstruktionen, sondern auch des
Prozesses der Selbstkonstruktion. Ähnlich begreift Rusch (1987, S. 130)
„Selbst und Ich-Bewußtsein als eine konstruktive Leistung eines zu rekursiven Operationen fähigen Organismus." Das Selbst ist – und hier findet
die postmoderne Tendenz der Reflexivität ihre Entsprechung auf kognitiver Ebene – Produkt der selbstreflexiven Tätigkeit eines autopoietischen
Organismus.

Von großer Bedeutung für die hier entfaltete Argumentation ist, dass
Sprache im Rahmen des radikalen Konstruktivismus eine elementar wichtige Funktion in Bezug auf Wirklichkeitskonstruktion im Allgemeinen und
das menschliche (Selbstbewusst-)Sein im Besonderen einnimmt.

Als menschliche Lebewesen existieren und operieren wir in der Sprache
und durch dieses In-der-Sprache-Sein bringen wir unsere Wirklichkeiten
hervor (vgl. Maturana/Varela 1987, S. 222–254 und Maturana 2003). Sprache ermöglicht dem menschlichen Beobachter darüber hinaus das Bewusstsein, die Reflexion und Beschreibung seiner selbst mittels sprachli-

cher Unterscheidungen (vgl. Maturana/Varela 1987, S. 227). Ähnliches stellt Emrich fest:

> Die von Menschen so gern in Anspruch genommene Dimension des Selbstbewusstseins beruht dabei vermutlich auf einer kognitiven Dimension, die der Philosoph Karl Jaspers als „Geschöpf des Menschen" bezeichnet hat, nämlich der Sprache. Nur im fundamentalen Bereich der Sprache ist es möglich, das Konstrukt des „Selbst" bzw. des „Ich" so zu prozessieren, dass es in dem Sinn externalisierbar wird, dass das eigene „Ich" dem „Du" des anderen entspricht und vice versa. Das semantische Vehikel „Sprache" ist darin einzigartig, dass es in der Lage ist, das Besondere im Allgemeinen auszudrücken und damit das Welt- und Selbstverhältnis so zu konstruieren, dass von „Selbstbewusstsein" gesprochen werden kann.
>
> Emrich (2000, S. 5)

Sowohl in ontogenetischer als auch in phylogenetischer Hinsicht ist Sprache die conditio sine qua non für die Entwicklung des einzelnen Lebewesens zum Beobachter, der in der Lage ist, Handlungen zu koordinieren, seine Wirklichkeiten zu beschreiben und vor allem ein Selbstbewusstsein und Geist zu entfalten (vgl. Maturana/Varela 1987, S. 249 f. und Maturana 2003, S. 96–99 sowie Maturana 2002, S. 173–175 und S. 200 f.). Nicht nur „jener andauernde Fluß von Reflexionen, den wir Bewußtsein nennen und mit unserer Identität assoziieren" (Maturana/Varela 1987, S. 250) existiert in erster Linie im „Reich der Sprache" (ebd.), auch unser Ich als „soziale Singularität" und „andauernde deskriptive Rekursion" (ebd.) entsteht durch die sprachlichen Interaktionen, an denen wir teilnehmen. Soziale Strukturkoppelung und individuelles Selbst, Sprachpraxis („In-der-Sprache-Sein") und Wirklichkeitskonstruktion sind als dynamische Prozesse eng miteinander verschränkt und genuin sozialer Natur:

> Da wir in der Sprache existieren, werden die Bereiche der sprachlichen Interaktion, die wir erzeugen, Teile des Bereichs unserer Existenz und stellen einen Teil des Milieus dar, in dem wir unsere Identität und Anpassung erhalten. Robinson Crusoe wußte das sehr wohl. Genau aus diesem Grund führte er einen Kalender, las er jeden Abend die Bibel und zog er sich zum Abendessen um. Er verhielt sich, als befände er sich in England, als lebte er in einem sprachlichen Bereich, in dem seine menschliche Identität Bestand hatte und in dem er seine Identität und Anpassung erhalten konnte. [...]
>
> ebd. (S. 253f.)

Und in einer jüngeren Arbeit Maturanas heißt es:

> We human beings exist only as we exist as self-conscious entities in language.
>
> Maturana (2003, S. 115)

> Our living takes place in structural coupling with the world which we bring forth, and the world which we bring forth is our doing as observers in language, as we operate in structural coupling in it in the praxis of living.
>
> ebd. (S. 116)

Da Sprache Existenzweise des Menschen ist, werden alle vom Menschen konstruierten Entitäten sprachlich hervorgebracht. Dazu zählt neben den uns umgebenden Objekten und der Natur auch unser persönliches Selbst-Konstrukt. Parallel zu der primär sprachlich vollzogenen Konstruktion einer kohärenten Wirklichkeit schafft das Individuum also „ein Modell von dem, was er oder sie ‚sich selbst' nennt [...], und nach und nach schreibt das handelnde Subjekt ihm bestimmte Eigenschaften, Fähigkeiten und Funktionen zu" (von Glasersfeld 1985, S. 22).

Folgen wir Rusch (1987, S. 138–176) in seiner konstruktivistischen Konzeptualisierung von Kommunikation als Orientierungsinteraktion, d. h. als Prozess, in dessen Verlauf ein Organismus aufgrund des Verhaltens eines anderen Organismus dahin gehend orientiert wird, bestimmte Informationen bzw. Bedeutungen systemintern zu konstruieren, dann lässt sich Identitätskonstruktion als Spezialfall von Orientierungsinteraktion folgendermaßen beschreiben: Ein Akteur A orientiert sich anhand des sprachlichen (oder nonverbalen) Verhaltens eines anderen Akteurs B dahin gehend, ein bestimmtes Identitätskonstrukt von B intern zu erzeugen. Gleichzeitig fungieren die sprachlichen Erwiderungen (und sonstigen Reaktionen) Bs auf As Äußerungen als Perturbationen, aufgrund derer A ein Selbstkonzept seiner eigenen Person ausbildet. Bestimmte sprachliche Verhaltensweisen bzw. Zeichenkomplexe werden dann wechselseitig verstanden als Realisierungen bestimmter Identitäts- und Selbstkonstrukte (vgl. ebd., S. 152f.). Insofern „Zeichen und Zeichensysteme *Objektivierungen von Wirklichkeitskonstrukten"* (Hejl 2002, S. 103) darstellen, können sprachlich-diskursive Äußerungen auch als Objektivierungen von Identitätskonstrukten bezeichnet werden.

Für die Wissenschaftlerin als Beobachterin 3. Ordnung werden Identitäten zum einen über diese sprachlichen Realisationen und zum anderen über die Externalisierung (Verbalisierung o. Ä.) der intern konstruierten Selbstmodelle beobachtbar. Für die Empirie impliziert dies die Erfordernis einer kombinierten Methodik, die eine Aufzeichnung sprachlicher (und evtl. nichtsprachlicher) Daten einerseits und die Erfassung organismusinterner Konstruktionen mit Hilfe (leitfadengestützter) Interviews o. Ä. andererseits umfasst.

Der einzelne Akteur entwickelt schließlich eine Mini-Theorie über sein in einer bestimmten Wirklichkeit platziertes Selbst:

> Die Theorie, die ein Individuum über die Wirklichkeit konstruiert, besteht aus Subtheorien über die eigene Person (Selbsttheorien), über die Außenwelt (Umwelttheorien) sowie über die Wechselwirkungen zwischen diesen beiden.

> Selbsttheorien bzw. Selbstkonzepte werden normalerweise nicht bewußt entworfen, sondern entstehen in der Interaktion mit der Umwelt und anderen.
>
> Schmidt (1992a, S. 58)

Das Sein-in-der-Sprache bzw. in der sprachlichen Interaktion ist Voraussetzung für das Entstehen kohärenter Selbsttheorien, die sich in der Postmoderne aus einer Vielzahl kleinerer Teilselbsttheorien zusammensetzen. Gleichzeitig können wir unsere verschiedenen Teilidentitäten deshalb konstruieren, weil wir verschiedene sprachliche Varietäten und auch unterschiedliche Fremd- und Einzelsprachen beherrschen. Unsere Existenzform in der Sprache und auch die jeweiligen Einzelsprachen bilden gleichsam die Klammer, die unser postmodernes Selbst zusammenhält. Je größer die Anzahl und der Grad der Kompetenz in verschiedenen Sprachen und Sprachvarietäten, desto multipler und reicher ist das postmoderne Patchwork-Selbst.

7.3 Erweiterung der radikalkonstruktivistischen Sicht: sozial-diskursive Wirklichkeitskonstruktion

Eine fruchtbare Erweiterung der radikalkonstruktivistischen Sicht lässt sich erreichen, wenn diese auf intrapsychische, im weitesten Sinne kognitive Prozesse fokussierte Perspektive um den interpsychischen Aspekt der sozialen bzw. diskursiven Wirklichkeits- und Selbstkonstruktion ergänzt wird (ähnlich auch Baecker et al. 1992, S. 119). Wie die Ausführungen in Kapitel 7.2 gezeigt haben, ist der Gedanke der Sozialität und Intersubjektivität individueller Konstruktionen bei Maturana und Varela, Schmidt u. a. Vertretern des radikalen Konstruktivismus bereits angelegt: Die Existenzform des autopoietischen Organismus ist die eines sprachlichen, mit anderen strukturgekoppelten Lebewesens, das nur so seine Wirklichkeit und Identität erzeugen kann. Diese Sichtweise gilt es durch einen Anschluss an sozial orientierte Spielarten des Konstruktivismus, wie sie von Berger/Luckmann (2003) und von Gergen (z. B. 1985, 2002) vorgelegt wurden, weiter zu öffnen, um den sozialdiskursiven Chararakter der Konstruktionen noch deutlicher in den Blick zu bekommen.[139]

Vorweg ein paar erläuternde Anmerkungen zum Unterschied zwischen der radikalkonstruktivistischen intraindividuellen Sicht und der sozialkonstruktivistischen intersubjektiven Perspektive: Der radikale Konstruktivis-

---

[139] Vgl. dazu Teil I, Kap. 1.1, insbesondere auch die Ausführungen zur sozialkonstruktivistischen Position Hejls.

mus geht davon aus, dass das zentrale Nervensystem als „ein geschlossenes, seine inneren Zustände selbst erzeugendes System" auf eben diese Weise „auch unser Ich-Bewußtsein generiert" (Konrad 1999, S. 315). Diese auf die Funktionsweise des kognitiven Apparats fokussierte Sichtweise würde jedoch zu kurz greifen, bliebe sie auf die biologisch-neurophysiologischen Vorgänge beschränkt. Denn: „Jede individuelle Realitätskonstruktion ist notwendigerweise bestimmt und begrenzt durch die bestehenden sozialen Deutungsmuster und gesellschaftlichen Verhältnisse" (Berger 1994, S. 201). Der soziale Konstruktivismus misst dem sozialen Aspekt eine noch größere Rolle zu als der radikale Konstruktivismus. Nur die intersubjektiven Prozesse der Wirklichkeitskonstruktion sind von Interesse, innerpsychische Vorgänge bleiben im Rahmen sozialkonstruktivistischer Ansätze ausgeblendet.

Für die hier behandelte Fragestellung scheint es sinnvoll, ähnlich wie Baecker et al. (1992) und Berger (1994), radikale und soziale Varianten des Konstruktivismus nicht als gegensätzliche, sondern als einander sinnvoll ergänzende Varianten zu betrachten.[140] Durch die Ergänzung individuell-kognitiver um sozial-diskursive Aspekte der Wirklichkeitskonstruktion lässt sich die erkenntnistheoretisch-neurobiologische Sicht im Sinne einer sozialpsychologischen Perspektive ausweiten. Im Folgenden soll daher die in Kapitel 7.2 dargelegte radikalkonstruktivistische Sicht auf das Phänomen der Identitätskonstruktion um wichtige sozialkonstruktivistische Überlegungen ergänzt werden. Dies bietet sich auch deshalb an, weil Sprache in sozialkonstruktivistischen Theorieansätzen eine herausragende Bedeutung in Bezug auf die Hervorbringung von Selbst und Welt zugewiesen wird.

Sinnvoll scheint es, das von Baecker et al. (1992) vorgeschlagene Menschenbild zugrunde zu legen. Es basiert auf einer Verbindung radikalkonstruktivistischer mit sozialkonstruktionistischen Annahmen.

> Einerseits wird der Mensch als selbstorganisierendes System betrachtet, und Personen haben demnach die Möglichkeit, auf Perturbationen individuell und selbstbestimmt zu reagieren, ihre eigenen Vorstellungen zu reflektieren und zu manipulieren; sie sind nicht einer unabänderbaren Wirklichkeit ausgeliefert. Andererseits wird aber auch der soziale und kulturelle Einfluß auf das Individuum gese-

---

[140] Die beiden Ansätze vereint schließlich auch die grundlegende Annahme, dass jegliches Wissen und Erkennen keine Spiegelung einer subjektunabhängigen Realität, sondern eine Konstruktion ist (vgl. Baecker et al. 1992, S. 118 und Kapitel 1.1 dieser Arbeit).

hen, das in seinen Konstruktionen an kommunale Sprachskripte und gesellschaftliche Mythen gebunden ist.[141]

ebd. (S. 130)

Wirklichkeitskonstrukte bildet das Individuum folglich in einem Wechselspiel aus individuell-kognitiven und diskursiv-sprachlichen Prozessen heraus.

7.4 Die gesellschaftlich-sprachliche Konstruktion von Welt und Selbst bei Berger und Luckmann

Die Idee der gesellschaftlichen Konstruktion der Wirklichkeit steht im Zentrum der Arbeit von Berger und Luckmann (2003).[142] Mit Hilfe gesellschaftlicher Mechanismen wie Institutionalisierung, Sozialisierung, Symbolisierung und Versprachlichung werden „Tatsachen" von den Mitgliedern einer Gesellschaft gemeinschaftlich geschaffen und objektiviert[143], sodass sie ihnen schließlich als vermeintlich naturgegebene und unveränderbare Größen gegenüberstehen. Von besonderem Interesse für die hier entwickelte Argumentation ist die Rolle der Sprache, die mit Hilfe spezifi-

---

[141] Während Äußerungen wie *Ich muss unbedingt zum Friseur, ich sehe schrecklich ungepflegt aus* „kommunale Sprachskripte" darstellen, bezeichnet der Ausdruck „gesellschaftliche Mythen" bei Baecker et al. (vgl. ebd., S. 122) die umfassenderen Plausibilitätsstrukturen, in die derartige Sprachskripte eingebettet sind. Das als Beispiel genannte Sprachskript wird z. B. gespeist von dem kulturellen Mythos „Auf eine gepflegte Haarfrisur/Erscheinung kommt es an!". Nicht nur diese Mythen haben eine starke (den meisten Mitgliedern einer Gesellschaft nicht bewusste) wirklichkeitsbestimmende Macht, wir organisieren unser Leben auch entsprechend bestimmter „Denk- und Verhaltensdrehbücher, die im allgemeinen als genuine Ausdrücke unserer ureigensten personalen Identität angesehen werden" (ebd., S. 123). Solche Drehbücher weisen spezifische narrative Strukturen auf, wie sie auch in Literatur und Film zu finden sind, sodass wir unsere Lebensgeschichte z. B. als Tragödie, Komödie oder Romanze erzählen (vgl. Murray 1989 und Kapitel 7.5).

[142] Vgl. auch Teil I, Kap. 1.

[143] „Objektivierung" bzw. „Objektivation" definieren Berger und Luckmann (2003, S. 64 f.) folgendermaßen: „Der Vorgang, durch den die Produkte tätiger menschlicher Selbstentäußerung objektiven Charakter gewinnen, ist Objektivation, das heißt Vergegenständlichung [...]. Die institutionale Welt ist vergegenständlichte menschliche Tätigkeit, und jede einzelne Institution ist dies ebenso. Mit anderen Worten: trotz ihrer Gegenständlichkeit für unsere Erfahrung gewinnt die gesellschaftliche Welt dadurch keinen ontologischen Status, der von jenem menschlichen Tun, aus dem sie hervorgegangen ist, unabhängig wäre." Es handelt sich dabei letztlich um das „Paradoxon, daß der Mensch fähig ist, eine Welt zu produzieren, die er dann anders denn als ein menschliches Produkt erlebt" (ebd., S. 65).

scher Unterscheidungen eine bestimmte Ordnung schafft, innerhalb derer wir uns tagtäglich bewegen. Die für eine Gesellschaft wichtigen Tatsachen und sozialen Beziehungen werden sprachlich bezeichnet und dadurch objektiviert.

Angefangen vom eigenen Namen und den Namen des eigenen Wohnortes über die verwandtschaftlichen, beruflichen und freundschaftlichen Beziehungen bis hin zu den Fortbewegungsmitteln und Kommunikationstechnologien werden alle wichtigen Phänomene unseres Lebens „mit Hilfe eines Vokabulars geregelt [...]. Auf diese Weise markiert Sprache das Koordinatensystem meines Lebens in der Gesellschaft und füllt sie mit sinnhaltigen Objekten" (Berger/Luckmann 2003, S. 24f.). Doch nicht nur die äußere Welt, sondern auch meine innere Wirklichkeit, mein eigenes „Subjekt-Sein" (ebd., S. 40) wird durch Sprache objektiviert. Es wird mir selbst und gleichzeitig meinem Gegenüber konkret und zugänglich, indem wir sprechend miteinander interagieren.

> Darum kann man sagen, daß Sprache mein Subjekt-Sein ‚wirklicher' macht, nicht nur für mein Vis-à-vis im Gespräch, sondern auch für mich selbst. Die Kraft der Sprache, Subjektivität zu erhellen, zu kristallisieren und zu stabilisieren, bleibt ihr, wenngleich modifiziert, auch wenn sie von der Vis-à-vis-Situation abgelöst ist.
>
> ebd.

Wichtig für die Selbsterfahrung des Einzelnen sind zum einen typisierte Handlungsweisen, z. B. „Studierende beraten", mit denen sich das Individuum als Ausführender der betreffenden Handlung identifiziert und die Elemente seines Selbstbewusstseins bilden (vgl. ebd., S. 77). Zum anderen hat die Einzelne durch bestimmte internalisierte Rollen, z. B. als „Hochschullehrerin", Anteil an der gesellschaftlichen Wirklichkeit. Sowohl die für eine Gesellschaft spezifischen typisierten Handlungsweisen als auch die Rollen bedürfen der sprachlichen Objektivierung und eines je eigenen Vokabulars. Rollen repräsentieren Institutionen und sind zugleich Bedingung für ihre Existenz (vgl. ebd., S. 79). Soziale Rollen und typisierte Handlungen bilden wesentliche Bestandteile der eigenen Identität, wobei diese ihre definitive Legitimation bzw. Wirklichkeit dadurch erhält, dass sie in den sprachlich strukturierten, mit signifikanten Anderen geteilten „Zusammenhang einer symbolischen Sinnwelt gestellt wird" (ebd., S. 107).

Das Aneignen rollenspezifischen Wissens und Vokabulars ist nach Berger und Luckmann (ebd., S. 148 ff.) Bestandteil der „sekundären Sozialisation". Dieser vorgeordnet ist das Hineinwachsen in die erste Welt und Identität, die so genannte „primäre Sozialisation". In ihr gehen das Aneignen von gesellschaftlicher Wirklichkeit, Identität und Sprache Hand in Hand:

> Gesellschaft, Identität *und* Wirklichkeit sind subjektiv die Kristallisation eines einzigen Internalisierungsprozesses. Diese Kristallisation ergibt sich im Gleichschritt mit der Internalisierung von Sprache. Sprache ist [...] sowohl der wichtigste Inhalt als auch das wichtigste Instrument der Sozialisation.
>
> ebd. (S. 144)

Mittels Sprache werden die jeweils gesellschaftsspezifischen Inhalte der primären Wirklichkeit und insbesondere „beliebige institutionell festgesetzte Begründungs- und Auslegungszusammenhänge internalisiert – so benimmt man sich etwa wie ein tapferer kleiner Junge und glaubt, daß kleine Jungen von Natur aus nach tapfer und feige zu scheiden sind" (ebd., S. 145). Solche Schemata stellen dem Kind institutionalisierte Programme bereit, aufgrund derer sich die eigene Identität z. B. von der eines Mädchens oder von der eines Jungen aus einer anderen sozialen Gruppe unterscheidet (ebd., S. 146). Ein gutes Beispiel für den Vorrang der primären Wirklichkeitskonstruktion liefert der Zweitspracherwerb:

> Man lernt eine zweite Sprache dadurch, daß man auf der ‚gewissen' Wirklichkeit der ‚Muttersprache' aufbaut. Lange übersetzt man zurück in die eigene Sprache, was man an neuen Elementen der neuen Sprache kennenlernt. Nur auf diese Weise wird die neue Sprache jemals wirklich. Erst wenn sie sich als Wirklichkeit eigenen Rechts im Bewußtsein etabliert hat, kann man allmählich auf Rückübersetzung verzichten. Man wird fähig, in der neuen Sprache zu ‚denken'.
>
> ebd. (S. 154)

Als wichtigstes Instrument der Wirklichkeitskonstruktion und -erhaltung gilt die Konversation. Wir weisen bestimmten Elementen unserer Erfahrung und Wahrnehmung einen festen Platz in unserer Wirklichkeit zu, indem wir sie im Gespräch behandeln (ebd., S. 164). Sprache als gemeinsames Kommunikationsmittel der Mitglieder einer Gesellschaft vergegenständlicht, d. h. „verwirklicht" die Objekte der gemeinsamen Wirklichkeit. Diese Objektivationen erfahren durch das immer wieder stattfindende, gemeinsame Gespräch eine noch festere Verankerung im individuellen wie im kollektiven Bewusstsein. Insofern kommt dem Gebrauch einer gemeinsamen Sprache im intersubjektiven Austausch einer Gesellschaft eine wirklichkeits- und identitätsstiftende Funktion zugleich zu. Die geteilte Sprache bildet die Grundlage einer kollektiven Identität, die auf einer geteilten Wirklichkeitskonstruktion basiert.

> Im weitesten Sinne sind alle, die dieselbe Sprache sprechen, füreinander wirklichkeitswahrende Andere. Was das bedeutet, läßt sich noch weiter ausführen, wenn man sich fragt, was eigentlich eine ‚gemeinsame' Sprache ist – von der internen Privatsprache der Primärgruppen über den Dialekt einer Landschaft oder den Jargon einer Gesellschaftsschicht bis hin zu der Sprache einer Nation, die sich eben durch ihre Sprachgemeinschaft als Nation versteht. Alledem entspricht jeweils ‚Rückkehr zur Wirklichkeit' für den Einzelnen, der ‚heim'kehrt zu den wenigen

Nächsten, die noch seine persönlichen Anspielungen verstehen, zum Stadtteil, wohin sein Akzent gehört, oder zu der großen Gemeinschaft derer, die sich mit einer bestimmten sprachlichen Tradition, die auch die seine ist, identifizieren.

ebd. (S. 165)

Der frühe, für sozialkonstruktivistische Positionen richtungsweisende Ansatz Bergers und Luckmanns zeigt, dass die Ausbildung von Identität(en) zusammenzudenken ist mit der gesellschaftlichen Konstruktion der Wirklichkeit(en) und dass sprachlicher Austausch Grundlage und Voraussetzung für beide ist.

7.5 Das sprachlich konstruierte Beziehungsselbst des sozialen Konstruktionismus (Gergen)

Eine wichtige Weiterentwicklung der sozialkonstruktivistischen Position stellt der in der amerikanischen Sozialpsychologie verwurzelte soziale Konstruktionismus dar (insbesondere Gergen 1985, 2002). Gelegentlich werden unvereinbare Unterschiede zwischen dem sozialem Konstruktionismus im Anschluss an Gergen (z. B. 2002) und dem erkenntnistheoretischen, radikalen Konstruktivismus postuliert, insofern die erstgenannte Richtung Wirklichkeitskonstruktionen als zwischen Personen stattfindende Prozesse modelliert, während die zweitgenannte sie als mentale Phänomene innerhalb operationell geschlossener Systeme verortet (vgl. Westermayer 2002, S. 5). Doch auch radikale Konstruktivisten gehen von einer strukturellen Koppelung autopoietischer Systeme aus und betonen vielfach die hohe Bedeutung sozialer und sprachlicher Interaktion für die individuellen Konstrukte, sodass eine Anschlussmöglichkeit der beiden Positionen m. E. durchaus gegeben ist.[144] Auch wenn sich der soziale Konstruktionismus für die Erkennbarkeit oder Nicht-Erkennbarkeit der ontologischen Realität nicht interessiert (vgl. ebd., S. 7) und interne, kognitive Konstruktionsprinzipien nicht berücksichtigt, spricht dies dennoch nicht dagegen, ihn als Ergänzung zu einer radikalkonstruktivistischen Modellierung von Wirklichkeits- und Identitätskonstruktion heranzuziehen. Die wichtigsten Annahmen des sozialen Konstruktionismus zu diesem Thema seien im Folgenden kurz dargelegt.[145]

---

[144] Vgl. dazu Kapitel 7.3.
[145] Einen programmatischen Überblick über die Grundannahmen des sozialen Konstruktionismus gibt Gergen (1985). Für eine kritische Würdigung des sozialkonstruktionistischen Ansatzes und der diesem Paradigma verpflichteten Literatur vgl. Michael (1996).

Grundlegend für den sozialen Konstruktionismus ist die Vorstellung, dass sich unser Wissen sowie Sinn- und Bedeutungszuweisungen aus den Beziehungen ableiten, in die wir eingebunden sind. Sprachliche Ausdrücke erhalten ihre Bedeutung nur im Rahmen bestimmter Beziehungsverhältnisse (Gergen 2002, S. 67). Überhaupt gilt Sprache als „wesentlicher Bestandteil unseres Handelns in der Welt. Sie bildet die Grundlage für unser Sozialleben" (ebd., S. 68). In Beziehungen verwendete Sprache und die so entstehenden Diskurse konstituieren die Bestandteile unserer Wirklichkeit; dazu gehören

> die Auffassung darüber, was es heißt, Kind, Jugendlicher oder Erwachsener zu sein; das Gefühl des Selbst, einschließlich unserer Emotionen, Gedanken, Erinnerungen und Gruppenzugehörigkeit; Geschlechterunterschiede und Sexualität; psychische Krankheiten wie Schizophrenie, Anorexie und multiple Persönlichkeitsstörung; der Körper und physische Krankheiten; Selbstmord, Mord und andere gesellschaftliche Probleme; sowie Nachrichtenberichte und historische Beschreibungen dieser Phänomene.
>
> ebd.(S. 86)

Im Zentrum des analytischen Interesses steht folglich die Frage, wie die genannten Phänomene sozial, d. h. über Sprache und Diskurse konstruiert werden.[146] „Methodisch gesehen ist der Soziale Konstruktionismus im wesentlichen eine *Sprach- und Diskursanalyse*. Er untersucht alle möglichen Formen von mündlichen und schriftlichen ‚Texten', also alltägliche Konversation, Zeitungsartikel, Erzählungen, Transkripte von Forschungsinterviews etc." (Berger 1994, S. 204) im Hinblick darauf, wie in und mit ihnen etwa Emotionen, Gedächtnis und bestimmte Identitäten konstituiert werden.

Von besonderem Interesse für die vorliegende Studie ist die Frage der sprachlich-diskursiven Konstruktion des Selbst. Neben metaphorischen Ausdrucksweisen (Gergen 2002, S. 87–91) spielen so genannte „Erzählungen des Selbst" (ebd., S. 94) eine wichtige Rolle. So können wir unsere Lebensgeschichte als progressive Erzählung (z. B. als Erfolgsgeschichte) oder als regressive Erzählung (etwa als Misserfolgsgeschichte) konstruieren. Daneben gibt es „die Erzählung vom ewigen Glück (‚Wie ich nach vielen harten Jahren endlich einen erfüllenden Beruf fand') und die besonders für Männer sehr attraktive Heldengeschichte" (ebd.), in der das Leben als Auf und Ab bzw. Ringen um ein bestimmtes Ziel dargestellt

---

[146] Wichtige sozialkonstruktionistische Beiträge zur textuell-diskursiven Konstruktion von Identität vereint der von Shotter und Gergen (1989) herausgegebene Band „Texts of Identity". Vgl. auch die Beiträge in Gergen und Davis (1985) zur sozialen Konstruktion der Person und beispielsweise der Emotion der Liebe.

wird. Ferner zählen die Tragödie („Wie ich meine Familie bei einem Flugzeugabsturz verlor") und die Komödie-Romanze („Wie wir trotz vielerlei Widrigkeiten und Hindernissen zueinander fanden") zu den Mustern, in die wir die Geschichte unseres Selbst erzählerisch verpacken (vgl. dazu auch Gergen/Gergen 1988 und Murray 1989).[147]

Mit Hilfe diskurs- und konversationsanalytischer Verfahren kann zudem nachgewiesen werden, wie das Selbst im Gespräch konstruiert wird (Gergen 2002, S. 106 ff.). D. h. neben den relativ festgelegten Weisen der sprachlichen Selbstkonstitution in den genannten Erzählformen gibt es auch situationsabhängige und interaktiv sequenzierte Gesprächsformen der Selbstkonstitution, die wechselseitig „beeinflussbar durch subtile Veränderungen von Wörtern, Betonungen und Gesten" (ebd., S. 107) sind.

Alle Konstruktionsweisen des Selbst sind nicht nur kulturabhängig, sondern auch zeitabhängig, d. h. historisch gewachsene Ausprägungen.[148] So betont auch Gergen (ebd., S. 132), dass „sich Konstruktionen des Selbst entwickeln, verändern, und im Laufe der Zeit wieder verschwinden". Der bislang dominierenden (und eher männlichen Identitätsvorstellungen entsprechenden) individualistischen Konzeption des Selbst gilt es nunmehr „die Sicht eines in Beziehungen eingebunden Selbst" (ebd., S. 149) entgegenzusetzen. Es handelt sich dabei um die logische Konsequenz aus der sozialkonstruktionistischen Einsicht, dass unser Wissen und unsere Wirklichkeitskonstrukte im Rahmen von Beziehungen konstruiert werden. Diese relationale Sicht des Selbst fügt sich gut in die identitätstheoretische Linie, die in diesem II. Teil der vorliegenden Studie entwickelt worden ist. Sie kulminiert in der Auffassung eines dialogischen, in den sprachlichen Austausch eingebundenen Selbst.[149] Auch Gergen verortet sich in der von Mead initiierten Tradition des symbolischen Interaktionismus (ebd., S. 157 ff.), rekurriert z. B. aber auch auf Bachtins Theorie des Dialogs, wonach „Personen über den Dialog zu ihrer Identität" (ebd., S. 166) finden. Ferner sind Bachtins Konzept der Heteroglossie – der sprachlichen Vielfältigkeit innerhalb einer Kultur – und Wittgensteins

---

[147] In ähnlicher Weise stellt Bruner (1997) die Konstruktion von Sinn und Bedeutung in den Mittelpunkt der Psychologe und versteht Ich-Identitäten als Resultate kulturspezifischer Formen der Bedeutungserschaffung. Identitäten kommen insbesondere durch das an „das mächtige Gebäude der narrativen Kultur" (ebd., S. 144) gebundene Geschichtenerzählen zustande, das die Form von Mythen und verschiedener literarischer Gattungen annehmen kann.

[148] Vgl. das in Kapitel 6.6 behandelte, aus dem 19. Jh. stammende Konzept des bürgerlich-autonomen Individuums.

[149] Vgl. Kapitel 6.10.

Sprachspielkonzept bedeutende Vorläufer für das sprachbezogene und relationale Verständnis des Selbst im sozialen Konstruktionismus. Die sozialkonstruktionistische Vorstellung des relationalen Selbst findet sich besonders deutlich herausgearbeitet in Gergens (1996) „Das übersättigte Selbst. Identitätsprobleme im heutigen Leben". Darin wird die „Übersättigung" des Selbst vor allem als Folge der allgemeinen gesellschaftlichen Sättigung gedeutet. Aufgrund der Verbreitung moderner Fortbewegungsmittel (Bahn, Auto, Flugzeug) und Kommunikationstechnologien (Telefon, Rundfunk, Film, Presse, Computer) kommt es zu einer immensen Zunahme und Intensivierung kommunikativer Kontakte und Beziehungen, sodass sich das postmoderne Selbst einer großen Zahl und Vielfalt von Stimmen bedeutsamer Anderer ausgesetzt sieht, die alle sein Selbst und seine Wirklichkeit mitkonstituieren. Wenn sich dieses „Bevölkern des Selbst" durch fremde Stimmen ins Extreme steigert, wird, so Gergen, das Stadium der „sozialen Sättigung" erreicht (vgl. ebd., S. 114). Das postmoderne Selbst erscheint vor allem als ein im Netz der Beziehungen verstricktes Selbst. Den „Zustand der Multiphrenie" (ebd., S. 95) bezeichnet Gergen als typisch postmoderne Situation des Selbst, wobei die zunehmende Pluralität und Kontingenz von Wahrheiten und Wirklichkeiten den Hintergrund dieser Entwicklung bilden.[150]

> Das relativ zusammenhängende und einheitliche Empfinden des Selbst, das einer traditionellen Kultur innewohnt, weicht mannigfachen und konkurrierenden Potentialen. Es entsteht ein multiphrener Zustand, in dem man in sich ständig verlagernden, verketteten und widerstreitenden Seinsströmungen schwimmt. Man ist durch ein ständig größer werdendes Aufgebot von Anforderungen, Selbstzweifeln und Irrationalität belastet.
>
> ebd. (S. 140)

Die Konstruiertheit des postmodernen, relationalen Selbst offenbart sich auch dadurch, dass wir andere, mögliche Identitäten ins uns tragen. Das bedeutet gleichzeitig, dass wir erhebliche Schwankungen und Selbstwidersprüche aushalten müssen (vgl. ebd., S. 124),[151] zumal unserem Wesen

---

[150] Für eine Kritik an Gergens Ansatz vgl. Keupp (1994b, S. 229–232), der dem amerikanischen Sozialpsychologen einen oberflächlichen, gefällig-opportunistischen Postmodernismus vorwirft. Gergen sei „über die Idee einer konstruktiven Offenheit, ja Beliebigkeit nicht hinausgelangt" (ebd., S. 254). Keupp erinnert daran, dass die Ausgestaltung der individuellen Konstrukte nicht beliebig, sondern abhängig zu denken sei vom „Zugang zu materiellen, sozialen, kulturellen Kapitalien im Sinne von Bourdieu" (ebd.).

[151] Als Beispiel nennt Gergen den leitenden Angestellten der Investitionsabteilung einer Bank, der abends Marihuana raucht und Rockmusik hört (Gergen 1996, S. 124).

stets neue und mitunter unvereinbare Stimmen hinzugefügt werden (ebd., S. 130).

> Mit der sozialen Sättigung birgt allmählich jeder eine riesige Bevölkerung mit versteckten Fähigkeiten in sich – man könnte ein Bluessänger, Zigeuner, Aristokrat oder Krimineller sein. Jede dieser Identitäten ist latent vorhanden und könnte unter den geeigneten Bedingungen lebendig werden.
>
> ebd. (S. 127)

Der Gedanke, das postmoderne Selbst sei ein in Beziehungen konstruiertes Selbst, impliziert, dass die Definition eines bestimmten Selbst immer aus einer bestimmten (relationalen) Perspektive, aus einem spezifischen Beziehungsnetz heraus erfolgt. „Das Interesse an der ‚wahren‘ Identität' und den ‚tatsächlichen Charakteristika' von Menschen kann demnach vom Interesse an der Perspektive, in der sie konstruiert werden, ersetzt werden" (ebd., S. 240). Aus sprachwissenschaftlicher Sicht kann die Suche nach der „wahren" Identität einer Person ersetzt werden durch die Frage, in welchem sprachlichen Interaktionszusammenhang und darüber hinaus: in welcher Textsorte, in was für einem Gesprächstyp und in welchem Medium auf welche Weise eine bestimmte Identität konstruiert wird.

Interessant für die hier behandelte Fragestellung ist die sozialkonstruktionistische Annahme, dass Beziehungen dem Selbst vorrangig sind. Das Selbst wiederum ist wesentlich auf Sprache als Mittel und Medium seiner Konstruktion angewiesen. Nach Gergen

> ist Sprache dem Wesen nach eine Form von Bezogenheit. Ihren Sinn erhält sie erst aus den koordinierten Bemühungen der Menschen. Die Worte des einzelnen bleiben Unsinn (bloße Töne oder Bezeichnungen), bis sie durch die Zustimmung (oder passende Handlung) eines anderen ergänzt werden. Und auch diese Zustimmung bleibt ausdruckslos, bis ein anderer (oder andere) ihr eine bestimmte Bedeutung verleihen. [...] So gesehen wird Bedeutung aus der gegenseitigen Abhängigkeit geboren. Und weil es außerhalb eines Systems der Bedeutung kein Selbst gibt, kann man sagen, dass Beziehungen vorrangig sind und grundlegender als das Selbst. Ohne Beziehungen gibt es keine Sprache, mit der man die Gefühle, Gedanken oder Absichten des Selbst in Begriffe fassen kann.
>
> ebd. (S. 256 f.)

Damit das Selbst konstruiert werden kann, bedarf es einer in Beziehungen verwendeten Sprache.

7.6 Identität als sprachlich-diskursive Selbstkonstruktion: ein sprachbezogenes Identitätskonzept auf konstruktivistischer Basis

Die in Kapitel 6 und 7 dieses Teils diskutierten postmodernen und konstruktivistischen Ansätze bieten eine viable Grundlage für eine resümierende, sprachorientierte Beschreibung und Definition des Identitätsphänomens. Wichtige Aspekte der bislang vorgestellten Positionen werden im Folgenden in ein die Rolle der Sprache hinreichend berücksichtigendes, zeitgemäßes Identitätskonzept überführt.[152] Es bildet zum einen die Grundlage für das in Teil III entwickelte Modell der multiplen Sprach- und Medienidentität. Zum anderen soll es dazu anregen, althergebrachte, starre Identitätsvorstellungen zu überdenken. So könnte das hier entwickelte Konzept weiteren sprachwissenschaftlichen Studien einen aktuellen, theoretisch fundierten Identitätsbegriff liefern. Identitätstheoretisch überholt ist vor allem die in der Sprachwissenschaft immer noch verbreitete Auffassung, Identität würde als a priori gegebene und fixe Größe in die Kommunikation einfließen.

Welche Merkmale sind nun charakteristisch für das heutige Selbst? Mit dem Ende des vormodern-einheitlichen, der psychoanalytischen Tradition verpflichteten Subjekts sind Pluralität und Vielfalt (= Multiplizität) wichtige Kennzeichen von Identität. Angesichts der quantitativen und qualitativen Ausdifferenzierung des Selbst in viele verschiedene Teilidentitäten steht Identität nunmehr im Plural. Identitäten werden in verschiedenen Kommunikations-, Gesprächs- und Mediennutzungssituationen zu einem wesentlichen Teil sprachlich konstruiert; konkret und analytisch erfassbar sind sie daher in Form ihrer textuell-sprachlichen Manifestationen.

Die postmoderne Dynamik und Flexibilität der Identitätskonstitution äußert sich in dem schnellen, bisweilen übergangslosen Wechsel zwischen verschiedenen Teilidentitäten (z. B. Hochschullehrerin, Chatterin). Diese sind in medial-sprachlich konstituierten Konstruktionsräumen für Identität verortet. Es kommt dabei meist zu einer Ko-Konstruktion mehrerer Identitätsaspekte (z. B. Mutter, Forscherin etc.), d. h. diese werden gleichzeitig hervorgebracht und überlagern sich. Mitunter gestaltet sich der Wechsel zwischen unterschiedlichen Teilidentitäten als Wechsel zwischen verschiedenen Text-, Diskurs-, Gesprächsformen und Medien, z. B. mit Hilfe des schnellen Klicks, der das Chat-Fenster zu- und das E-Mail-Fenster am

---

[152] Zum Zwecke der Vereinfachung und Prägnanz wird im Folgenden nicht mehr auf die Autorinnen verwiesen, die einzelne Begrifflichkeiten und Konzepte (z. B. „Patchwork-Identität") entwickelt haben. Wer die Kapitel 6 und 7 rezipiert hat, wird die an andere Quellen angelehnten Konzepte zuordnen können.

Computerbildschirm aufmacht. Den pluralen Identitäten und Lebensstilen der Postmoderne entsprechen plurale Sprech-, Kommunikations- und Mediennutzungsstile. Die verschiedenen Teilidentitäten und Identitätsaspekte sind patchworkartig zusammengesetzt und werden vom Individuum in kontinuierlicher – vor allem auch kommunikativ und sprachlich geleisteter – Identitätsarbeit aktiv konstruiert. Eine starke integrative Kraft in Bezug auf die vielen Teilidentitäten hat Sprache. Während unser grundsätzliches Sein-in-der-Sprache für ein kohärentes Selbsterleben bzw. Ich-Gefühl sorgt, ermöglicht das Beherrschen mehrerer Einzelsprachen, Sprachvarietäten und Register die Konstruktion verschiedener Teilidentitäten. Sprache/Sprachvermögen und Identität sind zwei Seiten ein und derselben Medaille. Das Gleiche gilt für Mehrsprachigkeit[153] und multiple Identität (vgl. Kresic 2004).

Der Multiplizität der Teilidentitäten einer Person entspricht ihr multiples Sprachrepertoire.[154] Erfolgt zum Zwecke der Komplexitätsreduktion eine Konzentration auf eine einzelne Kern- oder Metaidentität in einer bestimmten Lebensphase, ist auch die Dominanz einer bestimmten Sprachvarietät oder Sprache feststellbar. Zwar erweisen sich sowohl die bis zur Pubertät vollzogene primäre Sozialisation und Persönlichkeitsentwicklung als auch die parallel bzw. in Funktion dazu erworbene Erstsprache als prägend für das gesamte Leben. Zu einem (stabilen) Selbst werden wir schließlich nur durch das Hineinwachsen in eine bestimmte (Erst-)Sprache, im Falle bilingualer Erziehung auch durch das parallele Erwerben zweier Sprachen. Insgesamt ist jedoch eine fließende Dynamik beobachtbar sowohl in Bezug auf den kurzfristigen Wechsel zwischen verschiedenen Teilidentitäten und sprachlichen Bereichen als auch im Hinblick auf die lebenslange Weiterentwicklung von (Teil-)Identitätsprojekten und den damit verbundenen Sprachkompetenzen. Neben der vielfach geforderten Identitätskompetenz sind entsprechende Sprachkompetenzen folglich von elementarer Bedeutung.

Die Widersprüchlichkeit des postmodernen Selbst wird textuell-diskursiv ausgelotet und ausgehandelt. Die postmoderne Selbstreflexivität, Multiplizität und Flexibilität von Identität schlägt sich auf sprachlicher Ebene

---

[153] Gemeint ist hier durchaus auch die innere Mehrsprachigkeit im Sinne Wandruszkas (1979). Zwar spricht nicht jede mehrere (Fremd-)Sprachen, doch wir alle beherrschen innerhalb unserer Erstsprache mehrere Varietäten (z.B. Dialekte und Soziolekte) und/oder Register (Umgangssprache vs. Hochsprache etc.) und sind somit Mehr-Identitäten-Sprecherinnen.

[154] Ausführlich dazu Teil III, Kapitel 3.

nieder in Phänomenen wie der vielfach zu beobachtenden selbstreflexiven Metakommunikation über Identität, in Mehrsprachigkeit, „gemischtem Sprechen" (z. B. sog. Türkendeutsch) und Code-Switching. Identitätskonstruktionen folgen bis zu einem gewissen Grad spezifischen sozialen und kulturellen Vorgaben. Da der Einfluss traditioneller Identitätsmuster und verbindlicher Werte schwindet, kommt indes der konstruktiven Eigenaktivität des Individuums eine immer größere Bedeutung zu. So sehr der symbolisch-mediale Konstruktionsprozess gesellschaftlich bestimmt ist, so groß ist auch der persönliche Anteil des individuellen Konstrukteurs. Dieser verkörpert das Konstrukt sowohl im abstrakten als auch im konkreten Sinne des Wortes, und er braucht Sprache und Andere, um sich in den gemeinsam hervorgebrachten sprachlichen Äußerungen zu „verwirklichen".

Intrapsychisch gesehen ist Identitätskonstruktion die aktive Leistung eines selbstreflexiv und kognitiv-autonom operierenden Organismus. Interpsychisch betrachtet handelt es sich um eine hauptsächlich sprachlich-kommunikativ vollzogene Tätigkeit. Grundlegend ist somit die Prämisse, dass Identität dialogisch entsteht, d. h. eingebettet ist in Sprache, Diskurse und letztlich in Beziehungen. Gespräch und Selbstnarration gelten dabei als die beiden Hauptmodi der Identitätskonstruktion, wobei unterschiedliche mediale Realisationen möglich sind (von der Face-to-Face-Situation über einen schriftlichen Text bis hin zum Chat-Dialog). Mit anderen Worten: In den unterschiedlichen Gesprächstypen, Textsorten und medialen Praktiken, an denen ein Individuum in der Postmoderne teilhat, wird sein ganzes Repertoire an sprachlichen (Teil-)Identitäten konstituiert.[155]

Identitäten werden in der hier eingenommenen konstruktivistischen Perspektive aufgefasst als in intraindividuell-aktiver und interindividuell-sozialer Tätigkeit ausgehandelte und sprachlich-medial manifestierte Konstrukte. Prozessorientiert betrachtet lässt sich Identitätskonstruktion als aktiver Konstruktionsprozess beschreiben. Das Individuum konstruiert sich, indem es einerseits wie niemand anders/einzigartig und idiosynkratisch spricht (= personale Identität) und indem es andererseits wie jeweils bedeutsame andere, d. h. sozial akzeptabel und verständlich kommuniziert (= soziale Identität). Zwischen diesen beiden Polen gilt es eine Balan-

---

[155] Identitätskompetenz erfordert daher nicht nur eine angemessene Sprachkompetenz, sondern auch eine möglichst breit gefächerte Medienkompetenz. Fähigkeiten im Umgang mit neuen und alten Medien sind folglich nicht nur angesichts z. B. beruflicher Anforderungen in der Wissens- und Informationsgesellschaft unabdingbar, auch auf viel elementarerer Ebene – im Hinblick auf gelingende Identitätsbildung – kommt ihnen eine Schlüsselrolle zu.

ce zu finden. Der Prozess der Selbstkonstruktion besteht schließlich darin, dass wir in spezifischen Medien mit sprachlichen Zeichen sowohl auf uns selbst als auch auf unsere soziale Gruppe verweisen. Es handelt sich folglich um einen individuellen, sozialen bzw. kollektiven Akt der symbolischen Selbstbezüglichkeit.

Sprachvermögen und die Konstruktion von Identität und Wirklichkeit sind eng miteinander verknüpft. Das Verfügen über Sprache ist zum einen Bedingung dafür, dass die eigene Subjektivität reflektierbar, externalisierbar und damit konstruierbar wird, zum anderen bildet die Teilhabe an Sprache die Voraussetzung für die Sozialisation eines Individuums in eine bestimmte gesellschaftliche Wirklichkeit. So wird in einem lebenslangen Prozess die eigene, multipel zusammengesetzte Identität als selbstbezogener, höchst relevanter Bestandteil der eigenen Wirklichkeit konstruiert und im Medium der Sprache objektiviert.

Teil III: Sprachidentität

„*Medium unsres Selbstgefühls und geistigen Bewußtseins ist* – S p r a c h e "
J. G. Herder (1892, S. 197)

Nachdem im vorhergehenden Teil dieser Arbeit der relativ offene und mehrdeutige Identitätsbegriff diskutiert und konstruktivistisch definiert wurde, widmet sich dieser dritte Teil der – mit Blick auf das Phänomen Identität vorzunehmenden – Präzisierung der gleichfalls offenen und ambigen Begriffe „Sprache" und „Medien". Was und wer wir sind, hängt in großem Maße davon ab, mit bzw. in welchen Medien wir kommunizieren. Dieser Teil der Studie wird zeigen, inwiefern Sprache als „anthropologisches Rahmenmedium" (Jäger 2000) grundlegend ist für jedwede Selbstentwürfe. Zentrale sprachtheoretische Ansätze aus Linguistik und Konstruktivismus werden daraufhin geprüft, inwiefern sich das identitätskonstitutive Moment des Sprechens in ihre Modellbildung integrieren lässt. Die Kategorie der Sprecher- bzw. Sprachidentität bekommt einen festen Platz in der Sprachtheorie zugewiesen; ihrer Multiplizität und linguistischen Vielschichtigkeit wird in einem entsprechenden Modell Rechnung getragen. Abschließend gilt es im Rahmen eines kurzen medientheoretischen Ausblicks zu zeigen, wie sich die Modalitäten der Identitätskonstruktion im Zuge der Medienevolution gewandelt haben.

1 Identität in der „Sprache" oder im „Sprechen"?

Im zweiten Teil der Arbeit war relativ unspezifisch von der (Rolle der) Sprache in verschiedenen Identitätstheorien die Rede. Der Begriff der Sprache bedarf aus sprachtheoretischer Sicht einer Präzisierung, da unter ihn so vielfältige Aspekte gefasst werden wie „Einzelsprache", „Sprachfähigkeit", „Sprachsystem", „Sprachgebrauch" u. a. m.

Die von de Saussure (1931/1916) eingeführte, für die moderne Sprachwissenschaft richtungsweisende Unterscheidung zwischen „Langue" (= das abstrakte Sprachsystem als kollektiver Besitz) und „Parole" (= die individuelle Realisierung der Sprache im Sprechen) hat in seiner Nachfolge die Sprachwissenschaft in zwei Lager geteilt, in ein systemorientiertes und ein performanzorientiertes.[156] Bis heute herrscht unter Linguisten kein Einverständnis darüber, was eigentlich als Gegenstand ihrer Forschungen anzusehen ist (vgl. z. B. Lieb 1987, Ágel 1997 sowie Linke et al. 2003b, Ortner/Sitta 2003 und Jäger 2003): die Sprache oder (auch) das Sprechen.

Bereits bei de Saussure ist ein Vorrang der Sprache vor dem Sprechen angelegt:

> Indem man die Sprache vom Sprechen scheidet, scheidet man zugleich: 1. das Soziale vom Individuellen; 2. das Wesentliche vom Akzessorischen und mehr oder weniger Zufälligen.
>
> de Saussure (1931, S. 38)

Mit dieser Unterscheidung und Hierarchisierung hat de Saussure maßgeblich dazu beigetragen, der Sprache (= Langue) als abstraktem System einen ontologischen Status zu verschaffen und sie als Gegenstand der Sprachwissenschaft zu etablieren.[157] In der Folge haben sich verschiedene systemorientierte Spielarten innerhalb der Linguistik herausgebildet:

> Sei es, dass in einer transformationsgrammatischen Perspektive das Sprachsystem als automatentheoretisch beschreibbares Regelwerk gefasst wird, mit dem sich alle Sätze einer Sprache erzeugen lassen; sei es, dass in einer kompetenztheoretischen Perspektive Sprache als implizites Wissenssystem aufgefasst wird, das es ex-

---

[156] Wichtig ist auch die von de Saussure als „faculté de langage" bezeichnete angeborene menschliche Sprachfähigkeit, insofern sie als „gattungskonstitutives Merkmal des Menschen" (Jäger 2003, S. 73) Selbstreflexivität und interaktive Identitätskonstitution überhaupt erst ermöglicht. Es ist kein Zufall, dass sowohl Sprache als auch Identität den Homo sapiens bzw. Homo loquens vom Tier scheiden.

[157] Die zunächst rein „terminologische Differenz" (Krämer 2000, S. 32) zwischen „Sprache" und „Sprechen", wird „so mit einem methodischen und ontologischen Index [...] versehen, dass damit so etwas wie eine ‚reine Sprache' geschaffen wird, genauer noch: dass diese reine Sprache durch die Sprachwissenschaft als ein gegebenes – und nicht etwa konstruiertes – Objekt entdeckt und untersucht werden kann" (ebd.).

plizit zu machen gilt; sei es, dass in einer kognitivistischen Perspektive die ‚interne Sprache' als Modul konzipiert ist, das – jedenfalls im Prinzip – hirnphysiologisch instantiiert ist. So unterschiedlich die Terminologien und damit die sprachwissenschaftlichen Akzentsetzungen auch immer sind: Sie alle partizipieren in der einen oder anderen Weise an der Idee, dass es ‚die Sprache' gibt.

Krämer (2000, S. 32 f.)

Wie erklärungskräftig ist nun diese strukturalistische Sprachauffassung im Hinblick auf die Identitätsfrage?

Wer nur die Sprache als Gegenstand der Sprachwissenschaft gelten lässt, interessiert sich für die formale Beschreibung des Sprachsystems und wird sehr wenige innersprachliche Kategorien, Paradigmen und Konstituentenstrukturen vorfinden, die der Konstitution von Sprecheridentitäten bzw. von Subjektivität dienen.[158] In Frage kommende Kandidaten sind hier das System der Personalpronomina, Modalität markierende Elemente sowie deiktische Ausdrücke. Personalpronomina tragen z. B. dazu bei, den Sprechenden als abstrakte Person in der Sprechsituation zu verorten; Modalwörter markieren seine Einstellung zu den besprochenen Sachverhalten.[159] Für sich betrachtet tragen diese sprachlichen Strukturen allerdings wenig zur Konstruktion der sozialen und personalen Identitäten der jeweiligen Sprachverwendenden bei. Nicht von ungefähr liegt der Kompetenz-Theorie chomskyscher Prägung die Vorstellung eines konturlosen „idealen Sprechers" zugrunde, dessen formalisierbare, universale Sprachkompetenz sich jenseits aktual realisierter Register und sozial geprägter Varietäten befindet: „Der Gegenstand einer linguistischen Theorie ist in erster Linie ein idealer Sprecher-Hörer, der in einer völlig homogenen Sprachgemeinschaft lebt [und] seine Sprache ausgezeichnet kennt" (Chomsky 1970, S. 13). Durch diese Idealisierung wird die Frage der Konstitution personaler, sozialer, ethnischer und geschlechtlicher Identitäten mittels Sprache völlig ausgeklammert. Der kompetenzlinguistische Sprecher fristet sein Dasein in einem einsamen und sterilen sozialen Vakuum (= im Kopf des generativen Linguisten).

---

[158] Vgl. auch den Forschungsüberblick in Teil I, Kapitel 3: Es gibt kaum Arbeiten, die eine direkte Korrespondenz zwischen morphosyntaktischen Strukturen und Sprecheridentitäten herstellen können.

[159] Das in einem Satz verwendete Personalpronomen z. B. weist (den Hörer) darauf hin, ob auf die Sprecherin selbst (*ich*) oder ein Gegenüber (*du*) oder etwa auf eine dritte, nicht direkt angesprochene Person (*sie/er*) referiert wird. Über diese personaldeiktische Präzisierung hinaus lassen die Personalpronomina für sich betrachtet jedoch keine weiteren Rückschlüsse auf die konkreten Identitäten der Sprechenden zu. Das Gleiche gilt für die zeitliche Verortung der Aussage aus der Perspektive des Sprechenden mit Hilfe des Tempussystems und der Adverbien. Vgl. ausführlich dazu Kapitel 4.3.

Wie Krämer (2001) in ihrem Kompendium sprachtheoretischer Positionen des 20. Jahrhunderts aufzeigt, fokussieren nicht allein biologisch-nativistische Ansätze (im Gefolge Chomskys) „eine universale Sprache bzw. Kommunikation, ‚hinter' dem Sprechen" (ebd., S. 11).[160] Neben Transformationsgrammatikern und anderen strukturalistisch ausgerichteten Nachfolgern de Saussures vertreten auch der pragmatischen Wende verpflichtete Sprechakttheoretiker wie Searle und Universalpragmatiker wie Habermas die Auffassung, es gebe *„einen logisch-genealogischen Vorrang der Sprache gegenüber dem Sprechen"* (ebd., S. 96).[161] Sämtliche Vertreter dieser Linie glauben, bei der Erforschung der Sprache gälte es tief unter der Oberfläche angesiedelte Phänomene aufzudecken: Langue, Kompetenz, universalpragmatische Regeln und kommunikative Muster.

Demgegenüber steht die auch hier vertretene Ansicht, dass die offen zutage tretenden Phänomene der Parole, der Performanz, des Gebrauchs, d. h. die konkreten Realisierungen von primärem Interesse sind. Krämer schlägt eine performanztheoretische Ausrichtung der Sprachtheorie (und letztlich der Sprachanalyse) vor, wie sie durch die Theorien von Wittgenstein, Austin, Luhmann, Butler u. a. bereits begründet worden ist. Dieser Linie schließt sich auch die vorliegende Studie an, da Sprache[162] in erster Linie als Performanzphänomen eine identitätskonstitutive Rolle spielt. Ohne den Nutzen der systemorientierten Sprachbetrachtung abstreiten zu wollen,[163] wird hier, wie auch bei Linke et al. (2003a), für eine „Linguistik der sprachlichen Praxis" plädiert. In dieser Perspektive wird zum linguistischen Gegenstand alles, „was zum Beispiel unter Wittgensteins Begriff des ‚Sprachspiels' fällt, d. h. das Ganze ‚der Sprache und *der Tätigkeiten, mit denen sie verwoben ist'* [Wittgenstein, TLP]" (ebd., S. X). Für solch

---

[160] Kontroverse sprachwissenschaftliche und sprachphilosophische Diskussionsbeiträge zu der Frage „Gibt es eine Sprache hinter dem Sprechen?" versammelt der gleichnamige Sammelband, hg. v. Krämer und König (2002).

[161] Krämer (2000, S. 33) führt dazu aus: „In den sprechakt- und kommunikationstheoretischen Ansätzen im Anschluss an Austin, bleibt eine kompetenz-, wissens- und regeltheoretische Orientierung gewahrt, der gemäß jedes sprachliche Knowing-how als ein Knowing-that rekonstruierbar und erklärbar ist. Überdies wird angenommen, dass in jedem gelingenden Kommunikationsakt eine idealisierte Form der Kommunikation operativ wirksam wird".

[162] Unter Anerkennung des Umstands, dass mit dem Begriff „Sprache" auf ein linguistisches Konstrukt Bezug genommen wird, dass in mannigfaltigen Lebenswirklichkeiten in der Gestalt heterogener sprachlicher Kodes und immer als konkretes Sprechen auftritt, kann die Redeweise von der „Sprache" beibehalten werden, so auch im Titel dieser Arbeit.

[163] Problematisch ist insbesondere an den formalisierten Sprachbeschreibungsversuchen, dass sie die sprachgebrauchenden Individuen völlig aus dem Blick verlieren.

eine Linguistik der „lebendigen Rede" (Günthner 2003), die mit ihrem sprecher- und hörerbezogenen Fokus auch die Prozesse der Identitätskonstruktion zu erfassen vermag, sind Ansätze wie die Gesprächs- und Konversationsanalyse, die Interpretative Soziolinguistik, die Diskursanalyse, die Interaktionale und die Anthropologische Linguistik relevant (vgl. ebd., S. 190).[164]

In Anlehnung an Stegu (2000, S. 205 ff.), seien die „Langue" als ein Gebilde „fixierter, systematisierter Konstruktionen", die „Parole" als Modus der Identitäts- und „Wirklichkeitskonstruktion im Gespräch" und schließlich „Sprachtheorien" als „‚Konstruktionen zu Konstruktionen'" definiert. Wird „die Sprache" als – für viele Bereiche der Theorie und Anwendung durchaus zweckmäßiges – abstraktes Konstrukt (der Sprachwissenschaftlerinnen) anerkannt, ergibt sich daraus der Primat des konkreten Sprechens als alleiniger empirischer Grundlage, als Lebenspraxis und als grundlegender Modus der Welt- und Selbstkonstitution. Bereits de Saussure wies darauf hin, dass wir nur über das individuelle Sprechen, die Performanz, Rückschlüsse auf die Langue ziehen können. Wenn wir von der Ontologisierung der Sprache Abstand nehmen, brauchen wir sie aus der Sprachtheorie nicht auszuschließen, sondern können sie mit Krämer definieren als „Inbegriff dessen, was in der Vergangenheit einer Kultur gesprochen wurde: sedimentierte, sich wiederholende Sprechpraktiken also. In der Gegenwart existiert nicht ‚die' Sprache, sondern nur das Sprechen, dessen Spielräume allerdings begrenzt und eröffnet sind durch die Figurationen vergangenen Sprechens" (Krämer 2001, S. 259). Sprache entsteht dank der stetigen Wiederholung der Vergangenheit in der Gegenwart (= Performanz); sie wird durch linguistische Analysen (re-)konstruiert und ist in Grammatiken und in der Fachliteratur fixiert.

„Die Performanz als die jeweils aktuelle und empirisch zugängliche kommunikative Praxis" (Linke et al. 2003b, S. XIV) ist hingegen der Ort, an dem Sprechsituationen, geteilte Wirklichkeitsmodelle und die Identitäten der jeweils Sprechenden konstruiert werden.

> Zug um Zug konstituieren sie sich aus den Beiträgen der Teilnehmenden. Es gibt nicht nur eine allmähliche Verfertigung der Gedanken beim Sprechen, sondern auch eine allmähliche Verfertigung der Situation, ein sukzessives Hervortreten (und Hervortreten-Lassen) von Rollenansprüchen und Rollenzuweisungen, von Rollenakzeptanzen und -zurückweisungen, von emotionellen Befindlichkeiten und kommunikativen Zielen – nicht immer in bewusster Absicht der Interagierenden, aber als sprachliche Benehmensformen [Wittgenstein, TLP] immer medial geprägt.
>
> ebd. (S. XV)

---

[164] Vgl. den Forschungsüberblick in Teil I, Kapitel 3.

Erst der vogelperspektivische Panoramablick auf verschiedene „Existenz- und Gebrauchsformen von Sprache" (Ortner/Sitta 2003, S. 13) ermöglicht die Erfassung der unterschiedlichen Existenz- und Lebensformen der Sprechenden, d. h. ihrer jeweiligen Identitäten. Das identitätskonstitutive Moment der menschlichen Sprache wird in den verschiedenen Ausprägungen des Sprechens offenbar. Es äußert sich in den verschiedenen Varietäten und Sprechstilen, die in einer Sprachgemeinschaft existieren und an denen die einzelnen Sprecherinnen im Sinne von Sprachspielen oder Lebensformen (Wittgenstein) teilhaben.[165] Sprache wird hier daher nicht rein funktionalistisch als Werkzeug oder Instrument der Selbstkonstitution verstanden. Die vielfältigen Formen des Sprechens werden vielmehr als grundlegende Modi der Identitätskonstruktion, als menschliche Lebensformen betrachtet.

Da „die Langue" bzw. „die Sprache" Abstraktionen darstellen, wird im Rahmen der vorliegenden Arbeit, ähnlich wie bei Ágel (1997), für eine konstruktivistisch fundierte Linguistik plädiert, die beim konkreten Sprechen ansetzt und dieses zum primären Gegenstand der Sprachwissenschaft erklärt. Dabei wird den systembezogenen Abstraktionen keineswegs ihr Sinn abgesprochen. Auch für de Saussure lassen sich Langue und Parole nicht voneinander trennen.[166] Schließlich haben wir Zugang zur Langue (bzw. konstruieren diese) nur über die Parole,[167] sodass die Langue, „Saussures Regelhaftes und Soziales, das psychisch repräsentierte Wissen, nichts anderes darstellt als ein in den Gehirnen gespeichertes Modell, eine Theorie der Parole" (ebd., S. 68). Und allein die Parole nimmt sprecherspezifische Ausprägungen an, aufgrund derer wir als Hörerinnen in alltäglichen sprachlichen Orientierungsinteraktionen Rückschlüsse ziehen, nicht auf die Langue (das tun die Linguistinnen), sondern vielmehr auf die Identitäten unserer Interaktionspartnerinnen.[168] Sprecherbezogene Bedeutungen und damit auch Identitätsmerkmale konstruieren wir, indem oder während wir involviert sind in „das konkrete Sprechen als Tätigkeit" (ebd., S. 80).

---

[165] Genau das ist auch gemeint, wenn Maturana und Varela (1987, S. 226) die Existenzform des Beobachters als das „In-der-Sprache-Sein" beschreiben.

[166] „Die menschliche Rede hat eine individuelle und eine soziale Seite; man kann die eine nicht verstehen ohne die andere." (de Saussure 1931, S. 33). Bei der Dichotomie „Langue-Parole" handelt es sich folglich um ein komplementäres Begriffspaar.

[167] Aus Sicht der konstruktivistisch fundierten Linguistik ist freilich auch das Sprechen bzw. das Gesprochene nicht direkt zugänglich, sondern wird von Hörerinnen intern konstruiert.

[168] Sprachlich konstruiert werden nicht nur Identitäten, sondern auch alle anderen Elemente unserer geteilten Wirklichkeiten.

2 Norm, Identität und Alterität in der Sprachtheorie Coserius

Im Folgenden wird gezeigt, inwiefern wichtige Elemente der Sprachtheorie Coserius Anknüpfungspunkte für identitätsbezogene Überlegungen bzw. Erweiterungen bieten.

2.1 Sprache, Sprechen und Sprachwandel bei Coseriu

Auch Coseriu betont in seinen sprachtheoretischen Arbeiten[169] die Bedeutung des konkreten Sprechens und wendet sich damit gegen die im traditionellen Strukturalismus vorherrschende Überbetonung der Sprache. Coseriu geht es vor allem um das Erklären des internen Funktionierens von Sprache (synchrone Sicht)[170] sowie um das Verständnis der Entstehung einer Sprache (diachrone Sicht). Ausgangspunkt für beides ist das Sprechen, da die Sprache konkret im Sprechen erscheint und funktioniert (Coseriu 1974, S. 37).

> Um den Mechanismus des Sprachwandels zu verstehen, muß man sich [...] – um de Saussure, jedoch in einem genau entgegengesetzten Sinn, zu paraphrasieren [Saussure, Cours de linguistique générale, Lausanne-Paris 1916, S. 25, zit. n. Coseriu 1974, S. 25] – ‚von Anfang an auf das Gebiet des Sprechens begeben und es als die Norm aller anderen Äußerungen der Sprache [...] gelten lassen'. Nicht nur das Diachronische, auch alles, was in einer Sprache synchronisch ist, ist dies jeweils nur durch das Sprechen, wenn auch das Sprechen wiederum nur durch die Sprache existiert.
>
> ebd. (S. 24 f.)

Zwar geht es Coseriu vorrangig um den internen Aufbau und um das Funktionieren der Sprache, dennoch bestehen offenkundige Übereinstimmungen mit der hier vertretenen Position hinsichtlich der Betonung der Sprechaktivität. Das Funktionieren des Sprachsystems, die Mechanismen des Sprachwandels[171] und auch das Identitätsphänomen werden als Sache der Sprechenden aufgefasst.

---

[169] Vgl. insbesondere sein zentrales Werk „Synchronie, Diachronie und Geschichte. Das Problem des Sprachwandels" (München: Fink, 1974).

[170] Für ein Beispiel der synchronen, funktionellen, strukturellen und vergleichenden Sprachanalyse Coserius vgl. seine Abhandlung „Das romanische Verbalsystem" (1976). Sie enthält gleichzeitig eine konzise und gut verständliche Einführung in seine Sprachtheorie.

[171] Zu Definition und Abgrenzung von Sprachwandel- und Grammatikalisierungsforschung vgl. Diewald (1997, S. 101 ff.)

Coseriu distanziert sich von formalistischen Positionen und entwickelt einen funktionalistischen Ansatz. Er begreift in Anlehnung an Humboldt die Sprache als Tätigkeit („energeia") und nicht als Werk („ergon"), genauer gesagt als eine „schöpferische Tätigkeit" (vgl. Coseriu 1976, S. 17 ff.) in aristotelischem Sinne. Auf sprachstruktureller (Mikro-)Ebene ist für Coseriu das Sprachwandelphänomen ein Beweis für das Sprachlich-Schöpferische, das in der stetigen „Erfindung des ‚Früher-nicht-existierenden'" (ebd., S. 19) besteht. Es handelt sich um „das in den Sprachüberlieferungen historisch ununterbrochene Erscheinen von Formen, sprachlichen Verfahren und Bedeutungen, die früher nicht existierten und die von den Sprechern geschaffen, erfunden worden sind" (ebd.). Für die Makroebene der sprachlichen Identitätskonstruktion lässt sich Analoges ableiten. Das schöpferische Moment der Sprache kommt ins Spiel, wenn es um die Konstruktion der Spracheridentität – seine Selbst-Erschaffung – im konkreten Sprechen geht. Derzeit zeigt sich dies besonders deutlich am Beispiel der Internet-Kommunikation: In der Chat-Kommunikation erfinden sich die Teilnehmenden bspw. mit Hilfe neuartiger verbaler (vgl. z. B. Verbstämme wie *freu*, *hüpf*, *knuddel*) und nonverbaler (vgl. z. B. Emoticons wie ;o), :-() Formen als virtuelle Identitäten neu. Ein sonst viel langsamer verlaufender Prozess ist aufgrund der besonderen Kommunikationsbedingungen im Internet beschleunigt: Die Herausbildung neuer Sprachformen und -konventionen und der Prozess der Selbst-Erschaffung gehen Hand in Hand.

Bezug nehmend auf Coseriu (1974) macht Lehmann (1985) den Wunsch nach Expressivität als Triebfeder des Sprachwandelprozesses aus:

> To the degree that language activity is truly creative, it is no exaggeration to say that languages change because speakers want to change them. This does not mean, of course, that they intend to restructure the linguistic system. It does mean, however, that they do not want to express themselves the same way they did yesterday, and in particular not the same way as somebody else did yesterday.
>
> ebd. (S. 315)

Kreativität und das Bedürfnis nach Expressivität werden in dieser Perspektive zum Auslöser dafür, dass Sprecherinnen neue sprachliche Muster realisieren und so die Entstehung neuartiger grammatischer Formen provozieren (vgl. Diewald 1997, S. 101 ff.).

Die folgende These geht noch etwas weiter: Die sprecherseitige Kreativität und Expressivität ziehen Veränderungen und Konsequenzen auf zwei Ebenen nach sich: 1. Sie initiieren Sprachwandelprozesse (Ebene des Sprachsystems) 2. Sie führen zu dynamischem Identitätswandel (individuelle/soziale Identitätsebene). Genau diese, miteinander verwobenen Prozesse scheint der Philosoph Rorty im Blick zu haben, wenn er schreibt, dass jede Selbsterschaffung und -veränderung eines neuen Vokabulars bedarf.[172] Wir würden (in Anlehnung an Nietzsche)

> den einzigen Teil unseres Selbst, auf den es ankommt, [...] schaffen, indem wir unseren Geist konstruieren. Seinen eigenen Geist konstruieren heißt, seine eigene Sprache konstruieren, statt sich das Maß des eigenen Geistes durch die Sprache, die andere Menschen uns hinterlassen haben, vorgeben zu lassen."
>
> Rorty (1991, S. 59)

Ohne die Gültigkeit des wittgensteinschen Privatsprachenarguments bestreiten zu wollen – schließlich sind die sprachschöpferischen Identitätsentwürfe auf der personalen und auf der sozialen Ebene angesiedelt –, kann festgehalten werden, dass die Neukonstruktion des Selbst ein neues, idiosynkratisches Vokabular voraussetzt. Ob Sprachwandel als Folge oder Bedingung dieser Prozesse anzusehen ist, muss dabei offen bleiben.

2.2 Funktionelle Sprache, System und Norm

Eine Sprache, die in der Rede realisiert und unmittelbar gesprochen werden kann, bezeichnet Coseriu als „funktionelle Sprache". Von Bedeutung für identitätsbezogene Überlegungen auf sprachstruktureller Ebene ist der Umstand, dass Coseriu in Bezug auf die funktionelle Sprache zwischen „System" und „Norm" unterscheidet.[173]

> Das System enthält alles, was objektiv funktionell ist, d. h. alles, was die sprachlich unentbehrlichen Gegenüberstellungen darstellt; die Norm alles, was objektiv nicht funktionell, aber im Sprechen normal, gemeinsam, traditionell ist. Im Deutschen ist der Unterschied zwischen den Phonemen /v/ (w geschrieben) und /b/ objektiv funktionell: es unterscheidet z. B. zwischen *Wahn* und *Bahn*. Das Phonem /v/ kann aber zwei verschiedene Aussprachen haben: [v] (labiodental) und [β] (bilabial). Für manche Deutschen ist die Aussprache [v] normal, für andere die Aussprache [β]. Beide Aussprachen stellen verschiedene Normen dar, die mundartlich begrenzt sind.
>
> Coseriu (1976, S. 32)

Das Beispiel zeigt, dass ein und demselben System (dem Deutschen) mehrere Normen (hier: dialektale Varietäten) entsprechen können. Für eine funktionelle Sprache setzt Coseriu eine Struktur mit drei Schichten an. Diese sind in der folgenden Übersicht um entsprechende identitätskonsti-

---

[172] Zur Argumentation Rortys vgl. auch Bickes (1995a).
[173] Vgl. Coseriu (1976, S. 32–35). Für eine eingehende Erörterung der coseriuschen Dichotomie „System-Norm" siehe auch Coseriu (1975, 1979a u. 1979b). Coseriu (1975 u. 1979a) enthalten zudem eine gründliche Auseinandersetzung mit Saussures Begriffspaar „Langue-Parole". (vgl. ebd., S. 57 ff.).

tuierende Aspekte der Sprache und des Sprechens ergänzt (jeweils in eckigen Klammern):

System (**das Funktionelle**) [= die abstrakte Einzelsprache, z. B. das Deutsche als Konstrukt, M. K.]

Norm (**das einfach „Normale", „Gemeinsame"**) [= soziale Identitäten konstituierende Sprachvarietäten, Dialekte, Ethnolekte, Register, Sprechstile etc., z. B. die Jugendsprache, das Sächsische, die (regionale) Umgangssprache, der Behördenstil u. v. a. m., wobei es sich gleichfalls um linguistische Konstrukte handelt, M. K.]

Rede (**die Realisierung der Sprache im Sprechen**) [= personale Identität konstituierende Realisierung bestimmter Sprachvarietäten und bis zu einem gewissen Maße auch eines persönlichen Idiolekts, konkretes empirisches Material, M. K.] (vgl. ebd., S. 34)

In Bezug auf den bereits erwähnten Fall des deutschen Phonems /v/ liegt also

O eine einzige funktionelle Einheit im System der deutschen Sprache vor (die verschiedenen Aussprachen des /v/ ziehen keine Bedeutungsunterschiede nach sich)

O zwei unterschiedliche Einheiten in der Norm (die Aussprache [v] identifiziert die betreffende Sprecherin als hochdeutsch sprechendes, regional nicht zuzuordnendes Mitglied der deutschen Sprachgemeinschaft, [β] hingegen als Dialektsprecherin), und

O eine quantitativ unbegrenzte Variation, eine Vielzahl von unterschiedlichen [v]- und [β]-Phonen in der konkreten Rede, bei den verschiedensten Sprechgelegenheiten und Sprecherinnen:

Die folgende Abbildung verdeutlicht dies:

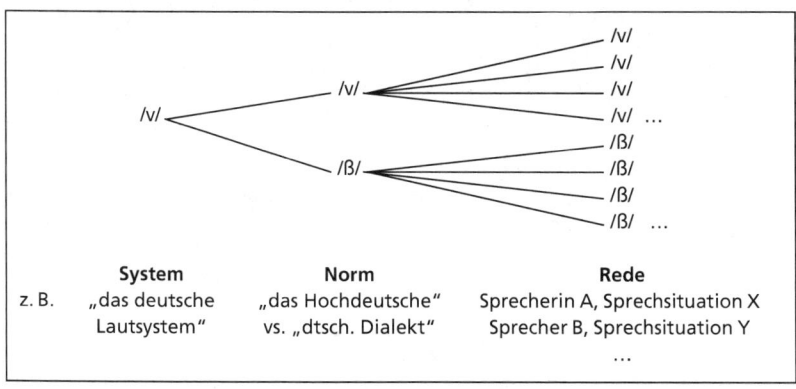

Abb. III.1: *System, Norm und Rede (in Anlehnung an Coseriu 1976, S. 34)*

Das Sprachsystem hält jene idealen Strukturen vor, „die wesentlich sind und unabdingbare funktionelle Oppositionen bilden" (Coseriu 1979a, S. 56). Es ermöglicht eine Vielzahl von Realisierungen, sofern die funktionellen Beschränkungen des Systems nicht verletzt werden (vgl. ebd., S. 57). So besteht ausreichend Freiheit, bestimmte Normen – und damit Sprachidentitäten – festzulegen. Mit der notwendigen Fixierung von Normen werden die relativen Freiheiten des Systems auf bestimmte Optionen festgelegt, die in der Folge für die Identität oder Nicht-Identität der jeweiligen Sprechenden maßgeblich sind.

Ihre Wir-Identität konstruiert eine Sprechergemeinschaft demnach durch Selektion einer bestimmten Norm aus einem Sprachsystem. Eine personale Identität konstruiert eine Sprecherin hingegen durch die Realisierung bestimmter Normen in bestimmten Sprechsituationen (= ihre Rede/n). So wie die Norm eine (soziale/kollektive) Auswahl aus den von einem System bereitgestellten Möglichkeiten darstellt, ist die Rede als konkrete (individuelle) Verwirklichung einer bestimmten Norm zu verstehen. Diese Norm als traditionell in einer Sprachgemeinschaft verwirklichtes Muster ist dabei nicht zu verwechseln mit den statuierten und kodifizierten Regularien, wie sie in präskriptiven Grammatiken vorzufinden sind. Coserius Normbegriff zielt auf von einer Sprechergemeinschaft unbewusst herausgebildete und etablierte Muster,[174] die in der Folge zum Gegenstand von – meist institutionalisierter, bewusst und planvoll betriebener – Sprachkritik und Sprachbewertung werden können.[175]

Jeder Sprecher realisiert – nicht simultan, sondern sukzessive in unterschiedlichen Sprechsituationen und -settings – mehrere Normen und ist folglich ein Mehr-Identitäten-Redner. Eine personale Sprachidentität resultiert aus der Partizipation an verschiedenen Normen (= sozialen bzw. kollektiven Identitäten) und in der zusätzlichen individuellen Verwirkli-

---

[174] Coseriu (1979a, S. 55 f.) beschreibt diesen Prozess folgendermaßen: „Das Individuum realisiert also konkret in seiner Gemeinschaft geläufige Modelle und Strukturen, indem es sie in seinem Sprechen wiedererzeugt". Damit realisiert das Individuum eine usuelle Norm, die Veith (2002, S. 45) der präskriptiven Norm gegenüberstellt.

[175] Der Umstand, dass Sprachnormen häufig zum Gegenstand linguistischer und nichtlinguistischer Sprachkritik werden, zeugt davon, welch enge Verbindung zwischen Sprachnorm und Sprachidentität aus der Perspektive von Sprecherinnen besteht. Bickes (1995b) zeigt auf, inwiefern Sprachbewertungen dazu beitragen können, dass Individuen eine positive soziale Identität entwickeln: „Sie leiten dazu an, lebensformspezifische Sprachspiele herauszubilden und fördern die Eingliederung des Einzelnen in eine Sprachgemeinschaft. Sie zeigen dem Einzelnen, wie er sich verhalten muß, um erfolgreich kommunizieren zu können". (ebd., S. 11). Sprachbewertungen begünstigen so den Erwerb kommunikativer Kompetenz und fördern die freie Entwicklung persönlicher Identität und Erkenntnis (vgl. ebd., S. 25).

chung dieser Normen. Daher ist jede individuelle Sprachidentität grundsätzlich multipel, z. B. „ich als Jugendlicher" (= Jugendsprache-Sprecher), „ich als Rheinländer" (= Rheinländisch-Sprecher) etc. und gleichzeitig unverwechselbar („ich, Peter Müller"). Während die einzelnen, auf Sprachnormen basierenden Teilidentitäten aufgrund ihrer sozialen Fundierung austauschbar sind, ist es die Letztgenannte nicht. Als individuelles Realisierungsmuster eines ganz bestimmten Normensets garantiert sie die Individualität des jeweiligen Sprechers.

Die Unterscheidung zwischen „System" und „Norm" vermag, so Coseriu, die Problematik der Dichotomie „Langue-Parole" aufzulösen und „das Funktionieren der Sprache, die Sprachtätigkeit als Schöpfung und Wiederholung (Nachschöpfung), als obligate und freie Bewegung im Rahmen der vom System gegebenen Möglichkeiten, zu klären" (ebd., S. 59). Das Phänomen des Sprachwandels ist Konsequenz der Freiheit und Auflehnung des Individuums gegen die gesellschaftlich und kulturell festgelegte Norm (ebd.). Sprachwandel ist folglich mit der sprachlichen Konstruktion sozialer und personaler Identität eng verknüpft.

2.3 Alterität und Identität

Bedeutsam im Hinblick auf die Konstruktion von Sprachidentität ist auch die in Coserius Sprachtheorie wiederholt hervorgehobene Alterität und Dialogizität der Sprache. Sprache ist *„Dialog, Sprechen mit dem anderen"* (Coseriu 1974, S. 60), „die primäre Grundlage und die primäre Ausdrucksweise der *Intersubjektivität* [...], des *Seins mit dem anderen"* (ebd.). Schließlich bedeutet „das *Sprechen wie andere",* zu sprechen, *„wie schon gesprochen worden ist,* in Einklang mit der Tradition" (ebd.). Insofern bedeutet Sprechen eine soziale, durch die Intersubjektivität und Historizität einer bestimmten Sprache konstituierte Identität zu haben.

Sprache ist für die Identität des Menschen als Mensch maßgeblich. Nur als Sprechender kann der Mensch sich die Frage nach seiner Identität stellen (und beantworten) und gleichzeitig seine Wirklichkeit konstruieren. Die Sprache ist, so Coseriu, für den Menschen definitorisch und charakteristisch:

> Der Mensch als solcher [...] tritt als ein Wesen, das spricht, mehr noch, als *das sprechende Wesen* auf, d. h. als das Wesen, das eine Welt der Bedeutungen schafft [...]. Dadurch ist der Mensch auch das Wesen, das fähig ist, sich selbst und die Welt zu interpretieren, das sich nach seinem eigenen Schicksal und nach dem Sinn des Seins fragt, das Wesen, für welches es selbst und die Welt Probleme darstellen können (da ja das Sich-Fragen erst und nur durch die Sprache ermöglicht wird).
>
> Coseriu (1979d, S. 118 f.)

Bickes (1995b, S. 21) führt diesen Gedanken noch weiter, wenn er schreibt, dass Selbstreflexion sowie die Herausbildung eines Selbstbewusstseins und einer personalen Identität vor dem Hintergrund des wittgensteinschen Privatsprachenarguments nur als Spezialfälle der sozialen Prozesse des Meinens und Verstehens innerhalb einer Kommunikationsgemeinschaft zu verstehen sind. Reflexive Prozesse und Identitätskonstitution erfordern das Verfügen über eine gemeinsame Sprache, über mit anderen geteilte Zeichensysteme und kommunikative Handlungsmuster. Mit anderen Worten: Es gibt keine Identität ohne Alterität auf sprachlicher Ebene.

An anderer Stelle heißt es bei Coseriu, dass „die Sprache für die Definition des Menschen grundlegend [ist]. Einerseits ist sie *Logos*, Erfassung des Seins, andererseits ist sie *intersubjektiver Logos*, Form und Ausdruck der Historizität des Menschen. Der Mensch lebt somit in einer sprachlichen Welt, die er selbst als historisches Wesen schafft" (Coseriu 1979c, S. 103).

So gelingt es Coseriu, im Rahmen seiner funktionellen Sprachwissenschaft die Perspektive des sprechenden Egos und Alters mit der historischen Sicht auf die Sprache zu verbinden. Schlieben-Lange (1998) hat gezeigt, welch zentralen Stellenwert die sprachtheoretische Kategorie der Alterität, die essenziell ist für die Konstitution von Identität, in Coserius Arbeiten einnimmt. Alterität bedeutet für Coseriu das Sprechen-wie-andere und das Sprechen-für-andere. Die Nähe zu symbolisch-interaktionistischen Identitätstheorien, insbesondere zu der Meads (vgl. auch ebd.), und zu sozialkonstruktivistisch inspirierten Ansätzen[176] ist evident, insofern auch diese das dialogische und intersubjektive Moment der Identitätskonstitution hervorheben. Die menschliche Sprache scheint als intersubjektives, stets einen Anderen einbeziehendes Medium prädestiniert zu sein für Prozesse der personalen wie sozialen Selbstkonstitution.

Nicht nur für das Verstehen der Sprachgeschichte, für die Ebene der Norm und für die mit ihr verbundene Konstitution sozialer und personaler Identitäten ist die Berücksichtigung der Alteritätskategorie unabdingbar. Auch für die Begründung einer Linguistik des Sprechens ist sie wichtig. Denn beim Sprechen führen wir, so Schlieben-Lange (ebd., S. 53), zwei miteinander verwobene Grundaktivitäten durch: „die des Referierens und die des Alterisierens" (ebd.). Letzteres meint die sprachliche Einbeziehung

---

[176] Vgl. Teil II dieser Arbeit. Schlieben-Lange (1998, S. 51) kritisiert konstruktivistische Positionen dafür, dass sie die Alteritätsdimension der Sprache nicht angemessen berücksichtigt, insofern sie die Kompatibilität von Weltinterpretationen nur im Sinne von Viabilität und Kompatibilität erfassten. Insbesondere in Teil I, Kapitel 1 und 2, sowie in Teil II, Kapitel 7 wurde aufgezeigt, dass eine sozialkonstruktivistische Sichtweise diesen Mangel beheben kann. Zu sprachtheoretischen Implikationen des sozialen Konstruktivismus vgl. Kapitel 6 und 7 in diesem Teil.

des Anderen, ein Verfahren, für das die deutsche Sprache mit den Abtönungspartikeln ein eigenes Mittel zur Verfügung stellt (ebd., S. 54). Dass zu den Aktivitäten des Referierens und des Alterisierens noch eine dritte, sprecherbezogene hinzukommt, wird in Kapitel 4.2.3 gezeigt.

2.4 Schichtungen der Sprache

Bei Coseriu findet sich schließlich der scharfsinnige Versuch, das Heterogene des Sprechens in die Konzeptualisierung des Sprachsystems einfließen zu lassen. Er ist der Ansicht, „daß eine historische Sprache, auch synchronisch betrachtet, nicht *ein* System ist, sondern ein *Diasystem*, ein Gefüge von Systemen" (Coseriu 1976, S. 27). So gehören im Deutschen die Verben *gucken* und *schauen* oder *schmeißen* und *werfen* unterschiedlichen Sprachtechniken[177] an und kommen i. d. R. nicht im gleichen Text vor. Es gibt drei Arten von Unterschieden in der Sprachtechnik synchronischer Sprachen, die allesamt identitätsrelevant sind:

> a) im Raum: diatopische Unterschiede
> b) in den sozial-kulturellen Schichten: diastratische Unterschiede
> c) zwischen den Typen der subjektiven Ausdrucksweisen (z. B. zwischen einer familiären und einer gehobenen Ausdrucksweise): diaphasische Unterschiede
> Durch die Abgrenzung dieser Unterschiede (durch ideelle Linien, die man „Isoglossen" nennt), stellen wir in einer synchronischen historischen Sprache diatopische, diastratische und diaphasische Einheiten (Systeme) fest.
>
> ebd. (S. 27 f.)

Bei den diatopischen Systemen handelt es sich um die Dialekte bzw. Mundarten. Unter die diastratischen, von Coseriu als Sprachstufen (oder Niveaux) bezeichneten Systeme fasst die Soziolinguistik die Soziolekte, während die diaphasischen Einheiten den so genannten Sprechstilen oder Registern entsprechen. Geben wir – mit Coseriu – die Vorstellung eines einzigen, einheitlichen Sprachsystems auf und differenzieren dieses vielmehr in eine Vielzahl von Subsystemen bzw. Varietäten aus, bekommt der ehemals konturlose „ideale Sprecher" nunmehr eine Identität, die sich aus seiner Teilhabe an den verschiedenen, diatopischen, diastratischen und diaphasischen Sprachvarietäten speist.

---

[177] Die „Sprachtechnik" enthält nach Coseriu „alles, was den Sprechern für die Konstruktion neuer Ausdrücke zur Verfügung steht, d. h. die Wörter und die grammatikalischen Instrumente und Verfahren, die Regeln für die Modifizierung und Kombinierung der Wörter in der Rede" (Coseriu 1976, S. 27). Das „Gesprochene" bzw. die „wiederholte Rede" enthält demgegenüber „alles, was als Ausdruck, als Satz, fixiert ist, dessen Teile nicht ersetzbar sind" (ebd., S. 25). Dazu zählen idiomatische Ausdrücke wie *Wie du mir, so ich dir.* u. ä.

3 Sprache als Polysystem – Identität als sprachliche Polyperformanz

3.1 Stabile Homogenität vs. dynamische Heterogenität der Sprache

De Saussure und seinen Nachfolgern ging es darum, „die Beweglichkeit, die Veränderlichkeit und die Heterogenität des Sprechens auszuschließen" (Coseriu 1974, S. 25). Daher gingen sie aus von einem homogenen Sprachsystem, das sich für alle Mitglieder einer Sprachgemeinschaft durch die gleichen Systemelemente und die gleichen Oppositionsbeziehungen auszeichnet. Die Idee eines von psychosozialen Variablen isolierten, statischen Sprachsystems stellt eine ebensolche Idealisierung dar wie die Kompetenz des idealen Sprechers/Hörers im Rahmen der generativen Grammatik. Beide Idealisierungen werden weder der Heterogenität des Sprachgebrauchs noch der Multiplizität und Flexibilität von Sprecheridentitäten gerecht.

> Entgegen dem Augenschein also, der durch unsere substantivierende Rede von ‚der Sprache' geschaffen wird, tritt unsere Sprachlichkeit auf in einer Vielzahl divergierender, amorpher und oftmals flüchtiger Prozesse.
>
> Krämer (2000, S. 32)

Mit der Konzeptualisierung eines geschichteten sprachlichen Diasystems rückte Coseriu entschieden von der reduktionistischen Homogenitätsannahme des traditionellen Strukturalismus ab. Im Sinne einer „Linguistik der lebendigen Rede"[178], wie sie insbesondere von sozio- und interaktionslinguistischen Ansätzen vertreten wird, plädiert auch diese Studie für die Anerkennung der Heterogenität und Fluidität der Sprache und des Sprechens.

Doch nicht nur auf der sozio- und interaktionslinguistischen Makroebene ist von einer Fluidität des Sprechens auszugehen, auch die sprachstrukturelle Mikroebene ist durch große Veränderlichkeit gekennzeichnet, wie etwa die jüngere Grammatikalisierungsforschung gezeigt hat. Diese linguistische Disziplin begreift die kontinuierliche Entstehung neuer grammatischer Elemente aus dem Lexikon und die Flexibilität des grammatischen Systems als zentrale Prinzipien der Sprache. Die Vorstellung eines stabilen synchronen Ist-Zustands und die strikte Trennung von Synchronie-Diachronie werden daher verworfen (vgl. Diewald 1997, S. 1). Die Beobachtung, dass sich sprachliche Strukturen im Sprachgebrauch perma-

---

[178] Siehe oben, Kapitel 1.

nent wandeln, d. h. nie vollständig oder dauerhaft fix sind, veranlasste Hopper, das Konzept der „emergent grammar" einzuführen: „Er betont, daß die Grammatik des synchronen Zustands einer Sprache letztlich kein deutlich abgegrenztes, homogenes und stabiles Regelsystem ist, wie wir im allgemeinen anzunehmen gewohnt sind, seit de Saussure den Begriff der *langue* prägte" (Diewald 1997, S. 5). Hoppers Modell liegt das Grundprinzip der steten Dynamik der (Um-) Bildung musterhafter Strukturen zugrunde. Dieser permanente Umbau des Sprachsystems gilt als kommunikativ-funktional motiviert (vgl. Diewald 1999, S. 2).

3.2 Varietätenlinguistischer Ansatz

Wenn wir die sprachlichen Konstruktionsweisen der Identität in den Blick bekommen wollen, müssen wir die Mikrobene des Sprachsystems zunächst verlassen und nach Analyseverfahren Ausschau halten, die außersprachliche Größen berücksichtigen. Die Einbeziehung handlungs- und kontextbezogener Variablen sowie soziokultureller Faktoren in die Beschreibung von Sprache bzw. von aktuellem Sprachgebrauch leistet seit den 60er Jahren des vorigen Jahrhunderts die Soziolinguistik. Unter der Bezeichnung „Varietätenlinguistik" bekannt geworden ist diese sprachwissenschaftliche Teildisziplin, weil sie die so genannten sprachlichen Varietäten als im weitesten Sinne soziokulturell geprägte Sprachformen zum Untersuchungsgegenstand hat. Für die hier behandelte Fragestellung ist dabei von besonderem Interesse, dass eine Korrelation zwischen der (sozialen) Identität der jeweiligen Sprechenden und der von ihnen verwendeten Varietät angenommen wird. Die „Varietät" ist entsprechend „als sprachliche Variante definiert [...], deren spezifische linguistische Charakteristika mit außersprachlichen Faktoren, mit spezifischen soziokulturellen Variablen der jeweiligen Verwender dieser Variante korrelieren" (Halwachs 2001, S. 5).

Auf der Folie des varietätenlinguistischen Ansatzes sind Modelle entwickelt worden,[179] die die soziolinguistische Struktur von Einzelsprachen als Varietätenbündel darstellen. Für das hier verfolgte Ziel der sprachtheoretischen Fundierung des Verhältnisses von Sprache bzw. Sprechen und Identität erscheint eine eingehende Beschäftigung mit dem von Halwachs (1993, 2001) vorgeschlagenen Modell viel versprechend. Dieses konzeptualisiert Sprache als Polysystem (= Sicht auf das Sprachsystem) und als dynamisches Repertoire (= Sicht auf die Kompetenz des Individuums bzw.

---

[179] Vgl. z. B. Löffler (1985, S. 87).

der Gruppe) und stellt schließlich eine enge Verbindung zwischen individuellem Repertoire und Sprecherinnenidentität her.

3.3 Sprache als Polysystem

Die Erkenntnis, dass einzelne Sprachsysteme insgesamt keine starren Monosysteme, sondern dynamische und multiple Gebilde darstellen, resultiert vor allem aus den empirischen Ergebnissen der Soziolinguistik. Sie befasste sich vor dem Hintergrund der politischen Veränderungen der 60er und 70er Jahre u. a. mit dem Sprachgebrauch verschiedener sozialer Schichten (v. a. Bernstein 1970) und untersuchte z. b. den Schulerfolg von Dialektsprechern (vgl. z. B. Ammon 1972). Der Begriff „Polysystem" findet sich bereits bei Wandruszka (1979, S. 39):

> Eine menschliche Sprache ist kein in sich geschlossenes und schlüssiges homogenes Monosystem. Sie ist ein einzigartig komplexes, flexibles, dynamisches Polysystem, ein Konglomerat von Sprachen, die nach innen in unablässiger Bewegung ineinandergreifen und nach außen auf andere Sprachen übergreifen.

Auf Wandruszka bezieht sich Halwachs und übernimmt den Terminus „Polysystem" (Halwachs 1993, 2001) für seine variationslinguistische Sprachdefinition.[180] Konstitutive Merkmale eines aus mehreren Subsystemen bestehenden sprachlichen Polysystems sind, so Halwachs (1993, S. 72), seine Komplexität, Offenheit und Dynamik. Ein sprachliches Polysystem umfasst mehrere, von soziokulturellen Faktoren abhängende Varietäten, die sich den räumlichen und/oder sozialen Schichten der Bevölkerung eines bestimmten Sprach- und Kulturraums zuordnen lassen. Das Polysystem besteht zum einen aus verschiedenen Sozio- und Technolekten, zum anderen aus Dialekten, Regiolekten, der Umgangssprache, einem überregional gesprochenen Standard, einem kodifizierten Standard und einer Schulnorm bzw. Schriftsprache (vgl. ebd., S. 71 f.).

Die einzelnen Varianten eines Polysystems weisen Spezifika in den Gebrauchsnormen auf, die alle sprachlichen Beschreibungsebenen betreffen. Coserius Unterscheidung zwischen System und Norm findet sich hier variationslinguistisch angewandt: Während Halwachs' „Polysystem" Coserius „System" entspricht, korreliert die „Gebrauchsnorm" mit Coserius „Norm", deren identitätskonstitutives Moment in Abschnitt 2.2 aufgezeigt wurde. Die interne und externe Durchlässigkeit eines Polysystems

---

[180] Halwachs' Sprach- und Varietätenbegriff ist an denjenigen von Denison angelehnt (vgl. Halwachs 1993, S. 72 f.).

äußert sich in Form von systeminternen und systemübergreifenden Interferenzen: „Sowohl die interne, gegenseitige Beeinflußung zwischen den einzelnen Varianten als auch die externe Wechselbeziehung zwischen Polysystemen äußert sich in Kontaktphänomenen, die sich als Interferenzen darstellen lassen" (ebd., S. 72). Festzuhalten bleibt im Hinblick auf die Fragestellung dieser Arbeit, dass die varietätenlinguistische Modellierung der Sprache als Polysystem einen geeigneten theoretisch-methodischen Rahmen bietet für Sprachanalysen, die das soziokulturelle Phänomen der Sprecheridentität zu erfassen beabsichtigen. Es bestehen zudem offensichtliche Gemeinsamkeiten zwischen dem Konzept des Polysystems und postmodernen Identitätsmodellen hinsichtlich der Merkmale der Dynamik bzw. Flexibilität und Multiplizität bzw. Komplexität.

3.4 Sprache als dynamisches Repertoire

Während der Begriff des Polysystems für die multipel-dynamische Struktur von (Einzel-)Sprachen steht, verwendet Halwachs den Terminus „Repertoire", um die Mehrsprachigkeit von Gruppen und Individuen zu beschreiben.[181] Das Repertoire einer jeden Sprecherin bzw. einer jeden Sprecherinnengemeinschaft setzt sich aus einer Vielzahl funktional determinierter Varietäten[182] zusammen. Die Varietäten eines Repertoires korrelieren in sozialer und geografischer Hinsicht mit den Sozio-, Techno-, Dia- und Regiolekten sowie den Standardvarianten sprachlicher Polysysteme. Da es sich um funktionale Varianten handelt, entsprechen sie jeweils spezifischen Kommunikationssituationen. Das folgende dreischichtige Modell kollektiver Repertoires lässt sich aus diesen Zusammenhängen ableiten:[183]

---

[181] Im Folgenden werden Halwachs' Polysystem- und Repertoiremodell sowie die von ihm hergestellten Bezüge zu Sprecheridentitäten erörtert unter Bezugnahme auf Halwachs (1993, 2001).

[182] Halwachs verwendet synonym bzw. alternativ zum Terminus „Varietät" den Begriff „Diatyp". Wegen der weiteren Verbreitung wird in dieser Arbeit ausschließlich die Bezeichnung „Varietät" verwendet. Den Terminus „Register" verwendet Halwachs (2001, S. 7) gleichfalls alternativ zu den beiden anderen, obwohl dieser Begriff in der Soziolinguistik temporär-situationsspezifische (d. h. diaphasische im Sinne Coserius) sprachliche Varianten bezeichnet. Eine scharfe Abgrenzung dieser Begriffe erscheint schwierig.

[183] Während Coserius Schichtenmodell der Sprache nach den Kriterien „regional", „sozial" und „situational" unterteilt ist (vgl. Abschnitt 2.4), liegt dem halwachsschen Repertoire-Modell eine Ausdifferenzierung im Sinne des (Kommunikative-)Nähe-Distanz-Kontinuums von Koch und Oesterreicher (1994) zugrunde.

KERNSCHICHT/ BASILEKT	die Diatypen des sozialen Mikrokosmos [...] (Familie, enge Freunde, ...), der unmittelbaren regionalen und sozialen Umgebung; d.s.: Dialekte, Stadtmundarten, Kleingruppen-Soziolekte
ZWISCHENSCHICHT/ MESOLEKT	die Diatypen des sozialen Makrokosmos (Bekannte, Beruf, ...), des weiteren regionalen und sozialen Umfelds; d.s.: Regiolekte, Technolekte, Grußgruppensoziolekte
ÄUSSERE SCHICHT/ AKROLEKT	die normierten Diatypen der Öffentlichkeit im kulturellen Großraum (Verwaltung, Schule, Medien...); d.s.: der gesprochene und der kodifizierte (= geschriebene) Standard.

Abb. III.2: Dreischichtiges Modell kollektiver Repertoires (nach Halwachs 1993, S. 73)[184]

Dieses dreischichtige Modell kollektiver Repertoires entwickelt sich in der heutigen Medien- und Informationsgesellschaft zunehmend zu einem vierschichtigen. Weltumspannende Kommunikationen und Transaktionen auf technischer, wirtschaftlicher, politischer und kultureller Ebene führen zur Herausbildung einer „äußersten Schicht", „die aus technolektalen Diatypen auf Basis des Englischen besteht und deren Einfluß auf die anderen Schichten in Form von Entlehnungen ständig zunimmt" (Halwachs 1993, S. 73). Darüber hinaus ist insbesondere im Zusammenhang mit der Nutzung audiovisueller Massenmedien und des digital vernetzten Internet die Entstehung gleichfalls vom Englischen beeinflusster „Mediolekte" (Löffler 1985) zu beobachten.

Die kollektiven Repertoires unterliegen zum einen aufgrund interner Prozesse und zum anderen dank externer Parameter einer steten Dynamik. Intern besteht eine permanente Wechselwirkung zwischen den einzelnen Schichten, die sich in Form von Interferenzen bemerkbar macht. Dabei ist die Wirkrichtung der wechselseitigen Beeinflussung vom Status der jeweiligen schichtspezifischen Varietäten abhängig. Ist der Basilekt innerhalb einer Sprechergemeinschaft z. B. von geringem Prestige und nicht verschriftlicht, gibt es hauptsächlich eine unidirektionale Wirkrichtung von außen nach innen. Bei nur kleinem Prestigegefälle zwischen den einzelnen Repertoireschichten ist indes häufig eine bidirektionale Wirkrichtung, d. h. stärkere wechselseitige Beeinflussung zu verzeichnen. Extern wird eine Repertoiredynamik häufig durch soziokulturelle Variablen hervorgerufen. Dazu zählen biografische Veränderungen bei einzelnen Sprechern, wie z. B. Orts- und Berufswechsel, und auch soziale Veränderungen etwa des Bekanntenkreises. Alle diese können Basilekt und Mesolekt ei-

---

[184] Die in dem Modell vorkommenden Bezeichnungen „Basilekt" usw. stammen aus der Kreolistik, „Kernschicht" usw. übernimmt Halwachs (1993, S. 73) von Denison.

ner Sprecherin verändern und den Erwerb eines neuen Technolekts sowie weiterer sozio-, dia- und regiolektaler Varietäten veranlassen. Aus der Perspektive der einzelnen Sprecherin liegt folglich eine permanente, lebenslange Dynamik und Wandlung des eigenen sprachlichen Repertoires vor:

> Da jedes Individuum sein Leben lang interagiert und kommuniziert, verändert sich seine soziokulturelle Situation andauernd, wodurch sich sein sprachliches Repertoire ebenfalls kontinuierlich modifiziert und erweitert. So gesehen ist Spracherwerb ein permanenter Prozeß, der sich in der Repertoiredynamik äußert und parallel der Entwicklung eines Individuums in zwei ineinander greifenden Phasen verläuft:
> 1. *Repertoire-Erwerb*: Primärsozialisation vom frühkindlichen Spracherwerb bis zur Schul- und Berufsausbildung (= Erwerb eines *Primär-Repertoires*);
> 2. *Repertoire-Shift*: Veränderungen und Erweiterungen eines *Primär-Repertoires* aufgrund der soziokulturellen Situationsdynamik.
>
> Halwachs (1993, S. 75)

Sowohl kollektive als auch individuelle Repertoires unterliegen folglich einer Dynamik, die teils durch repertoire-interne Prozesse und teils durch soziokulturelle Faktoren ausgelöst wird. In Abhängigkeit davon, wie vielen verschiedenen Polysystemen die einzelnen Varietäten eines kollektiven Repertoires zugehören, kann zwischen den folgenden vier Typen von Repertoires unterschieden werden: monolinguale, diglossische, bilinguale und plurilinguale Repertoires.

Monolinguale Repertoires liegen im Falle so genannter einsprachiger Bevölkerungsgruppen politischer und kultureller Großräume vor. So besteht das Repertoire der Bevölkerung der Bundesrepublik Deutschland meist aus einem Dialekt oder einer regional geprägten Umgangssprache als Basilekt, einem (vielfach dialektal und/oder umgangssprachlich geprägten) Standard als Mesolekt sowie dem gesprochenen und kodifizierten Hochdeutsch als überregionalem Akrolekt, der von einigen Dialektsprecherinnen allerdings nur passiv beherrscht und als schriftliche Norm gebraucht wird.[185] Ein monolinguales Repertoire stellt daher ein Subsystem bzw. einen Ausschnitt aus einem einzigen Polysystem dar, die einzelnen Varietäten sind Varianten einer Sprache. Solch eine monolinguale bzw. monosystemische Situation bildet allerdings eine eher seltene Ausnahme. Da viele offiziell monokulturelle und monolinguale Staaten aufgrund von Migration und Zuwanderung seit längerem und in immer größerem Maße verschiedene und anderen Polysystemen zuzurechnende

---

[185] Vgl. als weiteres Beispiel die von Halwachs (1993, S. 75) beschriebene Repertoirestruktur in Österreich. Zum deutschen Varietätenraum vgl. auch Löffler (1985, S. 59 ff.) sowie Huneke und Steinig (2002, S. 42 ff.).

Sprechergemeinschaften beherbergen, entpuppen sie sich bei genauerem Hinsehen in der Regel als bi- bzw. plurilinguale Gebilde. Für die Bundesrepublik Deutschland sei hier die (größte, aber bei weitem nicht einzige) Gruppe der türkischsprachigen Bevölkerung genannt. Dass es mit ihrem Polysystem aufgrund des engen Kontakts bereits zu vielfältigen Interferenzen gekommen ist, davon zeugt die Existenz von Varietäten wie dem so genannten „Türkendeutsch".

Als Sonderfall des monolingualen Repertoiretyps gelten die diglossischen Repertoires, die sich durch eine stärker ausgeprägte strukturelle und funktionale Differenz zwischen den basi- bzw. mesolektalen Varietäten einerseits und den akrolektalen Varietäten andererseits auszeichnen. Im Falle von Diglossie, wie sie bspw. in der Schweiz und in Griechenland vorliegt, werden in Abhängigkeit von situativen Faktoren zwei unterschiedliche, funktional definierte Varietäten verwendet, eine so genannte „high variety" (Hochdeutsch bzw. Katharévusa) und eine so genannte „low variety" (Schweizerdeutsch bzw. Dimotikí). Aus sprachgeschichtlichen Gründen und wegen typologischer und systemischer Gemeinsamkeiten handelt es sich jeweils um Varianten des gleichen Polysystems, die jedoch Unterschiede auf allen Sprachbeschreibungsebenen aufweisen. Dies betrifft z. B. das phonologische System des Schweizerdeutschen im Vergleich zur hochdeutschen Schriftsprache.

Die Kernschicht und die äußere Schicht bilingualer oder bisystemischer Repertoires gehören zwei verschiedenen Polysystemen an. Die Varietäten der Zwischenschicht lassen sich entweder einem der beiden Polysysteme zuordnen oder es handelt sich um basi-akrolektale Hybridformen. Bilingualismus gilt als Folge sozial-räumlicher Veränderungen und historisch-politischer Ereignisse wie Migration, Eroberung oder Kolonisation. Daher leben Sprechergruppen mit bilingualen Repertoires häufig in ehemaligen oder noch existenten Kolonien. Die Sprachen der Kolonisatoren, wie z. B. das Englische, bilden in diesen Fällen den (übergestülpten) Akrolekt, während die Muttersprachen der Einheimischen den Basilekt und neu entstandene, hybride Kreolsprachen den Mesolekt bilden können. Auch im Falle von Migration kommt es zu einer ähnlichen Repertoireaufteilung. Während die jeweiligen Muttersprachen der Migranten ihre Basilekte sind, fungiert die Sprache der dominierenden Bevölkerungsgruppe als Akrolekt. Vielfach kommt es aufgrund des hohen Assimilationsdrucks zu einem Verlust der ursprünglichen Herkunftssprache bzw. zu einer lediglich passiven Kompetenz bei den Einwanderernachkommen der dritten und vierten Generation.

Die Varietäten eines plurilingualen oder plurisystemischen Repertoires korrelieren mit Varianten drei verschiedener Sprachen. Zwar verfügen einzelne Sprecher und kleinere Gruppen durchaus über mehr als drei Sprachen, allerdings sind größere Sprechergemeinschaften mit einem kollektiven Repertoire, das aus Varianten von mehr als drei Polysystemen besteht, eine seltene Ausnahme. Bei den einzelnen Schichten eines plurilingualen Repertoires handelt es sich häufig um Ausschnitte eines der drei beteiligten Polysysteme. Dreisprachige Sprechergemeinschaften leben meist in Staaten, die aus ehemaligen Kolonien hervorgegangen und ethnisch heterogen sind. Die äußerste Schicht bildet wieder eine Varietät der Sprache der ehemaligen „Kolonialherren" (= Verwaltungsakrolekt), als mesolektaler Regiolekt dient die Sprache einer bestimmten, dominierenden Ethnie, und als Basilekt fungieren Varietäten der „ursprünglichen" Sprache der betreffenden Sprechergruppe. Dreisprachige Sprechergruppen gibt es in Indien, wo neben Englisch und Hindi (als Akrolekte) 17 weitere, staatlich anerkannte Sprachen gesprochen werden (regionalspezifische Meso- bzw. Basilekte): Assamesisch, Bengali, Gujarati, Kannada, Kashmiri, Konkari, Malayalam, Manipuri, Marathi, Nepali, Oriya, Panjabi, Sanskrit, Sindhi, Tamil, Telugu und Urdu (vgl. Asher 1994, S. 206). Hinzu kommen als Basilekte weitere indo-iranische und drawidische Sprachen sowie Dialekte (vgl. Crystal 1995, S. 298 f. und S. 308).[186]

3.5 Kollektives Repertoire, individuelles Repertoire und Identität

Welcher Zusammenhang besteht nun zwischen kollektiven und individuellen Repertoires? Die Gesamtheit der individuellen Mehrsprachigkeit innerhalb einer Sprecherinnengemeinschaft ist ihr kollektives Repertoire. Die drei Repertoire-Schichten entsprechen dabei jeweils einer Gruppe von Domänen bzw. kommunikativen Situationen, welche durch eine bestimmte soziale Nähe oder Distanz zwischen den Gesprächspartnern sowie durch weitere kontextuelle Bedingungen definiert sind. Die schichtspezifischen Varietäten korrelieren mit einer Bandbreite individueller „styles" im Sinne idiolektaler Varianten. Da die stilistischen Varianten oder „styles" eines Sprechers jeweils mit spezifischen Varietäten und insgesamt mit bestimmten Arten von kollektiven Repertoires korrespondieren, ist analog zu der Kategorisierung kollektiver Repertoires eine Einteilung individueller Repertoires in mono-, bi- und plurilinguale möglich. Das

---

[186] Sowohl das Beispiel Indiens als auch das der Bundesrepublik Deutschland stammen von der Verfasserin dieser Arbeit; Halwachs (1993, S. 75–85) führt zahlreiche andere Beispiele für Repertoirestrukturen innerhalb bestimmter Sprechergemeinschaften an.

folgende Modell individueller Repertoires setzt sich aus fünf funktional-situativ determinierten „styles" zusammen, die zwei große Blöcke bilden:

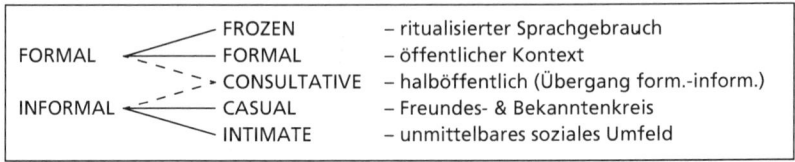

Abb. III.3: Modell individueller Repertoires (nach Halwachs 1993, S. 86)[187]

Während der „formal style" in der Kommunikation mit den Medien, mit den Behörden, in der Schule und in allen öffentlichen Situationen gebraucht wird, beschränkt sich die Verwendung des „frozen style" auf sprachlich-rituelles Handeln in den Bereichen Kirche/Religion und Gericht sowie in anderen öffentlichen Zeremonien. Bei beiden Varianten des „formal"-Bereichs handelt es sich um akrolektale Varietäten. Den Übergang zwischen „formal"- und „informal"-Bereich bildet der „consultative style", der sich je nach Formalität bzw. Vertrautheit der Gesprächspartner dem „formal" oder dem „casual style" annähern kann. Der „consultative style" korrespondiert i. d. R. mit dem mesolektalen Regiolekt einer Sprachgemeinschaft, er enthält aber auch sprecherspezifische sozio- und technolektale Elemente. Gebraucht wird dieser „style" in alltäglichen Kommunikationen mit unbekannten bzw. nicht allzu nahe stehenden Personen: beim Einkaufen, am Arbeitsplatz etc. „Casual style" und „intimate style" entsprechen den basilektalen Varietäten eines kollektiven Repertoires bzw. Kleingruppensoziolekten und Dialekten eines Polysystems. Der „casual style" wird in erster Linie im Bekannten- und Freundeskreis verwendet und enthält daher u. a. gruppenspezifische lexikalische Elemente. Der „intimate style" findet hingegen im engeren sozialen Umfeld, d. h. vor allem mit der Familie und dem Lebenspartner eines Sprechers Verwendung.

Die Trennung zwischen den Gebrauchsdomänen der fünf „styles" ist keine strikte, so kann bspw. der „consultative style" auch unter Freunden und Bekannten verwendet werden und der „casual style" auch im beruflichen Kontext. Die einzelnen „styles" des obigen Modells sind insofern multifunktionell und als Punkte auf einem Kontinuum zu denken. Ein „style" entspricht dabei primär, aber nicht ausschließlich einer bestimmten Klasse von Kommunikationssituationen. Die angedeuteten Beziehun-

---

[187] Halwachs' „style"-Schema ist angelehnt an dasjenige von Joos (1961).

gen zwischen dem „style"-Kontinuum und dem Schichtenkontinuum des korrespondierenden kollektiven Repertoires verdeutlicht die folgende Tabelle:[188]

AKROLEKT	–	FROZEN, FORMAL, CONSULTATIVE
MESOLEKT	–	FORMAL, CONSULTATIVE, CASUAL
BASILEKT	–	CONSULTATIVE, CASUAL, INTIMATE

Abb. III.4: Relation Repertoire-Schichten – Styles (nach Halwachs 1993, S. 88)

Von besonderem Interesse für die im Rahmen dieser Studie behandelte Fragestellung ist der von Halwachs (1993, S. 88 f. und 2001, S. 10) hervorgehobene Zusammenhang zwischen individuellem Repertoire und Identität. Entgegen seiner (implizit durchscheinenden) Annahme, Identität sei eine vorab, d. h. a priori und unabhängig vom Sprachgebrauch gegebene Größe, wird hier die Auffassung vertreten, dass erst die Verwendung bestimmter Varietäten und „styles" eine bestimmte Sprecherinnenidentität konstituiert. Um dies zu unterstreichen, werden in der nachfolgenden Tabelle die entsprechenden halwachsschen Passagen mit alternativen, konstruktivistisch inspirierten Formulierungen konstrastiert (Hervorhebungen M. K.):

Ein individuelles Repertoire **reflektiert** die Identität eines Sprechers (Halwachs 1993, S. 88):	Ein individuelles Repertoire **konstituiert** die Identität eines Sprechers.
Der indirekte Zusammenhang zwischen ‚styles' und Polysystem(en) **zeigt** seine Herkunft und seinen Status im kulturellen Großraum (ebd.).	Die Verwendung bestimmter „styles" und Varietäten eines Polysystems **verortet** eine Sprecherin im kulturellen Großraum, d. h. so kann ihr ein bestimmter sozialer und geografischer Status zugewiesen werden.
In der spezifischen Varianz der ‚Style'-Diatyp-Relation **zeigt sich** seine Position innerhalb der Sprechergemeinschaft (ebd.).	Durch die spezifische Varianz der ‚Style'-Diatyp-Relation **emergiert** seine Position innerhalb der Sprechergemeinschaft.
Abhängig von der [...] Kompetenz eines Sprechers, von den ‚styles', die in der Interaktion verwendet werden, und den kollektiven Diatypen, die verstanden, aber nicht aktiv gebraucht werden, **ergibt sich** die Zugehörigkeit zu verschiedenen Subgruppen (ebd.).	→ ist mit dem konstruktivistischen Standpunkt kompatibel

---

[188] Fettdruck steht für eine Primärentsprechung.

Aufgrund ihrer Diatypenkompetenz kann eine Person u. a. einer Bildungsschicht, einer Berufsgruppe und einer bestimmten sozialen sowie geographischen Umgebung seiner Sprechergemeinschaft **zugeordnet werden** (ebd.).	→ ist mit dem konstruktivistischen Standpunkt kompatibel
Ein individuelles Repertoire **bestimmt** somit das gruppeninterne Prestige bzw. den Status eines Sprechers (ebd.)	→ ist mit dem konstruktivistischen Standpunkt kompatibel

Abb. III.5: Tabellarische Auflistung und (teilweise) Umformulierung der Aussagen Halwachs' zum Verhältnis von individuellem Repertoire und Identität

In Teil I und II dieser Arbeit wurde bereits dahin gehend argumentiert, dass Identität sprachlich konstruiert wird, d. h. Resultat von Prozessen der interaktiven Teilnahme an verschiedenen Sprachspielen ist.[189] Daher wird in dem folgenden Satz, mit dem Halwachs die Erörterung des Verhältnisses von Polysystem, Repertoire und Identität resümierend abschließt, ein m. E. passenderes Verb eingesetzt:

> „Die Verwendung von spezifischen sprachlichen Varianten in bestimmten Situationen ist somit immer auch eine Selbstdefinition des Sprechers, ein Akt, mit dem er seine Identität [offenbart, M. K.]" (ebd., S. 89) **konstruiert.**

Die in vielen variationslinguistischen Aussagen vorhandene, implizite Setzung, der Zusammenhang zwischen a) Identitäten und b) sprachlicher Varianz sei in erster Linie ein a) Ursache- b) Folge-Verhältnis bedarf einer dringenden Überprüfung und Revision in der hier vorgeschlagenen Richtung.[190] Gleichwohl bietet die Variationslinguistik Konzepte, die sich als äußerst fruchtbar erweisen im Hinblick auf die sprachtheoretische Klärung des Verhältnisses von Sprache, Sprechen und Identität.

Die in diesem Abschnitt erörterten Konzepte „Repertoire" und „Varietät" werden in ein in Kapitel 7 zu entwickelndes Modell der Sprachidentität einfließen. Der Begriff des Polysystems erscheint in Bezug auf die Identitätsfrage besonders relevant, weil die durch ihn ausgedrückte Idee der Multiplizität der Sprache in besonderer Weise kompatibel mit der Multiplizität heutiger Identitätskonzepte ist. Postmoderne Identität lässt sich als sprachliche Polyperformanz beschreiben, eine These, mit der sich die vorliegende Arbeit noch deutlicher von der sprachsystematisch-struktura-

---

[189] Vgl. insbesondere Teil I, Kapitel 1 und 2 sowie Teil II, Kapitel 6 und 7.
[190] Dass allerdings Halwachs selbst diese Setzung nicht konstant durchhält, zeigen die letzten drei Formulierungen in der obigen Tabelle. Eine (implizite) „Erst-Identität-dann-Sprache"-Sicht vertritt auch die Soziolinguistin Schiffrin (1996, z. B. S. 199), vgl. auch Teil I, Kapitel 3 und Teil II, Kapitel 7 dieser Arbeit.

listischen Sicht absetzt. Während die Vorstellung, dass Sprache ein Polysystem ist, (noch) eine Fokussierung auf das System Sprache bedeutet, erfordern die hier vertretene Linguistik der lebendigen Rede und die Erforschung der sprachlichen Konstruktion von Identität eine Konzentration auf die sprachliche Polyperformanz. Mit der Einführung der Konzepte „kollektives Repertoire" und „individuelles Repertoire" bewegt sich Halwachs gleichfalls weg von der sprachsystematischen Perspektive hin zur individuumszentrierten Perspektive. Die Frage der individuellen und sozialen Identität gerät indes noch stärker in das Blickfeld, wenn individuelle und kollektive, „muttersprachliche" (Wandruszka 1979) und fremdsprachliche Mehrsprachigkeit als grundlegend sowohl für die Sprachlichkeit des Menschen wie auch für seine Selbstkonstitution anerkannt werden. Diese Überlegungen finden Eingang in das in Kapitel 7.2 vorgeschlagene Modell der multiplen Sprachidentität.

4 Axiomatik, Funktionsschema, Deixis-Theorie nach Bühler und die Dimension der Sprecheridentität

In diesem Kapitel wird gezeigt, dass das Funktionsschema und die Deixis-Theorie Bühlers fruchtbare Ausgangspunkte bieten für eine Verankerung der Konzepte „Sprecheridentität" und „Subjektivität" in die Sprachtheorie.

4.1 Bühlers Axiomatik

Einen bedeutenden Beitrag zur Sprachtheorie hat der sprachwissenschaftlich interessierte Psychologe Bühler mit seiner „Axiomatik der Sprachwissenschaften" (1976/1933) geleistet. Die Axiomatik bildet einen zentralen Baustein seiner „Sprachtheorie" (Titel der gleichnamigen Monografie von 1982/1934) und umfasst Prinzipien, die grundlegend für sämtliche mit der Sprache befassten Einzeldisziplinen – die Sprachwissenschaften – sind (vgl. Ströker 1976a, S. 18).[191] Insofern ist sie auch für die vorliegende, interdisziplinär angelegte Studie relevant, da diese ein theoretisches Fundament für die Erforschung von Sprache und Identität legen will. Im Folgenden wird nachgewiesen, dass die bühlersche Theorie vor dem Hintergrund des hier vertretenen konstruktivistischen Ansatzes sowie neuerer Erkenntnisse aus verschiedensten sprachwissenschaftlichen Disziplinen in einigen Punkten zwar einer Modifikation bedarf, als sprachtheoretisches Fundament aber dennoch nichts an Aktualität und Relevanz eingebüßt hat.

Auf die Frage „Was ist Sprache?" antwortet Bühler: „Sprache ist, was die vier Leitsätze erfüllt" (Bühler 1982, S. XXVIII). Das im nachfolgenden Abschnitt zu behandelnde Organonmodell (= Axiom A) bildet eines der vier von ihm formulierten (vgl. ebd., S. XXII) Leitsätze oder Axiome, zwei

---

[191] Bühler hat neben der im Nachfolgenden diskutierten Axiomatik (Abschnitte 4.1 und 4.2) und der Theorie der Deixis (Abschnitt 4.3) weitere für die Sprachwissenschaft bedeutsame Ergebnisse vorgelegt, die im Rahmen dieser Arbeit nicht erörtert werden können. Dazu gehören seine Studien zu Ellipse, Metapher und Anapher u. v. a. m. (vgl. insbesondere Bühler 1982 und auch Auer 1999, S. 19). Insbesondere vor dem Hintergrund der interdisziplinären Anlage der vorliegenden Studie ist es bemerkenswert, dass gerade ein Psychologe wichtige sprachtheoretische Fundamente gelegt hat, zu denen seine psychologischen Arbeiten, u. a. im Bereich der Denk-, Gestalt-, Entwicklungs- und Kinderpsychologie, zahlreiche Bezüge aufweisen. Das Konzept der Identität spielt in seiner Sprachtheorie keine Rolle. Dass seine Integration vor allem in das Organonmodell sinnvoll erscheint, wird im Folgenden begründet.

weitere seien vorweg kurz umrissen, insofern sie eine Rolle für identitätsbezogene sprachtheoretische Betrachtungen spielen.

An de Saussure anknüpfend subsumiert Bühler die „Sprache unter den Zeichenbegriff" (Kainz 1982/1934, S. IX), was in seinem Axiom B – „die Zeichennatur der Sprache" – zum Ausdruck kommt. Die Sprachwissenschaften fallen für Bühler daher insgesamt unter die Sematologie, die allgemeine Lehre von den Zeichen (vgl. Bühler 1976, S. 36–39). Auch für die Erforschung der menschlichen Identität lässt sich festhalten, dass sie in den Zuständigkeitsbereich einer allgemeinen Zeichenlehre fällt, insofern der Mensch nur als Zeichenbenutzender seine Identität zu konstituieren vermag. Identitätskonstitution mittels sprachlicher Zeichen erweist sich dann als besonderer Fall eines humanspezifischen Verhaltens: der zeichenbasierten Kommunikation. Bühler vertritt zudem die Auffassung, dass Zeichen im Wesentlichen eine Stellvertreterfunktion erfüllen. Es handelt sich dabei um die auf die Scholastiker zurückgehende Charakterisierung der Zeichen-Bezeichnetes-Relation als „aliquid *stat* pro aliquo" (ebd., S. 28). Allerdings ist die Vorstellung, das Zeichen sei symbolischer Vertreter oder Repräsentant einer unabhängig von ihm existenten Gegenstandswelt nicht haltbar angesichts jüngerer Erkenntnisse aus kognitiver Linguistik und konstruktivistischer Wissenschaftstheorie, wonach Zeichen auf mentale Konzepte referieren bzw. Wirklichkeiten sogar erst erschaffen. Und spätestens seit der pragmatischen Wende in der Linguistik ist allgemein anerkannt: „Sprechen ist durchaus nicht nur ‚Ausdrücken' des Vorhandenen und Vorgefundenen; es ist vielmehr auch eine Form menschlichen Handelns" (Ströker 1976b, S. 121).

Der dritte Leitsatz (Axiom C) Bühlers leistet eine Aufschlüsselung des Sprachbegriffs in vier wesentliche Momente, die Bühler aus einer Synthese der Oppositionen Humboldts („energeia" = Tätigkeit vs. „ergon" = Werk) und de Saussures („langue" = Sprachsystem vs. „parole" = Rede) gewinnt.[192]

	I. Humboldts energeia	II. Humboldts ergon
1.	Sprechhandlung (de Saussures parole)	Sprachwerk
2.	Sprechakt	Sprachgebilde (de Saussures langue)

Abb. III.6: Vier Dimensionen der Sprache: Sprechhandlung und Sprachwerk; Sprechakt und Sprachgebilde (nach Bühler 1982, S. 49, vgl. auch Raible 2000, S. 83)

Das dargestellte Schema bestimmt auf der Grundlage der in der Darstellung sich kreuzenden Dichotomien die Sprachphänomene

---

[192] Vgl. Kapitel 1.

I. Als *subjektsbezogene* Phänomene
II. Als *subjektsentbundene* und dafür intersubjektiv fixierte Phänomene
und
1. Auf einer *niederen* Formalisierungsstufe als Handlungen und Werke.
2. Auf einer *höheren* Formalisierungsstufe als Akte und Gebilde

Bühler (1982, S. 49)

Während sich also der „Sprechakt" und das der Langue zugeordnete „Sprachgebilde" auf einer höheren Komplexitätsstufe befinden als das Parole-Phänomen der „Sprechhandlung" und das „Sprachwerk", verbindet „Sprechhandlung" und „Sprechakt" ihre Subjekt- bzw. Situationsbezogenheit, was sie für die Ausdrucksseite der Sprache sowie für identitätskonstitutive Sprachfunktionen prädestiniert. „Sprachwerk" und „Sprachgebilde" hingegen scheinen als situations- und subjektsentbundene Sprachphänomene zunächst weniger identitätsrelevant. Folgende Beispiele konkretisieren die abstrakten Einheiten des Vierfelderschemas und verdeutlichen, dass lediglich das „Sprachgebilde" jeglicher konkreten (d. h. individuellen) Sprecheridentität fern steht:

O Frage-Antwort-Sequenz zwischen Schüler und Lehrerin als problemlösend-lebenspraktische, situations- und subjektsgebundene, interaktive „Sprechhandlung"

O Lehrbuchtext als situationsentbundenes, intersubjektiv fixiertes, zeitlich-räum-lich von Verfasserin-Rezipientin losgelöstes „Sprachwerk"

O Schüleräußerung in der Fremdsprache (gemäß den Konventionen des fremdsprachlichen Sprachgebildes) als situationsgebundener, subjektbezogener „Sprechakt"[193]

O Grammatik und Lautlehre der deutschen Sprache als subjektsentbundenes, intersubjektiv fixiertes Phänomen im Sinne von de Saussures „Langue"

Dass sowohl mit der konkreten Sprechhandlung als auch mit dem Sprechakt Sprecheridentitäten konstruiert werden, erscheint unmittelbar einleuchtend. Doch auch durch die sprachliche Realisierung eines Sprachwerks wird im konkreten Fall die Identität des jeweiligen Urhebers, z. B. seine soziale oder geschlechtliche Zugehörigkeit, mit konstruiert.

Anders als die meisten Sprachtheoretiker weist Bühler (1982, S. 48 f.) keinem der vier Aspekte des Sprachphänomens eine Priorität zu. Die Entitäten „Sprechhandlung", „Sprechakt", „Sprachwerk" und „Sprachgebilde" stehen sich auch nicht in einem gegenseitigen Ausschlussverhältnis gegenüber, sondern bilden Elemente eines „Kontinuums mit immer grö-

---

[193] Ein ähnliches Beispiel führt Bühler (1982, S. 63) an.

ßerer sozialer Reichweite" (Raible 2000, S. 83). Mit Blick auf das Phänomen der individuellen Sprecheridentität erweisen sich allein Sprechhandlung, Sprechakt und Sprachwerk als relevant, wohingegen das Sprachgebilde höchstens auf der Ebene kollektiver Sprachidentitäten (z. B. der deutschen Sprache) im Sinne einer kodifizierten Norm identitätsträchtig werden kann. Voraussetzung hierfür wäre, dass wir zum Sprachgebilde nicht nur das System, sondern auch die Norm[194] zählen.

4.2 Sprecher und Identität im Organonmodell

4.2.1 Das Organonmodell Bühlers

Das so genannte „Funktionsschema" oder „Organonmodell", dem Bühler ein eigenes Axiom widmet, hat in der Psychologie sowie in den Sprach- und Kommunikationswissenschaften starke Beachtung gefunden.[195] Es handelt sich dabei allerdings nicht um ein Kommunikationsmodell, sondern um ein Sprach- bzw. Zeichenmodell, das drei grundlegende Sprachfunktionen in die Konstitution des sprachlichen Zeichens einbezieht (vgl. Auer 1999). Als referenzielle Bezugspunkte des Zeichens fungieren neben den Dingen und Sachverhalten der Welt der Sprecher und der Hörer (vgl. Bühler 1976, S. 102). Daher verwundert es nicht, dass Bühler während der Blütezeit der strukturalistischen und generativen Linguistik weitgehend ignoriert wurde. Erst im Zuge der so genannten pragmatischen Wende in den 70er Jahren, der wir die Anerkennung des interaktiven Handlungscharakters von Sprache verdanken, wurde sein bedeutender Beitrag zur Sprachtheorie gewürdigt (vgl. Auer 1999, S. 19).

Bühler begreift in Anlehnung an Platon die Sprache als Organum (Werkzeug). Dieser gibt im Kratylos an, „die Sprache sei ein *organum*, um einer dem anderen etwas mitzuteilen über die Dinge" (Bühler 1982, S. 24). Die drei Relationselemente *„einer – dem anderen – über die Dinge"* (ebd.) würden durch das Werkzeug Sprache miteinander in Beziehung gesetzt. An die Stelle der Werkzeugmetapher soll hier der m. E. passendere Begriff des Mediums[196] im Sinne von Kommunikations- und Lebensmodus gesetzt werden, sodass an die Stelle des Bildes, Sprache sei ein dem Sprechenden

---

[194] Gemeint ist die Norm im Sinne Coserius, vgl. Abschnitt 2.2.
[195] Vgl. z. B. die häufig als populärwissenschaftlich eingestufte, in der Kommunikationspsychologie und -beratung viel beachtete Adaptation und Erweiterung des bühlerschen Modells durch Schulz von Thun (2003, 1998).
[196] Inwiefern die mediale Konzeptualisierung der Sprache angemessener als die Werkzeugmetapher ist, wird im nachfolgenden Kapitel 5 ausführlicher diskutiert.

äußerliches Instrument, die Vorstellung tritt, dass der Sprechende in der Sprache existiert. Sprache und damit auch Zeichengebrauch erscheinen in dieser Perspektive als die Existenzweise des Menschen. Bevor die einzelnen Elemente des bühlerschen Modells einer kritischen Überprüfung und Modifikation unterzogen werden, sollen sie in ihren Grundbezügen kurz dargestellt werden. Im Mittelpunkt des Modells stehen die drei Relationen zwischen Sprechendem, Hörendem und Mitgeteiltem.

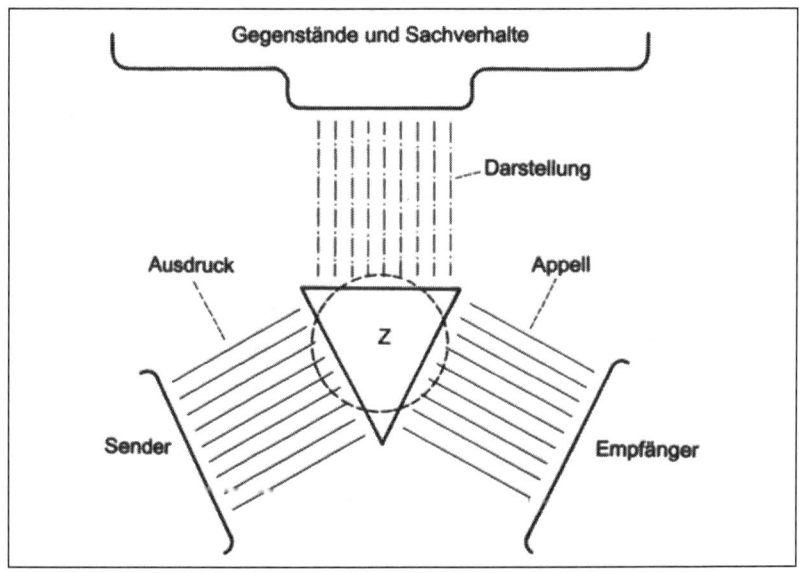

Abb. III.7: Organonmodell der Sprache (nach Bühler 1982, S. 28)

Der in der Mitte befindliche Kreis symbolisiert, so Bühler (ebd.), das konkrete Schallphänomen. Drei variable Aspekte des Schallphänomens machen es zu einem sprachlichen Zeichen. Die drei Seiten des in den Kreis eingezeichneten Dreiecks symbolisieren diese drei für ein Zeichen konstitutiven Aspekte. Aufgrund des Prinzips der abstraktiven Relevanz[197] umfasst das Dreieck einerseits weniger als der Kreis. Andererseits ragt das Dreieck über den Kreis hinaus, weil das sinnlich Wahrnehmbare immer apperzeptiv ergänzt wird. Dreierlei semantische Funktionen des komple-

---

[197] Unter dem „Prinzip der abstraktiven Relevanz" versteht Bühler (1982, S. 40) den Grundsatz, dass es stets abstrakte Momente sind, aufgrund derer das lautliche Konkretum als Zeichen fungiert.

xen sprachlichen Zeichens werden durch die eingezeichneten Linien symbolisiert:

> Es ist *Symbol* kraft deiner Zuordnung zu Gegenständen und Sachverhalten, *Symptom* (Anzeichen, Indicium) kraft seiner Abhängigkeit vom Sender, dessen Innerlichkeit es ausdrückt, und *Signal* kraft seines Appells an den Hörer, dessen äußeres oder inneres Verhalten es steuert wie andere Verkehrszeichen.
>
> ebd.

Zwar stuft Bühler (1982, S. 30, vgl. auch Kainz 1982, S. XIV) die Darstellungsfunktion der Sprache als dominant ein,[198] es gilt jedoch als sein Verdienst, Sprecher und Hörer als konstitutive Elemente in das Modell des sprachlichen Zeichens integriert zu haben.[199] Es ist zu vermuten, dass die sprecherbezogene Ausdrucksseite des Sprachzeichens im Zusammenhang mit der für diese Studie zentralen Frage der sprachlichen Konstruktion von Identität eine besondere Rolle spielt.

4.2.2 Die Ausdrucksfunktion des sprachlichen Zeichens

Die Ausdrucksfunktion versteht Bühler dahin gehend, dass sprachliche Zeichen als sprecherbezogene Anzeichen fungieren können. Damit ist die Untersuchung sprachlicher Ausdrucksphänomene nicht mehr alleinige Angelegenheit der Psychologie, sondern wird auch zum Gegenstand von Sprachtheorie und -analyse. Bühlers Funktionsschema hat maßgeblich dazu beigetragen, dass

> die sprachtheoretische Besonderheit der Ausdrucksfunktion gegenüber der Darstellungsfunktion erkannt wird. Der Sprecher tritt nicht mehr bloß als psychologisches Subjekt auf, das zwar Sprechakte vollzieht, als solches aber außerhalb der sprachtheoretischen Betrachtung zu bleiben hätte. Vielmehr wird ihm eine eigene „Position" im „*logischen* Schema" des Sprechereignisses zugeschrieben –: Nicht nur der Sprechakt, sondern auch das Gesprochene selbst ist abhängig von ihm als sprechendem, sich ausdrückendem Ich.
>
> Ströker (1976b, S. 147)

---

[198] Das Vorhandensein der Darstellungsfunktion unterscheidet letztlich menschliche von tierischer Kommunikation (Bühler 1982, S. XXIV). Die Merkmale einer Vielzahl verschiedener Sprechfunktionen und -handlungen haben in der Folge die Sprechakttheoretiker herausgearbeitet. In der Sprechakttheorie bilden die – der Darstellungsfunktion Bühlers entsprechenden – Repräsentative bzw. Assertive nur eine Klasse von Sprechhandlungen (Searle 1976).

[199] Weder in dem bilateralen Zeichenmodell de Saussures (1931) noch im semiotischen Dreieck nach Ogden und Richards (1960/1923) spielen Sprecherin und Hörerin eine Rolle.

Ausdrucksfunktion und Sprechender bekommen dank Bühler eine feste Position im sprachtheoretischen Zeichenmodell zugewiesen. Die Ausdrucksfunktion wird i. d. R. mit den anderen beiden Sprachfunktionen gleichzeitig realisiert (vgl. ebd., S. 148). Dass ein Zeichen verschiedene Funktionen in sich vereinen kann, ist auf das Prinzip der abstraktiven Relevanz zurückzuführen. Für jede Funktion werden andere Aspekte des Gesprochenen relevant. So sind Melodie, Rhythmus und Tempo für die Ausdrucksfunktion besonders wichtig (vgl. Bühler 1976, S. 104 f.),[200] weshalb ihnen in der Lyrik eine besondere Rolle zukommt. In der emotions- und ausdrucksfernen (Schrift-) Sprache der Wissenschaft sind sie bezeichnenderweise unbedeutend (vgl. Ströker 1976b, S. 149 und Bühler 1976, S. 104).

Im Gegensatz zu den darstellenden Symbolen, die Ordnungszeichen innerhalb eines spezifischen Darstellungsfeldes sind, handelt es sich bei den Ausdruckszeichen um Anzeichen bzw. Symptome. Charakteristisches Merkmal der Ausdruckszeichen sei, so Bühler (ebd., S. 110), dass sie die Innerlichkeit des Sprechenden ausdrücken. Dieses Merkmal teilen die sprachlichen mit den nichtsprachlichen Ausdruckzeichen.[201] Bühler spricht sogar von einer eigenen „Symptomensyntax" (ebd.), jedoch ohne sie genauer zu beschreiben. Sie soll sich grundlegend von der Syntax darstellender Zeichen unterscheiden.

Es seien nicht in erster Linie Charakter oder Persönlichkeit, die durch Symptome ausgedrückt würden, sondern die „Innerlichkeit des Ausdrückenden" (ebd.) als Inbegriff all dessen, worauf der Charakter aufbaut. Die dem Charakter bzw. der Persönlichkeit vorgeordnete Innerlichkeit ist bei Bühler nicht explizit definiert. Aus verschiedenen Textpassagen lässt sich jedoch folgern, dass er darunter die emotionale Befindlichkeit, die Haltung bzw. Einstellung eines Sprechenden zu den besprochenen Dingen sowie zum Gesprächspartner fasst. Die Innerlichkeit als Inhalt der Ausdrucksfunktion der Sprache entspricht damit der Kategorie der Subjektivität. Sprachlich wird die Innerlichkeit zum einen mit Hilfe der von Bühler erwähnten nonverbalen, d. h. intonatorischen und prosodischen Stimmqualitäten realisiert. Zum anderen spielen – von Bühler nicht erwähnte –

---

[200] Melodie, Rhythmus und Tempo sind als musikalische Variationsmöglichkeiten in den indoeuropäischen Sprachen – im Gegensatz zu Tonsprachen – dem Ausdruck vorbehalten (vgl. Bühler 1976, S. 104 f.)

[201] Die nichtsprachlichen (gestischen, mimischen etc.) Formen der menschlichen Expressivität behandelt Bühler ausführlich in seiner Monografie „Ausdruckstheorie" (1968). Auch die drei Sprachfunktionen des Organonmodells, Darstellung – Ausdruck – Appell, verlangen als eigenständige Gegenstände der Sprachforschung Bühlers Ansicht nach eine jeweils eigene Behandlung in Form einer Monografie (vgl. Bühler 1982, S. 32 f.)

verbale Elemente wie z. B. deiktisch gebrauchte Modalverben (Diewald 1999), Modalpartikeln und -wörter eine entscheidende Rolle bei der sprachlichen Konstitution dessen, was Bühler als „Innerlichkeit" bezeichnet. Es sei darauf hingewiesen, das aus konstruktivistischer Sicht nicht von einer Ausdrucksrelation auszugehen ist. Stattdessen ist anzunehmen, dass Innerlichkeit bzw. Subjektivität mit Hilfe der genannten sprachlichen Mittel **konstruiert** werden. Den Aspekt der Subjektivität haben später verschiedene Sprachtheoretiker (z. B. Benveniste 1971/1966) aufgegriffen; er wird in Abschnitt 4.3 näher erörtert.

4.2.3 Erweiterung des Funktionsschemas um die Kategorie der Sprecheridentität: das Vier-Felder-Schema

Bühler schreibt: „Man muß [...] nicht erst zum Lyriker gehen, um die Ausdrucksfunktion als solche zu entdecken" (Bühler 1982, S. 32). Offenbar ist es aber schon hilfreich, wie der Urheber des Organonmodells, sprachwissenschaftlich gebildeter Psychologe zu sein. Und aus der Sicht einer identitätstheoretisch interessierten Linguistin liegt es nun nahe, die Kategorie der Identität in das Funktionsschema der Sprache zu integrieren. Die Auseinandersetzung mit dem Identitätskonzept in Teil II dieser Studie hat gezeigt, dass Sprache bzw. dialogisches Sprechen von fundamentaler Bedeutung sind für die Konstruktion von Identität. Es wurde deutlich, dass die diskutierten identitätstheoretischen Ansätze erklärungskräftig sind, insofern sie die Sprache als wichtigstes Medium und als den grundlegenden Modus der Selbstkonstitution berücksichtigen. Aus sprachtheoretischer Sicht lässt sich nun entsprechend argumentieren, dass ein Sprach- bzw. Zeichenmodell nur dann erklärungskräftig sein kann, wenn es die elementare Sprachfunktion der Identitätskonstitution berücksichtigt. Das bedeutet, dass das auf Platon zurückgehende dreielementige Modell um ein weiteres Element zu erweitern ist: eine – der anderen – über sich selbst – und über die Dinge.

„Über sich selbst" kann dabei einerseits auf den Sprechenden als Individuum (personale Identität) bezogen sein. Andererseits können der/die Hörende/n oder auch andere Personen mitgemeint sein (soziale/kollektive Identität). Dass Identitätskonstruktion ein zeichenbasierter, interaktiver, zwischen Sprechendem und Hörendem/n ablaufender Prozess ist, der mit der (sprachlichen) Konstruktion von Welt und Wirklichkeit einhergeht, reflektiert das um die Metadimension der Sprecheridentität ergänzte Zeichenmodell (s. u.).

Das im Sinne der konstruktivistischen Erkenntnistheorie modifizierte Schema basiert auf der folgenden Umformulierung des Modells von Platon: Sprache ist der Modus, in dem eine – mit der anderen – sich selbst – und die Wirklichkeit konstruiert. „Sich selbst" kann einen individuellen (personalen) oder einen kollektiven (sozialen) Bezug haben. Es schließt sowohl die von Bühler gemeinte „Ausdrucksfunktion" bzw. Subjektivität des Sprechenden als auch seine personale bzw. soziale Identität ein. Subjektivität und Identität sind dabei keinesfalls gleichzusetzen, obwohl sie sich nahe stehen, insofern beide im Individuum verankert sind.[202] Während sich Erstgenanntes auf die persönliche Auffassung, die innere Befindlichkeit oder den räumlichen, zeitlichen oder ideellen Standpunkt des Sprechenden bezieht, umfasst das Konzept der Identität übergreifende Sprechermerkmale wie Geschlecht, ethnische Zugehörigkeit, die jeweilige soziale Rolle etc. Die Überführung der vier genannten Relationselemente „eine – mit der anderen – sich selbst – und die Wirklichkeit" in ein entsprechendes Schema gestaltet sich folgendermaßen:

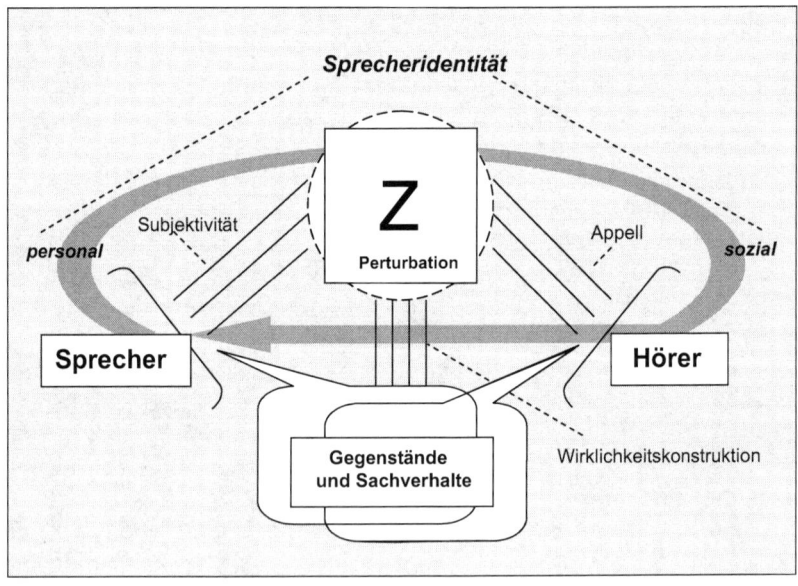

Abb. III.8: Vier-Felder-Schema des sprachlichen Zeichens

---

[202] Dies gilt insbesondere für die personale Identität. Soziale Identität ist in der Gruppe verankert, weshalb sie im Vier-Felder-Schema auf der Seite des Hörers eingetragen ist.

Neben seiner Erweiterung um die Kategorie „Sprecheridentität" enthält das Modell weitere Modifikationen gegenüber dem bühlerschen Schema, die mitunter auf den hier vertretenen konstruktivistischen Standpunkt zurückzuführen sind. Dazu gehören:

o An die Stelle des von Bühler verwendeten Terminus „Ausdruck" tritt der Begriff „Subjektivität". Die Begriffe „Ausdruck" und auch „Symptom" suggerieren, es würde etwas Präexistentes sprachlich wiedergegeben. Hier wird hingegen die Auffassung vertreten, dass das Selbst und seine innere Haltung sprachlich-dialogisch erst konstruiert werden bzw. nur über Kommunikation und Sprache (re-)konstruierbar und zugänglich sind.

o Die informationstheoretischen, für die Beschreibung zwischenmenschlicher Kommunikation unpassenden Begriffe „Sender" und „Empfänger" werden durch „Sprecher" und „Hörer"[203] ersetzt. Dabei sind die Rollen reversibel und nicht auf die mündliche Kommunikation beschränkt (für schriftliche Kommunikation kann das Begriffspaar „Autor-Rezipient" eingesetzt werden).

o In das Viereck, welches das sprachliche Zeichen symbolisiert, ist der Begriff „Perturbation" eingetragen. Dieser zeigt an, dass jedes Sprachzeichen (Schallphänomen, Schriftsymbol etc.) als Perturbation, d. h. als Anregung auf den Hörer einwirkt. Auf der Grundlage von Perturbationen konstruiert er als autopoietisches System (intern) die Welt, sich selbst und sein Gegenüber, mit anderen Worten: die gesamte kommunikative Wirklichkeit.

o „Wirklichkeitskonstruktion" tritt an die Stelle der semantischen Funktion der Darstellung. Diese begriffliche Veränderung basiert auf dem erkenntnistheoretischen Standpunkt, dass mit sprachlichen Zeichen Dinge und Sachverhalte konstruiert werden,[204] d. h. nicht unabhängig von ihrer Versprachlichung zu denken sind. Als intern erzeugte Konstrukte sind sie durch „kognitive Blasen" (in Anlehnung an Comic-Sprechblasen) verbunden mit den autopoietischen Systemen „Hörer" und „Sprecher". In semantischer Hinsicht impliziert dies, dass sich sprachliche Zeichen nicht auf Entitäten der Wirklichkeit, sondern auf mentale Konzepte beziehen.[205] Die Schnittmenge der jeweils systemin-

---

[203] Alternativ können hier auch die radikalkonstruktivistischen Begriffe „Beobachter 1 – Beobachter 2" oder „autopoietisches System 1 – autopoietisches System 2" stehen.
[204] In diese Richtung zielt möglicherweise auch Bühler, wenn er von der „apperzeptiven Ergänzung" des „sinnlich Gegebenen" (Bühler 1982, S. 28) spricht (vgl. dazu Kainz 1982, S. XVI).
[205] Vgl. dazu Teil I, Kapitel 2.

tern konstruierten Dinge und Sachverhalte symbolisiert die geteilte Wirklichkeit. Sie ist Voraussetzung und Resultat gelungener zeichenbasierter Orientierungsinteraktion.

Das sprachliche Zeichen ist aufgrund der ihm nun zugewiesenen vier Felder bzw. Dimensionen „Wirklichkeitskonstruktion", „Subjektivität", „Appell" und „Sprecheridentität" nicht mehr durch ein Dreieck, sondern durch ein Viereck dargestellt. Die obere Seite des Vierecks gehört zu der übergeordneten Zeichenfunktion der Sprecheridentität. Sie umfasst die anderen Sprachfunktionen, insofern die drei übrigen an ihrem Zustandekommen beteiligt sind. So erklärt sich z. B. die Überschneidung des zur „Sprecheridentität" gehörenden Pfeils mit den Linien, die den Aspekt der Wirklichkeitskonstruktion symbolisieren. Damit ist angedeutet, dass die Konstruktion von Identität Hand in Hand geht mit der Konstruktion von Wirklichkeit. Die Metadimension der Sprecheridentität ist in eine personale und soziale Variante aufgeteilt. Der sie symbolisierende Pfeil führt vom Sprecher zum Hörer und wieder zurück, da beide interaktiv die eigene und evtl. auch eine gemeinsame Identität konstruieren. Zum Sprecher weist der Pfeil wieder zurück, weil es sich um einen selbstreferenziellen Akt der Selbstkonstruktion handelt.

Das modifizierte Funktionsschema leistet als Vier-Felder-Schema des sprachlichen Zeichens eine konstruktivistisch fundierte Verankerung der Kategorie „Sprecheridentität" in das bühlersche Zeichenmodell. Über die von Bühler postulierte Ausdrucks-, Darstellungs- und Appellfunktion hinaus wird hier Sprache als **der** Modus der Welt- und Selbstkonstruktion aufgefasst. Doch nicht nur „Ausdruck" (Bühler) bzw. „Subjektivität" und „Identitätskonstruktion" erweisen sich als genuin dem Sprechenden zuzuordnende Sprachfunktionen, im Lichte der konstruktivistischen Erkenntnistheorie haben auch „Wirklichkeitskonstruktion" und „Appell" ihren Ursprung im einzelnen Gesprächsteilnehmer. Gleichzeitig gilt, und darin muss Bühler Recht gegeben werden, dass das dem Organonmodell inhärente *„soziale Moment der Sprache"* (Bühler 1982, S. 69) hervorzuheben und einer rein subjektsbezogenen Sicht auf das sprachliche Zeichen und seine Funktionen vorzuziehen ist. Einer für sich allein kann kein Zeichen verwenden, weder symbolisch noch signalhaft, weder subjektiv noch identitätskonstitutiv. Zeichenbedeutungen und folglich auch Identitäten werden sozial konstruiert.

Indem die Sprecheridentität in den Rang einer zentralen Dimension des sprachlichen Zeichens erhoben wird, gehören Sprecher, Hörer und ihre Identitäten endgültig nicht mehr zu einer außerhalb der eigentlichen Sprachanalyse befindlichen, additiven Diskursanalyse und Pragmatik. Die

Sprecheridentitäten fließen von Beginn an in die Konstitution des Zeichens ein (vgl. Auer 1999, S. 25). Dass es eines interdisziplinären Weitblicks bedarf, um drei Grundfunktionen des sprachlichen Zeichens (Appell, Ausdruck, Darstellung) zu erfassen, davon zeugt die sprachtheoretische Grundlagenforschung des linguistisch gebildeten Psychologen und Mediziners Bühler. Eine vierte, übergeordnete Zeichenfunktion – die der Sprecheridentität – konnte hier hinzugefügt werden, weil die interdisziplinäre Anlage dieser Arbeit den Blick geöffnet hat für das für jedweden Zeichengebrauch bedeutsame Konstrukt „Identität". Es ist für unsere Zeichenverwendung so grundlegend, dass es in keinem Zeichenmodell fehlen sollte. Das hier vorgeschlagene Vier-Felder-Schema ist zu verstehen als Axiom im Sinne Bühlers: Es ist jeder konkreten Einzelforschung zur Sprache vorausgesetzt, ordnet und expliziert die Vielfalt möglicher Forschungsaspekte (vgl. Ströker 1976a, S. 20 f.) und weist der Kategorie der Sprecheridentität einen zentralen Platz in der Sprachforschung zu.

4.3 Ich-Jetzt-Hier-Origo, Deixis und Subjektivität in der Sprache

Bevor in den nachfolgenden Kapiteln (5 und insbesondere 7) näher bestimmt wird, was unter der Kategorie der Sprecher- bzw. Sprachidentität zu verstehen ist, behandelt dieser Abschnitt die Deixis als die grundlegende sprachstrukturelle Ausprägung der im bühlerschen Zeichenmodell verankerten Sprachfunktion des „Ausdrucks" bzw. der „Subjektivität".[206]

Während die im vorhergehenden Abschnitt neu eingeführte Dimension der Sprecheridentität das Polysystem Sprache in seiner übergreifenden Heterogenität umfasst und sich darauf bezieht, dass durch das Sprechen verschiedener Varietäten unterschiedliche – geschlechtliche, soziale, ethnische etc. – Identitäten konstruiert werden, fungieren dem bühlerschen Ansatz gemäß bestimmte Strukturen innerhalb der Langue als sprecherbezogene Subjektivitätsmarker. Neben den erwähnten paraverbalen Lautqualitäten spielt hier insbesondere das System der Deixis eine wichtige Rolle. Als universales sprachliches Ordnungsprinzip sorgt es dafür, dass eine ausgedrückte Proposition relativ zum Standpunkt des Sprechenden verortet wird.

Bühler vertritt in seiner „Sprachtheorie" (1982, S. 79–255) eine „Zweifelderlehre" der Sprache, indem er zwischen dem „Symbolfeld" und dem

---

[206] Die Deixis erfüllt diese Sprachfunktion freilich nicht allein. Neben den Deiktika dienen z. B. auch Interjektionen und Heckenausdrücke der Formulierung von Subjektivität.

„Zeigfeld" der Sprache unterscheidet.[207] Ausgangspunkt ist die Überlegung, dass „alle sprachliche Zeichen ihre Bedeutung in Relation zu bestimmten (Um-)Feldern beziehen, in die sie sich einbetten (d. h., die zu ihrem Ko(n)text werden)" (Auer 1999, S. 21). Das Umfeld der zum Symbolfeld gehörenden Zeichen konstituiert sich aus ihren jeweiligen lexikalischen und syntaktischen Beziehungen. Aus dem so genannten synsemantischen Kontext ergibt sich die Bedeutung der als Symbole fungierenden „Nennwörter" (vgl. Bühler 1982, S. 81). Die zum Zeigfeld gehörenden, als Signale fungierenden „Zeigwörter" hingegen erfahren – wie die menschliche Zeiggeste – ihre Bedeutungserfüllung im symphysischen oder sympraktischen Umfeld, d. h. in ihrem situativ-kontextuellen Handlungszusammenhang (vgl Auer 1999, S. 21).

Zu den Zeigwörtern gehören alle deiktischen Ausdrücke, wie etwa die Personalpronomina *ich* und *du*; sie zeigen die jeweilige kommunikative Rolle der Gesprächsteilnehmer an (vgl. Bühler 1982, S. 79).[208] *Hier* und *dort* dagegen leisten die lokale Verortung des Inhalts einer Aussage relativ zum Sprechenden. Ihre Referenz ist, wie die aller Deiktika, nur aus dem jeweiligen symphysisch-sympraktischen Kontext erschließbar, was sie zu Subjektivität denotierenden Sprachzeichen macht: „Was ‚hier' und ‚dort' ist, wechselt mit der Position des Sprechers genau so, wie das ‚ich' und ‚du' mit dem Umschlag der Sender- und Empfängerrolle von einem auf den anderen Gesprächspartner überspringt" (ebd., S. 80). Bühler hat gezeigt, dass das Zeigfeld der Sprache als „hier-jetzt-ich-System der subjektiven Orientierung" eine mindestens ebenso wichtige Rolle im Gesamtsystem der Sprache spielt wie das im Allgemeinen viel stärker beachtete Symbolfeld. Die so genannte „Ich-Jetzt-Origo" bildet den Mittelpunkt des sprachlichen Zeigfeldes, auf den alle sprachlichen Subjektivitätsmarker hin orientiert sind.

---

[207] Die Opposition „Symbolfeld vs. Zeigfeld der Sprache" entspricht der Gegenüberstellung der symbolisch-darstellenden und der symptomatisch-ausdrückenden Sprachfunktion, wie sie im Organonmodell verankert sind.

[208] Eine über die Markierung von Subjektivität hinausgehende, identitätskonstitutive Funktion erfüllen die Personalpronomina *ich* und *du*, insofern sie die Rollen der Gesprächsteilnehmerinnen kennzeichnen. Besonders deutlich wird dies, wenn Identitätskonstitution soziologisch (wie z. B. bei Goffman 1973, vgl. Teil II, Kapitel 4) als Rollenspiel begriffen wird. Der Begriff „Personalia" bedeutet in das griechische „Prosopon" zurückübersetzt „Antlitz, Maske oder Rolle" (Bühler 1982, S. 79). Bühler (ebd., S. 113) selbst schreibt dazu: „Die Wörter *ich* und *du* weisen […] auf die Rollenträger im aktuellen Sprechdrama, auf die Rollenträger der Sprechhandlung hin. Die Griechen hatten in dem Worte Prosopon einen ausgezeichneten Namen dafür und die Lateiner meinten mit *persona* auch nichts anderes als die Rolle im Sprechakt."

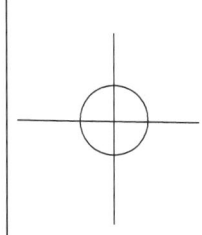 Ich behaupte, daß drei Zeigwörter an die Stelle von O gesetzt werden müssen, wenn das Schema das Zeigfeld der menschlichen Sprache repräsentieren soll, nämlich die Zeigwörter *hier, jetzt* und *ich*. [...] An der Lautform der Wörtchen *jetzt, hier, ich*, an ihrem phonematischen Gepräge, ist nichts Auffallendes; nur das ist eigenartig, daß jedes von ihnen fordert: schau auf mich Klangphänomen und nimm mich als Augenblicksmarke das eine, als Ortsmarke das andere, als Sendermarke (Sendercharakteristikum) das dritte.

ebd. (S. 102)

Abb. III.9: Koordinaten-Schema der Ich-Jetzt-Hier-Origo (nach Bühler 1982, S. 102)

Auf den ersten Blick scheint zunächst nur die Sendermarke bzw. das „Individualsignal" (ebd., S. 95) *ich* relevant im Hinblick auf die Verortung des Sprechenden in der Sprechsituation, da es direkt auf ihn verweist. Bei näherem Hinsehen zeigt sich jedoch, dass auch die Augenblicksmarke *jetzt* und die Ortsmarke *hier* als temporaler bzw. lokaler Fixpunkt vom Sprechenden aus denotiert sind. Sie bilden Ausgangspunkte eines ganzen Systems von Deiktika, die allesamt Origo- bzw. Sprecherabhängigkeit enkodieren, d. h. ihre Referenz ist nur vom Standpunkt des Sprechers aus nachvollziehbar. Die Möglichkeit der sprachlichen Kennzeichnung des (subjektiven) Sprecherstandorts mit Hilfe der Deiktika ist immens wichtig, denn es wird stets aus einer bestimmten Perspektive und von einem speziellen Standpunkt aus gesprochen.[209] Diese Subjektabhängigkeit wird sprachlich jedoch nicht immer markiert. Angesichts des menschlichen Objektivitätsbedürfnisses und der Überkonzentration auf die Nennwörter und das Symbolfeld gerät die Subjektivität des Sprechens meist aus dem Blickfeld.

Zunächst bleibt festzuhalten, dass die Nennwörter im Symbolfeld der Sprache eine gewisse Rolle spielen im Hinblick auf die Konstruktion einer konkreten Sprecher- (und Hörer-)Identität, insofern sie – als Substantive, Verben, qualifizierende Adjektive etc. – Kommunizierende und auch Nichtbeteiligte jeweils konkret charakterisieren und so (Teil-)Identitäten direkt konstituieren (wie z. B. in dem Satz: *Paula ist eine gute Schwimmerin*). Eine besondere Klasse bilden hier die Eigennamen, mit denen Personen aufgrund eines zuvor erfolgten Zuweisungsaktes identifiziert werden

---

[209] Ähnlich auch Bühler (1982, S. 106 f.), der die Zeigwörter gegen den Vorwurf der „unheilbaren Subjektivität" (ebd.) verteidigt. Im Rahmen einer konstruktivistischen Linguistik kommt den deiktischen Zeigwörtern insofern eine besondere Bedeutung zu, als sie das subjektive Moment allen Sprechens (d. h. auch des sprachlichen Verweisens mit Hilfe von Nennwörtern) explizit markieren.

können.[210] Die Wörter im Zeigfeld hingegen konstituieren keine Sprecheridentitäten, sondern spezifizieren vom Sprechenden ausgedrückte Propositionen aus der Origo-Perspektive in lokaler, temporaler oder auch personaler Hinsicht. Die Zeigwörter verleihen einer Aussage eine (subjektive) Bedeutungskomponente im Sinne von: „XY ... ist aus der Perspektive des Sprechenden zu interpretieren". Nicht von ungefähr ist das individuelle (Selbst-)Bewusstsein eng gekoppelt an die bühlersche Origo zu denken:

> Wer immer im Wachzustand und „bei sich" ist, befindet sich orientiert in seiner gegebenen Wahrnehmungssituation und das heißt zunächst einmal, daß alle Sinnesdaten, die ihm zufließen, eingetragen sind in eine Ordnung, ein Koordinatensystem, dessen Origo (Koordinatenausgangspunkt) das ist, worauf die Zeigwörter *hier, jetzt, ich* hindeuten.
>
> ebd. (S. 126)

Dass die Origo Koordinatenausgangspunkt nicht nur der Rede der einzelnen Sprecherin, sondern ihrer gesamten Erkenntnis und Wirklichkeitskonstruktion ist, wurde in Teil I, Kapitel 1 ausführlich dargelegt.[211]

Neben der personalen, temporalen und lokalen Fixierung, um die es Bühler zunächst ging, können Deiktika auch weitere Arten von Spezifizierungen vom Sprecherinnenstandpunkt aus leisten. In der Nachfolge Bühlers, der mit der Einführung der Ich-Jetzt-Hier-Origo einen bedeutenden Grundstein für die Theorie der Deixis legte, hat es verschiedene Ausarbeitungen und Vertiefungen der Deixis-Forschung gegeben. Während Sennholz (1985) sich z. B. in Anlehnung an Bühler auf die Personal-, Temporal- und Lokaldeixis beschränkt, führt Diewald (1991) zusätzlich eine objektale und eine modale Dimension der Deixis ein.[212] Die deiktischen Dimensionen umfassen nach Diewald außersprachliche Kontextfaktoren, wie „Raum, Zeit, Kommunikationspartner, nicht an der Kommunikation beteiligte Entitäten und die Faktizität von Sachverhalten" (ebd., S. 151). Daraus ergeben sich die lokale, die temporale, die personale, die objektale und die modale Dimension der Deixis.

---

[210] Bühler (1982, S. 114) bezeichnet die Eigennamen als Individualzeichen. Zur ihrer semiotischen Einordnung und Bedeutung vgl. Diewald und Kleinöder (1993), die die Eigennamen als ikonische Symbole klassifizieren, weil ihnen als wichtige Bedeutungskomponente eine (kognitive) Abbild- bzw. Gleichsetzungsrelation zwischen Zeichenkörper und Objekt inhärent ist.

[211] Ähnlich auch Bühler (1982, S. 133).

[212] Diewald (1991, S. 34) definiert den deiktischen Prozess wie folgt: „Er besteht aus einer *kontextgebundenen gerichteten Relation*, die von ihrem Ausgangspunkt (der *Origo*) aus über eine bestimmte Strecke auf ein Kontextelement (*Deixisobjekt*) zielt. Dies ist die *zeigende Komponente* des deiktischen Prozesses".

Da die Ausprägungen der drei Erstgenannten bereits skizziert wurden, seien an dieser Stelle die übrigen zwei kurz umschrieben. Zu der objektalen Dimension gehören der bestimmte Artikel, die Demonstrativpronomina „dieser", „jener", „dér" und die Pronomina der dritten Person, insofern sie sich auf dritte, d. h. Sprecher- und Hörerrolle nicht innehabende Personen beziehen. „Die *objektale* Dimension [...] dient der deiktischen Fixierung von Entitäten aller Art *außer* den beiden Dialogrollen" (ebd., S. 227). Die modale Dimension betrifft die Kodierung des Grads der Faktizität eines bestimmten Sachverhalts, genauer gesagt die Einschätzung seines Faktizitätsgrades von der Sprecher-Origo aus (vgl. ebd., S. 238 f.). Bei der Modaldeixis handelt es sich folglich um einen deiktischen Prozess, der Subjektivität bzw. die subjektive Bewertung von Faktizität sprachlich strukturiert.[213] Dies erfolgt mit Hilfe der Verbmodi (Indikativ, Konjunktiv und Imperativ im Deutschen), der Modalwörter (Satzadverbien bzw. Modalpartikeln) und der Modalverben (*können, sollen, müssen* u. a.) (vgl. ebd., S. 240).

Entsprechend unterscheidet Diewald (1999) zwischen 1. nichtdeiktischem oder lexikalischem und 2. deiktischem oder grammatikalisiertem Gebrauch der Modalverben, wie er in den folgenden Beispielsätzen vorliegt:

1. Sie muss schon wieder arbeiten.
2. Sie muss sich verlaufen haben.

Der Unterschied zwischen den beiden Verwendungsweisen erweist sich als semiotisch-funktionaler. Während die Modalverben im nichtdeiktischen Gebrauch (1.) einen modalen Zustand des Subjekts ausdrücken, enkodieren die Modalverben im deiktischen Gebrauch (2.) eine Faktizitätsbewertung des Sprechers, wobei folgende Bedeutungsparaphrasen gelten:

> 1. Bedingt durch die Einwirkung einer modalen Quelle befindet sich das Satzsubjekt in einem modalen Zustand bezüglich des Infinitivkomplements.
> 2. Durch die modale Quelle (den Sprecher als die deiktische Origo) ist der Proposition im Skopus des Modalverbs ein durch das Modalverb ausgedrückter, unsicherer bzw. nicht verifizierter Faktizitätswert zugewiesen.
>
> ebd. (S. 433)

Der Grammatikalisierungsprozess bedeutet im Falle der Modalverben einen Übergang von der Klasse der Nennwörter zu der Klasse der deiktischen Zeichen (vgl. ebd.). Innerhalb der neu eingeführten Kategorie der

---

[213] Einen entsprechenden Hinweis (persönliches Gespräch) sowie weitere wertvolle Anregungen zu Modalität und Deixis verdanke ich Gabriele Diewald.

Modaldeixis (Diewald 1991, 1999) spielen die Modalverben neben den Modalwörtern und den Verbmodi eine wichtige Rolle im Hinblick auf die sprecherbasierte Faktizitätsbewertung von Sachverhalten.[214]

Mit dem System der Deiktika liegt innerhalb des Makrosystems Sprache (Coserius „System") ein Strukturprinzip vor, das es möglich macht, sprachlich aus der Sicht des Sprechenden in lokaler, personaler, temporaler, objektaler und modaler Hinsicht auf bestimmte Entitäten zu verweisen bzw. ausgedrückte Sachverhalte in Bezug auf die genannten Dimensionen aus Sprechersicht zu spezifizieren. Deixis leistet folglich die abstrakte, origobasierte Verortung kommunizierter Inhalte – und damit die Verankerung von Subjektivität – in der Sprache. Die folgenden Beispielsätze verdeutlichen dies nochmals:

1. *Er soll über einen Rücktritt nachgedacht haben.* – Vom Standpunkt der Sprecherin aus ist die Faktizität der ausgedrückten Proposition unsicher.
2. *Jetzt spreche ich.* – Zum Zeitpunkt des Ausdrückens der Proposition beansprucht der Sprecher das Rederecht für sich bzw. stellt fest, dass er das Rederecht innehat.

Indem das Makrosystem Sprache auch gleichzeitig Polysystem ist, bietet es eine große Bandbreite an Möglichkeiten, verschiedene, konkrete Sprecherinnenidentitäten zu konstruieren.[215] Dies geschieht durch die Verwendung verschiedener Sprachvarietäten oder -register einer Einzelsprache, die intern Unterschiede auf allen Sprachbeschreibungsebenen aufweisen können und Unterschieden in der Gebrauchsnorm (Coserius „Norm") entsprechen. Dazu folgende Beispiele:

3. *Sie ist wirklich ulkig. / Sie ist eine Ulknudel.* – Der Sprecher charakterisiert durch die Proposition eine am Gespräch nicht beteiligte, weibliche Person als „wirklich ulkig" bzw. als „Ulknudel". Er verwendet eine Norm, die ihn als Sprecher des Standarddeutschen ausweist.

---

[214] Der Sprecherbezug im Falle der grammatikalisierten Variante der Modalverben ist ein Beispiel für die allgemeine Tendenz im Prozess der Grammatikalisierung, dass bei grammatikalisierten Formen eine Zunahme an subjektiver Bedeutung bzw. eine zunehmende Bezugnahme auf die Sprecherin selbst und auf ihre Beziehung zur Aussage feststellbar ist (vgl. dazu Diewald 1999 und Traugott 1988).

[215] Die Konstruktion von Sprecheridentitäten ist als hörerseitiger Prozess zu verstehen. Der Hörer konstruiert auf der Grundlage wahrgenommener varietätenspezifischer Sprachmerkmale (z. B. einer bestimmten Aussprache) einen bestimmten (z. B. regional oder ethnisch verankerten) Identitätsaspekt des Sprechenden. Vgl. dazu das in Kapitel 7.3 entwickelte „Modell der dialogischen Identitätskonstruktion".

4. *Sie is e Knäppdrähersch.* / *Sie is awwa e Nudel.* Die Sprecherin charakterisiert durch die Proposition eine am Gespräch nicht beteiligte, weibliche Person als „wirklich ulkig" bzw. als „Ulknudel". Sie verwendet eine Norm, die sie, insbesondere durch lexikalische und morphologische Unterschiede zum Standarddeutschen, als Sprecherin des Neunkircher Dialekts (des Saarpfälzischen) ausweist.[216] Dadurch ist es der Hörerin möglich, der Sprecherin eine regional-geografisch definierte Identität zuzuschreiben.

In 3. und 4. kommen alle in diesem Abschnitt erörterten sprachlichen Formen vor, die einerseits der Konstruktion von Identität und andererseits der Enkodierung von Sprecherbezogenheit bzw. Subjektivität dienen. Der Unterschied zwischen diesen beiden, auf zwei unterschiedlichen Ebenen liegenden Verfahren lässt sich anhand einer Gegenüberstellung der lexematischen und morphologischen Besonderheiten der beiden Gebrauchsnormen in Form einer Tabelle verdeutlichen:[217]

	Standarddeutsch	Neunkircher Dialekt
Lexemwahl	*wirklich, ulkig, Ulknudel*	*Knäppdrähersch, awwa, Nudel*
Flexion	*ist, eine*	*is, e*
Deiktika	*sie*	*sie*

Abb. III.10: Tabelle: Unterschiede und Gemeinsamkeiten Standard – Dialekt (Saarpfälzisch)

Die Nominale *ulkig* und *Ulknudel* bzw. *Knäppdrääersch* und *Nudel* charakterisieren als Nennwörter die Person, auf die mit *sie* deiktisch referiert wird, explizit. Das Personalpronomen und Zeigwort *sie* in beiden Beispielsätzen verweist auf eine weibliche Person im kontextuell-situativen Umfeld der Origo.[218] Es handelt sich dabei um eine vom Standpunkt der Sprecherin vorgenommene, subjektive Spezifizierung der besprochenen Per-

---

[216] Die Beispiele 3. und 4. stammen aus der im Hinblick auf den mundartlichen Wortschatz äußerst ergiebigen dialektologischen Untersuchung Jacobs (2003) zum Neunkircher Dialekt.
[217] Bei der saarpfälzischen Mundart handelt es sich um einen nicht verschrifteten Dialekt, der hier nur in schriftlicher Form – annähernd – wiedergegeben werden kann. Seine eigentliche, mündliche Variante weist auch lautliche Differenzen zum Standarddeutschen auf, die z. B. die Entrundung mittelhoher Vokale betreffen. Näheres dazu findet sich bei Jacob (2003, S. 32). Die syntaktischen Unterschiede zum Standarddeutschen sind hingegen marginal.
[218] Dass hinsichtlich der Form des Personalpronomens kein Unterschied besteht zwischen Standarddeutschem und Dialekt, ist hier als Zufall zu werten und für die vorliegende Analyse irrelevant.

son. Dieser Fall von objektaler Deixis bestimmt das Subjekt des Satzes subjektiv.[219] Während also Nennwörter eine explizite sprecherseitige Charakterisierung leisten und damit auch Persönlichkeit und Identitäten von Personen konstituieren, leisten Zeigwörter eine gleichfalls sprecherbezogene Subjektivierung ausgedrückter Propositionen. Doch erst der globale Blick auf die zwischen dem standarddeutschen und dem mundartlichen Beispiel bestehenden signifikanten Unterschiede in Bezug auf Wortwahl und Verbkonjugation bzw. Adjektivflexion ermöglicht eine den Sprecher betreffende Identitätszuweisung. Einerseits kann also der Hörer beim Wahrnehmen z. B. von e und *Knäppdrääersch* schließen:[220] Der Sprecher ist Neunkircher. Andererseits kann der Sprecher die genannten Lexeme und Flexionsweisen als Teil einer bewusst gewählten Varietät verwenden, um seine Identität „Neunkircher" zu konstruieren. Diese Prozesse verdeutlicht das in Kapitel 7.3 vorgestellte „Modell der dialogischen Identitätskonstruktion".

Die kurze Analyse hat gezeigt, dass Sprecherinnen unterschiedliche sprachliche Kategorien und Wahlmöglichkeiten zur Verfügung stehen, um einerseits Subjektivität in ihren sprachlichen Äußerungen kenntlich zu machen und um andererseits eine bestimmte Teilidentität zu konstituieren. Wie deutlich geworden ist, stellt das System der Deixis ein wichtiges sprachliches Strukturierungsprinzip dar, das es ermöglicht, Subjektivität sprachlich zu konstruieren. Die These, dass Subjektivität deiktisch konstruiert wird, geht also über die Annahme eines Ausdrucks von subjektiven Standpunkten, Meinungen etc. hinaus, wie etwa bei J. Lyons vorzufinden:

> In so far as we are concerned with language, the term ‚subjectivity' refers to the way in which natural languages, in their structure and their normal manner of operation, provide for the locutionary agent's expression of himself and of his attitudes and beliefs.
>
> Lyons (1982, S. 102)

An mehreren Stellen wurde bereits angeführt, dass sich dahinter der erkenntnistheoretische Standpunkt verbirgt, wonach wir über vorsprachliche Haltungen, Standpunkte und auch Identitäten, zumindest mit linguistischen Analyseverfahren, nichts in Erfahrung bringen können.

---

[219] Eine objektivierte, nichtdeiktische Variante würde vorliegen, wenn anstelle des Pronomens ein Eigenname verwendet würde: *Maja ist wirklich ulkig*.

[220] Es handelt sich dabei sozusagen um eine Identität konstituierende Implikatur. Vgl. zu diesem Verfahren das „Modell der dialogischen Identitätskonstruktion" in Kapitel 7.3.

Schließlich muss mit Diewald (1999, S. 15) betont werden, dass die Bedeutung deiktischer Zeichen mehr als die Komponente der Subjektivität umfasst:

> [D]eiktische Zeichen drücken mehr als eine bloße Abhängigkeit von den subjektiven Haltungen des Sprechers, mehr als eine subjektive Färbung des denotativen Gehalts aus: die Enkodierung der (in der Kommunikationssituation objektiv vorliegenden) Verbindung zwischen Sprecher (Origo) und dargestelltem Sachverhalt ist definierender Bestandteil ihrer Bedeutung. Deiktika bringen also zum Ausdruck, daß die denotierte Entität von der Origo aus denotiert ist, sie enkodieren bzw. repräsentieren „objektiv" vorhandene und kommunikativ essentielle Information über den kognitiven Standort, die Perspektive, von der aus eine sprachliche Äußerung produziert wurde.

Im Rahmen einer konstruktivistischen Linguistik kommt den Deiktika ein besonderer Stellenwert zu, weil sie die – für alle Sprachzeichen anzunehmende – Verankerung sprachlicher Bedeutungen in der Kognition des Individuums direkt enkodieren. Definieren wir sprachliche Subjektivität als Denotation kommunizierter Entitäten oder Sachverhalte von der Origo aus, können die Deiktika als Paradebeispiel für diesen Prozess angeführt werden. Mit Hilfe der verschiedenen deiktischen Dimensionen – am offenkundigsten zeigt dies die personale Dimension – wird sprachlichen Bedeutungen ein Koordinatenausgangspunkt zugewiesen. Letztlich wird so die Kategorie „Person" linguistisch etabliert. Mit Benveniste gesprochen: Die Verankerung von Subjektivität in der Sprache basiert vor allem auf den verschiedenen Formen der Deixis. Damit verbunden ist die Erschaffung der Kategorie der „Person" bzw. des „Ich" sowohl innerhalb der Sprache als auch in der außersprachlichen Wirklichkeit (vgl. Benveniste 1971, S. 224–229).

5 Sprache als Metamedium – Sprechen als Modus der Identitätskonstruktion

Der Sprachbegriff soll in diesem Abschnitt dahin gehend präzisiert werden, dass die grundlegende mediale Eigenart der Sprache und des Sprechens in den Blick kommt. Es wird gezeigt, inwiefern Sprache als anthropologisches Metamedium für die Konstruktion von Identität prädestiniert ist.

Der Terminus „Medium" (lat.: „Mitte") bedeutet „Mittel, Mittelglied; Mittler[in], vermittelndes Element" (DUDEN Fremdwörterbuch 1990, S. 488). Bereits bei Bühler findet sich die Vorstellung, dass die Sprache ein vermittelndes „Zwischending", ein Werkzeug sei:

> Die Sprache ist dem Werkzeug verwandt; auch sie gehört zu den Geräten des Lebens, ist ein Organon wie das dingliche Gerät, das leibesfremde materielle Zwischending; die Sprache ist wie das Werkzeug *ein geformter Mittler.* Nur sind es nicht die materiellen Dinge, die auf den sprachlichen Mittler reagieren, sondern die lebenden Wesen, mit denen wir verkehren.
> Bühler (1982, S. XXI f.)

Indem Bühler Sprache als „mediales Phänomen zwischen den Partnern der sozialen Situation" (Bühler 1976, S. 43) ansiedelt, bewahrt er sie zwar vor der Reduktion, als bloßes Schallphänomen zu gelten. Seine – von vielen geteilte – Auffassung, Sprache sei ein Vermittelndes im Sinne eines Werkzeuges, greift m. E. jedoch in einem entscheidenden Punkt zu kurz. Wie Bühler selbst andeutet, werden mit der Sprache keine materiellen Dinge bearbeitet, sondern interaktive, zwischenmenschliche Kommunikationen initiiert. Vielmehr noch: In der lebendigen, in konkreten sozialen Situationen gebrauchten Sprache, d. h. im Sprechen finden kommunikative Prozesse statt. Darüber hinaus konstituiert sich in der Sprache bzw. im Sprechen das Sprecher-Selbst.

Auch Benveniste (1971) lehnt die instrumentalistische Sicht auf Sprache als unzulässige Vereinfachung ab. Sprache als Werkzeug zu definieren impliziert, den Menschen und die Natur in Opposition zu stellen. Während der Pfeil, der Bogen und das Rad als Werkzeuge vom Menschen erfunden und ihm äußerlich sind, gehört die Sprache zur Natur des Menschen; sie ist nicht seine Erfindung. Aus phylogenetischer Sicht ist es nicht möglich, den Ursprung der Sprache so nachzuvollziehen, dass sie als von zwei bereits vollständig entwickelten Menschen allmählich erschaffenes Kommunikationsinstrument beschreibbar ist. Was wir in der Welt vorfinden, ist der homo loquens, der Mensch, der zu einem anderen immer schon spricht. Sprache ist definitorisch für den Menschen. Schon die zentralen Merkmale der menschlichen Sprache – ihre immaterielle Natur, ihr symbolisches Funktionieren, ihr artikuliertes Arrangement und der Umstand, dass mit Hilfe sprachlicher Unterscheidungen Wirklichkeiten konstruiert werden – liefern genügend Grund zu bezweifeln, dass der Vergleich der Sprache mit einem Werkzeug adäquat ist. Die genannten Eigenschaften der Sprache sind untrennbar mit dem Menschen verbunden, sodass es nicht verwundert, dass der Mensch in und mit der Sprache sich selbst als Subjekt konstituiert (vgl. ebd., S. 223 f.).

Insofern der Mensch sich selbst und seine Identität sowohl in als auch mit der Sprache konstruiert, wird hier die Vorstellung von der Sprache als ein Medium nicht aufgegeben. Der Begriff „Medium" soll jedoch nicht verwendet werden, um Mittel-Zweck-Relationen zu bezeichnen, sondern bezieht sich auf einen Vermittlungsmodus in kommunikativen Prozessen. Sprache transzendiert allerdings den Vermittlungscharakter prototypischer, technischer Medien insofern, als sie die Seinsweise und Lebensform des Menschen bildet. Gerade diese Doppelgesichtigkeit des Mediums Sprache, ihr Vermittlungscharakter und ihr Lebensformcharakter, geraten vielfach in Vergessenheit. Einige Positionen, die ähnlich argumentierend Sprache als Medium begreifen, werden im Folgenden erörtert.

In Abgrenzung sowohl von strukturalistischen Positionen, die Sprache als System und im Hinblick auf isolierte Strukturen untersuchen,[221] als auch von vereinfachenden Werkzeug-Konzeptionen vertritt Ehlich (1998) eine funktionalistische Sprachauffassung, die Sprache gleichfalls als Medium begreift. Zwar basiert Ehlichs Funktionalitätsvorstellung von Sprache auf der Annahme einer zugrunde liegenden Mittel-Zweck-Relation, die die kommunikative Wirklichkeit insgesamt verkürzt, insofern sie diese anhand der Werkzeug-Analogie zu erklären versucht. Sinnvoll scheint seine Ausleuchtung des medialen Charakters von Sprache dennoch, insofern er drei zentrale Funktionsbereiche herausstellt.

Die „gnoseologische Funktion" bezieht sich auf die Erkenntnisstiftung im Medium der Sprache. „Die Wahrnehmung, Verarbeitung und die Entwicklung von Wissen über die Welt und über sich selbst ist bei der Gattung

---

[221] Die Bemühungen der strukturalistischen Linguistik zeichnen sich dadurch aus, dass die Eigenart der Sprache als Mittlerin und ihre Funktionalität (im Hinblick auf Außersprachliches) ausgeblendet werden. Sie wird als Größe für sich, als Selbstzweck analysiert (vgl. Ehlich 1998, S. 11). So kam es zum „geradezu kontemplativen Umgang mit der Struktur, zur in sich selbst kreisenden Anschauung des idealen Objekts" (ebd., S. 12) Sprache fern jeder kommunikativen Lebenspraxis. Das konstitutive mediale Moment der Sprache hingegen wurde zum Epiphänomen degradiert, eine Sicht, die im Zuge der pragmatischen Wende etwas aufgelockert wurde (ähnlich auch Krämer 2000, S. 33 f.).

Mensch unlösbar mit Sprache verbunden" (ebd., S. 15). Zwar ist aus konstruktivistischer Sicht Ehlichs Auffassung, Sprache sei Medium der Speicherung und des Transfers von Wissen (vgl. ebd.), abzulehnen. Erkenntnis im Sinne von Wahrnehmung, Verarbeitung und Konstruktion von Wissen findet jedoch auch der hier vertretenen epistemologischen Position zufolge hauptsächlich im Medium der Sprache statt.[222] Sprachliche Äußerungen liefern Perturbationen, anhand derer systemintern Wissen konstruiert wird.[223]

Die „teleologische Funktion" der Sprache besteht darin, dass sie als Medium dafür verwendet wird, spezifische kommunikative Zwecke zu realisieren. Sprache dient dazu, zweckgebundene sprachliche Handlungen zu vollziehen, d. h. sie hat eine illokutive Dimension. „Als teleologisches Handeln stiftet das Medium Sprache Praxis" (ebd., S. 17), wobei es freilich die Menschen sind, „die Praxis stiften und exekutieren" (ebd.). Diese intentionalistische, sprecherbezogene Sicht auf Kommunikation und sprachliches Handeln wird im Rahmen der konstruktivistischen Theorie durch eine Hörerorientierung ergänzt. Anstatt – wie in der Sprechakttheorie üblich – hauptsächlich den Vollzug von Sprechabsichten zu untersuchen, liegt der Fokus auch auf dem hörerseitigen Verstehen und der internen Sinnkonstruktion.[224]

Die „kommunitäre Funktion" der Sprache bezieht sich auf den Umstand, dass sie als genuin menschliches Verständigungssystem Gemeinschaft stiftet. Das prinzipielle Paradox der Vergesellschaftungsfunktion des Mediums besteht darin, dass Sprache zugleich bindet, d. h. soziale Identität schafft, und abgrenzt, d. h. „einzelne menschliche Gruppen voneinander sondert" (ebd., S. 18). Innerhalb sozialer und kultureller Gruppen erfüllt Sprache somit die wichtige Funktion, dass mit und in ihr die geteilte gesellschaftliche Wirklichkeit (Berger/Luckmann 2003) und das soziale und individuelle Selbst konstruiert werden. Sprache ist der grundlegende Modus der sozialen Wirklichkeitskonstruktion. Die erkenntnis- und die gesellschaftsstiftende Funktion der Sprache erweisen sich somit als eng miteinander verwoben; auf vielfältige Kombinationen der drei genannten Funktionen weist auch Ehlich hin (Ehlich 1998, S. 19).

Ehlich selbst beansprucht keine Vollständigkeit für seine Liste von Funktionsbereichen (vgl. ebd., S. 15). Hinzuzufügen ist ihr die wichtige identitätskonstitutive Funktion der Sprache, wie sie im Rahmen der vorliegenden Studie herausgearbeitet wurde. Dass mit und in dem Medium der

---

[222] Vgl. dazu auch Teil I, Kap. 1.
[223] D. h. Wissen kann nicht von A nach B übertragen werden.
[224] Vgl. dazu auch Teil I, Kapitel 1 und 2, sowie das Kapitel 6 in diesem Teil.

Sprache Gruppenzugehörigkeit (= soziale Identität) konstituiert wird, ist in Ehlichs Aspekt der kommunitären Funktion berücksichtigt. Das hier postulierte identitätskonstitutive Moment der Sprache geht jedoch darüber hinaus, insofern jede sprachliche Äußerung eine Verortung des Sprechenden auch als Individuum (= personale Identität) und als kommunizierendes Subjekt bzw. kognitiver Urheber einer geäußerten Proposition (= Subjektivität) ermöglicht.[225]

Bevor auf weitere Positionen eingegangen wird, die Sprache als Medium konzeptualisieren, sollen noch einige terminologische Klärungen im Hinblick auf den Begriff „Medium" vorgenommen werden.[226] Ein abstrakter und relativ weiter Medienbegriff wird zugrunde gelegt, wenn Sprache, wie dargelegt, als Medium (im Sinne von Mittel, Mittleres und Existenzform) der Erkenntnis-, Wirklichkeits- und Selbstkonstruktion verstanden wird. Das Medium „Sprache" ist zugleich Grundlage einer Lebenspraxis, die auf intersubjektiv geteilten und regelgeleiteten Handlungsmustern basiert. Diese Handlungsmuster werden sprachlich vollzogen und stiften zugleich Gemeinschaft. Eine begriffliche Alternative, der hier nicht gefolgt wird, schlägt Habscheid (2000, S. 135) vor. Er sieht aus Sicht der (medien-)linguistischen Pragmatik den Bedarf, Sprache und Sprachgebrauch einerseits und technische Medien (Computer, Massenmedien etc.) andererseits abzugrenzen,[227] weshalb er empfiehlt, die Medialität von Sprache mit Hilfe von Termini wie „Zeichen", „Symbol" oder „Muster" zu beschreiben. Den Medienbegriff begrenzt er auf technische Medien, sodass seine Diskussion mündet in der

> Spezifikation des Medienbegriffs auf technische Artefakte zur Herstellung/Modifikation, Speicherung, Übertragung oder Verteilung von Zeichen (im Sinne musterhafter Äußerungen), die bestimmte, im Vergleich zur sog. „direkten" Kommunikation erweiterte und/oder beschränkte Kommunikationsformen ermöglichen und die die mit ihnen kommunizierten Symbole sowie [...] Strukturen der Wahrnehmung, Kognition, Erinnerung und Gesellschaft prägen.
>
> ebd. (S. 126)

Habscheid betont zu Recht den prägenden Einfluss von Medien auf Wahrnehmung, Kognition, Erkenntnis, Gedächtnis- und Gesellschaftsformen. Die Beschränkung des Medienbegriffs auf technische Artefakte ist m. E. jedoch abzulehnen, da dieses technische Medienverständnis eine ideali-

---

[225] Vgl. dazu Kapitel 4.
[226] Für einen Überblick zur Problematik des Medienbegriffs aus pragmalinguistischer Sicht vgl. Habscheid (2000).
[227] Der Vorschlag ist sicher auch im Interesse von Medien-, Kommunikations- und Publizistikwissenschaft.

sierte Langue-Vorstellung der Sprache stützt. Es entsteht der Eindruck, als gäbe es so etwas wie die „reine" Sprache auf der einen Seite und die Medien auf der anderen Seite. Dem ist entgegenzusetzen:

> Sprache existiert nicht als Form, sondern nur in Form von Praktiken des Sprachgebrauchs. Unter einer ‚Praktik' sei ein Tun verstanden, das – im weitesten Sinne – an Körper gebunden ist. Für die Ausübung von Praktiken ist kein Wissen-Daß, sondern ein Wissen-Wie, ein durch Einübung erworbenes Können notwendig. [...] Alle Aussagen über die *Sprache* sind [...] solche, die sich immer auf die (schriftliche) Darstellung von Sprache beziehen, nicht aber auf eine Sprache ‚per se'. Einen Zugang zu so etwas wie die ‚reine' Sprache haben wir nicht. Sprache existiert nur als Sprache-in-einem-Medium, als gesprochene, geschriebene, gestische, technisch mediatisierte Sprache.
>
> Krämer (2001, S. 270)

Die Praxis der Sprachverwendung ist medial, und der linguistischen Beobachterin begegnet Sprache stets als in einem Medium realisiertes Sprechen: im mündlichen (gesprochene Sprache), im schriftlichen (geschriebene Sprache) und/oder in einem technisch unterstützten Medium (Sprache im Fernsehen, im Internet etc.). Anstatt Medien ‚nur' als ein epiphänomenales „Realisierungsphänomen" (Krämer 2000, S. 34) anzusehen, wie es die strukturalistische Linguistik tut,[228] erscheint es angebracht, Medien „als Konstituierung der Form von Sprache und Kommunikation aufzufassen" (ebd., S. 36). Die so genannten Bindestrich-Disziplinen Pragma-, Gesprächs- und Medienlinguistik sowie die Forschungen zur gesprochenen Sprache und zur Schriftlichkeit erkennen diesen konstitutiv medialen Charakter von Sprache an.[229]

Die Feststellung, dass die Praktik des Sprachgebrauchs „an Körper gebunden ist" (Krämer 2001, S. 270), wird durch jüngere Erkenntnisse der holistisch orientierten Kognitiven Linguistik gestützt. Bühlers (1982, S. XXI, s. o.) Behauptung, Sprache als Werkzeug sei das „leibesfremde materielle Zwischending", muss folglich als unangemessen zurückgewiesen werden. Die Verankerung von Sprache im Körper, z. B. in Form von körperbasierten kognitiven Konzepten oder als lautliches Realisierungsphänomen, bedeutet ihre untrennbare Verbindung mit dem sprechenden In-

---

[228] Vgl. dazu auch Jäger (2000, S. 26–28).

[229] Krämer (2000, S. 35) kritisiert allerdings, „dass selbst noch in der ‚Medialitäts-Linguistik' die Vorstellung, dass Medien Realisierungsphänomene sind, subtil wirksam bleibt: Für eine Mehrheit der sprachwissenschaftlich orientierten Schriftlichkeitsforscher gelten Lautsprache und Schriftsprache als unterschiedliche Repräsentationen ‚der Sprache'". Ähnlich auch Jäger (2000), der eine „Sprachvergessenheit der Medientheorie" und eine „Medialitätsvergessenheit der Sprachtheorie" konstatiert (ebd., S. 13). Vgl. dazu Kapitel 8.

dividuum. Rein instrumentalistische Sprachauffassungen sind zu kritisieren angesichts der engen Verbindung zwischen dem Menschen und seiner Sprache: Sie ist – anders als der Hammer oder der Rasenmäher – Teil seiner aufgrund ihrer Fundierung in seiner Körperlichkeit. Die Sprache koppelt den Menschen kommunikativ an seine Umwelt und ist daher Medium seiner (sozialen) Existenz, d. h. seine Lebensform.

Anstatt also Sprache und Medien voneinander zu trennen bzw. einander gegenüberzustellen, wird hier die Auffassung vertreten, dass Sprache medialen Charakters ist. „Es gibt keinen prämedialen Status von Sprache" (Jäger 2000, S. 19). Sie tritt stets medial in Erscheinung (als gesprochenes Wort, Schrift) und wird in verschiedensten technischen Medien (Computer, Telefon u. v. a. m.) realisiert. Diese prägen das Sprechen selbst und seine Resultate, die emergierenden Konstrukte, in jeweils spezifischer Weise. Sprache als übergeordnete Mittlerin und als menschliche Existenzform kann treffend als „Metamedium" (Ehlich 1998, S. 20) bzw. als „anthropologisches Rahmenmedium" (Jäger 2000, S. 13) bezeichnet werden. Bei Ehlich (1998, S. 20) findet sich der Begriff „Archimedium":

> Sprache tritt gegenüber den anderen Medien in einen besonderen Stellenwert ein. Sie ist das Metamedium für die anderen Medien. Dieser Gedanke ließe sich auch anders formulieren. Sprache ist das Archimedium menschlicher Kommunikation.
>
> ebd.

Was bedeutet dies nun für die Konstruktion von Identität? Sprache ist Rahmenmedium für die menschliche Lebenspraxis in Form von sprachlichem Handeln, für menschliche Erkenntnis und Wirklichkeitskonstruktion und für die Stiftung sozialer und personaler Identitäten. Diese Prozesse vollziehen sich im konkreten Sprechen; die menschliche Sprachfähigkeit bildet die Voraussetzung für sie. Diese Auffassung vertritt auch Jäger (2000), wenn er schreibt,

> dass die semiologische Aktivität des Homo sapiens sapiens als das Medium seiner Selbst- und Weltkonstitution angesehen werden muss, d. h., dass er ohne seine Fähigkeit zur interaktiven Semantisierung von Lauten, Gebärden und graphematischen Strukturen – und ohne seine Fähigkeit zur medialen Konstruktion symbolischer Welten sich weder als ein Ich zu konstituieren, noch ein kognitiv strukturiertes und kommunizierbares Weltverständnis zu erlangen vermöchte.
>
> ebd. (S. 30)

Die Betonung der Medialität von Sprache fußt auf einer performanzorienterten Sicht auf das Phänomen, wie sie in Kapitel 1 mit Blick auf eine Linguistik der sprachlichen Praxis (vgl. Linke et al. 2003a) herausgearbeitet wurde. Genauso, wie „sich Sprache von der jeweiligen Performanz *gar nicht ablösen lässt*" (Linke et al. 2003b, S. XIV), ist die Ablösung (des Konzepts) der Identität von der konkreten (sprachlichen) Performanz nur theoretisch möglich.[230] Daraus folgt, dass anstelle der Formulierung, Sprache sei Medium der Identität, die folgende, m. E. angemessenere Beschreibung zu setzen ist: Das Sprechen ist Modus (d. h. Art und Weise) der menschlichen Identitätskonstruktion.[231]

---

[230] Allerdings sind „Medium" (Vermittelndes zwischen A und B) und auch „Identität" (von A bzw. B mit sich selbst) relationale Begriffe und insofern nicht so statisch, wie es auf den ersten Blick scheint.

[231] Dabei ist zu bedenken, dass Sprechen als Grundmodus des menschlichen Daseins und der Identitätskonstitution nicht zwangsläufig intentional gesteuert und durch konkrete Mitteilungsabsichten motiviert ist:
„Sprachliche Praxis zeigt immer auch Eigenschaften (vielfach solche indexikalischer Natur), die zwar interpretierbar, aber nicht einer unmittelbar partner- und situationsorientierten Intention verpflichtet sind, schon gar nicht einer als bewusst gedachten Form von Intention. Hierher gehören vor allem die mit psychischen und sozialen Faktoren interdependenten Facetten sprachlicher Praxis: Sprachverhalten als Medium emotionaler und psychischer Zustände sowie als Medium regionaler, schicht- und gruppenspezifischer Identität, Sprachverhalten als (ein) Medium von Alter und Geschlecht." (Linke et al. 2003b, S. XVI)

6 Konstruktivismus, Sprache und Identität

In diesem Abschnitt werden in dezidierter Abgrenzung zu anderen, „realistischen" Positionen in der Sprachwissenschaft die Konturen einer konstruktivistischen Sprachtheorie und Linguistik skizziert. Dies erfolgt hauptsächlich in Anlehnung an die sprachtheoretischen Annahmen von Ágel (Abschnitt 6.1), Schmidt (6.2) und Feilke (6.3). Aus den von ihnen vertretenen, konstruktivistischen (Ágel und Schmidt) bzw. auf dem Konstruktivismus fußenden (Feilke) Konzeptualisierungen von Sprache werden das Programm einer konstruktivistischen Linguistik sowie ein entsprechender Sprachbegriff abgeleitet (6.4). Es werden Bezüge zum Prozess der Identitätskonstruktion hergestellt und Implikationen für seine linguistische Untersuchung und Modellierung aufgezeigt.

6.1 Gegenstand und Ziel einer konstruktivistischen Metalinguistik

In Anlehnung an Ágel (1995, 1997) wird im Folgenden für eine Linguistik des konkreten Sprechens plädiert, die sich sowohl von funktionalistischen als auch von strukturalistischen Positionen – insbesondere von kognitivistischen Ansätzen in der Nachfolge Chomskys – dadurch abhebt, dass sie weder die Langue noch die Kompetenz als primäre linguistische Gegenstände gelten lässt.[232]

> Sowohl Funktionalisten als auch Kompetenz-Linguisten sind einer im wesentlichen realistischen Erkenntnistheorie verpflichtet: Sie sind beide Entdecker. Die Funktionalisten sind Entdecker der Spuren von diversen Interaktionsmomenten in sprachlichen Strukturen, die Kompetenz-Linguisten sind (Mit-)Entdecker des menschlichen Geistes.
>
> Ágel (1997, S. 61)

Ein bescheideneres Ziel verfolgt dagegen eine der konstruktivistischen Erkenntnistheorie[233] verpflichtete Linguistik, insofern sie die „Entdeckung" des menschlichen Geistes oder der Regeln sprachlicher Interaktion gar nicht erst anstrebt. Gegenstand und Untersuchungsfokus einer

---

[232] Das Plädoyer für eine Linguistik der sprachlichen Praxis wird in Kapitel 1 ausführlicher begründet.

[233] Zu den Grundbegriffen der konstruktivistischen Erkenntnistheorie gehören „Beobachter", „(Wirklichkeits-)Konstruktion", „Autopoiesis", „operationale Geschlossenheit", „strukturelle Kopplung", „Perturbation" und „Viabilität" (vgl. für einen kurzen Überblick Weber 2003, S. 184–189). Diese Begriffe und die Prämissen des Konstruktivismus werden ausführlich in Teil I, Kapitel 1 und 2, erörtert.

konstruktivistischen Linguistik lassen sich folgendermaßen skizzieren:[234]

O Untersuchungsgegenstand der Linguistik ist das konkret beobachtbare verbale Verhalten. „Die Sprache" bzw. „die Sprachfähigkeit" (als Langue bzw. Kompetenz) oder auch „eine Sprache" sind (nachträgliche) Abstraktionen bzw. Konstruktionen, die aus der Beobachtung und Analyse verbaler Äußerungen erwachsen.[235] Diese begegnen uns in Form artikulatorischer Kontinua oder grafischer Diskontinua, mit denen wir spezifische Inhalte verbinden. Folglich gilt: „Linguistische Theorien sind interindividuell zu überprüfende und auf interindividuellen Konsens angewiesene Versuche, mehr oder weniger umfassende Segmente des konkreten (deutschen, chinesischen usw.) Sprechens zu erklären" (ebd., S. 78).

O Die bislang vorherrschende Sprecherorientierung in der Linguistik wird abgelöst durch eine verstärkte Mitberücksichtigung des Hörers. „Der Hörer erzeugt während der Tätigkeit des konkreten Sprechens Sinn/Inhalte, indem er die vom Sprecher produzierten Luftschwingungen oder die vom Schreiber produzierten graphischen Zeichen für Luftschwingungen auf frühere Texterfahrungen bezieht" (ebd., S. 80). Auch der Rückgriff auf abgespeichertes Weltwissen, vorhandene begriffliche Konzepte etc. spielt dabei eine Rolle. Die artikulierten Lautketten bzw. die schriftlich fixierten Grapheme fungieren als Perturbationen: Sie lösen hörerseitig die operative Aktivität des Interpretierens, d. h. der internen Sinnproduktion aus. Sinn wird also in verbalen Orientierungsinteraktionen von den Hörenden intern erzeugt (vgl. ebd., S. 82).

Die Betrachtung von Sprache als Tätigkeit und die verstärkte Hörerorientierung stehen im Zentrum der konstruktivistisch inspirierten Linguistik.

---

[234] Ähnlich auch Ágel (1995, 1997).
[235] Wie Ágel (1997, S. 68 f.) betont, nimmt auch bei de Saussure die Parole einen höheren Stellenwert ein als allgemein angenommen wird. Und auch Sprachtheoretiker wie von der Gabelentz und Coseriu (vgl. Kapitel 2) sehen die Rede (Parole) als Gegenstand der linguistischen Disziplin an.

6.2 Sprache als Medium der Kopplung von Kommunikation und Kognition

Schmidt bietet im Rahmen seiner medienkulturwissenschaftlichen Variante des Konstruktivismus[236] einen Erklärungsansatz dafür an, wie Interaktionen zwischen operational geschlossenen Systemen stattfinden können: „Die geschlossenen Systeme können nur strukturell miteinander gekoppelt werden. Und diese Kopplung leisten die Medien" (Schmidt 1992a, S. 101). Zu den Medien zählt auch Sprache als konventionalisiertes materiales Kommunikationsmedium[237], das – wie Medienangebote im Allgemeinen – für die strukturelle Kopplung von Kognition und Kommunikation sorgt. In Anlehnung an Luhmann, der gleichfalls von einer operationalen Geschlossenheit von Bewusstseinssystemen und Kommunikationssystemen ausgeht, sieht Schmidt in den sprachlich-medialen Medienangeboten den (potenziellen) Auslöser für systeminterne Strukturänderungen und Sinnkonstruktionen (vgl. Schmidt 2000b, S. 145). Sprachliche und mediale Angebote liefern Perturbationen, d. h. sie können bei den einzelnen Bewusstseinssystemen kognitive Prozesse in Gang setzen, auf die mit kommunikativen Äußerungen reagiert wird, sodass wiederum sprachlich-mediale Kommunikationsangebote entstehen usw. Mit anderen Worten:

> Damit Kommunikation Bewusstseine perturbieren oder ‚affizieren', das heißt zu systemspezifischen Operationen anreizen kann, müssen Medienangebote verwendet werden, auf die Bewusstseine reagieren (können) bzw. zu reagieren gelernt haben. Natürliche Sprache bietet dabei den Vorteil, dass sie fast allen anderen Umweltereignissen gegenüber auffällt und ein formbares Medium ist, das fast endlose „Verdichtungen" durch subjektive Handhabung (zum Beispiel Text-Bildung) erlaubt. [...] Was aber Bewusstseine mit Texten „machen", ist – von Ausnahmen abgesehen – unprognostizierbar, da Texte nicht „ins Bewußtsein dringen", sondern lediglich ‚Anlässe' für selbstorganisierende kognitive Operationen bieten.
>
> ebd. (S. 148)

---

[236] Dieser Ansatz ist an die luhmannsche Systemtheorie angelehnt (vgl. Schmidt 1992a, 1994a, 2000a, 2000b u. a.). Der von Schmidt vertretene soziokulturelle (1994a) bzw. medienkulturwissenschaftliche Konstruktivismus und der von ihm vorgeschlagene Medienbegriff werden in Kapitel 8 eingehender erörtert. An dieser Stelle sei lediglich angemerkt, dass Schmidt im Unterschied zu Luhmann, der auch Macht, Glauben, Liebe etc. als Medien begreift, einen engen Medienbegriff zugrunde legt, unter den er Sprache, Kommunikationstechniken, Medienangebote und -institutionen fasst (vgl. Schmidt 2000b, S. 144).

[237] Schmidt (2000b, S. 144) führt die natürliche Sprache als Beispiel für ein konventionalisiertes materiales „Kommunikationsinstrument" an. Dieser instrumentalistischen Sprachauffassung (vgl. Kapitel 5) wird hier nicht gefolgt, weshalb der Begriff „Kommunikationsmedium" verwendet wird. Eine weitere Kritik des Medienbegriffs bei Schmidt enthält das Kapitel 8.2.

Verstehen ist folglich sowohl eine individuelle Leistung des einzelnen Bewusstseins, das systemintern Bedeutungen konstruiert, als auch eine soziale Leistung, insofern sein Erreichen durch wechselseitige Verhaltenserwartungen der Kommunizierenden, d. h. erwartungsgemäße kommunikative Anschlusshandlungen sichergestellt wird.[238]

Wie genau schafft es Sprache, Kommunikation (in Form von Mitteilungen und Sprechen) und Bewusstsein (Denken, Kognition) miteinander zu verbinden? Schmidt (1994a, S. 92 f.) spricht in Anlehnung an Luhmann davon, dass sprachlich verfasste Medienangebote wie mündliche Äußerungen oder schriftliche Texte das Bewusstsein „faszinieren". Sie heben sich von nahezu allem in der Umwelt ab und fokussieren unsere Aufmerksamkeit, weshalb es schwer fällt wegzuhören, wenn geredet wird. Wegen der langen und strikten sprachlichen Sozialisation, die das einzelne Bewusstsein durchläuft, löst Sprache typische Sinnkonstruktionen aus und reizt die einzelnen Bewusstseine zu intersubjektiv ähnlichen Eigentätigkeiten, die jedoch nicht voll determiniert und voraussagbar sind. Schmidt warnt indes davor, beim „Reden über (die) Sprache ebenso wie beim Reden über (die) Kommunikation [...] der Tendenz der indoeuropäischen Sprachen zur Ontologisierung durch Nominalisierung zu verfallen" (ebd., S. 93). Insofern befindet er sich auf der hier vertretenen Linie, dass dem konkreten Sprechen ein Vorrang gegenüber dem abstrakten Konstrukt „Sprache" einzuräumen ist.

> Was unserer Beobachtung zugänglich ist, sind Texte in verschiedenen Aggregatformen (als mündliche Äußerung, als Printerzeugnis, als elektronisches Speicher,gut'), nicht ‚die Sprache'. Auch Lexika und Grammatiken sind nicht ‚die Sprache'. Sprache ist ein theoretisches Konzept, keine Beobachtungseinheit, ebensowenig wie ‚die Kommunikation'. Auch hier beobachten wir ausschließlich Kommunikationsprozesse wie Gespräche, Vorträge, schreibende und lesende Menschen, Radio- und Fernsehsendungen und dergleichen.
>
> ebd.

Kompatibel mit der in Kapitel 5 entwickelten, nichtinstrumentalistischen Vorstellung von Sprache ist die Auffassung Schmidts, dass Spracherwerb, Lebenspraxis und Ich-Entwicklung eng miteinander verwoben sind:

> Das Kind lernt im Lebenszusammenhang sprechen, und es lernt spracherwerbend einen Lebenszusammenhang. Die Vermittlung von Sprache und Tätigkeit bildet für soziale Wesen wie Menschen geradezu die Lebenspraxis. Mit der Sprache entstehen die Unterscheidungen [...], die uns Beobachtungen und Beschreibungen erlauben. Mit der Sprache entsteht der Beobachter, mit ihm entstehen Bewusst-

---

[238] Zur Frage des Verstehens sowie zum Problem der semantischen Referenz aus konstruktivistischer Sicht vgl. Teil I, Kapitel 2. Siehe dazu auch Schmidt (2000a, S. 27 ff. und 2000b).

sein, Selbstbewusstsein und Ich. Das System der Sprache bildet das überindividuell gehandhabte System von Unterscheidungen, das Verhaltenskoordination erlaubt – und daraus hervorgeht. „In der Sprache zu operieren bedeutet also, in einem Bereich kongruenter, ko-ontogenetischer Strukturkopplung zu operieren" (Maturana/Varela 1987: 227).

Schmidt (2000b, S. 149)

Die ontogenetische Verknüpfung der Entwicklung von Sprechen, Wirklichkeitskonstruktion, kognitivem, kommunikativem und auch nichtsprachlichem Handeln (vgl. dazu auch Schmidt 2000a, S. 29) sowie Selbst-Bewusstsein/-Konstruktion setzt sich nach abgeschlossenem Spracherwerb in der Lebens- und Sprachpraxis des Einzelnen tagtäglich fort. Wie in Teil II, Kapitel 6 und 7 gezeigt wurde, ist Identität unter den Bedingungen der Postmoderne ein lebenslanger, dynamischer Prozess. Dieser vollzieht sich, so wurde in diesem III. Teil der Studie argumentiert, vor allem im Modus des Sprechens.

Sprache dient der Kopplung von Kommunikation und Kognition und damit der Wirklichkeitskonstruktion sowie der Verhaltensregulierung von Individuen in einer bestimmten Gesellschaft. Dies geschieht dadurch, dass Sprache „gesellschaftlich relevante Unterscheidungen benennt, intersubjektiv vermittelt und damit sozial zu prozessieren erlaubt" (ebd., S. 27). Insofern jede Einzelsprache lediglich eine bestimmte Auswahl möglicher Benennungen und Unterscheidungen semiotisch „verwirklicht", lässt sie sich auch als ein System voll blinder Flecken bei der Unterscheidung und Beobachtung beschreiben. Mit der Verwendung einer bestimmten Sprache geht also einher, dass andere mögliche Selektionen unbeobachtbar bleiben. So entsteht beim Erwerb der Muttersprache – und bei einsprachigen Personen lebenslang – die vermeintliche Gewissheit, über die Umwelt müsse genau so gesprochen werden, wie es die Erstsprache nahe legt (vgl. ebd., S. 31). Auf der Grundlage sprachlicher Unterscheidungen entstehen Wirklichkeitsmodelle, in die wir als Aktanten hineinsozialisiert werden, d. h. hinter die wir nicht zurück können (vgl. Schmidt 1999, S. 122).

> Jedes Individuum wird schon in eine sinnhaft konstituierte Umwelt hineingeboren und auf sie hin sozialisiert; es geht nie mit ‚der Wirklichkeit als solcher' um. Wahrnehmen, Denken, Fühlen, Handeln und Kommunizieren sind geprägt von den Mustern und Möglichkeiten, über die der Mensch als Gattungswesen, als Gesellschaftsmitglied, als Sprecher einer Muttersprache und als Angehöriger einer bestimmten Kultur verfügt. Evolution, Sprache, Sozialstruktur und die symbolischen Ordnungen der Kultur liefern die konventionellen Muster für typisches Verhalten.
>
> ebd. (S. 125)

Kollektives Wissen über typische Verhaltensmuster schlägt sich in Sprache nieder und liegt jedem sozialen Handeln zugrunde; als kommunikativ gerichtetes Handeln bedient sich soziales Handeln konventionalisierter Formen des Ausdrucks: „Soziales Handeln bekommt damit Zeichencharakter" (Schmidt 1995, S. 239). Hiermit knüpft Schmidt an Bickes an, der den „Zeichencharakter jedweden Handelns" (Bickes 1993, S. 168) aufgezeigt hat,[239] und an Feilke (insbesondere 1996), der deutlich macht, dass sprachliche Zeichen vor allem auf der Ausdrucksebene sozial gewachsene Phänomene sind. Feilkes Sprachauffassung folgt Schmidt, insofern er „sprachliche Zeichen als Zeichen für die sprachliche Koordination von Handlungen" (Schmidt 1995, S. 241) begreift.

6.3 Sprache als soziale Gestalt

Vor dem Hintergrund einer konstruktivistisch-systemtheoretischen Modellierung von Sprache und Kommunikation fasst Feilke (1993, 1996) Sprache als ein von sozialen Kommunikationsgemeinschaften und von Menschen gemachtes Phänomen auf, das im Wesentlichen idiomatisch bestimmt ist: „Sprachliche Ausdrücke und Ausdrucksformen werden – ontogenetisch wie soziogenetisch – im Prozeß der Kommunikation hervorgebracht" (Feilke 1996, S. 9). Die im Gebrauch geprägten Ausdrücke ermöglichen gleichzeitig „die wechselseitige Orientierung der Handelnden auf sozial relevante Denkschemata und Handlungsweisen. Kompetentes Sprechen ist idiomatisch verbindlich" (ebd.). Diese Auffassung von Sprache als sozialer Gestalt setzt sich deutlich ab von kognitivistischen Positionen, die Sprache entweder als (Kompetenz-)Modul in der individuellen Kognition ansiedeln (= modularer Ansatz) oder Sprache als Spiegelung kognitiver, im Körper verwurzelter Prozesse und Prinzipien interpretieren (= holistischer Ansatz).[240] In beiden Fällen wird die Rolle von Sprache für die soziale Interaktion im Sinne der interindividuellen Verhaltenskoordinierung, der individuellen Erkenntnis und der gemeinschaftlichen Wirklichkeitskonstitution, wie auch die Rolle der sozialen Interaktion, des Gebrauchs, für die Ausdruckstypik der Sprache völlig außer Acht gelassen.

---

[239] Ausführlich heißt es dazu bei Bickes (1993, S. 168): „Interpretiert man Handlungen in diesem Sinne als kommunikativ gerichtetes (und eben dadurch reflektierbares) Verhalten, das sich konventionalisierter Ausdrucksformen bedient, so folgt mit Notwendigkeit der Zeichencharakter jedweden Handelns". So kommt er zu dem Schluss, „daß Handlungstheorie und Zeichentheorie in gewisser Weise eins sind" (ebd.).

[240] Vgl. detailliert dazu: Bickes und Bickes (2000). Sie weisen darauf hin, dass Sprache in ihrer sozial geprägten Gestalt zurückwirkt auf die individuelle Kognition (ebd., S. 135). Auf diese Weise sorgt Sprache letztlich für die Kopplung von Kommunikation und Kognition.

Im Zentrum des gebrauchs- und gestaltorientierten Ansatzes Feilkes steht die Analyse der *„gestaltbildenden* Prozesse idiomatischer Kreativität" (ebd.) und der *„‚Ausdrucksgestalt'* sprachlicher Zeichen" (ebd., S. 12). Am deutlichsten zeigt sich dies am Beispiel von Prägungen auf der lexikalischen Ebene, die bestimmten, im Gebrauch konventionalisierten und i. d. R. kontingenten Kombinationsbeschränkungen unterliegen. So können wir bspw. sagen

Das Haus hat eine sonnige Lage	aber nicht	?*eine Sonnenlage.*
Der Körper befindet sich in Seitenlage	aber nicht	?*in seitlicher Lage.*
die Zähne putzen	aber nicht	?*die Zähne waschen*
die Haare waschen	aber nicht	?*die Haare putzen*
		ebd. (S. 140 und S. 164)

Feilke zeigt, dass das Phänomen der idiomatischen Prägung auf syntaktischer, semantischer und pragmatischer Ebene existiert (vgl. ebd., S. 211–256) und im Spannungsfeld von Lexikon und Grammatik operiert. Weil die sprachliche Ausdrucksgestalt im Wesentlichen aus dem Mechanismus der idiomatischen Prägung hervorgeht, ist die Anschließbarkeit von Kommunikationen gewährleistet und das Gelingen des wechselseitigen Orientierungsverhaltens von Hörenden und Sprechenden gesichert (vgl. ebd., S. 312). Im Gegensatz zum strukturalistisch-universalgrammatischen und zum funktionalistischen Paradigma vermag diese Position zu erklären, weshalb Sprache als sozial hervorgebrachte Gestalt so vorzüglich für die kommunikative und kognitive Ko-Orientierung von Kommunikationsteilnehmerinnen geeignet ist:

> Ohne den konnotativ strukturbildenden Mechanismus idiomatischer Prägung können sprachliche Strukturierungsprozesse nicht die Selektivität entwickeln, die in systemtheoretischer Perspektive zur Kopplung von Kommunikation als sozialem und Kognition als individuellem Prozeß erforderlich ist.
>
> ebd. (S. 313)

Sprachliche Kompetenz fasst Feilke (1993) als Common-sense-Kompetenz auf. Sozial geprägtes, d. h. normatives und notwendig selektives, andere Möglichkeiten ausschließendes sprachliches Verhalten erwächst aus der Zugehörigkeit zu einer bestimmten sozialen (Sprach-)Gemeinschaft. Eine gruppen- bzw. kulturspezifische sprachliche Verhaltenstypik wird erlernt; sie resultiert aus der gemeinsamen sprachlichen Praxis bzw. aus dem Gebrauch. So ist es z. B. im (Standard-)Deutschen möglich zu sagen

Er liegt in der Sonne.	nicht aber	*Er liegt unter der Sonne.*
		vgl. ebd. (S. 9–13)

Die Common-sense-Kompetenz Feilkes als in der Kommunikation geprägtes und damit sozial normatives Verhalten korrespondiert mit der Beherrschung derjenigen sprachsystematischen Ebene, die Coseriu (1976) als Norm bezeichnet.[241] Sie ist untrennbar mit der sozialen Identität einer Sprechergemeinschaft verbunden; Gruppenidentität erweist sich als Voraussetzung und Resultat der sozialen Prägung von Sprache.

Eine wechselseitige Anschlussfähigkeit der sprachtheoretischen Position Feilkes und des medienkulturwissenschaftlichen Ansatzes Schmidts ist gegeben, insofern beide einen systemtheoretisch inspirierten Konstruktivismus vertreten, der das soziale Moment des Erkennens und Kommunizierens in den Mittelpunkt stellt.[242] Während der Medienkulturwissenschaftler die Kopplung von Kommunikation und Kognition systemisch-epistemologisch begründet, erklärt der Linguist, weshalb diese aus sprachlicher Sicht möglich ist. Mit Feilke geprochen: „Die ausdrucksseitige ‚Gestalt'qualität sprachlicher Ausdrücke ist die ‚Schnittstelle', die Kommunikation und kognitive Prozesse miteinander verbindet" (Feilke 1993, S. 19). Für die Frage der semantischen Referenz folgt daraus, dass die radikalkonstruktivistische Modellierung des Referenten als mentales Konzept zu ergänzen ist um die an Wittgenstein angelehnte Ableitung der Referenz aus dem Gebrauch: „Referenz sollte dementsprechend nicht über Zeichen-Objekt-Relationen modelliert werden, sondern als an prototypischen Verwendungsweisen orientierter sprachlicher Common sense" (Feilke/Schmidt 1995, S. 276). Sprache als Common-sense-Kompetenz ist stets eingebettet in einen Lebenszusammenhang, sie bildet die Lebensform einer bestimmten Sprachgemeinschaft und sozialen Gruppe. Als Lebensraum stiftet jede Sprache ihren Sprecherinnen eine sprachliche wie eine nichtsprachliche Identität. Sowohl Sprache als auch Identität haben eine soziale Gestalt.

6.4 Konstruktivismus, Sprache und Identität – eine Synthese

Die in den vorhergehenden Abschnitten erörterten sprachtheoretischen Ansätze a) Ágels, b) Schmidts und c) Feilkes folgen jeweils unterschiedlichen Spielarten des Konstruktivismus, und zwar a) der radikalkonstruktivistischen Linie im Anschluss an Maturana u. a., b) einer eigenen medienkulturwissenschaftlichen oder soziokulturellen Ausrichtung (vgl. Schmidt 1994a, S. 47) und c) einer systemtheoretisch-soziologischen Theorielinie im

---

[241] Vgl. dazu Kapitel 2.
[242] Der Anschluss wurde von den beiden Autoren auch vollzogen, vgl. z. B. Feilke und Schmidt (1995) sowie Schmidt (1994a, 1995, 2000a).

Anschluss an Luhmann.[243] Diese verschiedenen konstruktivistischen Perspektiven auf die Konstruktion von Selbst und Wirklichkeit mittels Sprache ergänzen einander auf sinnvolle Weise, insofern sie jeweils unterschiedliche Aspekte des zu erklärenden Phänomens in den Mittelpunkt rücken. Während der Konstruktivismus radikaler Provenienz die interne, kognitive Leistung des Individuums im Hinblick auf Kommunikation und Weltkonstitution akzentuiert, betonen die beiden letztgenannten Varianten die soziale, mediale und kulturelle Prägung der betreffenden Prozesse. Wie in Teil I, Kapitel 1 und 2, sowie in Teil II, Kapitel 7, argumentiert wurde, stellen diese beiden unterschiedlichen Perspektivierungen keine unversöhnlichen Gegensätze dar, sondern sinnvolle Ergänzungen im Sinne eines sozialen Konstruktivismus.[244]

Im Einklang mit der hier vertretenen sozialkonstruktivistischen Sicht wird der Gegenstand „Sprache" im Folgenden in Anlehnung an die genannten Autoren als kognitiv verankertes **und** sozial ins Leben gerufenes Phänomen verstanden. In einer Synthese der Positionen Ágels, Schmidts und Feilkes sowie in Anlehnung an einige weitere konstruktivistische Ansätze aus der Sprachwissenschaft werden im Folgenden eine Programmatik konstruktivistisch-linguistischer Forschung (Abschnitt 6.4.1) und ein entsprechender Sprachbegriff (Abschnitt 6.4.2) hergeleitet.[245] Gleichzeitig wird gezeigt, inwiefern diese als Grundlage dienen können für die linguistische Analyse von Identität.

---

[243] Schmidts Ansatz rekurriert auch auf Elemente der Theorien Maturanas und Luhmanns, sodass sich die Trennlinie im Grunde nicht scharf ziehen lässt.

[244] Eine ausführliche Diskussion und Gegenüberstellung von radikalem und sozialem Konstruktivismus bietet Frindte (1995).

[245] Die in der folgenden programmatischen Aufstellung vorkommenden Begriffe, Theoreme und Argumente werden im Einzelnen nicht mehr auf ihre jeweiligen Urheber zurückgeführt. Diese erschließen sich dem kundigen Leser ohnehin; eine eingehende Lektüre des gesamten Kapitels 6 sowie des Kapitels 2 aus Teil I führt indes allen anderen vor Augen, welcher Autor für welche Gedanken im Rahmen einer konstruktivistischen Konzeptualisierung von Sprache verantwortlich zeichnet. Es wird zudem rekurriert auf Stegus (2000) Überlegungen zum Zusammenhang zwischen Konstruktivismus und Linguistik sowie Ruschs (1987, 1994) Konzeptualisierung von Kommunikation als Orientierungsinteraktion. Diese Positionen sind in Teil I, Kapitel 2 näher erörtert; Ágel, Schmidt und Feilke sind Gegenstand der vorhergehenden Abschnitte dieses Kapitels. Weiterführungen im Hinblick auf die Frage der Identitätskonstitution und -analyse stammen von der Verfasserin dieser Arbeit, soweit nicht anders gekennzeichnet.

6.4.1 Konstruktivistische Linguistik und Identität

Eine konstruktivistisch orientierte Linguistik fokussiert das beobachtbare Sprachverhalten; sie ist eine Linguistik des Sprechens. Den sprachsystematischen, (z. B. in Form von Grammatiken) fixierten Konstrukten wird dabei nicht ihre Relevanz abgesprochen, insofern sie für viele Zwecke, z. B. für die Grammatikvermittlung im Rahmen des Fremdsprachenunterrichts oder im Rahmen der sprachwissenschaftlichen Theoriebildung, nützliche Abstraktionen liefern. Für die linguistische Untersuchungsmethodik primär ist in jedem Fall die Beobachtung und Analyse konkreter verbaler Äußerungen, die in verschiedenen Medien realisiert werden können (mündlich, schriftlich und/oder technisch unterstützt). – So kann mit Hilfe konversationsanalytischer Ansätze untersucht werden, wie Wirklichkeiten und Identitäten „live" bzw. „online" im Sprechen bzw. im Gespräch ausgehandelt und konstruiert werden. Einzelne Elemente oder Kategorien des Sprachsystems selbst enkodieren kaum identitätsbezogene Bedeutungen. Identitäten resultieren vielmehr aus der Verwendung spezifischer Varietäten in bestimmten Sprechsituationen, d. h. sie sind festzumachen an Phänomenen, die das Sprachsystem insgesamt umfassen.

Sowohl Sprecher als auch Hörer sind aktiv am Kommunikationsprozess beteiligt; die beiden Rollen sind i. d. R. reversibel. Die vom Sprecher produzierten verbalen Äußerungen fungieren hörerseitig als Perturbationen, aufgrund derer systemintern – auch durch Verknüpfung mit vorhandenem Wissen und kognitiven Schemata – Sinn erzeugt wird. Referenten oder signifiés sind als mentale Konstrukte zu begreifen, die von Kommunikationsteilnehmerinnen aufgrund sprachlich vollzogener Orientierungsinteraktionen intern konstruiert werden. – Die Konstruktion von Sprecheridentitäten im Kommunikationsprozess betrifft angesichts der Rollenreversibilität Sprecher wie Hörer. Zwar kann der jeweils Sprechende eine bestimmte Absicht im Hinblick auf seine kommunikativ zu konstruierende Identität verfolgen, die Zuweisung bzw. Konstitution seiner Identität erfolgt jedoch durch den Hörenden, der systemintern ein bestimmtes Selbst des anderen erzeugt. Da Identitäten von dem jeweiligen Gegenüber auf der Grundlage verbaler Perturbationen intern konstruiert werden, sind sie soziale, vom jeweiligen Alter abhängige und dialogisch emergierende Phänomene.[246]

---

[246] Maturana (2002, S. 175) bringt die dialogische Existenzweise des Menschen auf folgende Weise auf den Punkt: „Als sprachgebrauchende Tiere existieren wir in Sprache, aber als Menschen existieren wir (bringen wir uns in unseren Unterscheidungen hervor) im Fluß unserer Gespräche, und alle unsere Aktivitäten als solche finden als verschiedene Arten von Gesprächen statt".

Der Konstruktivismus akzentuiert einerseits den kognitiven, andererseits den sozialen Aspekt sprachlicher Kommunikation. Kommunikation wird verstanden als dynamischer Prozess der (sprachlich vollzogenen) Orientierungsinteraktion, der autopoietisch geschlossene Systeme miteinander koppelt. Mit den jeweils geäußerten verbalen Lauten oder Schriftzeichen verfolgen die Kommunizierenden bestimmte Orientierungsabsichten. Konstruiert die zu orientierende Kommunikationspartnerin (= Hörerin) aufgrund einer verbalen Perturbation einen bestimmten Sinn und zeigt sie eine entsprechende (verbale) Verhaltensweise, so hat die Orientierende (= Sprecherin) ihr Orientierungsziel bzw. sprachliches Handlungsziel erreicht. Zugleich ist in diesem Fall Verstehen zustande gekommen, sofern/indem die Hörende in ihrem verbalen und nichtverbalen Verhalten den Erwartungen der Sprechenden entspricht. Die Rollen von Sprecher und Hörer werden getauscht, sobald eine Anschlussäußerung erfolgt. – In Bezug auf die Konstruktion von Identitäten bedeutet dies, dass Kommunikationspartner einander mit verbalem Verhalten – bewusst oder unbewusst – auf bestimmte Identitätsaspekte hin orientieren. Der Erfolg oder Nichterfolg des identitäts- und wirklichkeitsbezogenen Orientierungshandelns bemisst sich an der Anschlussfähigkeit nachfolgender Kommunikation. Diese ist entscheidend im Hinblick auf soziale Identität oder Nicht-Identität. Laut Rusch (1994, S. 71)

> ist durch das Gelingen von Orientierungsinteraktionen auch die Zugehörigkeit einzelner Individuen zu (sozialen) Gruppen definierbar, und zwar einmal durch die Art der zur Orientierung eingesetzten Mittel (z. B. Art der Sprache, Art der non-verbalen Signale usw.) und zum zweiten durch das Gelingen der Orientierungshandlungen selbst. Wer oder was ein Mensch, ein Mitglied der eigenen Sprachgemeinschaft, ein Mitglied der eigenen sozialen Schicht oder Gruppe, der eigenen Familie oder des eigenen Freundeskreises ist, kann nämlich durch Orientierungstest leicht entschieden werden [...].

Soziale Identitäten lassen sich daher aus konstruktivistischer Sicht analytisch festmachen am Gelingen sprachlicher Orientierungsinteraktionen bzw. Kommunikationen und an der intersubjektiven Ähnlichkeit des Sprechens. I. d. R. wird von den Mitgliedern einer Gruppe die gleiche sprachliche Varietät gebraucht, sodass häufig die Rede ist von einer Sprachgemeinschaft. Die linguistische Untersuchung von Identitäten zielt folglich auf die Erfassung der Regeln und Prozeduren sprachlicher Orientierungsinteraktionen innerhalb bestimmter Gruppen sowie auf die Beschreibung der sprachlichen Merkmale spezifischer Varietäten. Während Erstgenanntes ein diskurs- bzw. gesprächsanalytisches Unterfangen darstellt, handelt es sich bei Letzterem um ein sozio- bzw. variationslinguistisches Projekt, das allerdings auch sprachsystematische Beschreibungen im engeren Sinne (von Grammatik, Lexikon, Lautsystem etc.) umfassen kann.

6.4.2 Konstruktivistischer Sprachbegriff und Identität

Der hier vorgeschlagene, konstruktivistische Sprachbegriff enthält neben den beiden, im vorigen Abschnitt erörterten Bestimmungsmerkmalen

a) Sprache = aus der Analyse des Sprechens/beobachtbaren verbalen Verhaltens abgeleitetes Konstrukt und
b) Sprache = Sprechen = verbale Orientierungsinteraktion

zwei weitere definitorische Merkmale, welche die außersprachliche, lebensweltliche Funktion und die Entstehungsbedingungen der sprachlichen Ausdrucksgestalt betreffen. Sie können folgendermaßen auf eine Formel gebracht werden:

c) Sprache = Medium der Kopplung von Kommunikation und Kognition = Lebensform/Existenzweise des Menschen
d) Sprache = soziale Gestalt

Zu den beiden letztgenannten Bestimmungsmerkmalen seien noch einige Erläuterungen angefügt.

Zu c): Autopoietische kognitive Systeme operieren in der Sprache, die ihre Lebensform bildet. Miteinander bzw. mit dem System der Kommunikation gekoppelt werden sie durch eben diese Lebensform, genauer gesagt durch das konkrete Sprechen. Effektiv ist diese Art der strukturellen Verbindung, weil das Sprechen aufgrund entsprechender ontogenetischer Prägung unsere Aufmerksamkeit besonders stark anzieht und in den verschiedenen Individuen ähnliche Sinnkonstruktionen auslöst, sodass es sich vorzüglich als Medium der intersubjektiven Handlungskoordination eignet. Daraus erklärt sich auch der notwendig soziale Charakter gerichteter Orientierungsinteraktionen und jeglichen Sprach- bzw. Zeichengebrauchs. Über die Kopplung von Kommunikation und Kognition und die Verhaltensregulierung hinaus schafft das Sprechen als genuin soziales Phänomen geteilte Wirklichkeiten und individuelle wie soziale Identitäten, d. h. eine gemeinsame Lebensform der betreffenden Aktanten.

Zu d): Auch wenn die Entwicklung von Sprache durch ein genetisch verankertes Sprachmodul unterstützt sein mag und zahlreiche sprachliche Muster durch körperbasierte kognitive Muster motiviert sein dürften, gehen die meisten sprachlichen Bildungen aus rekurrentem Sprachgebrauch hervor, der zur konventionalisierten, sozial geprägten Ausdrucksgestalt der Sprache führt.[247] Davon zeugen idiomatische Prägungen auf verschiedenen Ebenen der linguistischen Beschreibung. Sprache bietet als soziale Gestalt, als sprachlich sedimentierte Common-sense-Kompetenz, der individuellen Kognition die Gelegenheit, vergesellschaftet und im Rahmen sozialer Handlungsmuster und Orientierungsinteraktionen mit anderen kognitiven Systemen gekoppelt zu werden, um so selbst prägenden Einfluss auf das soziale Medium Sprache auszuüben. Die soziale Gestalt von Sprache fußt daher auf sozialer Identität bzw. bildet deren Grundlage.

> Jede soziale Gruppe in der Gesellschaft schafft sich so ihre eigenen Erkennungszeichen, indem eine gruppenspezifische Idiomatisierung des Sprachgebrauchs stattfindet. Die geprägten, idiomatisierten Ausdrücke und gruppenspezifischen Sprachgebräuche sind sprachliche Monumente und Rituale einer Geschichte gemeinsamer Interaktion und Erfahrung, sie signalisieren die gruppenspezifischen Wirklichkeitskonstruktionen der einzelnen Gruppenmitglieder.
> Bickes/Bickes (2000, S. 15 f.)

Insgesamt bleibt festzuhalten, dass sich der Zusammenhang zwischen Identität und Sprache aus konstruktivistischer Sicht darstellt als

O Identitätskonstruktion im Prozess des konkreten Sprechens
O Identitätskonstruktion als Folge und Bedingung gelingender sprachlicher Orientierungsinteraktion

In Bezug auf die Rolle der Sprache ist zudem hervorzuheben, dass sie

O als Schnittstelle von Kommunikation und individueller Kognition die Grundlage für geteilte Lebensformen und Wirklichkeiten bildet
O als soziale Gestalt soziale Identität stiftet und in einem fortdauernden Prozess zugleich aus dieser hervorgeht.

Das Verhältnis von Identität und Sprache ist folglich als reziprok-bedingendes bzw. wechselseitig beeinflussendes zu beschreiben.

---

[247] Vgl. dazu und zum Folgenden Bickes und Bickes (2000, S. 14 ff.), die kognitivistische Positionen modularer wie holistischer Prägung der Auffassung von Sprache als soziale Gestalt gegenüberstellen und die Vorteile der letztgenannten Positionen überzeugend ausloten.

7 Sprachidentität: Zusammenschau und Modellbildung

Dieses Kapitel fasst die wichtigsten sprachtheoretischen Annahmen dieses III. Teils der Studie zusammen und schlägt eine Verankerung des Konzepts der multiplen Sprachidentität in der Sprachtheorie vor (Abschnitt 7.1). Es werden zwei Modelle entwickelt, die jeweils unterschiedliche Aspekte des Phänomens der sprachlichen Identität veranschaulichen. Während das erste Modell die sprachtheoretische Kategorie der Sprachidentität in ihrer Multiplizität und Vielschichtigkeit aus individuumsbezogener Sicht zeigt (Abschnitt 7.2), veranschaulicht das zweite den dialogischen Prozess der Identitätskonstruktion in der ihm eigenen Dynamik (Abschnitt 7.3). Die beiden Modelle führen vor Augen, was aus postmoderner und konstruktivistisch-linguistischer Perspektive unter „Sprachidentität" und „Identitätskonstruktion" zu verstehen ist.

7.1 Multiple Sprachidentität: Zusammenfassung der Ergebnisse

In Teil II, insbesondere in den Kapiteln 6 und 7, wurde ein an postmoderne Theorien angelehntes, konstruktivistisch fundiertes Identitätskonzept entwickelt,[248] das die Grundlage bildete für die nachfolgende Modellierung des Phänomens der Sprachidentität. Identität wird verstanden als plurales, multiples Gebilde, das sich ausdifferenziert in verschiedene, kontextspezifisch konstruierte (Teil-)Identitäten. Wesentliches Kennzeichen postmoderner Identität sind zum einen ihre Dynamik und Flexibilität und zum anderen ihre (kommunikative) Konstruiertheit. Identitäten sind patchworkartig zusammengesetzte, zu einem wesentlichen Teil medialsprachlich und dialogisch-kommunikativ erzeugte Konstrukte, die aus dem grundsätzlichen Sein-In-der-Sprache eines jeden Individuums ihre Kohärenz schöpfen.[249] Die verschiedenen Teil-Identitäten werden konstituiert durch die verschiedenen Einzelsprachen, Sprachvarietäten, -stile und -register, die der Einzelne beherrscht. Ein (Teil-)Identitätswechsel vollzieht sich auf sprachlicher Ebene als Code-Switching bzw. als Varietäten-Wechsel, wobei im Falle pluraler Identitäten Formen von gemischtem Sprechen auftreten können. Ein Identitätswechsel vollzieht sich auch als Wechsel zwischen verschiedenen Gesprächsformen und Medien. Es kommt häufig zu einer Ko-Konstruktion verschiedener (Teil-)Identitäten;

---

[248] Vgl. die Zusammenfassung in Teil II, Kapitel 7.6.
[249] Kohärenz stiften auch die temporäre Konzentration auf bestimmte Teilidentitäten und die biografische Selbstnarration, vgl. Teil II, Kapitel 7.6.

insbesondere die Geschlechtsidentität wird als gesellschaftlich höchst relevante Identitätskategorie i. d. R. ko-konstruiert.

Aus Coserius Unterscheidung zwischen System und Norm[250] wird folgende Definition der sprachtheoretischen Kategorie „Sprachidentität" hergeleitet: Sprachidentität resultiert aus der Fixierung von Normen innerhalb der Möglichkeiten eines Sprachsystems und kann alle Ebenen der linguistischen Deskription betreffen. Diese notwendige Fixierung von Normen innerhalb des Sprachsystems stiftet soziale Sprachidentität; sie hat der Einzelne, indem er den sprachlichen Normen einer bestimmten Sprechergemeinschaft folgt. Die personale Sprachidentität eines Sprechers konstituiert sich hingegen dadurch, dass er bestimmte Normen auf idiosynkratische Weise in bestimmten Sprechsituationen realisiert (sein Idiolekt). Individualität resultiert auch aus der Realisierung eines ganz bestimmten Normensets.

Mit anderen Worten: Die Sprachidentität eines Individuums konstituiert sich dadurch, dass es spezifische, in einer bestimmten Sprache bzw. Sprachvarietät geläufige Normen einhält und diese auf individuelle Weise realisiert. Insofern jeder Sprecher – in unterschiedlichen Sprechsituationen und -settings – eine Vielzahl von Normen realisiert, ist er ein Mehridentitätensprecher. Folglich ist jede individuelle Sprachidentität multipel, d. h. setzt sich aus einem individuellen Set von Sprachidentitäten zusammen, z. B. Jugendsprache-Sprecherin, Dialekt-Sprecherin, Wissenschaftssprache-Schreiberin etc. Die Norm als sprachliche Manifestation der Sprachidentität bildet sich im sozialen Miteinander heraus. Sowohl die Fixierung von Normen, die zur Ausbildung individueller wie sozialer Sprachidentität führt, als auch die idiomatische Prägung der sprachlichen Ausdrucksgestalt sind genuin sozial. Sprachidentität hat eine soziale Gestalt.

Das identitätskonstitutive Moment der menschlichen Sprache offenbart sich in den verschiedenen Ausprägungen des konkreten Sprechens, in den sozial gewachsenen, normgerechten Reden jeder Sprecherin.[251] Es äußert sich in den unterschiedlichen Varietäten, sozialen Stilen und Registern, die jede einzelne Sprecherin einer Sprachgemeinschaft beherrscht. Die vielfältigen Formen des Sprechens innerhalb einer Sprachgemeinschaft entsprechen verschiedenen Sprachspielen, Lebenswelten und Teil-

---

[250] Ausführlich dargelegt in Kapitel 2.
[251] Dass trotz der normativen Vorgaben ein erhebliches Maß an Freiheit und Kreativität möglich ist und zur Herausbildung idiosynkratischer Sprachidentitäten sowie zu Sprachwandel führen kann, wurde in Kapitel 2.1 erörtert. Vgl. auch das soziolinguistische Konzept des Idiolekts (Oksaar 1987).

identitäten einer bestimmten Person. Die Ausdifferenzierung des Sprechens in eine Vielzahl von Formen, d. h. die innere und äußere Mehrsprachigkeit des Menschen, korrespondiert mit der Multiplizität der individuellen Identitäten in der Postmoderne. Zu der inneren Mehrsprachigkeit treten in zunehmendem Maße äußere Mehrsprachigkeiten, d. h. die Beherrschung mehrerer Einzelsprachen. Insofern Sprache als anthropologisches Metamedium Bedingung für Selbstreflexion und Identitätskonstitution ist, bildet das Sprechen als Modus der Identitätskonstruktion die Lebensform oder Existenzweise des Menschen. Diese fächert sich in der Postmoderne auf in eine Vielzahl von Sprachspielen, Lebenswirklichkeiten und Sprechweisen.

Aus varietätenlinguistischer Sicht entspricht die multiple Sprachidentität dem Dia- oder Polysystem Sprache;[252] multiple Identitätskonstruktion erfolgt über sprachliche Polyperformanz. Jede Sprecherin verfügt über ein dynamisches, multiples sprachliches Repertoire, das sich aus ihrer Teilhabe an verschiedenen, diatopischen, diastratischen und diaphasischen Sprachvarietäten speist. Zu den Sprachvarietäten eines Repertoires können Dialekte, Regiolekte, Umgangssprachen, Soziolekte, Sprechstile, Register, Funktiolekte (Fachsprachen), Gerontolekte, Genderlekte, Ethnolekte und Mediolekte gehören.[253] Der Begriff des Repertoires umschreibt die Mehrsprachigkeit von Gruppen und Individuen, wobei zwischen monolingualen, diglossischen, bilingualen und plurilingualen Repertoires unterschieden werden kann. Mehrsprachige Repertoires werden in der globalisierten Welt und in Einwanderungsgesellschaften zunehmend zur Regel. Die Konstruktion von Sprecheridentitäten basiert auf der Verwendung bestimmter Varietäten oder Stile. Interferenzen und Mischungen zwischen Varietäten korrespondieren mit der Komplexität und Multiplizität der entsprechenden Identitäten. Der Heterogenität und Fluidität des Sprechens bzw. der individuellen Sprachkompetenz entspricht die Heterogenität und Fluidität postmoderner Identitäten.

Aus den soeben zusammengefassten, im Verlauf dieser Arbeit entwickelten Konzepten und Zusammenhängen lässt sich ein Modell ableiten, das die Multiplizität und Dynamik der postmodernen Sprachidentität veranschaulicht.

---

[252] Vgl. hierzu und zum Folgenden Kapitel 2.4 und die Kapitel 3.2–3.5.
[253] Zur Definition und Abgrenzung der aufgezählten soziolinguistischen Grundbegriffe vgl. Ammon et al. (2004), Bd. 1, und Veith (2002).

7.2 Modell der multiplen Sprachidentität

Im Mittelpunkt des hier vorgeschlagenen Modells[254] der multiplen Sprachidentität stehen die Mehrsprachigkeit und die multiple Identität des Individuums; in ihm bündeln sich die dargestellten Teilidentitäten und multiplen Sprachkompetenzen.[255]

Das Modell veranschaulicht am Beispiel einer Frau, die über eine ausdifferenzierte Identität und ein multiples sprachliches Repertoire verfügt,[256] die folgenden Zusammenhänge:

O Die Verwendung einer bestimmten Varietät – angezeigt durch die dunkelgrauen Elemente – oder einer Einzelsprache – dargestellt durch die hellgrauen Elemente[257] – konstituiert jeweils eine bestimmte Teilidentität einer Sprecherin. D. h. die Sprecherin konstruiert (bewusst oder unbewusst) durch den Gebrauch einer Varietät jeweils eine ihrer Teilidentitäten.[258] Die jeweils zusammengehörigen Teilidentitäten und Sprachen bzw. Varietäten werden kontextspezifisch aktiviert bzw. verwendet (z. B. die Teilidentität als Mutter und die dazugehörige Familiensprache mit der Familie). Eine Teilidentität und die sie konstituierende Sprache bzw. Varietät werden als „Sprach-Teil-Identität" bezeichnet und durch je ein tortenförmiges Gebilde dargestellt.

O In dem hier gezeigten Beispiel werden insgesamt sechs Teilidentitäten durch den Gebrauch jeweils zugehöriger Sprachen bzw. Varietäten konstruiert, d. h. die Sprecherin hat sechs Sprach-Teil-Identitäten.

---

[254] Vom Grundgedanken her ähnlich ist das Modell Dörings (2003, S. 329) zur „Aktivierung von Teilidentitäten in sozialen Handlungskontexten"; es berücksichtigt jedoch nicht den sprachlichen Charakter der (Teil-)Identitätskonstitution.

[255] Die Perspektive des Sprachsystems als Polysystem und die gesellschaftliche Perspektive im Sinne eines kollektiven Repertoires wurden in Kapitel 3 behandelt und bedürfen je eigener Modelle, wie sie z. B. von Löffler (1985) und Halwachs (1993, 2001) in Form von soziolinguistischen Varietätenmodellen vorgelegt wurden.

[256] Übereinstimmungen mit lebenden oder verstorbenen Personen sind zufällig und nicht beabsichtigt; eine partielle Ähnlichkeit mit der Verfasserin dieser Arbeit ist vorhanden. Die Komplexität der im Modell gezeigten Identitätsstruktur ist sicher auch darauf zurückzuführen, dass es sich um eine weibliche Identität handelt (vgl. ausführlich dazu Teil II, Kapitel 6.6).

[257] Bei den hier durch hellgraue Elemente dargestellten Einzelsprachen handelt es sich im Grunde auch um Varietäten, d. h. um Ausschnitte aus den betreffenden Polysystemen, die ja nicht in Gänze von der Sprecherin beherrscht werden.

[258] Dass die Zuschreibung bzw. Konstruktion der Identität des Sprechenden zu einem wesentlichen Teil eine aktive Leistung des Hörenden ist, zeigt das „Modell der dialogischen Identitätskonstruktion", siehe Abschnitt 7.3.

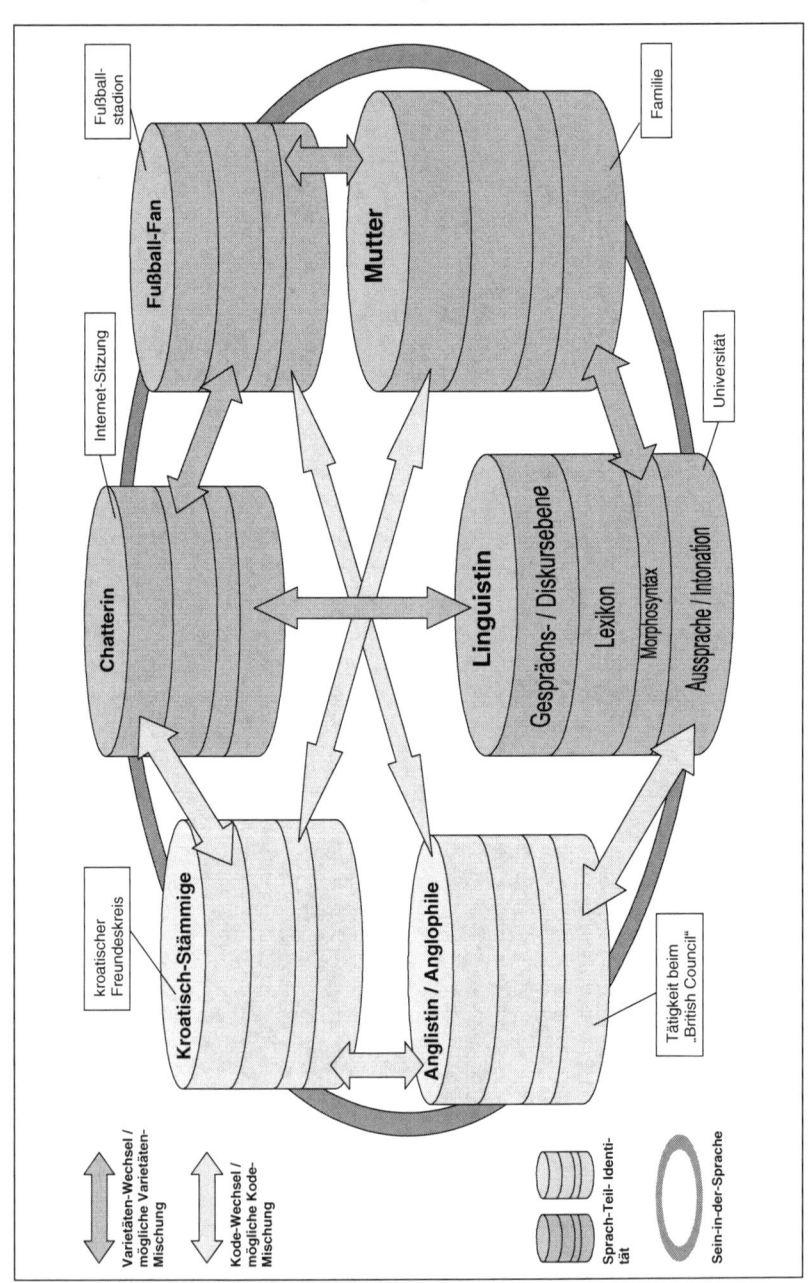

Abb. III.11: Modell der multiplen Sprachidentität

Sie spricht (und schreibt) als Linguistin eine Fachsprache, die linguistische Wissenschaftssprache. Als Mutter spricht sie – mit ihren Kindern – eine Familiensprache. In der Freizeit gebraucht sie als Fußball-Begeisterte zum einen die Sprache des Fußballs, zum anderen unterhält sie sich als Chatterin im World Wide Web mit anderen Internet-Nutzern, indem sie sich eines spezifischen Chatstils bedient. Über diese, im Polysystem des Deutschen (= dunkelgraue Elemente) zu verortenden Varietäten hinaus beherrscht sie zwei weitere Sprachen, und zwar Englisch und Kroatisch (= hellgraue Elemente). Während das Englische als Fremdsprache erlernt und durch Studium und Auslandsaufenthalte perfektioniert wurde, handelt es sich beim Kroatischen um die Erstsprache der Sprecherin. Je nach situativem Kontext, der jeweils in einem kleinen Kästchen angegeben ist, wird eine bestimmte Sprach-Teil-Identität konstruiert. Als besonders relevante Selbstaspekte sind die Teilidentitäten „Linguistin" und „Mutter" größer als die anderen dargestellt. Im Allgemeinen ist von einer internen Gewichtung bzw. Hierarchie der Sprach-(Teil-)Identitäten untereinander auszugehen. Diese Gewichtung, wie überhaupt die Zusammensetzung der multiplen Sprachidentität, kann sich im Zuge des Lebenslaufs ändern. Halwachs spricht in diesem Zusammenhang von Repertoire-Shift.[259] Insofern ist dieser statische synchrone Ausschnitt in diachroner Betrachtungsweise als dynamisch-fluides Gebilde zu denken.

O Das (tortenförmige) Gebilde der Sprach-Teil-Identität bildet die Grundeinheit des Modells der multiplen Sprachidentität. Eine Sprach-Teil-Identität setzt sich zusammen aus einer Teilidentität, die jeweils obenauf genannt ist, und der sie konstituierenden, in mehrere Schichten aufgeteilten Sprache bzw. Varietät. Teilidentität und Sprache bzw. Varietät gehören zusammen wie die zwei Seiten einer Münze, wobei Teilidentitäten sprachlich konstituiert bzw. konstruiert, nicht aber „ausgedrückt" werden. Die Varietäten und insbesondere die verschiedenen Einzelsprachen weisen Unterschiede auf, die alle Ebenen der linguistischen Deskription betreffen können. Die wichtigsten Ebenen sind als „Tortenschichten" dargestellt: Intonation/Aussprache, Morphosyntax, Lexikon und Gesprächs-/Diskursebene.[260]

---

[259] Ausführlich erörtert in Kapitel 3.4.
[260] Der Übersichtlichkeit wegen wurde darauf verzichtet, die semantische und die pragmatische Ebene hinzuzunehmen, weil sich diese – zumal unter Performanzgesichtspunkten – dem Lexikon und der Gesprächs-/Diskursebene zurechnen lassen.

○ Eine gewisse interne Dynamik weist das Modell auf, insofern regelmäßige Wechsel zwischen den einzelnen Varietäten und Sprachen des Repertoires stattfinden. Jeder Wechsel von Dialogpartnern und Interaktionssituation bringt einen Kode- oder Varietätenwechsel[261] mit sich. Ferner kommen – in jeweils unterschiedlichem Maße – Interferenzen und Mischungen zwischen den verschiedenen Varietäten und Einzelsprachen des individuellen Repertoires vor. Das Phänomen des Kode-Wechsels und auch Kode-Mischungen auf lexikalischer oder syntaktischer Ebene sind bei Bilingualen häufig zu beobachten. Eine Varietäten-Mischung liegt vor, wenn einzelne sprachliche Strukturen oder Strategien von einer Varietät in die andere übertragen werden.[262] In der Grafik kommt es z. B. zu einer Kode-Mischung zwischen dem Deutschen und dem Englischen auf der lautlich-phonetischen Ebene: Die Sprecherin spricht Englisch mit einem leichten deutschen Akzent. Eine Varietäten-Mischung entsteht zwischen der Chat-Varietät und der Fußball-Sprache auf lexikalischer Ebene (und vermutlich auch auf anderen Ebenen), wenn sich die Sprecherin in einem Chat-Kanal über Fußballthemen austauscht.

○ Die verschiedenen Sprach-Teil-Identitäten bilden insgesamt kein unzusammenhängendes Konglomerat, sondern sind untereinander auf vielfältige Weise vernetzt, verbunden und vermischt. Zudem stiftet das grundsätzliche Sein-in-der-Sprache – symbolisiert durch den alle Elemente umschließenden, dunkelgrauen Ring – dem Individuum die notwendige Integrität als Person. Die Lebensform des Menschen ist im Grunde nicht eine Existenz in der Sprache, sondern das Sein in einer heterogenen Vielfalt an vernetzten Sprachspielen und Lebenswirklichkeiten.

---

[261] In der Soziolinguistik wird unter den Begriff „Code-Switching" (= „Kode-Wechsel") sowohl der (Einzel-)Sprachwechsel als auch der Varietätenwechsel gefasst. Da in dem hier entwickelten „Modell der multiplen Sprachidentität" die Unterscheidung zwischen den beteiligten Polysystemen wichtig ist, wird der Begriff „Kode-Wechsel" mit der Bedeutung „Wechsel zwischen zwei verschiedenen Einzelsprachen" (d. h. zwei Polysystemen) verwendet. Der Terminus „Varietäten-Wechsel" wird eingeführt, um den Wechsel zwischen zwei verschiedenen Varietäten (eines Polysystems) zu bezeichnen.

[262] Ein unterhaltsames Beispiel für eine Kode-Mischung zwischen drei Sprachen, und zwar Serbokroatisch, Englisch und Deutsch, findet sich in einem jugoslawischen Schlager aus den 8oer Jahren: „Šljoken Sie šljivovicki every night? – Yes, I šljok!" Komplett in das Deutsche ließe sich die Zeile übersetzen mit: „Schlucken Sie jede Nacht Sljivovitz? – Ja, das tue ich!"

Die verschiedenen Lebenswirklichkeiten, in denen eine bestimmte Sprach-Teil-Identität aktiviert ist, sind geprägt durch bestimmte Rollen, Tätigkeiten, Interaktionspartner, situative Kontexte, nationale und ethnische Zugehörigkeiten, soziale und regionale Positionierungen, mediale Umgebungen u. a. m. Bei der Sprach-Teil-Identität handelt es sich i. d. R. um eine multiple Erscheinung, die mit anderen ihrer Art gemeinsam vorkommt, sodass das multiple Sprachrepertoire des Einzelnen als Patchwork erscheint. Es ist zwar auch denkbar, dass eine Person eine verhältnismäßig homogene Sprachidentität hat, wenn sie z. B. ihr Leben lang an einem Ort lebt und nur einen Dialekt spricht. Allerdings wird es auch in solchen Fälle Unterschiede geben z. B. zwischen öffentlichem und privatem Sprachverhalten.[263] I. d. R. entspricht also der Multiplizität der Identitäten eine multiple Sprachkompetenz.

In das dargestellte Modell ist das Beispiel eines multilingualen individuellen Repertoires eingeflossen. Es wäre auch möglich, das Modell mit dem sprachlichen Repertoire, d. h. den Sprach-Teil-Identitäten eines anderen, z. B. monolingualen Individuums zu füllen. So ließe sich die Multiplizität auch einsprachiger Repertoires, die verschiedene Soziolekte, Dialekte, Technolekte, Mediolekte etc. einer Sprache umfassen können, vor Augen führen. Das hier entwickelte Modell der multiplen Sprachidentität bietet ein allgemein gültiges Gerüst, das von Fall zu Fall mit den spezifischen Sprach-Teil-Identitäten eines Individuums gefüllt werden kann.[264] Der interessierte Leser möge dies für sich selbst ausprobieren. Es sei hervorgehoben, dass die Einsprachigkeit individueller Repertoires relativ einfach festzustellen ist, die häufig postulierte Einsprachigkeit kollektiver Repertoires jedoch ungleich schwieriger überprüfbar ist.[265] Hierfür sind umfangreiche soziolinguistische Erhebungen er-

---

[263] Vgl. Halwachs' (1993) Differenzierung zwischen formellen und informellen Stilen, Kapitel 3.5.

[264] Daher ist seine Einsetzbarkeit z. B. im (vor-)schulischen Kontext denkbar, um gemeinsam mit Eltern und Lehrenden festzustellen, wie sich das sprachliche Repertoire eines Kindes zusammensetzt und welche Wechselwirkungen zwischen den einzelnen Sprachen und Varietäten vorliegen könnten. Solch eine „Sprachidentitätsbestimmung" sollte den bereits gebräuchlichen Sprachstandstests vorgeordnet sein, denn nur so könnten die verschiedenen Spracheinflüsse frühzeitig erkannt werden, um dann in eine entsprechende – multilinguale – Förderung einzufließen. Dass für eine optimale Förderung eine An-Erkennung und Wertschätzung der verschiedenen kindlichen Teilidentitäten und Sprachen erforderlich ist, liegt angesichts der engen Verbindung zwischen einzelner Sprache und Teilidentität auf der Hand.

[265] Zu den Begrifflichkeiten des kollektiven und individuellen Repertoires sowie des Polysystems vgl. die ausführliche Darstellung in Kapitel 3.

forderlich, welche vermutlich, z. B. im Falle des deutschen Sprachraums, eine erheblich ausdifferenziertere Mehrsprachigkeit nachweisen würden, als offiziell anerkannt wird.[266]

Das vorgeschlagene Modell stellt das individuumsbezogene Gegenstück zu solchen Varietätenmodellen (z. B. Löffler 1985) dar, die eine sprachbezogene Perspektive einnehmen und z. B. die Ausdifferenzierung des Deutschen in verschiedene Varietäten zeigen. Die folgende grafische Darstellung veranschaulicht, wie die Grundeinheit der Sprach-Teil-Identität zu dem Polysystem des Deutschen in Relation steht; eine Sprach-Teil-Identität (hier: als Linguistin) basiert auf der Fixierung von Normen innerhalb der Möglichkeiten eines bestimmten Polysystems, in diesem Fall das Deutsche und seine verschiedenen sprachlichen Ebenen.

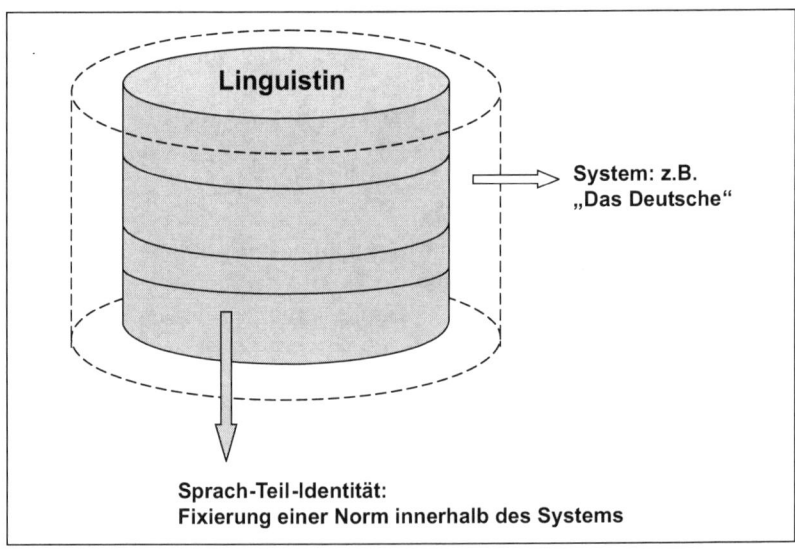

Abb. III.12: Sprach-Teil-Identität: Fixierung einer Norm innerhalb des (Poly-)Systems

In Bezug auf die soziologische und psychologische Konzeptualisierung von Identitäten bleibt festzuhalten, dass die elementare Rolle des kollektiven wie individuellen Sprachverhaltens unbedingt einfließen sollte in entsprechende Modellbildungen. Die hier vorgeschlagenen, auf der Folie sprachwissenschaftlicher Theorien entwickelten Modelle zeigen, dass eine

---

[266] (Sprachen-)Politische Faktoren spielen dabei eine entscheidende Rolle.

Synthese identitäts- und sprachtheoretischer Konzepte zu fruchtbaren Resultaten führen kann. Wesentliches Moment des Konzepts der Sprach-Teil-Identität ist die enge Verbindung sowie die Multiplizität und Dynamik von Sprachen und Identitäten.

Dabei muss betont werden, dass die sprachlichen Kodes oder Varietäten keine Identitätsaspekte sind, die **neben** rollen-, geschlechts- oder tätigkeitsbezogene Selbstanteile treten, sondern dass sie die Teilidentitäten **konstituieren** und unmittelbare Anlässe dafür bieten, dass z. B. eine bestimmte regionale Herkunft zugewiesen/konstruiert wird.[267] Mehr noch: Sie sind die Modi, in denen sich Identitätskonstruktionen vollziehen. Sprache bzw. das Sprechen ist der grundlegende Modus der Identitätskonstruktion, der sämtliche Identitätsaspekte konstituiert. Dabei ist zu unterscheiden zwischen sprachlichen Varietäten (Fach-, Gruppensprachen etc.), die Medium der Konstruktion von Teilidentitäten sind, und der übergeordneten Standard-, Einzel- oder Bezugssprache, die die Integrität des Individuums in einer größeren Sprachgemeinschaft sicherstellt. Dem übergeordnet ist das menschliche Sein-in-der-Sprache, das alle disparaten Teilidentitäten zusammenhält. Sowohl die verschiedenen Einzelsprachen als auch das übergreifende Sein-in-der-Sprache bilden gleichsam die Klammer, die das postmoderne, multiple Selbst zusammenhält.

7.3 Modell der dialogischen Identitätskonstruktion

Das in Abschnitt 7.2 entwickelte „Modell der multiplen Sprachidentität" führt zwar die sprachliche Vielschichtigkeit und den Facettenreichtum der Selbstkonstitution vor Augen, nicht aber ihren interaktiv-dialogischen Prozess- und Konstruktionscharakter. Um diese Lücke zu schließen, wird ein zweites Modell vorgestellt, das abgeleitet ist aus den folgenden, in diesem III. Teil entwickelten sprachtheoretischen Erkenntnissen.[268]

---

[267] Die entgegengesetzte, die Rolle der Sprache unterschätzende Meinung findet sich in der soziologischen Literatur, z. B. bei Hettlage (2000, S. 25): „das Selbst umfasst [...] eine beliebige Anzahl ‚anderer Ichs', die verhaltensprägende Ansprüche in Form von Regelkonformität und *Identifikation* erheben. Dazu gehören Geschlecht, Schicht, Beruf, Freizeitgestaltung, Sprachcodes etc. Je nach Situation tritt eine bestimmte Identitätsfacette dominant hervor."

[268] Die nachfolgenden Postulate wurden in vorhergehenden Kapiteln bereits (ausführlicher) erörtert, sie seien im Folgenden nochmals kurz aufgeführt, da sie für das nachfolgende Modell maßgeblich sind.

Identitätskonstitution vollzieht sich in der sprachlichen Praxis, d.h. im konkreten Sprechen. Wie dem in Abschnitt 7.2 vorgestellten Modell liegt auch diesem die Überzeugung zugrunde, dass das Sprechen grundlegender Modus der Identitäts-(und Wirklichkeits-)konstruktion ist. Da das Sprechen dialogischer Natur ist, bedarf die sprachliche Konstruktion von Identität eines anderen, einer Alterität. Der Andere ist für die Hervorbringung des eigenen Ich unabdingbar. Diese Gedanken gehen auf Coseriu, aber auch auf Mead zurück und entsprechen der sozialkonstruktivistischen Vorstellung, dass Identitäten und Wirklichkeiten sozialinteraktiv erzeugt werden.[269]

Das sprachliche Zeichen erfüllt vier zentrale semantische Funktionen: Appell, Denotierung von Subjektivität[270], Wirklichkeits- und Identitätskonstruktion. In dem nachfolgend abgebildeten Modell geht es vor allem um die letztgenannte Zeichendimension. Das Sprachzeichen fungiert als vom Sprechenden ausgehende Perturbation, auf deren Grundlage der Hörende die Zeichenbedeutung, in diesem Fall die Sprecheridentität, intern erzeugt. So konstruieren Sprechender und Hörender gemeinsam in einem interaktiven Prozess ihre jeweilige personale und soziale Identität. Diese zeichentheoretischen Zusammenhänge verdeutlicht das in konstruktivistisch-linguistischem Sinne erweiterte Organonmodell Bühlers,[271] das die Sprecheridentität in den Rang einer zentralen Zeichendimension erhebt.

Eine kommunikations- bzw. dialogbezogene Erweiterung dieses Zeichenmodells bietet die Modellierung von Kommunikation als Orientierungsinteraktion in Anlehnung an Rusch (1994). Identität lässt sich auf der Folie dieses Ansatzes beschreiben als hörerseitiges Konstrukt, das in sprachlicher Orientierungsinteraktion entsteht.[272] Das nachfolgende **Modell der dialogischen Identitätskonstruktion** stellt diese Zusammenhänge unter Einbeziehung des Konzepts der Sprach-Teil-Identität dar.

---

[269] Zu Coseriu vgl. Kapitel 2, zu Mead vgl. Teil II, Kapitel 3.
[270] Die Denotierung von Subjektivität erfolgt insbesondere mit Hilfe der Deiktika, vgl. Kapitel 4.3.
[271] Vgl. Kapitel 4.2.3.
[272] Ausführlich wird dieser Prozess in Abschnitt 6.4.1 beschrieben.

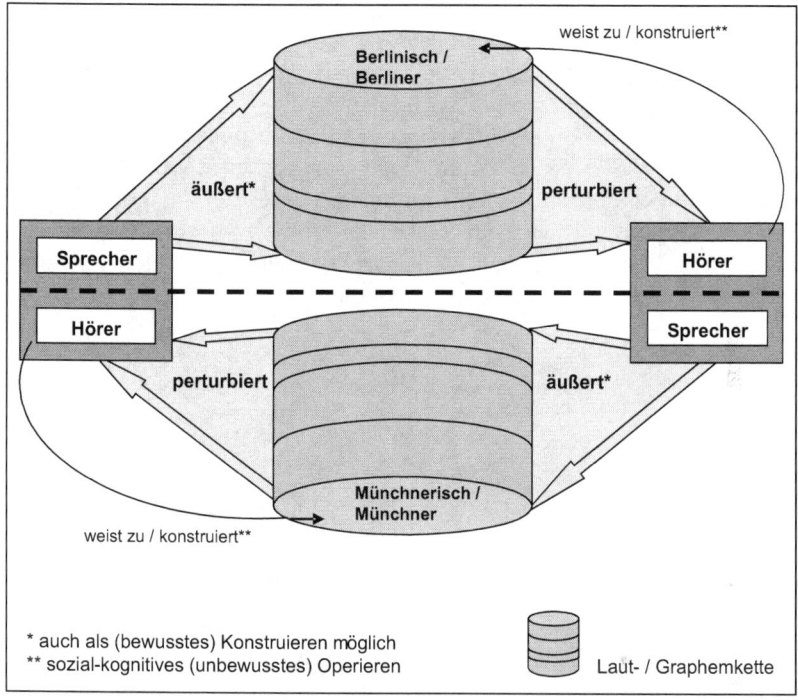

Abb. III.13: Modell der dialogischen Identitätskonstruktion

Die Grafik zeigt die dialogische Interaktion zwischen einem Hörer und einem Sprecher, wobei die Rollen im Verlauf der Kommunikation getauscht werden, sodass jeder mal Sprecher und dann wieder Hörer ist. Der jeweils Sprechende äußert eine Lautkette (oder eine Graphemkette), die auf allen Ebenen der Sprachbeschreibung bestimmte, für eine spezifische Varietät oder Einzelsprache typische Merkmale aufweist (= die Schichten des tortenförmigen Gebildes). Die verbalen Laute (oder Grapheme) perturbieren das kognitive System des Hörenden, der die sprachlichen Besonderheiten der wahrgenommenen Laute möglicherweise mit einer bestimmten Varietät assoziiert. In diesem Fall ordnet er dem Sprecher die entsprechende Sprach-Teil-Identität zu; in dem dargestellten Beispiel identifiziert er den Sprechenden als Berliner bzw. Sprecher des Berlinischen. Sobald die Rollen getauscht werden, läuft der gleiche Prozess erneut ab mit dem Ergebnis, dass dem nun Sprechenden die Sprach-Teil-Identität „Münchner" zugeordnet wird. Identitätskonstruktion ist also einerseits Angelegenheit des Hörenden, wenn das Konstruieren von Identität als (meist unbewusster) Prozess des „kognitiv-sozialen Operierens" (Weber 2003, S. 186) verstanden wird. Andererseits erfolgt das – häufig mit Inszenierungsabsichten verbundene – Konstruieren der eigenen Identität auch als geplanter, bewusster Vorgang. In diesem Fall bedient sich jemand bspw. der Münchner Stadtmundart, um ein bestimmtes Selbst auf der sozialen Bühne zu inszenieren. Wie in Teil II, Kapitel 7, herausgearbeitet wurde, gerät die Konstitution von Identität in postmodernen Zeiten zunehmend zu einem Inszenierungsakt, sie wird zur Sache des sozialen Akteurs, der als Konstrukteur seines Selbst jedoch immer auf den Dialog mit dem Anderen, auf dessen Identitätszuschreibung angewiesen ist.

8 Sprach- und Medienidentitäten: ein medientheoretischer Ausblick

Dieses abschließende Kapitel ist einem medientheoretischen Ausblick gewidmet, der den bislang identitäts- und sprachtheoretisch fokussierten Blick für medienbezogene Aspekte des in dieser Studie behandelten Themas öffnet. Zunächst wird der mediale Charakter der Sprache nochmals hervorgehoben[273] und es wird für eine entsprechende Integration der Frage der Sprachmedialität in die Medientheorie plädiert. Anschließend wird gezeigt, wie sich der Zusammenhang von Sprache, Medien und Identität aus konstruktivistisch-erkenntnistheoretischer Perspektive darstellt. Schließlich werden vernetzte Sprach- und Medienidentitäten als die gängige Daseinsform des Medienzeitalters beschrieben und es werden Richtungen für ihre Untersuchung aufgewiesen.

8.1 Die „Sprachvergessenheit der Medientheorie" (Jäger) und die Frage der Ich-Konstitution

In Kapitel 5 wurde begründet, weshalb das Medium Sprache als Existenzweise des Menschen und nicht als ein ihm äußerliches Instrument anzusehen ist. Der Umstand, dass das – stets medial realisierte und im Körper verankerte – Metamedium Sprache als Modus der Welt- und Selbstkonstitution und zugleich als Lebensform des Menschen fungiert, wird in poststrukturalistischen und insbesondere in kognitivistischen Sprachtheorien chomskyscher Prägung völlig vernachlässigt. Diese Theorieansätze degradieren die material-mediale Natur der Sprache zu einem Epiphänomen, zu einer zu vernachlässigenden Ausführungserscheinung und interessieren sich ausschließlich für das Aufdecken mentaler, universalgrammatischer Strukturen, der so genannten internen Sprache, die auf angeborene Prinzipien der Sprachfähigkeit zurückgeführt wird (vgl. z. B. Grewendorf et al. 1987, S. 20 f.). Diese „Medialitätsvergessenheit" in (einer prominenten Strömung) der zeitgenössischen Sprachtheorie kritisiert auch Jäger (2000, S. 26–28) und konstatiert eine konvergente „Sprachvergessenheit" in der Medientheorie.

Das Versäumnis der Medientheorie besteht darin, dass sie Medialität als für den Menschen grundlegende, gattungskonstitutive Eigenschaft, die im menschlichen Sprach- und Zeichengebrauch in ihrer höchsten und elabo-

---

[273] Siehe auch Kapitel 5.

riertesten Ausprägung vorliegt, nicht anerkennt. Die folgenden drei sprachdistanzierten Stränge des Mediendiskurses macht Jäger zu Recht aus:

In dem „Diskurs um technische Medien" dienen Medien der Übertragung, Repräsentation und Speicherung von Information, ohne jedoch die Informationen selbst zu beeinflussen oder gar erst möglich zu machen, wie es Sprache als Medium ja tut. Sprache als Medium scheint in diesem technikorientierten Mediendiskurs keine oder höchstens eine untergeordnete Rolle zu spielen.[274]

Die Schwachstelle des „Oralitäts-Literalitäts-Diskurses" besteht darin, dass er den Beginn der Mediengeschichte auf die Schrifterfindung fixiert, d. h. erst mit der „Technologisierung des Wortes" (Ong 1987) beginnen lässt. Auf diese Weise wird die Medialität auch der mündlichen Sprache unterschlagen bzw. für medientheoretisch unbedeutend erklärt. Dabei kann sich die menschliche Ich- und Weltkonstitution auch in oralen Kulturen nur dank des Verfügens über – in diesem Fall körpergebundene, lautlich materialisierte[275] – Sprachzeichen, d. h. im (stets materialen) Medium der Sprache vollziehen. Auch die Forschungen zu Oralität und Literalität setzen Technologie und Medialität gleich und blenden daher die präliterale Medialität von Sprache aus.

Die radikalste Variante der „Sprachvergessenheit der Medientheorie" liegt mit dem „Diskurs um postsymbolic communication" (Jäger 2000, S. 20) vor, in dem Visionen virtueller Hyper-Wirklichkeiten mit körper- und sprachlosen „Akteuren" entworfen werden. Vor allem im Umfeld der KI-Forschung wird die Utopie verfolgt, Gedanken ohne den Umweg über den biologischen Körper und sprachliche Zeichen direkt in die Maschine diktieren zu können, sodass „das Medium Computer die durch die Auslöschung des Körpers und seiner medialen Zeichenhandlungen frei gewordene System-Stelle des Zeichens beansprucht" (ebd., S. 26).

---

[274] Vgl. z. B. den auf technische Medien fokussierten Medienbegriff selbst in der linguistischen Pragmatik (Habscheid 2000), ausführlicher besprochen in Kapitel 5.

[275] Auf die Materialität und Körpergebundenheit jeglichen Sprechens weist auch Krämer (2001, S. 270) hin, die sprachliche Performanz – als Datengrundlage für die Kompetenz – auffasst „als verkörperte Sprache. ‚Verkörperte Sprache' in einem zweifachen Sinne: Die Sprache selbst verfügt über eine materiale Exteriorität in Gestalt der Stimme, der Schrift, der Gestik usw. Und diese Materialität der Sprache ist kein randständiger, vielmehr ein grundständiger Sachverhalt. Überdies ist der Sprachgebrauch – in graduell jeweils unterschiedlicher Weise – an die Körperlichkeit der Sprachbenutzer gebunden, die sich nicht nur als formalrationale, symmetrisch positionierte Personen, sondern immer auch als bedürftige, asymmetrisch positionierte Körperwesen artikulieren". Daran dürfte sich auch in Zeiten der elektronischen Kommunikation nichts ändern, die auch auf Körper als Basis und Ursprung sprachlicher Zeichenverwendung angewiesen ist.

Diese Utopie der Unmittelbarkeit von Kommunikation zwischen körperlosen, virtuellen Subjekten und die Vorstellung des „idealen Sprechers" der Generativisten haben eines gemeinsam: Zwar ließen sich die Sprachkompetenzen beider, einen entsprechenden hardwareseitigen und kompetenzlinguistischen Kenntnisstand vorausgesetzt, ähnlich einer Software in Computer implementieren und das menschliche Sprachvermögen auf diese Weise simulieren, personale oder soziale Identität und autonome Erkenntnis würden wir diesen artifiziellen Existenzen jedoch nur schwerlich zusprechen. Dies ist zu einem wesentlichen Teil darauf zurückzuführen, dass die entsprechenden Rahmentheorien den medialen Charakter der menschlichen Sprache und damit die Medialität von Ich- und Wirklichkeitskonstitution ausblenden. Über die kognitivistische Sprachtheorie ist entsprechend Folgendes festzustellen: „Sie liefert geradezu das Modell zur Entmedialisierung des Mentalen und des Lingualen. Sie ist gleichsam die Theorie der ‚postsymbolic communication'" (ebd.).

Mit Jäger wird hier dafür plädiert, den Aspekt der Sprachmedialität nicht nur in die sprachtheoretische Diskussion,[276] sondern auch „in den Diskurs der Medientheorie mit einzubeziehen" (ebd., S. 9). Die Berücksichtigung der medialen Natur von Sprache erscheint aus erkenntnistheoretischen Gründen dringlich, insofern das Verfügen über zeichenmediale Kommunikation die Voraussetzung bildet für Erkenntnis und Selbstreflexion.[277] Mentalität wird erst durch Medialität möglich. Jäger formuliert eine entsprechende „Spurtheorie des Geistes", die weitreichende Implikationen auch für die Medientheorie beinhaltet:

> [W]enn in dem epistemologischen Tripel Erkenntnissubjekt – Zeichen – Erkenntnisobjekt tatsächlich das Zeichen als Entstehungs- und Bestandsbedingung für die Konstitution der sozialen Identität und des kognitiven Weltbezugs des Erkenntnis-Subjekts fungiert – und dies aus Gründen einer gattungsspezifisch entstandenen, speziesspezifischen Ausstattung des Homo sapiens sapiens, dann müssen alle Formen produktiver und rezeptiver medialer Aktivität als kulturelle Ausdifferenzierungen des ursprünglichen Zeichenvermögens betrachtet und in Relation zu diesem analysiert werden.
>
> ebd. (S. 30)

Damit bekommt Sprache einen zentralen Platz zugewiesen als humanspezifisches Metamedium für die Nutzung anderer, technischer und institutionalisierter Medien, das in deren Analyse einzubeziehen ist. Eine Mediengeschichte ließe sich entsprechend schreiben als Geschichte der wandelnden Bedingungen und Möglichkeiten menschlicher Selbst- und Welt-

---

[276] Vgl. ausführlich dazu Kapitel 5.
[277] Ähnlich auch Bickes 1988a.

konstitution, deren elaborierteste Variante Sprachzeichenprozesse bilden.[278] Sprache als Metamedium und technische Medien als Plattformen, die die Inhalte und Formen sprachlicher Kommunikation in jeweils spezifischer Weise prägen (vgl. Engell/Vogl 2002), stellen symbolische und virtuelle Konstruktionsräume für die Konstruktion von Identität und Wirklichkeit zur Verfügung.

8.2 Konstruktivistische Epistemologie und Medientheorie

Angesichts der Allgegenwart technischer Medien und ihres zentralen Einflusses auf soziale, gesellschaftliche und kulturelle Prozesse wandeln sich Erkenntnistheorien im postmodernen Zeitalter zu Medienepistemologien.[279] Dieser Wandel hat auch Eingang in konstruktivistische Theorien gefunden, insofern diese Wirklichkeitsmodelle als Resultat medialer Inszenierung interpretieren. So ist eine in den 90er Jahre des vorigen Jahrhunderts entstandene Einführung in die Kommunikationswissenschaft mit „Die Wirklichkeit der Medien" (Merten et al. 1994) betitelt. Darin entfalten verschiedene Vertreter des Radikalen Konstruktivismus eine konstruktivistische Grundlegung des Gegenstands „Medienkommunikation", indem sie verschiedene Aspekte der Wirklichkeitskonstruktion durch Medien behandeln. Medien gelten als zentrale Wirklichkeitsgeneratoren und nicht als neutrale, die Realität darstellende oder gar abbildende Technologien (vgl. ebd., S. 1 f.).

Der konstruktivistische Medientheoretiker Schmidt (1999) entwirft die „Umrisse einer Medienepistemologie", die er als ein Re-Writing relevanter epistemologischer Fragen für Medienkulturgesellschaften betreibt:

> Hatte die traditionelle Epistemologie bohrend danach gefragt, was unsere Erkenntnisse im Lichte von (absoluten) Wahrheits- und Objektivitätsansprüchen wert sind, so hat sich die Erkenntnistheorie in der Mediengesellschaft an der Frage orientiert, *wie* wir erkennen, welche Prozesse dabei ablaufen und wie diese empirisch konditioniert sind. [Im Zentrum stehen dabei:] Die erkennenden Systeme mit ihren biologischen, psychischen, sozialen und kulturellen Möglichkeiten der Handlung und Sinngebung, die Kommunikationssysteme (Diskurssysteme), in denen sie (inter)agieren – und eben „die Medien", die längst als unsere alltäglichen Instrumente der Wirklichkeitskonstruktion ausgemacht worden sind.
>
> ebd. (S. 120 f.)

---

[278] Vgl. ebd., S. 12. Zum Verhältnis von Medialität und Mentalität siehe auch Jäger (2002) sowie die Beiträge in Jäger/Linz (2004).

[279] Die Philosophen erwägen sogar die Etablierung einer „Medienphilosophie" (vgl. Sandbothe 2001).

Insgesamt zeigt sich, dass Medien unser Erleben, unsere Erfahrungen und unser Denken derart prägen, dass sie auch einen eklatanten Einfluss auf unsere Wirklichkeits- und Selbstkonzepte ausüben. Neben Schrift, Buch und Massenmedien kommt dem Computer und der digitalen Vernetzung eine besondere Rolle bei der Veränderung von Wahrnehmung, Wirklichkeit(en) und Identitätskonzepten zu.

Mit der Ausdifferenzierung von Medien und gesellschaftlichen Subsystemen geht die Entwicklung pluraler Wirklichkeitsmodelle einher, was uns die Grunderfahrung der Kontingenz der eigenen Wirklichkeit und Identität als typisch postmodernes Lebensgefühl (vgl. Schmidt 1999, S. 133 und Rorty 1991) beschert. Die Kommunikation in virtuellen Welten und multiple Identitätskonstrukte verstärken die Kontingenzerfahrung zusätzlich.

> Medien(kultur)gesellschaften gliedern sich in soziale Gruppierungen entsprechend der Sozialisation, der Lebensstile, Wertorientierungen usw., vor allem aber auch hinsichtlich der Spezifika der Mediennutzung. [...] Medien beeinflussen zunehmend alle Prozesse *sozialer Differenzierung und Entdifferenzierung*.
>
> Schmidt (1999, S. 143)

In Anlehnung an die Systemtheorie Luhmanns und an den neurobiologischen Konstruktivismus Maturanas formuliert Schmidt eine eigene Position, einen „soziokulturelle[n] Konstruktivismus" (Schmidt 1994a, S. 47), der insbesondere die Verbindung zwischen Kommunikation, Kognition, Medien und Kultur fokussiert.[280] Die konstruktivistische Konzeptualisierung von Medien, wie sie Schmidt vornimmt, ist grundsätzlich zu unterstützen. Allerdings findet sich auch hier, ähnlich wie in den oben kurz umrissenen nichtkonstruktivistischen Medientheorien, eine Unterschätzung der Rolle präliteraler Sprache für Wirklichkeits- und Selbstkonstruktionen, welche angesichts der im vorhergehenden Abschnitt dargelegten, sprachlich-medialen Mentalität des Menschen nicht annehmbar ist. Schmidt verwendet „Medium"

> als einen Kompaktbegriff, der vier Dimensions- und Wirkungsbereiche systemisch integriert: Kommunikationsinstrumente (wie Sprachen und Bilder), technische Dispositive (etwa die gesamte Fernsehtechnologie auf Produzenten- wie Rezipientenseite), die sozialsystemischen Ordnungen dieser Dispositive (etwa Verlage und Fernsehanstalten) und schließlich die Medienangebote, die aus dem Zusammenwirken dieser Komponenten resultieren".
>
> Schmidt (2002, S. 27)

---

[280] In einem jüngeren Beitrag entfaltet Schmidt (2002) als Reaktion auf die Kritik am Konstruktivismus einen „nichtdualistischen" Ansatz, der darauf abzielt, „ontologische Annahmen durch systematische Beobachtungsvariation zu ersetzen [...]; er rückt grundsätzlich ab von Ansätzen, die die Existenz von Wirklichkeit entweder behaupten oder leugnen" (ebd., S. 17).

Dieser Definition wäre eine fünfte, jedoch an erster Stelle zu nennende sprachliche Metadimension hinzuzufügen bei gleichzeitiger Tilgung der „Sprachen" aus dem Bereich der Kommunikationsinstrumente.[281] In Kapitel 5 und im vorhergehenden Abschnitt dieser Arbeit wurde dahin gehend argumentiert, dass Sprache als Lebensform des Menschen und als (notwendiges) Medium seiner Selbst- und Weltkonstitution durch eine instrumentalistische Einordnung gerade nicht in ihrem Wesen und ihrer Funktion adäquat erfasst wird. Sprache ist als Metamedium und Möglichkeitsbedingung der menschlichen Existenz und Identität allen technischen Medien vor- bzw. übergeordnet. Als Kommunikationsinstrumente können alle anderen Zeichen, außer den sprachlichen, fungieren, z. B. Bilder, Gegenstände, Musik etc., aber auch Gesten u. ä. m., die gleichfalls identitätskonstitutiv sein können. Sie sind dies aber nicht in dem gleichen Maße wie Sprache, die – in mündlicher, schriftlicher, im Rahmen eines massenmedialen Medienangebots oder auch in digitalisierter Form – die Kopplung von Kommunikation und Kognition und die Identität des Menschen überhaupt erst ermöglicht.

8.3 Vernetzte Sprach- und Medienidentitäten

Die Überlegungen des vorhergehenden Abschnitts haben Folgendes vor Augen geführt:[282] Sprache und andere, technische Medien[283] haben einen derart großen Einfluss auf unser Wahrnehmen, Erleben und Denken, dass sie prägend sind auch im Hinblick auf die Prozesse unserer Welt- und Selbstkonstitution. Daher erscheint es gerechtfertigt, von Sprach- und Medienidentitäten als typisch menschlicher Daseinsform zu sprechen. Der Begriff „Sprachidentität" wurde in den Kapiteln 2.2 und 7.1 definiert, sodass an dieser Stelle nun die Begriffsbestimmung von „Medienidentität" vorzunehmen ist.

---

[281] In einer anderen Mediendefinition gebraucht Schmidt (1992a, S. 101f.) den Begriff „Kommunikationsmittel", um „zur Kommunikation verwendete […] Materialien einschließlich der Konventionen ihres Gebrauchs (z. B. Schrift)" zu bezeichnen. Auch hier ist die Reduktion von Sprache auf ein „Kommunikationsmittel" und die Vernachlässigung ihrer präliteralen Medialität abzulehnen.

[282] Vgl. auch Kapitel 7.1.

[283] Wenn im Folgenden von „Medien" die Rede ist, sind hauptsächlich technische und/oder institutionalisierte Medien gemeint. Der hier vertretenen Auffassung zufolge fällt allerdings auch „Sprache" als Metamedium unter den Medienbegriff (vgl. Kapitel 5), insofern sie den Beginn der Medienevolution markiert und Grundlage bleibt für die Nutzung aller anderen, später entwickelten Medien.

Unter den Begriff der Medienidentität[284] fällt zum einen der Prozess der Identitätskonstruktion in verschiedenen medialen Kommunikationsräumen und zum anderen bezeichnet er das Resultat, d. h. das emergierende, häufig vernetzte Selbstkonstrukt bzw. die inszenierte Identität.[285] Diese wird zu einem wesentlichen Teil sprachlich hervorgebracht und kann selbst wieder als Ressource für weitere Identitätskonstruktionen von Medienrezipientinnen dienen. Schließlich ist festzuhalten, dass Identitäten auch durch spezifische Mediennutzungs- und -rezeptionsweisen konstituiert werden.

In Bezug auf das Verhältnis von Medien und Identitäten ist folglich zu unterscheiden zwischen a) Medien als (interaktiven) Konstruktionsräumen für Identitäten, in denen Nutzerinnen eigene Identitäten konstruieren, b) massenmedialen Rezeptionsangeboten, die spezifische Identifikationsmöglichkeiten und Identitätsressourcen zur Verfügung stellen und c) identitätskonstitutiven Formen der Nutzung, Rezeption und Aneignung von Medienangeboten.[286] Diese Differenzierungen werden in der Literatur z. T. nicht getroffen.

Angesichts der zunehmenden Verbreitung technischer Medien und der allgemeinen Tendenz zur „Mediatisierung kommunikativen Handelns" (Krotz 2001) ist Identität in immer stärkerem Maße das, was auf medialen Plattformen als Identität entworfen und in Szene gesetzt wird. Was und wer wir sind, hängt im spätmodernen Medienzeitalter stark davon ab, welcher Medien wir uns auf welche Weise bedienen. Die interindividuellen Unterschiede können dabei beträchtlich sein – ist jemand z. B. hauptsächlich Telefon-, SMS- oder ICQ-Nutzer? –, während geteilte Mediennutzungsmuster und gemeinsam rezipierte Medieninhalte (z. B. Fernsehangebote) Gemeinsamkeiten schaffen. Die Gruppenidentität postmoderner Mediennutzungsgesellschaften gründet sich vielfach auf gemeinsamen Formen der Mediennutzung (vgl. Schmidt 2000a, S. 116).

Allerdings zeigt sich bereits seit dem Beginn der Medienevolution, dass die Art und Weise der kommunikativen Konstruktion von Identität in starkem Maße abhängig ist von der Art der zur Verfügung stehenden Medien. Allen Etappen der Mediengeschichte gemeinsam ist die Dialogizität und Zeichenbasiertheit von Kommunikation.

---

[284] Vgl. der gleichnamige Sammelband von Winter et al. (2003).
[285] Abzulehnen ist die von Hepp et al. (2003, S. 17) vorgenommene Beschreibung des Prozesses als „Artikulation von Identität [...] mittels medial vermittelter Ressourcen", da Identitäten der hier vertretenen Auffassung zufolge als Resultat medialer Konstruktionsprozesse anzusehen sind bzw. nur als solche analysierbar sind, d. h. keinen prämedialen Status haben.
[286] Einen Hinweis auf Aspekt c) verdanke ich Jannis Androutsopoulos.

Auf der Stufe der oralen Kommunikation stellt sich die Konstitution des Selbst als ein an den menschlichen Körper und die Stimme gebundener Prozess dar. Die Körperlichkeit liefert relativ feste, wenn auch kulturell determinierte Identitätsvorgaben, z. B. in Bezug auf das Geschlecht und die ethnische Zugehörigkeit des Sprechenden.

Mit der Literalisierung erfolgt eine Entkoppelung der Identitätskonstruktion vom (Autoren-)Körper. Die Rezeption schriftlicher Texte ist relativ unabhängig von Zeit und Ort ihrer Entstehung, sodass die entsprechenden Selbstkonstrukte (z. B. als Autobiografien) relativ dauerhaft zur Verfügung stehen.

Mit der Verbreitung massenhaft verbreiteter Printmedien treten Autorin und Rezipientin in ein anonymes Verhältnis. Die audiovisuellen Massenmedien bringen als Formen „sekundärer Oralität" (Ong 1987, S. 10) Körper und Stimmen, d. h. die Multimodalität unmittelbarer Kommunikation (auf den Fernsehbildschirm) zurück. Allerdings lassen die Medienangebote kaum mehr Rückschlüsse auf die Identität eines bestimmten Urhebers zu, sondern bieten vielmehr Identifikationsmöglichkeiten und Identitätsressourcen, an denen sich das einzelne Mitglied des Massenpublikums im Rahmen der jeweils eigenen Identitätsarbeit orientieren kann. Film- und Fernsehfiguren, Politikeridentitäten und Musikstars werden „in Szene gesetzt", ihre – zu einem wesentlichen Teil nur dank der medialen Darstellung existierenden – Identitäten werden mit ganz bestimmten Wirkungsabsichten inszeniert.

Glaubwürdigkeit und Authentizität, davon zeugen z. B. Formate wie „Big Brother" und die täglichen Talkshows, werden zum Kernproblem von Fernsehidentitäten, eine Entwicklung, die sich im Zeitalter der digital vernetzten Computermedien weiter zuspitzt. In den Chat-Kanälen und Avatar-Welten des Internet können frei von körperlichen und sozial-ethnischen „Identitätszwängen" des Alltagslebens (Teil-)Identitäten relativ frei konstruiert werden.[287] Der Mediennutzer tritt aus seiner massenmedialen Rezipientenrolle heraus und kann zum aktiven Mitglied unzähliger Online-Gemeinschaften werden.

Das Netz-Medium bietet dem einzelnen Identitätskonstrukteur eine bislang nicht gekannte, aus dem postmodernen Zeitgeist geborene Frei-

---

[287] Auch wenn der biologische Körper etwa in virtuellen Kommunikationsumgebungen für die Bildschirm-Interaktion keine Rolle spielt, sind dennoch die Körpererfahrung, die im Körper verankerte Mentalität und Sprache des Nutzers für das Zustandekommen und Gelingen der Kommunikation unabdingbar, sie bilden sogar ihren archimedischen Ausgangspunkt. Identität als kommunikatives Konstrukt bleibt so letztlich im Körper verankert.

heit, sich selbst neu zu erfinden. Verschiedene Untersuchungen zeigen, dass im Internet auch bestehende (Teil-) Identitäten aufgegriffen (vgl. Misoch 2004) und erweitert werden (vgl. Döring 2003, S. 341–371), dass aber auch neue Selbstaspekte zur spielerischen Erprobung kommen (z. B. Turkle 1995, 2001). Eine große Rolle spielen dabei neuartige und kreative Formen des Sprachgebrauchs, die in ihrer synchron-interaktiven und zugleich schriftlichen Ausprägung (z. B. im Chat) den Charakter tertiärmündlicher Kommunikation haben. Bei aller Freiheit von identitätsbezogenen Vorgaben stellt die Teilnahme an der Kommunikation im weltumspannenden Computernetz hohe Anforderungen an die Sprach- und Medienkompetenz der Nutzerinnen. Da die Netz-Kommunikation zu wesentlichen Teilen ebenfalls sprachbasiert abläuft, gelten auch für sie die in dieser Studie formulierten Erkenntnisse bezüglich des Zusammenhangs von Sprache, Sprechen und Identität.[288] Als typisch postmoderne Erweiterung der Konstruktionsmöglichkeiten für Identität ermöglicht das Internet seinen Nutzerinnen weitere Selbstaspekte zu explorieren und auszubauen.

Mit der postmodernen Pluralisierung von Lebenswirklichkeiten geht einerseits eine starke Individualisierung und Ausdifferenzierung der Kommunikation einher, andererseits ist aufgrund neuer digitaltechnischer Möglichkeiten und allgemeiner Globalisierungstendenzen eine neuartige Transmedialität und Vernetzung von Kommunikationsmöglichkeiten und damit auch von Identitäten zu beobachten. Vor allem das Internet vereint als „Supermedium" alte (u. a. Fernsehen, Radio, Telefon) und neue (u. a. Chat-Kommunikation, Newsgroups) Kommunikationsformen. Der Prototyp der postmodernen, vernetzten Medienidentität findet sich auf der persönlichen Homepage im World Wide Web, textuell realisiert in Form des Hypertextes, der die verschiedenen Teilidentitäten einer Person als rhizomartige Struktur verbindet. Zudem gibt es die These, dass private Web-Sites die für „heimatlose" postmoderne Subjekte wichtige Funktion der aktiven Identitätseinbettung und Selbst-Stabilisierung eröffnen (Misoch 2004, S. 206).

Die neuartige Translokalität postmoderner Medienidentitäten beschreiben Hepp et al. (2003) als den

> Sachverhalt, dass in den Medien Identitätsressourcen über die traditionellen Grenzen der Nationalstaaten hinweg, in gewissem Sinne ‚translokal' (Hepp 2002) vermittelt werden. Am deutlichsten ist dies vielleicht für Musiksender wie MTV, deren Clips für Jugendliche und Erwachsene über verschiedene Orte hinweg reflexive Deutungsangebote darstellen, d. h. Materialien für die Konstitution einer eigenen

---

[288] So wird z. B. eine Dialektsprecherin möglicherweise auch im Chat-Kanal Dialekt „tippen" und so ihre – regional-geografisch definierte – Identität konstruieren.

Identität [...]. Aber auch andere Fernsehsendungen – beispielsweise bestimmte Serien und Reihen wie *Dallas* und *Derrick* – oder Fernsehformate wie *Big Brother* und *Wer wird Millionär* und vielfältige Hollywood- und Bollywood-Filme haben eine langjährige translokale ‚Sende-Geschichte', d. h. die Identitätsressourcen, die sie zur Verfügung stellen, sind keineswegs auf ein Territorium bzw. eine Nation beschränkt.

ebd. (S. 12 f.)

Translokale Medienidentäten sind eine gängige Daseinsform in der postmodernen, globalisierten Mediengesellschaft.

Für künftige, insbesondere auch empirische Studien stellen sich die folgenden Forschungsfragen: Wie gestaltet sich der Prozess der Identitätskonstruktion in verschiedenen Medien bzw. medialen Formaten und welche Konsequenzen ergeben sich aus den unterschiedlichen medialen Bedingungen für die Ergebnisse, d. h. die jeweiligen Identitätskonstrukte? Welche Identitätskonstrukte werden in welcher Weise aufgegriffen für weitere Identitätskonstruktionen? Welche Mediennutzungs- und -rezeptionsweisen konstituieren welche Identitäten?

Im Verlauf dieser Untersuchung wurde die konstitutive Rolle von Sprache im Hinblick auf die Konstitution personaler und sozialer Identität herausgearbeitet. Sprache als Metamedium unseres Selbstgefühls und -bewusstseins (Herder) sollte in die Diskussion um die veränderten Bedingungen von Identitätskonstruktionen in der Mediennutzungsgesellschaft einbezogen werden, da sie nach wie vor grundlegend für jedwede Selbstentwürfe ist. Mehr noch: Die Untersuchung der Bedeutung der Medien für die Konstruktion von Identitäten muss mit der Analyse der Sprache beginnen.[289]

In Anlehnung an die eingangs formulierte, in dreifacher Hinsicht ausdifferenzierte Definition des Begriffs „Medienidentität" (siehe oben) können in Bezug auf die linguistische Analyse medialer Identitätskonstruktionen (mindestens) die folgenden drei Bereiche unterschieden werden: a) dialogische Identitätskonstruktion durch Varietätengebrauch, spezifische Gesprächsstrategien etc. in synchronisch-interaktiven Medien (Beispiele: Chat-Kanäle im World Wide Web, Telefonkommunikation) b) Selbstinszenierungen und Identitätsressourcen in massenmedialen Rezeptionsangeboten (Beispiele: Zeitungsinterviews mit Prominenten, Wahlwerbesendungen im Fernsehen), die auf einer spezifischen sprachlichen Gestaltung der betreffenden Medienangebote basieren c) sprachlich-diskursive Aneignung von Medienangeboten und entsprechenden Identitätsressourcen

---

[289] Die Medienlinguistik hat als jüngere sprachwissenschaftliche Disziplin bereits wichtige Vorarbeiten dafür geleistet (vgl. z. B. Runkehl et al. 1998 und 2005).

(z. B. Kommentierung von Identifikationsangeboten auf Web-Sites beim gemeinsamen Internet-„Surfen"). Die vorliegende Studie hat für die Untersuchung derartiger Fragestellungen ein Fundament gelegt; sie versteht sich als theoretischer Wegbereiter für die Erforschung des komplexen Verhältnisses von Sprache, Sprechen, Medien und Identität.

Resümee

"Die Sprache ist in ihrem Wesen weder Ausdruck noch eine Betätigung des Menschen [...]. Die Sprache erwirkt und ergibt erst den Menschen."

M. Heidegger (1959, S. 19)

Abschließend seien die Ziele und die Arbeitsschritte der Studie nochmals zusammengefasst:

Der vorliegenden theoretischen Untersuchung zur sprachlich-medialen Konstruktion von Identität wurde eine konstruktivistische Rahmentheorie zugrunde gelegt, deren erkenntnistheoretische Grundannahmen im I. Teil der Arbeit dargelegt wurden. Ferner wurde in Teil I ein ausführlicher Überblick über sprachwissenschaftliche Forschungsergebnisse zum Themenkomplex „Sprache und Identität" gegeben.

Das erste, in Teil II der Studie anvisierte Ziel bestand darin, ausgewählte psychologische und soziologische Identitätstheorien daraufhin zu überprüfen, welchen Stellenwert sie der Sprache in Prozessen der Identitätskonstruktion einräumen. Aus sprachwissenschaftlicher Sicht sollten Möglichkeiten aufgezeigt werden, entsprechende Lücken zu schließen. Durch eine Synthese relevanter identitätstheoretischer Erkenntnisse sollte ein Identitätskonzept erarbeitet werden, das sowohl den sprachlichen Aspekt als auch den Konstruktionscharakter und die dynamische Multiplizität postmoderner Selbstkonstitution berücksichtigt.

Das zweite, in Teil III verfolgte Ziel der Studie war es, geeignete sprachtheoretische Positionen so zu erweitern, dass sie das identitätskonstitutive Moment der Sprache und insbesondere des Sprechens in ihre Modellbildung einbeziehen. Auf der Grundlage des in Teil II formulierten Identitätsbegriffs und des im III. Teil erarbeiteten Konzepts der Sprach- bzw. Sprecheridentität sollte ein Modell der sprachlich-medialen Identitätskonstruktion entwickelt werden, das beide Perspektiven – die identitäts- und die sprachtheoretische – integriert. Gleichzeitig sollte der Kategorie der Sprach- bzw. Sprecheridentität ein zentraler Platz in der Sprachtheorie zugewiesen werden.

Im Verlauf der Studie wurden im Einzelnen folgende Ergebnisse erarbeitet:[290]

---

[290] Zusammenfassungen zentraler Ergebnisse des zweiten und dritten Teils dieser Arbeit werden auch in Teil II, in Kapitel 7.6, und in Teil III, in Kapitel 7.1 gegeben.

Der hier vertretenen erkenntnistheoretischen Position zufolge haben erkennende Subjekte als operationell geschlossene, autopoietische Systeme keinen Zugang zu einer „objektiven" Realität, sondern konstruieren ihre Wirklichkeitsmodelle mittels systeminterner Operationen und auf der Grundlage intersubjektiver, insbesondere sprachlich geleisteter Koorientierung selbst. Sowohl Wirklichkeiten als auch Identitäten sind aus konstruktivistischer Perspektive im Medium der Sprache hervorgebrachte Konstrukte, die in der individuellen Kognition angesiedelt sind und auf intersubjektiv-sprachlich getroffenen Unterscheidungen basieren. In sprachlicher Interaktion „verwirklicht" sich Identität.

Die Durchsicht der vorliegenden, sprachwissenschaftlichen Forschungen zum Themenbereich „Sprache und Identität" zeigt, dass zwar zahlreiche, auch empirische Untersuchungen zur sprachlich-diskursiven Konstruktion einzelner Identitätsaspekte (z. B. „ethnische Zugehörigkeit", „sozialer Status" etc.) durchgeführt wurden. Eine umfassende theoretische Untersuchung zum Verhältnis von Sprache, Sprechen und Identität, die den Zusammenhang aus identitäts- und sprachtheoretischer Sicht beleuchtet, liegt jedoch nicht vor. Diese Lücke schließt die vorliegende Studie und stellt dabei aus konstruktivistisch-sprachtheoretischer Perspektive die Konstruktivität von Identitäten einerseits und ihre genuin sprachlich-mediale Natur andererseits heraus. Damit wird auch auf einen entsprechenden Mangel in einem Teil der sozio- und variationslinguistischen Literatur hingewiesen, der darin besteht, dass häufig die Auffassung vertreten wird, Identitäten hätten eine vorsprachliche Existenz und würden in Diskursen und Texten „ausgedrückt". Im Rahmen dieser Studie konnte hingegen erkenntnis- und sprachtheoretisch begründet werden, weshalb Identitäten als medial-sprachlich hervorgebrachte Konstrukte zu konzeptualisieren sind.

Vor dem Hintergrund der zunehmenden Problematik des Identitätsbegriffs in der Postmoderne hat es sich als hilfreich erwiesen, zentrale identitätstheoretische Positionen – in weitgehend chronologischer Abfolge – zu rekapitulieren und auf dieser Folie die Rolle der Sprache bei der Selbstkonstitution herauszuarbeiten.

So konnte gezeigt werden, dass die beiden Klassiker der sozialpsychologischen Identitätsforschung Erikson und Mead zwar überkommene Identitätsbegriffe vertreten, insofern – vor allem bei Erikson – das Erlangen einer einheitlichen, definitiven Identität als Entwicklungsziel definiert wird. Es konnten jedoch wichtige Phasen der Identitätsentwicklung bei Erikson ergänzt werden um entsprechende Stationen der Sprachentwicklung. Ferner wurde dargelegt, dass Mead mit seinem Modell der symbolvermittelten Kommunikation das Verfügen über Sprache zur notwendigen Bedingung für die Herausbildung von Identität erklärt. Bei Mead ist die soziale Interaktion mittels signifikanter Symbole Voraussetzung für Denken, Selbstbewusstsein und -reflexion, was seinen Ansatz zu einer bedeutenden Bezugstheorie für interaktionistische Positionen in der Soziologie, in der Sozialpsychologie, aber auch in der Sprachphilosophie und -theorie macht. Die in Meads Modell enthaltenen Momente der Intersubjektivität und Dialogizität von Ich- und Weltkonstitution konnten einfließen in zwei im III. Teil dieser Arbeit entwickelte Modelle: das erweiterte Funktionsschema nach Bühler (Teil III, Kapitel 4.2.3) und das Modell der dialogischen Identitätskonstruktion (Teil III, Kapitel 7.3).

Anschließend wurden die in der Tradition Meads stehenden, interaktionistischen Identitätstheorien Goffmans, Habermas' und Krappmanns erörtert. Das Darsteller-, Image- und Stigma-Selbst spürt Goffman vor allem durch die Analyse der Feinstruktur der Interaktionsordnung auf, woraus sich vielfältige Anschlussmöglichkeiten für die linguistische Konversationsanalyse ergeben. Überhaupt bietet die gesamte Bandbreite der goffmanschen soziologischen Untersuchungen zu Prozessen und Strategien der Selbstinszenierung zahlreiche Anknüpfungsmöglichkeiten für diskursanalytische, soziolinguistische und auch für onomastische Fragestellungen. Krappmanns, im Anschluss an Goffman und Habermas entwickeltes Konzept der balancierenden Ich-Identität stützt sich auf das Verfügen über eine diese Ich-Balance spiegelnde Umgangssprache. Eine kritische Diskussion der Position Krappmanns führte zu dem Ergebnis, dass dieser Ansatz für diskursanalytische und interaktionistische Arbeiten eine wichtige Grundlage darstellt, insofern der problematische, revidierbare und interaktiv-prozessuale Charakter von Identität sowie die sprachliche Natur von Identitätsprozessen hervorgehoben wird.

In Ergänzung zu den übrigen in Teil II behandelten, allesamt individuumszentrierten Identitätstheorien wurde der auf intergruppales Verhalten fokussierte Ansatz Tajfels und Turners herangezogen, um sprachbezogene Implikationen der Herausbildung sozialer Identität auszuloten. Diese wird im Rahmen der Social Identity Theory (SIT) als Resultat des Verhaltens zwischen Gruppen aufgefasst. Es wurde dahin gehend argumentiert, dass sich die für die SIT zentralen Konzepte der sozialen Kategorisierung, der sozialen Identität, des sozialen Vergleichs und der sozialen Distinktheit als sprachliche Prozesse beschreiben lassen: Gruppenidentität basiert auf einer geteilten Sprache, wobei multiple Gruppenmitgliedschaften häufig mit multiplen Sprachkompetenzen und gemischtem Sprechen bzw. Code-Switching einhergehen.

Insgesamt konnte am Beispiel der ausgewählten Ansätze aufgezeigt werden, dass Identitätstheorien vor dem Hintergrund der Entwicklung von der Moderne hin zur Postmoderne zunehmend die Problematik und Multiplizität der Ich-Konstitution hervorheben. Für die Postmoderne typische Tendenzen wie die gesellschaftliche Pluralisierung, die Individualisierung und die risikobehaftete Globalisierung schlagen sich denn auch in zeitgenössischen Identitätstheorien nieder, die Identität als plurale Struktur und als lebenslangen Prozess im Sinne von Identitätsarbeit modellieren. Die in einigen Theoriesträngen vorgetragene These vom „Tod des Subjekts" konnte mit dem Argument entkräftet werden, dass bei Anerkennung des multiplen und flexiblen Charakters heutiger Identitätskonstrukte, die ihre innere Kohärenz aus ihrem Sein-in-der-Sprache, aus Narrativität und Dialogizität schöpfen, von integrierten, handlungsfähigen Subjekten nach wie vor ausgegangen werden kann.

In Anlehnung insbesondere an das „Patchworkmodell der Identität" (Keupp et al.) sowie an (sozial-)konstruktivistische Identitätsmodelle, die den Aspekt der Konstruiertheit von Identität akzentuieren, wurde schließlich ein Identitätskonzept entwickelt, das Identitäten als aus intraindividuell-kognitiver und interindividuell-sprachlich-medialer Aktivität erwachsende Konstrukte auffasst. In das vorgeschlagene Identitätskonzept haben ferner relevante Aspekte der in Teil II erörterten Identitätstheorien Eingang gefunden. Pluralität und Vielfalt sowie Dynamik und Flexibilität werden als zentrale Merkmale der Identitätsstruktur aufgefasst, die sich in eine Vielzahl situations- und medienspezifisch sowie sprachlich konstruierter Teilidentitäten ausdifferenziert. Die verschiedenen Teilidentitäten konstituieren sich über unterschiedliche Text-, Gesprächs- und Mediennutzungsformen sowie entsprechende Sprachkompetenzen, zwischen denen gewechselt wird und die sich auch vermischen können. Gespräch und Selbstnarration gelten dabei als die beiden Hauptmodi der Identitätskonstruktion, die mit der Konstruktion von Wirklichkeit Hand in Hand geht.

In Anknüpfung an das in Teil II vorgeschlagene plurale, konstruktivistisch inspirierte Identitätskonzept wurde in Teil III der Studie ein entsprechender Sprachbegriff entwickelt. Durch die Weiterentwicklung ausgewählter sprachtheoretischer Ansätze konnten die Konturen der sprachtheoretischen Kategorie der Sprach- bzw. Spracheridentität skizziert werden. Zunächst wurde mit Bezug auf die von de Saussure eingeführte Dichotomie „Langue-Parole" für eine Linguistik der sprachlichen Praxis plädiert, da die verschiedenen Existenz- und Lebensformen der Sprechenden und somit auch ihre Identitäten in den verschiedenen Ausprägungen des konkreten Sprechens verwirklicht werden, nicht jedoch in der abstrakten Größe „Sprache".

Einen weiteren Ausgangspunkt für identitätsbezogene Überlegungen bildete die ebenfalls paroleorientierte Sprachtheorie Coserius. Seine Unterscheidung zwischen System, Norm und Rede in Bezug auf die funktionelle Sprache wurde aufgegriffen, um die Kategorie der Sprachidentität zu definieren als die Fixierung von Normen innerhalb der Optionen eines bestimmten Sprachsystems. Während die kollektive Identität einer Sprachgemeinschaft auf der Selektion bestimmter Normen aus einem Sprachsystem basiert, konstituiert sich die personale Identität des einzelnen Sprechers durch die idiosynkratische Realisierung eines spezifischen, multiplen Normensets. Ferner wurde Coserius Sprachtheorie aufgrund des großen Stellenwerts, den sie der Kategorie der Alterität einräumt, in die Argumentationslinie Meads gestellt. Die Bezugnahme auf den Anderen, die Dialogizität und Intersubjektivität des Sprechens bilden wichtige Elemente der theoretischen Ansätze beider und sind Voraussetzungen dafür, dass der Mensch als homo loquens eine Identität herausbildet.

In Anlehnung an die bereits von Coseriu vorgenommene Konzeptualisierung des Sprachsystems als Diasystem, das verschiedene Schichtungen aufweist, wurde auf die Heterogenität und Fluidität der Sprache hingewiesen. Die strukturalistische Vorstellung eines von psychosozialen Einflüssen isolierten, statischen Sprachsystems wurde ebenso zurückgewiesen wie die generativistische Idealisierung der Kompetenz eines idealen Sprechers/Hörers. Stattdessen wurde für eine Sprachvorstellung plädiert, die der Heterogenität des Sprachgebrauchs und der Mehrschichtigkeit und Flexibilität von Identitäten gerecht wird: Die (Einzel-)Sprache wurde in Anlehnung an den varietätenlinguistischen Ansatz Halwachs' als Polysystem definiert. Als komplexes, offenes und dynamisches System umfasst ein Polysystem ein ganzes Bündel von funktional bestimmten Varietäten, u. a. Sozio-, Techno- und Dialekte, Umgangssprachen und einen überregionalen Standard. Durch den Gebrauch verschiedener Varietäten konstruiert eine Sprecherin ihre unterschiedlichen Teilidentitäten. Die einzelnen Varietäten sind Bestandteile eines multiplen, individuellen Repertoires, das auf der Gruppenebene in einem kollektiven Repertoire eine übergeordnete Entsprechung hat. Neben vielfältigen Interferenzen zwischen den einzelnen Repertoires kann es auch zu einem Repertoire-Shift kommen, womit eine entsprechende Änderung der Teilidentitäten einhergeht. Je nachdem, wie viele Polysysteme bzw. Einzelsprachen beteiligt sind, wird zwischen monolingualen, diglossischen, bilingualen und plurilingualen Repertoires unterschieden. Im Gegensatz zu der variationslinguistischen Annahme, dass ein individuelles Repertoire eine Sprecheridentität reflektiert, wird hier die Auffassung vertreten, dass ein Repertoire, d. h. die Verwendung eines bestimmten Sets von Varietäten eine bestimmte Sprecheridentität erst konstituiert. Die in dem Begriff des Polysystems enthaltene Multiplizität der Sprache korrespondiert mit der

Multiplizität heutiger Identitätskonzepte. In performanzorientierter Perspektive lässt sich multiple Identität als Resultat sprachlicher Polyperformanz beschreiben. Individuelle und kollektive, innersprachliche und fremdsprachliche Mehrsprachigkeit erweisen sich als grundlegend für die Sprachlichkeit des Menschen und für die Prozesse seiner Selbstkonstitution.

Besonders fruchtbare Anknüpfungspunkte für die Verankerung der Kategorien der Sprecheridentität und der Subjektivität in die Sprachtheorie boten das Funktionsschema und die Deixis-Theorie Bühlers. Das bühlersche Organonmodell wurde so erweitert, dass die drei bisherigen Zeichenfunktionen „Ausdruck", „Darstellung" und „Appell" um eine vierte Funktion, die sich auf die Konstruktion der Sprecheridentität bezieht, ergänzt wurden. Die Integration der Metadimension „Sprecheridentität" in ein nun modifiziertes Vier-Felder-Schema erhebt diese in den Rang einer zentralen Dimension des sprachlichen Zeichens, sodass Sprecher, Hörer und ihre Identitäten aus dem Randgebiet einer additiven Diskursanalyse oder Pragmatik in das Zentrum des sprachtheoretischen und -analytischen Interesses gerückt werden. Zudem wurde das Modell in konstruktivistischem Sinne so modifiziert, dass als grundlegende Wirkungsweise des Zeichens nunmehr seine perturbierende Kraft gilt und dass an die Stelle der Darstellungsfunktion die Funktion der Wirklichkeitskonstruktion tritt. Ferner wurde gezeigt, dass die mit der Innerlichkeit des Sprechenden gleichgesetzte „Ausdrucksfunktion" des sprachlichen Zeichens der Kategorie der Subjektivität entspricht. Das Phänomen der Deixis, dessen Koordinaten-Ausgangspunkt die von Bühler etablierte Ich-Jetzt-Hier-Origo bildet, wurde als die grundlegende sprachstrukturelle Ausprägung der Kategorie der Subjektivität dargestellt. Sprachliche Subjektivität wurde definiert als die Denotation kommunizierter Propositionen von der Origo aus; der deiktische Prozess konnte als prototypisches Beispiel für dieses Phänomen ausgemacht werden. Deixis leistet folglich die Verankerung von Subjektivität in der Sprache. Damit wird dem Ich ein Ort sowohl in der Sprache als auch in der unmittelbaren außersprachlichen Wirklichkeit zugewiesen.

In einem nächsten Schritt wurde die grundlegend mediale Eigenart des menschlichen Sprechens herausgearbeitet und Sprache als humanspezifisches Metamedium bestimmt. Es wurde argumentiert, dass das Wesen der Sprache über den Werkzeugcharakter hinausgeht, insofern sie untrennbar zur Natur des Menschen gehört und seine Lebensform ist. Sprache transzendiert die Vermittlungsfunktion prototypischer, auch technischer Medien, indem sie die Existenzweise des Menschen bildet. Sprache ist Rahmenmedium der menschlichen Lebenspraxis in Form von sprachlichem Handeln, menschlicher Erkenntnis und Wirklichkeitskonstruktion. Darüber hinaus ist das Sprechen – aus performanzorientierter Sicht formuliert – der grundlegende Modus (d. h. die Art und Weise) menschlicher Identitätskonstruktion.

Auf den sprachtheoretischen Positionen Ágels, Schmidts, Feilkes und Ruschs aufbauend wurden das Programm einer konstruktivistischen Linguistik skizziert und ein entsprechender Sprachbegriff entwickelt. Gleichzeitig wurden Implikationen für die Modellierung und Untersuchung von Prozessen der Identitätskonstruktion aufgezeigt. Als primärer Gegenstand des linguistischen Untersuchungsinteresses gilt das konkrete Sprechen, in dessen heterogenen Ausprägungen sich das Sprecherinnen-Ich konstituiert. Zudem tritt an die Stelle der bisherigen linguistischen Sprecherfokussierung eine stärkere Hinwendung zum Hörer, der auf der Grundlage zeichensprachlich ausgelöster Perturbationen systemintern Bedeutungen – und damit auch Sprecheridentitäten – konstruiert. Kommunikation wird konzeptualisiert als sprachliche Orientierungsinteraktion, die autopoietische Systeme bzw. deren kognitive Operationen aneinander koppelt.

In Bezug auf die Konstruktion von Identitäten bedeutet dies, dass Kommunizierende einander mit verbalen Äußerungen entweder bewusst oder unbewusst auf bestimmte Identitätsaspekte hin orientieren. Gelingende Orientierungsinteraktionen und auch die soziale, idiomatisch geprägte Gestalt von Sprache stiften sozialen Zusammenhalt und damit kollektive Identitäten. Aus konstruktivistischer Sicht stellt sich der Zusammenhang zwischen Identität und Sprache dar als Identitätskonstruktion im Prozess des konkreten Sprechens. Identitätskonstruktion erweist sich dabei zugleich als Folge und Bedingung gelingender sprachlicher Orientierungsinteraktion. Als Schnittstelle von Kommunikation und individueller Kognition bildet Sprache die Grundlage für geteilte Lebensformen und Wirklichkeiten. Als soziale Gestalt stiftet sie Identität und geht in einem fortdauernden Prozess zugleich aus dieser hervor, sodass sich das Verhältnis von Identität und Sprache als reziprok-bedingendes beschreiben lässt.

Schließlich wurde das in Teil II erarbeitete, multipel-dynamische Identitätskonzept mit der in Teil III entwickelten, sprachtheoretischen Kategorie der Sprach- bzw. Sprecheridentität zusammengeführt. Es wurden zwei Modelle erarbeitet, in deren Zentrum die Grundeinheit der Sprach-Teil-Identität steht. Diese wurde definiert als Fixierung von Normen innerhalb der Möglichkeiten eines bestimmten Polysystems. Während das „Modell der multiplen Sprachidentität" die dynamische Mehrsprachigkeit und die multiple Identität des Individuums aufeinander bezieht, zeigt das „Modell der dialogischen Identitätskonstruktion", wie Sprach-Teil-Identitäten sprecher- und insbesondere hörerseitig auf der Grundlage verbaler Perturbationen konstruiert bzw. zugewiesen werden. Beide veranschaulichen unterschiedliche Aspekte des gleichen Prozesses, und zwar der sprachlich-medialen Konstruktion von Identitäten. Gleichzeitig stellen sie eine individuumszentrierte Ergänzung zu bereits vorliegenden Varietätenmodellen dar, die in sprachbezogener Perspektive die Ausdifferenzierung von Polysystemen in verschiedene Varietäten zeigen.

In einem abschließenden, medientheoretischen Ausblick wurde schließlich dafür plädiert, die grundlegende Medialität der Sprache anzuerkennen und diese in die sprach- und auch in die medientheoretische Diskussion einzubeziehen. Im Anschluss an Jäger wurden sowohl die „Medialitätsvergessenheit" der strukturalistisch-generativistischen Sprachtheorie als auch die „Sprachvergessenheit" wichtiger Stränge der Medientheorie kritisiert. Aufgrund der Sprachgebundenheit und damit Medialität menschlicher Erkenntnis und Selbstkonstitution gilt Sprache als humanspezifisches Metamedium, das in die Analyse anderer, technischer und institutionalisierter Medien einzubeziehen ist. Künftige, auch empirische Analysen der Bedeutung von Medien für die Konstruktion von Identitäten müssen folglich bei der Analyse der Sprache ansetzen. Sowohl das Metamedium Sprache als auch technische Medien stellen symbolische und virtuelle Konstruktionsräume für die Konstitution von Identität zu Verfügung und prägen die so entstehenden Wirklichkeitsmodelle und Identitätskonstrukte in je spezifischer Weise. Die Grundzüge einer Mediengeschichte, die den Wandel medialer Kommunikationsbedingungen als einen Wandel von Identitätsprozessen beschreibt, wurden angedeutet und vernetzte Sprach- und Medienidentitäten als vorläufig letzte Stufe in der globalisierten, digital vernetzten Mediengesellschaft ausgemacht.

Angesichts virtueller Kommunikationsräume und Hyper-Realitäten erscheint Sprachidentität als wichtiges Merkmal, das den homo loquens von der sprechenden Maschine scheidet. Vermutlich fällt es uns schwer, Sprache produzierenden Maschinen, Robotern und Softwareprogrammen Sprachfähigkeit zuzuschreiben, weil ihre Äußerungen des humanspezifischen, selbstreflexiv-identitätskonstruktiven Moments entbehren: Ihnen fehlt zwar nicht Sprache, aber Identität, und zwar Sprachidentität.

Neben der insbesondere empirisch zu ergründenden Forschungsfrage, welche Sprach-Teil-Identitäten in welchen Varietäten, medialen Formaten und Medien wie ko-konstruiert werden, bleibt noch auszuloten, ob weitere sprachtheoretische Ansätze und Modelle für die Etablierung der Kategorie der Sprachidentität als zentrales sprachtheoretisches Konzept fruchtbar gemacht werden könnten. Ferner wäre die Übertragbarkeit des hier entwickelten Sprach-/Identitätskonzepts auf verschiedene Sprachkulturen zu überprüfen und es wäre ggf. zu modifizieren, da es aus der Perspektive einer westlich-europäisch sozialisierten, weißen Frau entwickelt wurde. Wichtige Vorarbeiten in empirischer Hinsicht haben soziolinguistische Untersuchungen bereits geleistet, insofern bestimmte Teilidentitäten (z. B. Migrantin) mit einzelnen sprachlichen Parametern und insbesondere mit Diskursstrategien in Korrelation gesetzt wurden. Auf dieser Grundlage lassen sich Modelle für empirische Analysen gewinnen.

Insgesamt ist der Ertrag der vorliegenden Arbeit ein mindestens zweifacher: Zum einen ist sie lesbar als identitätstheoretisches Kompendium und zum anderen bietet sie eine sprachtheoretische Erweiterung bekannter Identitätstheorien. Beides dürfte sowohl für an Sprache interessierte Sozialpsychologen und -forscher als auch für mit Identitäten befasste Linguistinnen von Interesse sein. Darüber hinaus versteht sich die Studie als Plädoyer für die Verankerung der Konzepte „Sprecheridentität" und „Sprach(-Teil)-Identität" in die Sprachtheorie. Es konnte gezeigt werden, dass Sprache in ihrem Wesen nicht als „Ausdruck" des Menschen, sondern vor allem als das Medium seiner Identitätskonstruktion anzusehen ist. Die Sprache „ergibt" bzw. „erwirkt" (Heidegger 1959) das menschliche Selbst, im konkreten Sprechen konstruiert und „verwirklicht" sich der homo loquens. Diese Einsichten sollten Eingang finden in die linguistische Theoriebildung.

Literaturverzeichnis

Abrams, Dominic / Hogg, Michael A. (Hgg.) (1990): Social Identity Theory. Constructive and Critical Advances. New York u. a.: Harvester/Wheatsheaf.
Ágel, Vilmos (1995): Überlegungen zum Gegenstand einer radikal konstruktivistischen Linguistik und Grammatik. In: Ders. / Brdar-Szabó, Rita (Hgg.): Grammatik und deutsche Grammatiken. Tübingen: Niemeyer, S. 3–22.
Ágel, Vilmos (1997): Ist der Gegenstand der Sprachwissenschaft die Sprache? In: Kertész, András (Hg.): Metalinguistik im Wandel. Die ‚kognitive' Wende in Wissenschaftstheorie und Linguistik. Frankfurt/M. u. a.: Lang, S. 57–97.
Alterität (1998): Themenheft der Zeitschrift für Literaturwissenschaft und Linguistik. Heft 110/Jg. 28.
Ammon, Ulrich (1972): Dialekt, soziale Ungleichheit und Schule. Weinheim u. a.: Beltz.
Ammon, Ulrich et al. (Hgg.) (1995): Europäische Identität und Sprachenvielfalt. Tübingen: Niemeyer.
Ammon, Ulrich et al. (Hgg.) (2004): Sociolinguistics/Soziolinguistik. Ein internationales Handbuch zur Wissenschaft von Sprache und Gesellschaft. 3 Bde. Berlin/New York: de Gruyter.
Androutsopoulos, Jannis K. (1998): Deutsche Jugendsprache: Untersuchungen zu ihren Strukturen und Funktionen. Frankfurt/M.: Lang.
Androutsopoulos, Jannis K. / Georgakopoulou, Alexandra (Hgg.) (2003): Discourse Constructions of Youth Identities. Amsterdam: John Benjamins.
Angriff auf das Menschenbild. Themenheft: Gehirn & Geist. Dossier Nr. 1/2003.
Antaki, Charles / Widdicombe, Sue (Hgg.) (1998): Identities in talk. London u. a.: SAGE.
Apel, Karl-Otto (1993): Pragmatische Sprachphilosophie in transzendentalsemiotischer Begründung. In: Stachowiak, Herbert (Hg.): Pragmatik. Handbuch pragmatischen Denkens. Bd. IV: Sprachphilosophie, Sprachpragmatik und formative Pragmatik. Hamburg: Felix Meiner, S. 38–61.
Apeltauer, Ernst (2001): Bilingualismus – Mehrsprachigkeit. In: Helbig, Gerhard et al. (Hgg.): Deutsch als Fremdsprache. Ein internationales Handbuch. Berlin/New York: de Gruyter, S. 628–638.
Asher, R. E. et al. (Hgg.) (1994): Atlas of the World's Languages. London: Routledge.
Auer, Peter (1998): Code-switching in conversation. Language, interaction and identity. London u. a.: Routledge.
Auer, Peter (1999): Ausdruck – Appell – Darstellung. Karl Bühler. Kap. 2 in: Ders.: Sprachliche Interaktion. Eine Einführung anhand von 22 Klassikern. Tübingen: Niemeyer, S. 18–29.
Baecker, Jochen et al. (1992): Sozialer Konstruktivismus – eine neue Perspektive in der Psychologie. In: Schmidt, Siegfried J. (Hg.): Kognition und Gesellschaft. Der Diskurs des radikalen Konstruktivismus 2. Frankfurt/M.: Suhrkamp, S. 116–145.
Beck, Ulrich (1986): Risikogesellschaft. Auf dem Weg in eine andere Moderne. Frankfurt/M.: Suhrkamp.
Beck, Ulrich (1994a): Jenseits von Stand und Klasse. In: Ders. / Beck-Gernsheim, Elisabeth (Hgg.): Riskante Freiheiten. Frankfurt/M.: Suhrkamp, S. 43–60.

Beck, Ulrich (1994b): Neonationalismus oder das Europa der Individuen. In: Ders. / Beck-Gernsheim, Elisabeth (Hgg.): Riskante Freiheiten. Frankfurt/M.: Suhrkamp, S. 466–481.
Beck, Ulrich / Beck-Gernsheim, Elisabeth (Hgg.) (1994): Riskante Freiheiten. Individualisierung in modernen Gesellschaften. Frankfurt/M.: Suhrkamp.
Beck, Ulrich / Bonß, Wolfgang (Hgg.) (2001): Die Modernisierung der Moderne. Frankfurt/M.: Suhrkamp.
Beck, Ulrich et al. (2001): Theorie reflexiver Modernisierung – Fragestellungen, Hypothesen, Forschungsprogramme. In: Ders. / Bonß, Wolfgang (Hgg.): Die Modernisierung der Moderne. Frankfurt/M.: Suhrkamp, S. 11–59.
Beck-Gernsheim, Elisabeth (1994a): Individualisierungstheorie: Veränderungen des Lebenslaufs in der Moderne. In: Keupp, Heiner (Hg.): Zugänge zum Subjekt: Perspektiven einer reflexiven Sozialpsychologie. Frankfurt/M.: Suhrkamp. – 2. Aufl., S. 125–146.
Beck-Gernsheim, Elisabeth (1994b): Auf dem Weg in die postfamiliale Familie – Von der Notgemeinschaft zur Wahlverwandtschaft. In: Beck, Ulrich / Dies. (Hgg.): Riskante Freiheiten. Frankfurt/M.: Suhrkamp, S. 115–138.
Benveniste, Emile (1971/1966): Problems in General Linguistics. Florida: University of Miami Press. Franz. Original (1966): Problèmes de linguistique générale.
Berger, Heinrich (1994): Konstruktivistische Perspektiven in der Sozialpsychologie. Schizophrenie als andere Seite der Normalität. In: Keupp, Heiner (Hg.): Zugänge zum Subjekt. Perspektiven einer reflexiven Sozialpsychologie. Frankfurt/M.: Suhrkamp. – 2. Aufl., S. 186–225.
Berger, Peter L. / Luckmann, Thomas (2003/1969): Die gesellschaftliche Konstruktion der Wirklichkeit. Frankfurt/M.: Fischer. – 19. Aufl.
Bernstein, Basil (1970): Soziale Struktur, Sozialisation und Sprachverhalten. Amsterdam: Contact-Press.
Bernstein, Basil (1987): Social class, codes and communication. In: Ammon, Ulrich et al. (Hgg.): Sociolinguistics/Soziolinguistik. Ein internationales Handbuch zur Wissenschaft von Sprache und Gesellschaft (HSK 3.2). Berlin/New York: de Gruyter, S. 563–578.
Bevers, Antonius M. (1997): Identität. In: Reinhold, Gerd (Hg.): Soziologie-Lexikon. München/Wien: Oldenbourg. – 3. Aufl., S. 276–279.
Bickes, Christine / Bickes, Hans (2003): Vorsicht ist die Mutter der Porzellankiste. Das feminine Genus und die Frauen in der Sprache. In: Deutschunterricht 2/2003, S. 33–41.
Bickes, Hans (1988a): Zum Verhältnis zwischen Sprache und Kognition. In: Sprache und Kognition 4/1988, S. 65–81.
Bickes, Hans (1988b): Massensprache und Individuum. In: Kulturberichte 6/1988, S. 10–14.
Bickes, Hans (1992): Sozialpsychologisch motivierte Anmerkungen zur Rolle der deutschen Sprache nach der „Einigung". In: Germanistische Linguistik 110–111/1992, S. 111–126.
Bickes, Hans (1993): Semantik, Handlungstheorie und Zeichenbedeutung. In: Stachowiak, Herbert (Hg.): Pragmatik. Handbuch pragmatischen Denkens. Bd. IV: Sprachphilosophie, Sprachpragmatik und formative Pragmatik. Hamburg: Felix Meiner, S. 156–187.
Bickes, Hans (1995a): Kann denn Sprache Sünde sein? In: Stickel, Gerhard (Hg.): Stilistik. Jahrbuch 1994 des Instituts für deutsche Sprache. Berlin/New York: de Gruyter, S. 397–404.
Bickes, Hans (1995b): Sprachbewertung – Wozu? In: Biere, Bernd Ulrich / Hoberg, Rudolf (Hgg.): Bewertungskriterien in der Sprachberatung. Tübingen: Narr, S. 6–27.
Bickes, Hans / Bickes, Christine (2000): Sprache als autonomes Modul, Sprache als Teil des Körpers, Sprache als soziale Gestalt. In: Wissenschaftliches Jahrbuch der Philosophi-

schen Fakultät, Abteilung für deutsche Sprache und Philologie der Aristoteles Universität Thessaloniki. Neue Folge, Abteilung 6, Bd. 7, Jahrgang 1997-2000. Thessaloniki, S. 1-24.

Bickes, Hans / Schimmel, Dagmar (2000): Sprache und Kommunikation in der Luhmannschen Systemtheorie – eine kognitiv-linguistische Perspektive. In: Wissenschaftliches Jahrbuch der Philosophischen Fakultät, Abteilung für deutsche Sprache und Philologie der Aristoteles Universität Thessaloniki. Abteilung 6, Bd. 7, Jahrgang 1997-2000. Thessaloniki, S. 155-182.

Bierbach, Christine / Birken-Silverman, Gabriele (2002): Kommunikationsstil und sprachliche Symbolisierung in einer Gruppe italienischer Migrantenjugendlicher aus der Hip-Hop-Szene in Mannheim. In: Keim, Inken / Schütte, Wilfried (Hgg.): Soziale Welten und kommunikative Stile. Tübingen: Narr, S. 187-215.

Bilden, Helga (1989): Geschlechterverhältnis und Individualität im gesellschaftlichen Umbruch. In: Dies. / Keupp, Heiner (Hgg.): Verunsicherungen. Das Subjekt im gesellschaftlichen Wandel. Münchener Beiträge Zur Sozialpsychologie. Göttingen: Hogrefe, S. 19-46.

Bilden, Helga (1994): Feministische Perspektiven in der Sozialpsychologie am Beispiel der Bulimie. In: Keupp, Heiner (Hg.): Zugänge zum Subjekt. Perspektiven einer reflexiven Sozialpsychologie. Frankfurt/M.: Suhrkamp. – 2. Aufl., S. 147-185.

Bilden, Helga (1998): Das Individuum – ein dynamisches System vielfältiger Teil-Selbste. Zur Pluralität in Individuum und Gesellschaft. In: Keupp, Heiner / Höfer, Renate (Hgg.): Identitätsarbeit heute. Klassische und aktuelle Perspektiven der Identitätsforschung. Frankfurt/M.: Suhrkamp. – 2. Aufl., S. 227-249.

Blumer, Herbert (1973): Der methodologische Standort des Symbolischen Interaktionismus. In: Burkart, Roland / Hömberg, Walter (Hgg.) (1992): Kommunikationstheorien. Ein Textbuch zur Einführung. Wien: Braumüller, S. 23-39.

Bron, Agnieszka / Schemmann, Michael (Hgg.) (2000): Language – Mobility – Identity. Contemporary Issues for Adult Education in Europe. Hamburg: LIT.

Brown, Hedy (1996): Themes in experimental research on groups from the 1930s to the 1990s. In: Wetherell, Margaret (Hg.): Identities, Groups and Social Issues. London u. a.: SAGE Publications/The Open University, S. 9-62.

Brown, Penelope / Levinson, Stephen C. (1987): Politeness: some universals in language usage. Cambridge: Cambridge University Press.

Bruner, Jerome (1997): Sinn, Kultur und Ich-Identität. Zur Kulturpsychologie des Sinns. Heidelberg: Carl-Auer-Systeme. Engl. Original (1990): Acts od Meaning.

Bühler, Karl (1976/1933): Die Axiomatik der Sprachwissenschaften. Frankfurt/M.: Vittorio Klostermann. – Leicht gekürzt, zuerst erschienen in den Kant-Studien, Bd. 38, 1933.– 2. Aufl., S. 9-90.

Bühler, Karl (1982/1934): Sprachtheorie. Die Darstellungsfunktion der Sprache. Mit einem Geleitwort von Friedrich Kainz. Stuttgart/New York: Fischer. – Ungekürzter Neudruck.

Bühler, Karl (1968): Ausdruckstheorie. Das System an der Geschichte aufgezeigt. Mit einem Geleitwort von Albert Wellek. Stuttgart: Gustav Fischer Verlag. – 2. Aufl.

Burke, Peter (1994): Reden und Schweigen. Zur Geschichte sprachlicher Identität. Berlin: Wagenbach.

Bußmann, Hadumod (1995): Das Genus, die Grammatik und – der Mensch. Geschlechterdifferenz in der Sprachwissenschaft. In: Dies. / Hof, Renate (Hgg.): Genus. Zur Geschlechterdifferenz in den Kulturwissenschaften. Stuttgart: Kröner, S. 114-160.

Bußmann, Hadumod (2002a): Linguistische Geschlechterforschung. In: Dies. (Hg.): Lexikon der Sprachwissenschaft. Stuttgart: Kröner. – 3. Aufl., S. 410-411.

Bußmann, Hadumod (Hg.) (2002b): Lexikon der Sprachwissenschaft. Stuttgart: Kröner. – 3. Aufl.
Butler, Judith (2003/1991): Das Unbehagen der Geschlechter. Frankfurt/M.: Suhrkamp. Engl. Original (1990): Gender Trouble.
Butler, Judith (2001): Psyche der Macht. Das Subjekt der Unterwerfung. Frankfurt/M.: Suhrkamp. Engl. Original (1997): The Psychic Life of Power. Theories in Subjection.
Campbell, Donald T. (1965): Ethnocentric and other altruistic motives. Nebraska Symposium on Motivation 1965/13, S. 283–301.
Castells, Manuel (1996): The information age: Economy, society, and culture. Vol. I: The rise of the network society. Oxford: Blackwell.
Castells, Manuel (1997): The information age: Economy, society, and culture. Vol. II: The power of identity. Oxford: Blackwell.
Castells, Manuel (1998): The information age: Economy, society, and culture. Vol. III: End of millenium. Oxford: Blackwell.
Chalmers, Alan E. (2001): Wege der Wissenschaft. Einführung in die Wissenschaftstheorie. Berlin u. a.: Springer.
Chomsky, Noam (1970): Remarks on Nominalisation. In: Jacobs, Roderick A. / Rosenbaum, Peter S. (Hgg.): Readings in English Transformational Grammar. Waltham/Mass.: Ginn, S. 184–221.
Coleman, Lerita M. (1988): Language and the Evolution of Identity and Self-Concept. In: Kessel, Frank S. (Hg.): The Development of Language and Language Researchers: Essays in Honor of Roger Brown. Hillsdale u. a.: Lawrence Erlbaum, S. 319–338.
Coseriu, Eugenio (1974): Synchronie, Diachronie und Geschichte. Das Problem des Sprachwandels. München: Wilhelm Fink. Span. Original (1958): Sincronía, diacronía e historia. El problema del cambio lingüístico.
Coseriu, Eugenio (1975): System, Norm und Rede. In: Ders.: Sprachtheorie und allgemeine Sprachwissenschaft. 5 Studien. München: Wilhelm Fink, S. 11–101. Span. Original (1962): Teoría del lenguaje y lingüística general.
Coseriu, Eugenio (1976): Das romanische Verbalsystem. Hg. v. Hansbert Bertsch. Tübingen: TBL-Verlag Narr.
Coseriu, Eugenio (1979a): System, Norm und ‚Rede'. In: Ders.: Sprache: Strukturen und Funktionen. XII Aufsätze zur allgemeinen und romanischen Sprachwissenschaft. Tübingen: Narr. – 3. Aufl., S. 45–60.
Coseriu, Eugenio (1979b): Synchronie, Diachronie und Typologie. In: Ders.: Sprache: Strukturen und Funktionen. XII Aufsätze zur allgemeinen und romanischen Sprachwissenschaft. Tübingen: Narr. – 3. Aufl., S. 77–90.
Coseriu, Eugenio (1979c): Der Mensch und seine Sprache. In: Ders.: Sprache: Strukturen und Funktionen. XII Aufsätze zur allgemeinen und romanischen Sprachwissenschaft. Tübingen: Narr. – 3. Aufl., S. 91–103.
Coseriu, Eugenio (1979d): Das Phänomen der Sprache und das Daseinsverständnis des heutigen Menschen. In: Ders.: Sprache: Strukturen und Funktionen. XII Aufsätze zur allgemeinen und romanischen Sprachwissenschaft. Tübingen: Narr. – 3. Aufl., S. 109–128.
Coupland, Nikolas et al. (1991): Language, society and the elderly: Discourse, identity and ageing. Oxford/Cambridge/Mass.: Blackwell.
Crystal, David (1995): Die Cambridge-Enzyklopädie der Sprache. Übers. u. bearbeitet von Stefan Röhrich. Studienausgabe. Frankfurt/M./New York: Campus.
Cummins, Jim (1979): Linguistic interdependence and the educational development of bilingual children. In: Review of Educational Research 49/1979, S. 222–251.

Czyżewski, Marek et al. (Hgg.) (1995): Nationale Selbst- und Fremdbilder im Gespräch. Kommunikative Prozesse nach der Wiedervereinigung Deutschlands und dem Systemwandel in Ostmitteleuropa. Opladen: Westdeutscher Verlag.

Dennett, Daniel C. (1991): Consciousness Explained. Boston: Penguin Books Ltd.

Deppermann, Arnulf (2000): Authentizitätsrhetorik: Sprachliche Verfahren und Funktionen der Unterscheidung von *echten* und *unechten* Mitgliedern sozialer Kategorien. In: Eßbach, Wolfgang (2000) (Hg.): wir/ihr/sie. Identität und Alterität in Theorie und Methode. Würzburg: Ergon, S. 231–252.

Diewald, Gabriele (1991): Deixis und Textsorten im Deutschen. Tübingen: Niemeyer.

Diewald, Gabriele (1997): Grammatikalisierung. Eine Einführung in Sein und Werden grammatischer Formen. Tübingen: Niemeyer.

Diewald, Gabriele (1999): Die Modalverben im Deutschen. Grammatikalisierung und Polyfunktionalität. Tübingen: Niemeyer.

Diewald, Gabriele / Kleinöder, Rudolf (1993): Zur Bedeutung der Eigennamen: Eigennamen als ikonische Symbole. In: Namenkundliche Informationen 63/64. Hg. v. Ernst Eichler und Hans Walther. Leipzig: Leipziger Universitätsverlag, S. 5–19.

Dittmar, Norbert / Schlobinski, Peter (Hgg.) (1988): The sociolinguistics of urban vernaculars: case studies and their evaluation. Berlin: de Gruyter.

Döring, Nicola (2003): Sozialpsychologie des Internet. Die Bedeutung des Internet für Kommunikationsprozesse, Identitäten, soziale Beziehungen und Gruppen. Göttingen u. a.: Hogrefe.

DUDEN Fremdwörterbuch (1990): Bearb. vom wiss. Rat d. Dudenred. unter Mitw. von Maria Dose u. a. – 5., neu bearb. u erw. Aufl. Mannheim u. a.: Dudenverlag.

Eberhard, Kurt (1999): Einführung in die Erkenntnis- und Wissenschaftstheorie. Stuttgart: Kohlhammer. – 2. Aufl.

Eccles, John C. (2002): Die Evolution des Gehirns – die Erschaffung des Selbst. München u. a.: Piper. Engl. Original (1989): Evolution of the Brain – Creation of the Self.

Ehlich, Konrad (1998): Medium Sprache. In: Strohner, Hans et al. (Hgg.): Medium Sprache. Frankfurt/M.: Lang, S. 9–21.

Eichhoff, Jürgen (1977/78): Wortatlas der deutschen Umgangssprachen. 2 Bde. Bern: Saur.

Eickelpasch, Rolf / Rademacher, Claudia (2004): Identität. Bielefeld: transcript.

Emrich, Hinderk M. (2000): Zur Entstehung authentischer Bilder. Beiträge der Neurobiologie. *Nach dem Film 12/00*. Im Internet: <http://www.nachdemfilm.de/n02/n02start.html> (Aufruf: 06–05–05)

Engell, Lorenz / Vogl, Joseph (2002): Vorwort. Zu: Pias, Claus et al. (Hgg.): Kursbuch Medienkultur. Die maßgeblichen Theorien von Brecht bis Baudrillard. Stuttgart: DVA. – 4. Aufl., S. 8–11.

Erikson, Erik H. (1966a): Identität und Lebenszyklus. Frankfurt/M.: Suhrkamp. Engl. Original (1959): Identity and the Life Cycle.

Erikson, Erik H. (1966b): Ich-Entwicklung und geschichtlicher Wandel. In: Ders.: Identität und Lebenszyklus. Frankfurt/M.: Suhrkamp, S. 11–54.

Erikson, Erik H. (1966c): Wachstum und Krisen der gesunden Persönlichkeit. In: Ders.: Identität und Lebenszyklus. Frankfurt/M.: Suhrkamp, S. 55–122.

Erikson, Erik H. (1966d): Das Problem der Ich-Identität. In: Ders.: Identität und Lebenszyklus. Frankfurt/M.: Suhrkamp, S. 123–215.

Erikson, Erik H. (1988/1968): Jugend und Krise. Die Psychodynamik im sozialen Wandel. München. Engl. Original (1968): Identity: Youth and Crisis.

Erikson, Erik H. (1992): Kindheit und Gesellschaft. Stuttgart: Klett-Cotta. – 11. Aufl. Engl. Original (1963/1950): Childhood and Society.

Eßbach, Wolfgang (2000): Vorwort. In: Ders. (Hg.): wir/ihr/sie. Identität und Alterität in Theorie und Methode. Würzburg: Ergon, S. 9–20.

Feilke, Helmuth (1993): Sprachlicher Common Sense und Kommunikation. Über den „gesunden Menschenverstand", die Prägung der Kompetenz und die idiomatische Ordnung des Verstehens. In: Der Deutschunterricht VI/1993, S. 6–21.

Feilke, Helmuth (1996): Sprache als soziale Gestalt. Ausdruck, Prägung und die Ordnung der sprachlichen Typik. Frankfurt/M.: Suhrkamp.

Feilke, Helmuth / Schmidt, Siegfried J. (1995): Denken und Sprechen. Anmerkungen zur strukturellen Kopplung von Kognition und Kommunikation. In: Trabant, Jürgen (Hg.): Sprache denken. Positionen aktueller Sprachphilosophie. Frankfurt/M.: Fischer, S. 269–297.

Fiehler, Reinhard (2001): Die kommunikative Verfertigung von Altersidentität. In: Sichelschmidt, Lorenz / Strohner, Hans (Hgg.): Sprache, Sinn und Situation. Wiesbaden: Deutscher Universitätsverlag, S. 125–144.

Fiehler, Reinhard (2002a): Der Stil des Alters. In: Keim, Inken / Schütte, Wilfried (Hgg.): Soziale Welten und kommunikative Stile. Tübingen: Narr, S. 499–511.

Fiehler, Reinhard (2002b): Sprache und Alter. Wie verändert sich das Sprechen, wenn wir älter werden? In: IDS-Sprachreport 2/2002, S. 21–25.

Fishman, Joshua A. (Hg.) (1999): Handbook of language and ethnic identity. New York/Oxford: Oxford University Press.

Flick, Uwe (2003): Konstruktivismus. In: Ders. et al. (Hgg.): Qualitative Forschung. Ein Handbuch. Reinbek bei Hamburg: Rowohlt. – 2. Aufl., S. 150–164.

de **Florio Hansen**, Inez / Hu, Adelheid (Hgg.) (2003): Plurilingualität und Identität: zur Selbst- und Fremdwahrnehmung mehrsprachiger Menschen. Tübingen: Stauffenburg.

Fludernik, Monika / Gehrke, Hans-Joachim (Hgg.) (1999): Grenzgänger zwischen Kulturen. Würzburg: Ergon.

Foerster, Heinz von (1985): Entdecken oder Erfinden? Wie lässt sich Verstehen verstehen? In: Gumin, Heinz / Mohler, Armin (Hgg.): Einführung in den Konstruktivismus. München: Oldenbourg, S. 27–68.

Foerster, Heinz von (2001): Short Cuts. Hg. v. Peter Gente et al. Frankfurt/M.: Zweitausendeins.

Franceschini, Rita / Miecznikowski, Johanna (Hgg.) (2004): Leben mit mehreren Sprachen: Sprachbiographien = vivre avec plusieurs langues. Bern u. a.: Lang.

Frank, Karsta (1992): Sprachgewalt. Die sprachliche Reproduktion der Geschlechterhierarchie. Elemente einer feministischen Linguistik im Kontext sozialwissenschaftlicher Frauenforschung. Tübingen: Niemeyer.

Freud, Sigmund (1975/1923): Das Ich und das Es. In: Ders.: Studienausgabe Bd. 3: Psychologie des Unbewußten. Frankfurt/M.: Fischer.

Frey, Hans-P. / Haußer, Karl (1987): Entwicklungslinien sozialwissenschaftlicher Identitätsforschung. In: Dies. (1987): Identität. Entwicklungen psychologischer und soziologischer Forschung. Stuttgart: Ferdinand Enke, S. 3–26.

Frindte, Wolfgang (1995): Radikaler Konstruktivismus und Social Constructionism – sozialpsychologische Folgen und die empirische Rekonstruktion eines Gespenstes. In: Fischer, Hans R. (Hg.): Die Wirklichkeit des Konstruktivismus. Zur Auseinandersetzung um ein neues Paradigma. Heidelberg: Carl-Auer-Systeme, S. 103–130.

Frindte, Wolfgang (1998): Soziale Konstruktionen: Sozialpsychologische Vorlesungen. Opladen: Westdeutscher Verlag.

Garfinkel, Harold (1967): Studies in ethnomethodology. Englewood Cliffs, N. J.: Prentice Hall.
Geissler, Birgit / Oechsle, Mechthild (1994): Lebensplanung als Konstruktion. Biographische Dilemmata und Lebenslauf-Entwürfe junger Frauen. In: Beck, Ulrich / Beck-Gernsheim, Elisabeth (Hgg.): Riskante Freiheiten. Frankfurt/M.: Suhrkamp, S. 139–167.
Gergen, Kenneth J. (1985): The Social Constructionist Movement in Modern Psychology. In: American Psychologist 40/1985, S. 266–275.
Gergen, Kenneth J. (1996): Das übersättigte Selbst. Identitätsprobleme im heutigen Leben. Heidelberg: Carl-Auer-Systeme. Engl. Original (1991): The Saturated Self.
Gergen, Kenneth J. (2002): Konstruierte Wirklichkeiten. Eine Hinführung zum sozialen Konstruktionismus. Stuttgart: Kohlhammer.
Gergen, Kenneth J. / Davis, Keith, E. (Hgg.) (1985): The Social Construction of the Person. New York u. a.: Springer.
Gergen, Kenneth J. / Gergen, Mary M. (1988): Narrative and the Self as Relationship. In: Berkowitz, L. (Hg.): Advances in Experimental Social Psychology 21/1988. New York: Academic Press, S. 17–56.
Gerhard, Horst (2003): Zwischen Lifestyle und Sucht. Drogengebrauch und Identitätsentwicklung in der Spätmoderne. Gießen: Psychosozial-Verlag.
Gildemeister, Regine (2003): Geschlechterforschung (gender studies). In: Flick, Uwe et al. (Hgg.): Qualitative Forschung. Ein Handbuch. Reinbek bei Hamburg: Rowohlt. – 2. Aufl., S. 213–223.
Giles, Howard / Johnson, Patricia (1981): The role of language in ethnic group relations. In: Turner, John C. / Giles, Howard (Hgg.): Intergroup Behaviour. Oxford: Blackwell, S. 199–243.
Giles, Howard / Johnson, Patricia (1987): Ethnolinguistic identity theory: A social psychological approach to language maintenance. In: International Journal of the Sociology of Language 68, S. 256–269.
Giles, Howard / Robinson, Peter W. (Hgg.) (1990): Handbook of Language and Social Psychology. Chicester u. a.: John Wiley & Sons.
Gilligan, Carol (1982): Die andere Stimme. München: Piper.
Glasersfeld, Ernst von (1985): Konstruktion der Wirklichkeit und des Begriffs der Objektivität. In: Gumin, Heinz / Mohler, Armin (Hgg.): Einführung in den Konstruktivismus. München: Oldenbourg, S. 1–26.
Glasersfeld, Ernst von (1987): Wissen, Sprache und Wirklichkeit. Arbeiten zum radikalen Konstruktivismus. Braunschweig u. a.: Friedr. Vieweg & Sohn.
Glasersfeld, Ernst von (1991): Abschied von der Objektivität. In: Watzlawick, Paul / Krieg, Peter (Hgg.): Das Auge des Betrachters. Beiträge zum Konstruktivismus. Festschrift für Heinz Foerster. München: Piper, S. 17–30.
Glasersfeld, Ernst von (1997): Radikaler Konstruktivismus. Ideen, Ergebnisse, Probleme. Frankfurt/M.: Suhrkamp.
Goffman, Erving (1971a): Einleitung. In: Ders.: Interaktionsrituale. Über Verhalten in direkter Kommunikation. Frankfurt/M.: Suhrkamp, S. 7–9. Engl. Original (1967): Interaction Ritual. Essays on the Face-to-Face Behavior.
Goffman, Erving (1971b): Techniken der Imagepflege. In: Ders.: Interaktionsrituale. Über Verhalten in direkter Kommunikation. Frankfurt/M.: Suhrkamp, S. 10–53. Engl. Original (1967): Interaction Ritual. Essays on the Face-to-Face Behavior.
Goffman, Erving (1971c): Verhalten in sozialen Situationen. Strukturen und Regeln der Interaktion im öffentlichen Raum. Gütersloh: Bertelsmann. Engl. Original (1963): Behavior in Public Places. Notes on the Social Organization of Gatherings.

Goffman, Erving (1973): Wir alle spielen Theater. Die Selbstdarstellung im Alltag. München: Piper. – 2. Aufl. Engl. Original (1959): The Presentation of Self in Everyday Life.
Goffman, Erving (1977): Asyle. Über die soziale Situation psychiatrischer Patienten und anderer Insassen. Frankfurt/M.: Suhrkamp. – 3. Aufl. Engl. Original (1961): Asylums. Essays on the Social Situation of Mental Patients and Other Inmates.
Goffman, Erving (1979): Stigma. Über Techniken der Bewältigung beschädigter Identität. Frankfurt/M.: Suhrkamp. – 3. Aufl. Engl. Original (1963): Stigma. Notes on the Management of Spoiled Identity.
Goffman, Erving (1983): Forms of Talk. Philadelphia: University of Pennsylvania Press. – 2. Aufl.
Goffman, Erving (2001a): Die Interaktionsordnung. In: Knoblauch, Hubert A. (Hg.): Erving Goffman. Interaktion und Geschlecht. Frankfurt/New York: Campus. – 2. Aufl., S. 50–104. Engl. Original (1983): The Interaction order.
Goffman, Erving (2001b/1977): Das Arrangement der Geschlechter. In: Knoblauch, Hubert A. (Hg.): Erving Goffman. Interaktion und Geschlecht. Frankfurt/New York: Campus, S. 105–158.
Goßmann, Ite (1993): Sprache, Sprechen, Identität. In: Integrative Therapie 1–2/1993, S. 32–42.
Grewendorf, Günther et al. (1987): Sprachliches Wissen. Eine Einführung in moderne Theorien der grammatischen Beschreibung. Frankfurt/M.: Suhrkamp.
Gugutzer, Robert (2002): Leib, Körper und Identität. Eine phänomenologisch-soziologische Untersuchung zur personalen Identität. Wiesbaden: Westdeutscher Verlag.
Gülich, Elisabeth / Drescher, Martina (1996): Subjektivität im Gespräch. Konversationelle Verfahren der Selbstdarstellung an Beispielen aus dem französischen Rundfunk. In: Zeitschrift für Literaturwissenschaft und Linguistik 102/1996, S. 5–35.
Gumin, Heinz / Mohler, Armin (1985): Vorwort. In: Dies. (Hgg.): Einführung in den Konstruktivismus. München: Oldenbourg, S. VII-IX.
Gumperz, John J. (Hg.) (1982): Language and Social Identity. Cambridge: CUP.
Gumperz, John J. / Hymes, Dell (1972): Directions in sociolinguistics. The ethnography of communication. New York: Holt, Rinehart & Winston.
Günthner, Susanne (2001): Die kommunikative Konstruktion der Geschlechterdifferenz: sprach- und kulturvergleichende Perspektiven. In: Muttersprache 3/2001, S. 205–219.
Günthner, Susanne (2003): Eine Sprachwissenschaft der „lebendigen Rede". Ansätze einer Anthropologischen Linguistik. In: Linke, Angelika et al. (Hgg.): Sprache und mehr. Ansichten einer Linguistik der sprachlichen Praxis. Tübingen: Niemeyer, S. 189–208.
Günthner, Susanne / Kotthoff, Helga (1992): Die Geschlechter im Gespräch: Kommunikation in Institutionen. Stuttgart: Metzler.
Habermas, Jürgen (1973): Stichworte zu einer Theorie der Sozialisation 1968. In: Ders.: Kultur und Kritik. Verstreute Aufsätze. Frankfurt/M.: Suhrkamp, S. 118–194.
Habermas, Jürgen (1981): Theorie des kommunikativen Handelns. Bd. 2: Zur Kritik der funktionalistischen Vernunft. Frankfurt/M.: Suhrkamp.
Habscheid, Stephan (2000): ‚Medium' in der Pragmatik. In: Deutsche Sprache 2/2000. Zeitschrift für Theorie, Praxis, Dokumentation. Jg. 28, S. 126–143.
Habscheid, Stephan / Fix, Ulla (Hgg.) (2003): Gruppenstile. Zur sprachlichen Inszenierung sozialer Zugehörigkeit. Frankfurt/M. u. a.: Lang.
Halliday, Michael A. K. (2004): An introduction to functional grammar. London u. a.: Arnold. – 3. Aufl.
Halwachs, Dieter W. (1993): Polysystem, Repertoire und Identität. In: Grazer Linguistische Studien 39/40/1993. S. 71–90.

Halwachs, Dieter W. (2001): Soziolinguistik. Im Internet: <http://www-gewi.uni-graz.at/ling/sozio/sozio.html> (Aufruf: 06-05-05).

Hansen, Jette G. / Liu, Jun (1997): Social Identity and Language: Theoretical and Methodological Issues. In: TESOL Quarterly, Vol. 31, No. 3, Autumn 1997, S. 567–576.

Hausendorf, Heiko (2000): Zugehörigkeit durch Sprache. Eine linguistische Studie am Beispiel der deutschen Wiedervereinigung. Tübingen: Niemeyer.

Haußer, Karl (1995): Identitätspsychologie. Berlin u. a.: Springer.

Haußer, Karl (2002): Identität. In: Endruweit, Günter / Trommsdorff, Gisela (Hgg.): Wörterbuch der Soziologie. Stuttgart: Lucius und Lucius. – 2. Aufl., S. 218–220.

Heidegger, Martin (1959): Unterwegs zur Sprache. Pfullingen: Neske.

Hejl, Peter (1985): Konstruktion der sozialen Konstruktion. In: Einführung in den Konstruktivismus. München: Oldenbourg, S. 85–115.

Hejl, Peter (1994): Soziale Konstruktion von Wirklichkeit: In: Merten, Klaus et al. (Hgg.): Die Wirklichkeit der Medien. Eine Einführung in die Kommunikationswissenschaft. Opladen: Westdeutscher Verlag, S. 43–59.

Hejl, Peter (2002): Fiktion und Wirklichkeitskonstruktion. Zum Unterschied zwischen Fiktionen im Recht und in der Literatur. In: Watzlawick, Paul / Krieg, Peter (Hgg.): Das Auge des Betrachters. Beiträge zum Konstruktivismus. München: Piper, S. 101–115.

Heller, Monica (1987): Language and Identity. In: Ammon, Ulrich et al. (Hgg.): Sociolinguistics/Soziolinguistik. Ein internationales Handbuch zur Wissenschaft von Sprache und Gesellschaft (HSK 3.1). Berlin/New York: de Gruyter, S. 780–784.

Hellmann, Manfred W. (2003): Forschung zu Sprache und Kommunikation in Deutschland Ost und West – Was bleibt noch zu tun? Ein Überblick. In: Wengeler, Martin (Hrsg.): Deutsche Sprachgeschichte nach 1945. Diskurs- und kulturgeschichtliche Perspektiven. Hildesheim u. a.: Olms, S. 364–392.

Henrich, Dieter (1979): „Identität" – Begriffe, Probleme, Grenzen. In: Marquard, Odo / Stierle, Karlheinz (Hgg.): Identität. München: Fink, S. 133–186.

Hepp, Andreas et al. (2003): Medienidentitäten: Eine Hinführung zu den Diskussionen. In: Winter, Carsten et al. (Hgg.): Medienidentitäten. Identität im Kontext von Globalisierung und Medienkultur. Köln: Halem, S. 7–26.

Herder, Johann Gottfried (1892): Sämtliche Werke VIII. Hg. v. Bernhard Suphan. Hildesheim/New York: Georg Olms/Weidmann.

Hettlage, Robert (2000): Identitäten im Umbruch. Selbstvergewisserungen auf alten und neuen Bühnen. In: Ders. / Vogt, Ludger (Hgg.) (2000): Identitäten in der modernen Welt. Wiesbaden: Westdeutscher Verlag, S. 9–51.

Hettlage, Robert / Lenz, Karl (Hgg.) (1991): Erving Goffman – ein soziologischer Klassiker der zweiten Generation. Bern/Stuttgart: Haupt.

Hettlage, Robert / Vogt, Ludger (Hgg.) (2000): Identitäten in der modernen Welt. Wiesbaden: Westdeutscher Verlag.

Hinnenkamp, Volker (2002): „Gemischt sprechen" von Migrantenkindern als Ausdruck ihrer Identität. In: Der Deutschunterricht 52 (5)/2002, S. 96–106.

Hinnenkamp, Volker / Selting, Margaret (Hgg.) (1989): Stil und Stilisierung. Arbeiten zur interpretativen Soziolinguistik. Tübingen: Niemeyer.

Hitzler, Ronald / Honer, Anne (1994): Bastelexistenz. Über subjektive Konsequenzen der Individualisierung. In: Beck, Ulrich / Beck-Gernsheim, Elisabeth (Hgg.): Riskante Freiheiten. Frankfurt/M.: Suhrkamp, S. 307–315.

Hoffman, Eva (1995): Ankommen in der Fremde: Lost in Translation. Frankfurt/M.: Fischer.

Hogg, Michael A. / Abrams, Dominic (1988): Social Identifications: A Social Psychology of Intergroup Relations and Group Processes. London: Routledge.
Holland, Norman N. (1983): Postmodern Psychoanalysis. In: Hassan, Ihab / Hassan, Sally (Hgg.): Innovation/Rennovation: New perspectives on the humanities. Madison, S. 291–309.
Holly, Werner (1979): Imagearbeit in Gesprächen. Zur linguistischen Beschreibung des Beziehungsaspekts. Tübingen: Niemeyer.
Hüllen, Werner (1992): Identifikationssprachen und Kommunikationssprachen. Über Probleme der Mehrsprachigkeit. In: Zeitschrift für Germanistische Linguistik 20/1992, S. 298–317.
Huneke, Hans-Werner / Steinig, Wolfgang (2002): Deutsch als Fremdsprache. Eine Einführung. Berlin: Erich Schmidt. – 3. Aufl.
Identität. Einflüsse erkennen, den eigenen Lebensstil finden. Themenheft: Psychologie heute. H. 10/2003, 30. Jg.
Ivanic, Roz (1998): Writing and identity. The discoursal construction of identity in academic writing. Amsterdam: Benjamins.
Jackendoff, Ray S. (1983): Semantics and cognition. Cambridge, Mass.: MIT Press.
Jacob, Kathrin (2003): Putschebliemsche & Co. Stirbt der Dialekt? Saarbrücken: Conte.
Jaeggi, Eva (2003): Von der Schwierigkeit, eine Frau zu sein. In: Psychologie heute. H. 10/2003, 30. Jg., S. 30–33.
Jaeschke, Sigrid (1999): Identität und Sprache. Das Beispiel Spanisch. In: Decke-Cornill, Helene / Reichart-Wallrabenstein, Maike (Hgg.): Sprache und Fremdverstehen. Frankfurt/M.: Lang, S. 37–57.
Jäger, Ludwig (2000): Die Sprachvergessenheit der Medientheorie. Ein Plädoyer für das Medium Sprache. In: Kallmeyer, Werner (Hg.): Sprache und neue Medien. Berlin/New York: de Gruyter, S. 9–30.
Jäger, Ludwig (2002): Medialität und Mentalität. Die Sprache als Medium des Geistes. In: Krämer, Sybille / König, Ekkehard (Hgg.): Gibt es eine Sprache hinter dem Sprechen? Frankfurt/M.: Suhrkamp, S. 45–75.
Jäger, Ludwig (2003): Erkenntnisobjekt Sprache. Probleme der linguistischen Gegenstandskonstitution. In: Linke, Angelika et al. (Hgg.): Sprache und mehr. Ansichten einer Linguistik der sprachlichen Praxis. Tübingen: Niemeyer, S. 67–97.
Jäger, Ludwig / Linz, Erika (Hgg.) (2004): Medialität und Mentalität. Theoretische und empirische Studien zum Verhältnis von Sprache, Subjektivität und Kognition. München: Fink.
Jahrhaus, Oliver (2000): Zur Frage des Subjekts: Instanz, Operation, Selbstverständnis in Theorie, Literatur, Kunst und Medien. In: Hanuschek, Sven et al. (Hgg.): Die Struktur medialer Revolutionen. Frankfurt/M. u. a.: Lang, S. 158–169.
James, William (1890): Principles of Psychology, Vol. I. New York.
Janich, Nina / Thim-Mabrey, Christiane (2003) (Hgg.): Sprachidentität. Identität durch Sprache. Tübingen: Narr.
Joas, Hans (1985): Einleitung: Neuere Beiträge zum Werk George Herbert Meads. In: Ders. (Hg.): Das Problem der Intersubjektivität. Frankfurt/M.: Suhrkamp, S. 7–25.
Joas, Hans (Hg.) (1987): George Herbert Mead: Gesammelte Aufsätze. 2 Bde. Frankfurt/M.: Suhrkamp.
Joas, Hans (1989): Praktische Intersubjektivität. Die Entwicklung des Werkes von G. H. Mead. Erweiterte Taschenbuchausgabe. Frankfurt/M.: Suhrkamp.
Joos, Martin (1961): The Five Clocks. A Linguistic Excursion into the Five Styles of English Usage. New York: Harcourt.

Joseph, John E. (2004): Language and Identity. National, Ethnic, Religious. Houndmills u. a.: Palgrave Macmillan.
Kainz, Friedrich (1982/1934): Geleitwort. In: Bühler, Karl: Sprachtheorie. Die Darstellungsfunktion der Sprache. Stuttgart/New York: Fischer. – Ungekürzter Neudruck.
Kallifatides, Theodor (1999): Language and identity. In: Fludernik, Monika / Gehrke, Hans-Joachim (Hgg.): Grenzgänger zwischen Kulturen. Würzburg: Ergon, S. 473–480.
Kallmeyer, Werner (1989): Wir und die anderen. Sprachliche Symbolisierung sozialer Identität und soziale Segmentierung. In: Nelde, Peter H. (Hg.): Urbane Sprachkonflikte. Bonn: Dümmler, S. 31–46.
Kallmeyer, Werner (Hg.) (1994): Kommunikation in der Stadt. Teil 1. Exemplarische Analysen des Sprachverhaltens in Mannheim. Berlin/New York: de Gruyter.
Kant, Immanuel (1983/1956): Kritik der reinen Vernunft. Werke in sechs Bänden, Bd. II. Darmstadt: WBG.
Keim, Inken (2002): Sozial-kulturelle Selbstdefinition und sozialer Stil: Junge Deutsch-Türkinnen im Gespräch. In: Dies. / Schütte, Wilfried (2002) (Hgg.): Soziale Welten und kommunikative Stile. Festschrift für Werner Kallmeyer zum 60. Geburtstag. Tübingen: Narr, S. 233–259.
Keim, Inken / Schütte, Wilfried (2002) (Hgg.): Soziale Welten und kommunikative Stile. Festschrift für Werner Kallmeyer zum 60. Geburtstag. Tübingen: Narr.
Keupp, Heiner (1989): Auf der Suche nach der verlorenen Identität. In: Ders. / Bilden, Helga (Hgg.): Verunsicherungen. Das Subjekt im gesellschaftlichen Wandel. Münchener Beiträge Zur Sozialpsychologie. Göttingen: Hogrefe, S. 47–69.
Keupp, Heiner (1994a): Ambivalenzen postmoderner Identität. In: Beck, Ulrich / Beck-Gernsheim, Elisabeth (Hgg.): Riskante Freiheiten. Individualisierung in modernen Gesellschaften. Frankfurt/M.: Suhrkamp, S. 336–350.
Keupp, Heiner (1994b): Grundzüge einer reflexiven Sozialpsychologie. Postmoderne Perspektiven. In: Ders. (Hg.): Zugänge zum Subjekt. Perspektiven einer reflexiven Sozialpsychologie. Frankfurt/M.: Suhrkamp. – 2. Aufl., S. 226–274.
Keupp, Heiner (1998a): Identität. In: Grubitzsch, Siegfried / Weber, Klaus (Hgg.): Psychologische Grundbegriffe. Ein Handbuch. Reinbek bei Hamburg: Rowohlt, S. 239–245.
Keupp, Heiner (1998b): Diskursarena Identität: Lernprozesse in der Identitätsforschung. In: Ders. / Höfer, Renate (Hgg.): Identitätsarbeit heute. Klassische und aktuelle Perspektiven der Identitätsforschung. Frankfurt/M.: Suhrkamp. – 2. Aufl., S. 11–39.
Keupp, Heiner / Höfer, Renate (1998) (Hgg.): Identitätsarbeit heute. Klassische und aktuelle Perspektiven der Identitätsforschung. Frankfurt/M.: Suhrkamp. – 2. Aufl.
Keupp, Heiner et al. (1999): Identitätskonstruktionen. Das Patchwork der Identitäten in der Spätmoderne. Reinbek bei Hamburg: Rowohlt.
Kimminich, Eva (Hrsg.) (2003a): Kulturelle Identität. Konstruktionen und Krisen. Frankfurt/M. u. a.: Lang.
Kimminich, Eva (2003b): Macht und Entmachtung der Zeichen. Einführende Betrachtungen über Individuum, Gesellschaft und Kultur. In: Dies. (Hg.): Kulturelle Identität. Konstruktionen und Krisen. Frankfurt/M. u. a.: Lang, S. VII-XLII.
Kimminich, Eva (2003c): „Lost Elements" im „*Mikro*Kosmos". Identitätsbildungsstrategien in der Vorstadt- und Hip-Hop-Kultur. In: Dies. (Hg.): Kulturelle Identität. Konstruktionen und Krisen. Frankfurt/M. u. a.: Lang, S. 45–88.
Klann-Delius, Gisela (1996): Sprache, Sprechen und Subjektivitat in der Ontogenese. In: Zeitschrift für Literaturwissenschaft und Linguistik 101/1996, S. 114–140.
Klein, Wolfgang / Schlieben-Lange, Brigitte (1996a): Das Ich und die Sprache. In: Zeitschrift für Literaturwissenschaft und Linguistik 101/1996, S. 1–5.

Klein, Wolfgang / Schlieben-Lange, Brigitte (1996b): Einleitung. Zu: Themenheft: Sprache und Subjektivität II. Zeitschrift für Literaturwissenschaft und Linguistik 102/1996, S. 1–4.

Klimchak, Steve (2003): Das Ich im Schneckenhaus (Interview mit Vilayanur Ramachandran). In: Gehirn & Geist Dossier Nr. 1/2003, S. 34–35.

Kneer, Georg / Nassehi, Armin (2000): Niklas Luhmanns Theorie sozialer Systeme. München: Wilhelm Fink. – 4. Aufl.

Knoblauch, Hubert A. (2001): Erving Goffmans Reich der Interaktion. In: Ders. (Hg.): Erving Goffman. Interaktion und Geschlecht. Frankfurt/New York: Campus, S. 7–49.

Koch, Peter / Oesterreicher, Wulf (1994): Schriftlichkeit und Sprache. In: Günther, Hartmut / Ludwig, Otto (Hgg.): Schrift und Schriftlichkeit. Ein interdisziplinäres Handbuch zur internationalen Forschung. 1. Halbband. Berlin: de Gruyter, S. 587–604.

Konrad, Wolf-A. (1999): Das Ich-Bewußtsein. Anmerkungen zu einer Konstruktion der Identität. In: Rusch, Gebhard / Schmidt, Siegfried J. (Hgg.): Konstruktivismus in der Medien- und Kommunikationswissenschaft. Frankfurt/M.: Suhrkamp, S. 301–319.

Kotthoff, Helga (2001): Geschlecht als Interaktionsritual? In: Knoblauch, Hubert A. (Hg.): Erving Goffman. Interaktion und Geschlecht. Frankfurt/New York: Campus, S. 159–194.

Krallmann, Dieter / Ziemann, Andreas (2001): Grundkurs Kommunikationswissenschaft. München: Fink (UTB). Kap. 4.4.

Krämer, Sybille (2000): Über den Zusammenhang zwischen Medien, Sprache und Kulturtechniken. In: Kallmeyer, Werner (Hg.): Sprache und neue Medien. Berlin/New York: de Gruyter, S. 31–56.

Krämer, Sybille (2001): Sprache, Sprechakt, Kommunikation. Sprachtheoretische Positionen des 20. Jahrhunderts. Frankfurt/M.: Suhrkamp.

Krämer, Sybille / König, Ekkehard (Hgg.) (2002): Gibt es eine Sprache hinter dem Sprechen? Frankfurt/M.: Suhrkamp.

Krampen, Günter (2002): Persönlichkeits- und Selbstkonzeptentwicklung. In: Oerter, Rolf / Montada, Leo (Hgg.): Entwicklungspsychologie. Weinheim u. a.: Beltz. – 5. Aufl., S. 675–710.

Kramsch, Claire (2001): Language and culture. Oxford u. a.: Oxford Univ. Press. – 3. Aufl.

Krappmann, Lothar (2000/1969): Soziologische Dimensionen der Identität. Strukturelle Bedingungen für die Teilnahme an Interaktionsprozessen. Stuttgart: Klett-Cotta. – 9. Aufl.

Krappmann, Lothar (1977): Neuere Rollenkonzepte als Erklärungsmöglichkeit für Sozialisationsprozesse. In: Auwärter, Manfred et al. (Hgg.): Seminar: Kommunikation, Interaktion, Identität. Frankfurt/M.: Suhrkamp. – 2. Aufl., S. 307–331.

Krappmann, Lothar (1980): Identität – ein Bildungskonzept? In: Grohs, Gerhard (Hg.): Kulturelle Identität im Wandel: Beitrag zum Verhältnis von Bildung, Entwicklung und Religion. Stuttgart: Klett-Cotta, S. 99–118.

Krappmann, Lothar (1987): Identität. In: Ammon, Ulrich et al. (Hgg.): Soziolinguistik. Ein internationales Handbuch zur Wissenschaft von Sprache und Gesellschaft. Berlin/New York: de Gruyter, S. 132–139.

Krappmann, Lothar (1998): Die Identitätsproblematik nach Erikson aus einer interaktionistischen Sicht. In: Keupp, Heiner / Höfer, Renate (Hgg.): Identitätsarbeit heute. Klassische und aktuelle Perspektiven der Identitätsforschung. Frankfurt/M.: Suhrkamp. – 2. Aufl., S. 66–92.

Krappmann, Lothar (2002): Ich. In: Endruweit, Günter / Trommsdorff, Gisela (Hgg.): Wörterbuch der Soziologie. Stuttgart: Lucius und Lucius. – 2. Aufl., S. 218.

Krappmann, Lothar (2004): Identität. In: Ammon, Ulrich et al. (Hgg.): Sociolinguistics/Soziolinguistik. Ein internationales Handbuch zur Wissenschaft von Sprache und Gesellschaft. Bd. 1. Berlin/New York: de Gruyter. S. 405–412.

Kresic, Marijana (2004): Mehrsprachigkeit und multiple Identität. In: Herwig, Rolf (Hg.): Sprache und die modernen Medien. Akten des 37. Linguistischen Kolloquiums in Jena 2002. Frankfurt/M.: Lang, S. 501–512.

Krippendorff, Klaus (1994): Der verschwundene Bote. Metaphern und Modelle der Kommunikation. In: Merten, Klaus et al. (Hgg.): Die Wirklichkeit der Medien. Eine Einführung in die Kommunikationswissenschaft. Opladen: Westdeutscher Verlag, S. 79–113.

Krotz, Friedrich (2001): Die Mediatisierung kommunikativen Handelns. Der Wandel von Alltag und sozialen Beziehungen, Kultur und Gesellschaft durch die Medien. Wiesbaden: Westdeutscher Verlag.

Krumm, Hans-Jürgen / Jenkins, Eva-Maria (2001): Kinder und ihre Sprachen – lebendige Mehrsprachigkeit. Sprachenporträts – gesammelt und kommentiert von H.-J. Krumm. Wien: Eviva.

Kruse, Peter / Stadler, Michael (1994): Der psychische Apparat des Menschen. In: Merten, Klaus et al. (Hgg.): Die Wirklichkeit der Medien. Eine Einführung in die Kommunikationswissenschaft. Opladen: Westdeutscher Verlag, S. 20–42.

Kummer, Werner (1990): Sprache und kulturelle Identität. In: Dittrich, Eckhard J. / Radtke, Frank-Olaf (Hgg.): Ethnizität. Wissenschaft und Minderheiten. Opladen: Westdeutscher Verlag, S. 265–275.

Labov, William (1972a): Language in the inner city. Studies in the Black English Vernacular. Oxford: Blackwell.

Labov, William (1972b): Sociolinguistic patterns. Philadelphia: University of Pennsylvania Press.

Lakoff, George / Johnson, Mark (1999): Philosophy in the flesh. The Embodied Mind and its Challenge to Western Thought. New York: Basic Books.

Le Page, Robert B. / Tabouret-Keller, Andrée (1985): Acts of identity. Creole-based approaches to language and ethnicity. Cambridge u. a.: CUP.

Lehmann, Christian (1985): Grammaticalization. Synchronic variation and diachronic change. In: Lingua e stile 20/1985. Istituto di Glottologia Bologna, S. 303–318.

Lenk, Hans (2001): Kleine Philosophie des Gehirns. Darmstadt: Wissenschaftliche Buchgesellschaft.

Leuenberger, Petra (1999): Ortsloyalität als verhaltens- und sprachsteuernder Faktor. Eine empirische Untersuchung. Tübingen/Basel: Francke.

Lieb, Hans-Heinrich (1987): Sprache und Intentionalität. Der Zusammenbruch des Kognitivismus. In: Wimmer, Rainer (Hg.): Sprachtheorie – Der Sprachbegriff in Wissenschaft und Alltag. Düsseldorf: Schwann, S. 11–76.

Linke, Angelika et al. (Hgg.) (2003a): Sprache und mehr. Ansichten einer Linguistik der sprachlichen Praxis. Tübingen: Niemeyer.

Linke, Angelika et al. (Hgg.) (2003b): Jakobsons Huhn oder die Frage nach dem Gegenstand der Linguistik. In: Dies. et al. (Hgg.): Sprache und mehr. Tübingen: Niemeyer, S. IX-XVI.

Löffler, Heinrich (1985): Germanistische Soziolinguistik. Berlin: Erich Schmidt.

Lucius-Hoene, Gabriele / Deppermann, Arnulf (2004): Rekonstruktion narrativer Identität. Ein Arbeitsbuch zur Analyse narrativer Interviews. Wiesbaden: VS Verlag für Sozialwissenschaften. – 2. Aufl.

Luhmann, Niklas (1990): Soziologische Aufklärung 5. Konstruktivistische Perspektiven, Opladen: Westdeutscher Verlag.

Luhmann, Niklas (1996): Die Realität der Massenmedien. Opladen: Westdeutscher Verlag. – 2. Aufl.

Lyons, John (1982): Deixis and subjectivity. In: Jarvella, Robert J. / Klein, Wolfgang (Hgg.): Speech, place and action: studies in deixis and related topics. New York: John Wiley, S. 101–124.

Mainzer, Klaus (2003): KI – Künstliche Intelligenz. Grundlagen intelligenter Systeme. Darmstadt: Wissenschaftliche Buchgesellschaft.

Marcia, James E. et al. (Hgg.) (1993): Ego Identity. A Handbook for Psychological Research. New York u. a.: Springer-Verlag.

Marcia, James E. (1993): The Ego Identity Status Approach to Ego Identity. In: Ders. et al. (Hgg.): Ego Identity. A Handbook for Psychological Research. New York u. a.: Springer-Verlag, S. 3–21.

Marquard, Odo (1979): Identität: Schwundtelos und Mini-Essenz – Bemerkungen zur Genealogie einer aktuellen Diskussion. In: Ders. / Stierle, Karlheinz (Hgg.): Identität. München: Fink, S. 347–369.

Matt, Eduard (2003): Darstellung qualitativer Forschung. In: Flick, Uwe et al. (Hgg.): Qualitative Forschung. Ein Handbuch. Reinbek bei Hamburg: Rowohlt. – 2. Aufl., S. 578–587.

Maturana, Humberto (2002): Wissenschaft und Alltag. Die Ontologie wissenschaftlicher Erklärungen. In: Krieg, Peter / Watzlawick, Paul (Hgg.): Das Auge des Betrachters. Beiträge zum Konstruktivismus. Heidelberg: Carl-Auer-Syteme, S. 167–208.

Maturana, Humberto (2003): The Biological Foundations of Self Consciousness and the Physical Domain of Existence. In: Luhmann, Niklas et al. (Hgg.): Beobachter. Konvergenz der Erkenntnistheorien? München: Wilhelm Fink Verlag. – 3. Aufl., S. 47–117.

Maturana, Humberto R. / Varela, Francisco J. (1987): Der Baum der Erkenntnis. Die biologischen Wurzeln des menschlichen Erkennens. München: Goldmann.

Mayer, Ruth (2001): Postmoderne/Postmodernismus. In: Nünning, Ansgar (Hg.): Metzler Lexikon Literatur- und Kulturtheorie. Ansätze – Personen – Grundbegriffe. Stuttgart/Weimar: Metzler. – 2. Aufl., S. 522–523.

McNamara, Tim (1997): What Do We Mean by Social Identity? Competing Frameworks, Competing Discourses. In: TESOL Quarterly, Vol. 31, No. 3, Autumn 1997, S. 561–566.

Mead, George H. (1968): Geist, Identität und Gesellschaft (aus der Sicht des Sozialbehaviorismus). Frankfurt/M.: Suhrkamp. Engl. Original (1934): Mind, Self and Society. From the standpoint of a social behaviorist.

Mead, George H. (1969): Philosophie der Sozialität. Aufsätze zur Erkenntnisanthropologie. Frankfurt/M.: Suhrkamp.

Mead, George H. (1987a): Eine behavioristische Erklärung des signifikanten Symbols. In: Joas, Hans (Hg.): George Herbert Mead: Gesammelte Aufsätze. Bd. 1. Frankfurt/M.: Suhrkamp, S. 290–289.

Mead, George H. (1987b): Die Genesis der Identität und die soziale Kontrolle. In: Joas, Hans (Hg.): George Herbert Mead: Gesammelte Aufsätze. Bd. 1. Frankfurt/M.: Suhrkamp, S. 299–328.

Merten, Klaus et al. (Hgg.) (1994): Die Wirklichkeit der Medien. Eine Einführung in die Kommunikationswissenschaft. Opladen: Westdeutscher Verlag.

Metzinger, Thomas (1993): Subjekt und Selbstmodell. Paderborn: Schöningh.

Michael, Mike (1996): Constructing Identities. The Social, the Nonhuman and Change. London u. a.: SAGE.

Mietzel, Gerd (2002): Wege in die Entwicklungspsychologie. Kindheit und Jugend. Weinheim: Psychologie Verlags Union. – 4. Aufl.

Misoch, Sabina (2004): Identitäten im Internet. Selbstdarstellung auf privaten Homepages. Konstanz: UVK.
Mittelstraß, Jürgen (Hg.) (1995a): Enzyklopädie der Philosophie und Wissenschaftstheorie. Bd. 2: H-O. Stuttgart/Weimar: Metzler.
Mittelstraß, Jürgen (Hg.) (1995b): Enzyklopädie der Philosophie und Wissenschaftstheorie. Bd. 3: P-So. Stuttgart/Weimar: Metzler.
Morris, Charles W. (1968/1934): Einleitung. George H. Mead als Sozialpsychologe und Sozialphilosoph. In: Mead, George H. (1968): Geist, Identität und Gesellschaft. Frankfurt/M.: Suhrkamp, S. 13–38.
Mühlhäusler, Peter / Harré, Rom (1990): Pronouns and people. The linguistic construction of social and personal identity. Oxford: Basil Blackwell.
Müller, Günter F. / Müller-Andritzky Maria (1994): Norm, Rolle, Status. In: Frey, Dieter / Greif, Siegfried (Hg.): Sozialpsychologie. Ein Handbuch in Schlüsselbegriffen. Weinheim: Psychologie-Verl.-Union. – 3. Aufl., S. 250–254.
Mummendey, Amélie (1985): Verhalten zwischen sozialen Gruppen: Die Theorie der sozialen Identität. In: Frey, Dieter / Irle, Martin (Hgg.): Gruppen- und Lerntheorien. Bern u. a.: Huber, S. 185–216.
Mummendey, Amélie (1994): Soziales Verhalten zwischen Gruppen. In: Frey, Dieter / Greif, Siegfried (Hgg.): Sozialpsychologie. Ein Handbuch in Schlüsselbegriffen. Weinheim: Psychologie-Verl.-Union. – 3. Aufl., S. 337–341.
Mummendey, Hans-Dieter (1990): Psychologie der Selbstdarstellung. Göttingen: Hogrefe.
Mummendey, Hans-Dieter (1994): Selbstkonzept. In: Frey, Dieter / Greif, Siegfried (Hgg.): Sozialpsychologie. Ein Handbuch in Schlüsselbegriffen. Weinheim: Psychologie-Verl.-Union. – 3. Aufl., S. 281–285.
Murray, Kevin (1989): The Construction of Identity in the Narratives of Romance and Comedy. In: Shotter, John / Gergen, Kenneth J. (Hgg.): Texts of Identity. London u. a.: SAGE, S. 176–205.
Norton Peirce, Bonny (1995): Social Identity, Investment, and Language Learning. In: TESOL Quarterly vol. 29, No. 1, Spring 1995, S. 9–31.
Norton, Bonny (2000): Identity and language learning. Harlow u. a.: Pearson Education.
Nowak, Elke (1983): Sprache und Individualität. Die Bedeutung individueller Rede für die Sprachwissenschaft. Tübingen: Narr.
Ochs, Elinor (1993): Constructing social identity. A language socialization perspective. In: Research on Language and Social Interaction 3/1993, S. 287–306.
Oerter, Rolf / Montada, Leo (Hgg.) (2002): Entwicklungspsychologie. Weinheim u. a.: Beltz PVU. – 5. Aufl.
Ogden, Charles K. / Richards, Ivory A. (1960/1923): The meaning of meaning. London: Routledge & Kegan Paul. – 2. Aufl.
Oksaar, Els (1987): Idiolekt. In: Ammon, Ulrich et al. (Hgg.): Sociolinguistics/Soziolinguistik. Ein internationales Handbuch zur Wissenschaft von Sprache und Gesellschaft (HSK 3.1). Berlin/New York: de Gruyter, S. 293–297.
Ong, Walter J. (1987): Oralität und Literalität. Die Technologisierung des Wortes. Opladen: Westdeutscher Verlag. Engl. Original (1982): Orality and Literacy. The Technologizing of the Word.
Ortner, Hanspeter / Sitta, Horst (2003): Was ist der Gegenstand der Sprachwissenschaft? In: Linke, Angelika et al. (Hgg.): Sprache und mehr. Tübingen: Niemeyer, S. 3–64.

Pauen, Michael (2001): Grundprobleme der Philosophie des Geistes und die Neurowissenschaften. In: Ders. / Roth, Gerhard (Hgg.): Neurowissenschaften und Philosophie. München: Wilhelm Fink, S. 83–122.

Pavlenko, Aneta / Blackledge, Adrian (Hgg.) (2004): Negotiation of Identities in Multilingual Contexts. Clevedon u. a.: Multilingual Matters Ltd.

Piaget, Jean (1973/1937): La construction du réel chez l'enfant. Neuchâtel: Delachaux, Nestlé. – 5. Aufl.

Poser, Hans (2001): Wissenschaftstheorie. Eine philosophische Einführung. Stuttgart: Reclam.

Pusch, Luise F. (1984): Das Deutsche als Männersprache. Frankfurt/M.: Suhrkamp.

Quine, Willard van Orman (1980/1960): Wort und Gegenstand. Ditzingen: Reclam.

Rager, Günter et al. (2002): Unser Selbst. Identität im Wandel der neuronalen Prozesse. Paderborn u. a.: Schöningh.

Raible, Wolfgang (1998): Alterität und Identität. In: Zeitschrift für Literaturwissenschaft und Linguistik 110/1998, S. 7–22.

Raible, Wolfgang (1999): Sprachliche Grenzgänger. In: Fludernik, Monika / Gehrke, Hans-Joachim (Hgg.) (1999): Grenzgänger zwischen Kulturen. Würzburg: Ergon, S. 461–470.

Raible, Wolfgang (2000): Die Grundlagenkrise der Sozialwissenschaften zu Beginn des Jahrhunderts und die Sprachwissenschaft. In: Essbach, Wolfgang (Hg.): wir/ihr/sie. Identität und Alterität in Theorie und Methode. Würzburg: Ergon Verlag, S. 69–88.

Raupach, Manfred (1995): Zwei- und Mehrsprachigkeit. In: Bausch, Karl-Richard et al. (Hgg.): Handbuch Fremdsprachenunterricht. Tübingen/Basel: Francke, S. 470–475.

Rauschenbach, Thomas (1994): Inszenierte Solidarität: Soziale Arbeit in der Risikogesellschaft. In: Beck, Ulrich / Beck-Gernsheim, Elisabeth (Hgg.) (1994): Riskante Freiheiten. Frankfurt/M.: Suhrkamp, S. 89–111.

Reck, Siegfried (1981): Identität, Rationalität und Verantwortung. Grundbegriffe und Grundzüge einer soziologischen Identitätstheorie. Frankfurt/M.: Suhrkamp.

Reiher, Ruth / Kramer, Undine (Hgg.) (1998): Sprache als Mittel von Identifikation und Distanzierung. Frankfurt/M. u. a.: Lang.

Rerrich, Maria S. (1989): Was ist neu an den „neuen Vätern"? In: Keupp, Heiner / Bilden, Helga (Hgg.): Verunsicherungen. Das Subjekt im gesellschaftlichen Wandel. Münchener Beiträge Zur Sozialpsychologie. Göttingen: Hogrefe, S. 93–102.

Ricœur, Paul (1991): Zeit und Erzählung. Bd. 3: Die erzählte Zeit. München: Fink.

Riehl, Claudia Maria (1999): Grenzen und Sprachgrenzen. In: Fludernik, Monika / Gehrke, Hans-Joachim (Hgg.) (1999): Grenzgänger zwischen Kulturen. Würzburg: Ergon, S. 41–56.

Robinson Peter / Giles, Howard (Hgg.) (2001): The New Handbook of language and social psychology. Chichester u. a.: Wiley.

Rorty, Richard (1991): Kontingenz, Ironie und Solidarität. Frankfurt/M.: Suhrkamp.

Runkehl, Jens et al. (1998): Sprache und Kommunikation im Internet. Überblick und Analysen. Opladen/Wiesbaden: Westdeutscher Verlag.

Runkehl, Jens et al. (2005): Websprache.net. Sprache und Kommunikation im Internet. Berlin New York: de Gruyter.

Rusch, Gebhard (1987): Erkenntnis, Wissenschaft, Geschichte: von einem konstruktivistischen Standpunkt. Frankfurt/M.: Suhrkamp.

Rusch, Gebhard (1992): Autopoiesis, Literatur, Wissenschaft. Was die Kognitionstheorie für die Literaturwissenschaft besagt. In: Schmidt, Siegfried J. (Hg.): Der Diskurs des Radikalen Konstruktivismus. Frankfurt/M.: Suhrkamp, S. 374–400.

Rusch, Gebhard (1994): Kommunikation und Verstehen. In: Merten, Klaus et al. (Hgg.): Die Wirklichkeit der Medien. Eine Einführung in die Kommunikationswissenschaft. Opladen: Westdeutscher Verlag, S. 60–78.

Rusch, Gebhard (1999): kommunikation der wirklichkeit der medien der wirklichkeit der kommunikation. In: Ders. / Schmidt, Siegfried J. (Hgg.): Konstruktivismus in der Medien- und Kommunikationswissenschaft. Frankfurt/M.: Suhrkamp, S. 7–12.

Sachdev, Itesh / Bourhis, Richard Y. (1990): Language and social identification. In: Abrams, Dominic / Hogg, Michael A. (Hgg.) (1990): Social Identity Theory. Constructive and Critical Advances. New York u. a.: Harvester/Wheatsheaf, S. 211–229.

Sampson, Edward E. (1989): The Deconstruction of the Self. In: Shotter, John / Gergen, Kenneth J. (Hgg.): Texts of identity. London u. a.: SAGE, S. 1–19.

Sandbothe, Mike (2001): Pragmatische Medienphilosophie. Weilerswist: Velbrück Wissenschaft.

Sandig, Barbara (1986): Stilistik der deutschen Sprache. Berlin/New York: de Gruyter.

de **Saussure**, Ferdinand (1931/1916): Grundfragen der allgemeinen Sprachwissenschaft. Berlin: de Gruyter. – Auszugsweise abgedruckt in: Hoffmann, Ludger (Hg.) (2000): Sprachwissenschaft. Ein Reader. Berlin/New York: de Gruyter. – 2. Aufl., S. 32–50. Franz. Original (1985): Cours de linguistique générale.

Schiffrin, Deborah (1996): Narrative as self-portrait: Sociolinguistic constructions of identity. In: Language in Society 25 (1996), S. 167–203.

Schlieben-Lange, Brigitte (1998): Alterität als sprachtheoretisches Konzept. In: Zeitschrift für Literaturwissenschaft und Linguistik (Lili), H. 110, Juni 1998, S. 41–57.

Schlobinski, Peter (1996): Empirische Sprachwissenschaft. Opladen: Westdeutscher Verlag.

Schlobinski, Peter / Heins, Niels-Christian (Hgg.) (1998): Jugendliche und „ihre" Sprache: Sprachregister, Jugendkulturen und Wertesysteme. Empirische Studien. Opladen: Westdeutscher Verlag.

Schlosser, Horst Dieter (2004): Die deutsche Sprache in Ost- und Westdeutschland. In: Moraldo, Sandro M. / Soffritti, Marcello (Hgg.): Deutsch aktuell. Einführung in die Tendenzen der deutschen Gegenwartssprache. Rom: Carocci, S. 159–168.

Schmidt, Siegfried J. (1992a): Der Kopf, die Welt, die Kunst. Konstruktivismus als Theorie und Praxis. Wien u. a.: Böhlau Verlag.

Schmidt, Siegfried J. (1992b): Medien, Kultur: Medienkultur. Ein konstruktivistisches Gesprächsangebot. In: Ders. (Hg.): Kognition und Gesellschaft. Der Diskurs des Radikalen Konstruktivismus 2. Frankfurt/M.: Suhrkamp, S. 425–450.

Schmidt, Siegfried J. (1994a): Kognitive Autonomie und soziale Orientierung. Konstruktivistische Bemerkungen zum Zusammenhang von Kognition, Kommunikation, Medien und Kultur. Frankfurt/M.: Suhrkamp.

Schmidt, Siegfried J. (1994b): Die Wirklichkeit des Beobachters. In: Merten, Klaus et al. (Hgg.): Die Wirklichkeit der Medien. Eine Einführung in die Kommunikationswissenschaft. Opladen: Westdeutscher Verlag, S. 3–19.

Schmidt, Siegfried J. (1995): Sprache, Kultur und Wirklichkeitskonstruktion(en). In: Fischer, Hans Rudi (Hg.): Die Wirklichkeit des Konstruktivismus. Zur Auseinandersetzung um ein neues Paradigma. Heidelberg: Carl-Auer-Systeme, S. 239–251.

Schmidt, Siegfried J. (1999): Blickwechsel. Umrisse einer Medienepistemologie. In: Rusch, G. / Ders. (Hgg.): Konstruktivismus in der Medien- und Kommunikationswissenschaft. Frankfurt/M.: Suhrkamp, S. 119–145.

Schmidt, Siegfried J. (2000a): Kalte Faszination. Medien – Kultur – Wissenschaft in der Mediengesellschaft. Weilerswist: Velbrück Wissenschaft.

Schmidt, Siegfried J. (2000b): Kommunikation und Verstehen. In: Wendt, Michael (Hg.): Konstruktion statt Instruktion: neue Zugänge zu Sprache und Kultur im Fremdsprachenunterricht. Frankfurt/M. u. a.: Lang, S. 143–152.

Schmidt, Siegfried J. (2000c): Mediengesellschaften: Systeme operativer Fiktionen? In: Hanuschek, Sven et al. (Hgg.): Die Struktur medialer Revolutionen. Frankfurt/M. u. a.: Lang, S. 13–19.

Schmidt, Siegfried J. (2002): Was heißt „Wirklichkeitskonstruktion"? In: Ders. / Baum, Achim (Hgg.): Fakten und Fiktionen. Über den Umgang mit Medienwirklichkeiten. Konstanz: UVK, S. 17–30.

Schülein, Johann August / Reitze, Simon (2002): Wissenschaftstheorie für Einsteiger. Wien: WUV.

Schulz von Thun, Friedemann (1998): Miteinander reden 2: Störungen und Klärungen. Stile, Werte und Persönlichkeitsentwicklung. Reinbek bei Hamburg: Rowohlt.

Schulz von Thun, Friedemann (2003): Miteinander reden 1: Störungen und Klärungen: allgemeine Psychologie der Kommunikation. Reinbek bei Hamburg: Rowohlt. – 38. Aufl.

Schütz, Alfred (1971): Gesammelte Aufsätze. Bd. 1: Das Problem der sozialen Wirklichkeit. Den Haag: Nijhoff.

Schwitalla, Johannes (1995): Kommunikation in der Stadt. Teil 4. Kommunikative Stilistik zweier sozialer Welten in Mannheim-Vogelstang. Berlin/New York: de Gruyter.

Searle, John R. (1976): A taxonomy of illocutionary acts. In: Language in Society 5, S. 1–24.

Sennett, Richard (1998): Der flexible Mensch – Kultur des neuen Kapitalismus. Berlin: Siedler-Taschenbuchverlag.

Sennholz, Klaus (1985): Grundzüge der Deixis. Bochum: Brockmeyer.

Shannon, Claude / Weaver, Warren (1949): The Mathematical Theory of Communication. Urbana, Ill.: University of Illinois Press.

Sherif, Muzafer (1966): Group conflict and cooperation: Their social psychology. London: Routledge and Kegan Paul.

Sherif, Muzafer / Sherif Carolyn W. (1953): Groups in harmony and tension. New York: Harper.

Sherif, Muzafer et al. (1961): Intergroup conflict and cooperation. The robbers cave experiment. Norman, Oklahoma: University of Oklahoma Book Exchange.

Shotter, John / Gergen, Kenneth J. (Hgg.) (1989): Texts of Identity. London u. a.: SAGE.

Simon, Bernd / Mummendey, Amélie (1997): Selbst, Identität und Gruppe: Eine sozialpsychologische Analyse des Verhältnisses von Individuum und Gruppe. In: Dies. (Hgg.): Identität und Verschiedenheit. Zur Sozialpsychologie der Identität in komplexen Gesellschaften. Bern u. a.: Hans Huber, S. 11–38.

Stegmüller, Wolfgang (1989): Hauptströmungen der Gegenwartsphilosophie: eine kritische Einführung. Stuttgart: Kröner. Bd. 1. – 7. Aufl.

Stegu, Martin (2000): Konstruktionen sind Konstruktionen sind Konstruktionen... Zur Verwendung eines Konzeptes in der Sprachwissenschaft und in verwandten Disziplinen. In: Wendt, Michael (Hg.): Konstruktion statt Instruktion: neue Zugänge zu Sprache und Kultur im Fremdsprachenunterricht. Frankfurt/M. u. a.: Lang, S. 205–212.

Stickel, Gerhard (1995): Stilfragen. Jahrbuch 1994 des Instituts für deutsche Sprache. Berlin/New York: de Gruyter.

Stockmeyer, Anne-Christin (2004): Identität und Körper in der (post)modernen Gesellschaft. Zum Stellenwert der Körper/Leib-Thematik in Identitätstheorien. Marburg: Tectum.

Straub, Jürgen (2000): Identität als psychologisches Deutungskonzept. In: Greve, Werner (Hg.): Psychologie des Selbst. Weinheim: Beltz Psychologie Verlags Union, S. 279–301.
Straub (2004): Identität. In: Jaeger, Friedrich / Liebsch, Burkhard (Hgg.): Handbuch der Kulturwissenschaften. Bd. 1: Grundlagen und Schlüsselbegriffe. Stuttgart: Metzler, S. 277–303.
Straus, Florian / Höfer, Renate (1998): Entwicklungslinien alltäglicher Identitätsarbeit. In: Keupp, Heiner / Höfer, Renate (Hgg.): Identitätsarbeit heute. Klassische und aktuelle Perspektiven der Identitätsforschung. Frankfurt/M.: Suhrkamp. – 2. Aufl., S. 270–307.
Strauss, Anselm (1968/1959): Spiegel und Masken. Die Suche nach Identität. Frankfurt/M.: Suhrkamp. Engl. Original (1959): Mirrors and Masks. The Search for Identity.
Streeck, Jürgen (2002): Hip-Hop-Identität. In: Keim, Inken / Schütte, Wilfried (Hgg.): Soziale Welten und kommunikative Stile. Festschrift für Werner Kallmeyer zum 60. Geburtstag. Tübingen: Narr, S. 537–558.
Ströker, Elisabeth (1976a): Einleitung. In: Bühler, Karl (1976/1933): Die Axiomatik der Sprachwissenschaften. Frankfurt/M.: Vittorio Klostermann. – 2. Aufl., S. 7–23.
Ströker, Elisabeth (1976b): Kommentar. In: Bühler, Karl (1976/1933): Die Axiomatik der Sprachwissenschaften. Frankfurt/M.: Vittorio Klostermann. – 2. Aufl., S. 119–152.
Subjektivität und Sprache I+II. Themenhefte der Zeitschrift für Literaturwissenschaft und Linguistik. Hefte 101+102/1996, Jg. 102.
Tajfel, Henri (1978): Differentiation between social groups. London: Academic Press.
Tajfel, Henri (1981): Human Groups and Social Categories: Studies in Social Psychology. Cambridge: CUP.
Tajfel, Henri / Turner, John C. (1986): The Social Identity Theory of Intergroup Behavior. In: Worchel, Stephen / Austin, William G. (Hgg.): Psychology of Intergroup Relations. Chicago: Nelson-Hall Publishers, S. 7–24.
Taylor, Charles (1994): Quellen des Selbst. Die Entstehung der neuzeitlichen Identität. Frankfurt/M.: Suhrkamp. Engl. Original (1989): Sources of the Self. The Making of the Modern Identity.
Taylor, Shelley E. et al. (2003): Social Psychology. Prentice Hall: Pearson Education. – 11. Aufl. (Kap. 2: Person Perception: Forming Impressions of Others, S. 33–65).
Teichert, Dieter (2000): Personen und Identitäten. Berlin/New York: de Gruyter.
Thim-Mabrey, Christiane (2003): Sprachidentität – Identität durch Sprache. Ein Problemaufriss aus sprachwissenschaftlicher Sicht. In: Dies. / Janich, Nina (Hgg.): Sprachidentität – Identität durch Sprache. Tübingen: Narr, S. 1–18.
Thim-Mabrey, Christiane / Janich, Nina (Hgg.) (2003): Sprachidentität – Identität durch Sprache. Tübingen: Narr.
Thimm, Caja (2000): Alter – Sprache – Geschlecht. Sprach- und kommunikationswissenschaftliche Perspektiven auf das höhere Lebensalter. Frankfurt/M.: Campus.
Thüne, Eva-Maria (2000): Berlin und Istanbul: in fremdem Stimmengewirr. In: Scrittori a Berlino nel novecento (a cura di Giulia Cantarutti). Bologna: Patron editore, S. 157–174.
Thüne, Eva-Maria (2001): Erinnerung auf Deutsch und Italienisch – zweisprachige Individuen erzählen. In: Muttersprache 3/2001, S. 255–278.
Tophinke, Doris (2000): Linguistische Perspektiven auf das Verhältnis von Identität und Alterität. In: Eßbach, Wolfgang (Hg.) (2000): wir/ihr/sie. Identität und Alterität in Theorie und Methode. Würzburg: Ergon, S. 345–371.
Traugott, Elizabeth C. (1988): Pragmatic strengthening and grammaticalization. In: Proceedings of the 14th annual meeting of the Berkeley Linguistic Society, Berkeley CA: University of California Press 1988, S. 406–416.

Treichel, Bärbel (2004): Identitätsarbeit, Sprachbiographien und Mehrsprachigkeit: autobiographisch-narrative Interviews mit Walisern zur sprachlichen Figuration von Identität und Gesellschaft. Frankfurt/M. u. a.: Lang.
Triandis, Harry C. (1995): Individualism and collectivism. Boulder, CO: Westview Press.
Trömel-Plötz, Senta (Hg.) (1984): Gewalt durch Sprache. Die Vergewaltigung von Frauen in Gesprächen. Frankfurt/M.: Fischer-Taschenbuch-Verlag.
Turkle, Sherry (1995): Life on the Screen: Identity in the Age of the Internet. New York: Simon and Schuster.
Turkle, Sherry (2001): Who Am We? In: Trend, David (Hg.): Reading Digital Culture. Massachusetts Oxford, S. 236–250.
Veith, Werner H. (2002): Soziolinguistik. Ein Arbeitsbuch. Tübingen: Narr.
Vogeley, Kai (2001): Psychopathologie des Selbstkonstrukts. In: Pauen, Michael / Roth, Gerhard (Hgg.): Neurowissenschaften und Philosophie. München: Wilhelm Fink, S. 238–268.
Wagner, Hans-Josef (1993): Strukturen des Subjekts. Eine Studie im Anschluß an George Herbert Mead. Opladen: Westdeutscher Verlag.
Wandruszka, Mario (1979): Die Mehrsprachigkeit des Menschen. München/Zürich: Piper & Co.
Watzlawick, Paul (1976): Wie wirklich ist die Wirklichkeit? Wahn, Täuschung, Verstehen. München: Piper.
Watzlawick, Paul et al. (2000/1969): Menschliche Kommunikation. Formen – Störungen – Paradoxien. Bern: Hans Huber. – 10. Aufl.
Weber, Stefan (2003): Theorien der Medien. Von der Kulturkritik bis zum Konstruktivismus. Konstanz: UVK Verlagsgesellschaft.
Weiss, Hilde (1993): Soziologische Theorien der Gegenwart. Darstellung der großen Paradigmen. Wien/New York: Springer.
Welsch, Wolfgang (2002): Unsere postmoderne Moderne. Berlin: Akademie Verlag. – 6. Aufl.
Wendt, Michael (2000): Kognitionstheorie und Fremdsprachendidaktik zwischen Informationsverarbeitung und Wirklichkeitskonstruktion. In: Ders. (Hg.): Konstruktion statt Instruktion: neue Zugänge zu Sprache und Kultur im Fremdsprachenunterricht. Frankfurt/M. u. a.: Lang, S. 15–39.
Westermayer, Hans (2002): Vorwort zur deutschen Ausgabe. In: Gergen, Kenneth J.: Konstruierte Wirklichkeiten. Eine Hinführung zum sozialen Konstruktionismus. Stuttgart: Kohlhammer, S. 1–8.
Widdicombe, Sue / Wooffitt, Robin (1995): The Language of Youth Subcultures. Social identity in action. London: Harvester Wheatsheaf.
Wiechers, Silke (2001): „Wir sind das Sprachvolk" – aktuelle Bestrebungen von Sprachvereinen und -initiativen. In: Muttersprache 2/2001, S. 147–162.
Willenberg, Heiner (1999): Sprachliche Signale für komplexe persönliche Identitäten: Menschen haben nicht nur eine kulturelle, sondern auch eine persönliche Identität. In: Dekke-Cornill, Helene / Reichart-Wallrabenstein, Maike (Hgg.): Sprache und Fremdverstehen. Frankfurt/M. u. a.: Lang, S. 13–36.
Winograd, Terry / Flores, Fernando (1985): Understanding Computers and Cognition: a New Foundation for Design. New York: Ablex.
Winter, Carsten et al. (Hgg.) (2003): Medienidentitäten. Identität im Kontext von Globalisierung und Medienkultur. Köln: Halem.
Wittgenstein, Ludwig (2003/1922): Logisch-philosophische Abhandlung. Tractatus logico-philosophicus (TLP). Frankfurt/M.: Suhrkamp.

Wittgenstein, Ludwig (1971/1958): Philosophische Untersuchungen (PU). Frankfurt/M.: Suhrkamp.
Worchel, Stephen / Austin, William G. (Hgg.) (1986): Psychology of Intergroup Relations. Chicago: Nelson-Hall Publishers.
Worchel, Stephen et al. (1998) (Hgg.): Social identity: international perspectives. London u. a.: SAGE Publications.
Zifonun, Gisela et al. (1997): Grammatik der deutschen Sprache. 3 Bde. Berlin u. a.: de Gruyter.
Zima, Peter V. (2000): Theorie des Subjekts. Subjektivität und Identität zwischen Moderne und Postmoderne. München: Wilhelm Fink.
Zima, Peter V. (2001): Moderne – Postmoderne. Gesellschaft, Philosophie, Literatur. Tübingen/Basel: Francke. – 2. Aufl.
Zimmerli, Walther Ch. / Wolf, Stefan (1994): Künstliche Intelligenz. Philosophische Probleme. Stuttgart: Philipp Reclam.